때문에

때문에

'때문에'의 의미에 대한 철학적 연구

선우 환 지음

아카넷

부모님의 영전에 이 책을 바칩니다.
그분들이 계시지 않았더라면
이 책도 존재하지 않았을 것입니다.

서문

이 책은 '때문에'의 의미에 대한 책이다. 나는 이 책에서 설명, 인과, 기반 등에 대해서도 다루지만, 이 책의 중심적 주제는 무엇보다도 '때문에'가 무엇을 의미하는지의 문제이다.

〈때문에〉 개념은 매우 근본적인 개념이다. 나는 이 개념이 인과 개념보다도 더 기본적이라고 생각한다. 그 점에서 나는 '때문에'가 나타나는 문장 또는 설명 문장을 인과 개념을 통해서 이해하려고 하는 여러 철학자들의 전통에 맞서고자 한다. 데이비드 루이스(David Lewis)를 비롯한 많은 철학자들이 〈때문에〉 개념을 인과 개념을 통해서 이해하고 인과 개념을 반사실 조건문적 의존(counterfactual dependence) 개념을 통해서 이해하고자 하는데, 나는 〈때문에〉 개념이야말로 곧바로 반사실 조건문적 의존 개념을 통해서 이해되어야 한다고 생각한다. 이 책의 핵심 과제는 바로 〈때문에〉에 대한 반사실 조건문적 이론을 제시하고 옹호하는 것이다.

인과에 대한 반사실 조건문적 이론은 다양한 반례에 맞서기 위해서 여러 복잡한 형태로 발전되어 왔고 아직도 많은 문제를 극복하지 못하고 있다. 반면 〈때문에〉에 대한 반사실 조건문적 이론은 가장 단순하고 직관적으로도 자연스러운 기본적 형태로 주어질 수 있다. 인과에 대한 반사실 조건문적 이론이 직면하는 여러 심각한 반례들은 〈때문에〉에 대한 반사실 조건문적 이론에 대해서는 나타나지 않는다. 〈때문에〉의 핵심 개념은 논리적으로 단순하고 분명하게 이해될 수 있다.

인과 개념은 〈때문에〉 개념보다 훨씬 복잡하고 논리적으로 깔끔치 못한 개념이다. 인과 개념의 단순하고 분명한 핵심은 존재하지 않는다. 이 책에서 인과 개념을 다루는 부분은 이에 상응해서 다소 번잡하게 될 것이다. 그렇지만 이를 통해서 '인과'와 '때문에'가 어떤 연관을 가지는지가 드러날 것이라 믿는다.

〈때문에〉는 기존의 철학적 논의에서 충분히 전면에서 주제화되지 않았다. 그래도 과학철학의 전통은 '설명'이라는 표제하에서이기는 하지만 '때문에'에 대한 많은 논의와 탐구를 포함하고 있다. 과학적 설명은 일반적으로 설명항과 피설명항을 '때문에'에 의해서 연결하는 문장의 형태로 제시되기 때문에, 과학철학자들이 그런 관심을 가지는 것은 충분히 합당하다. 그런 이유에서 나는 과학철학에서 제시된 설명에 대한 많은 이론들을 검토하고, 그 대안적 이론을 제시하는 형태로 〈때문에〉에 대한 나의 반사실 조건문적 이론을 제시할 것이다.

그러나 내가 이 책에서 관심을 가지는 것은 '때문에'의 의미이고, 특별히 **과학적** 설명에 대해 논의하고자 하는 것은 아니다. 과학적 설명을 이해하는 일에 '때문에' 문장의 의미를 이해하는 일 이상의 측면이 있을 수 있다 하더라도 그런 측면은 이 책의 관심 범위 안에 있지는 않다. 내가 과학철학의 논의 속에 들어가게 되는 것은 '때문에'에 대한 기존의 철학적 논의가 주로 과학철학 속에서 이루어져 왔다는 역사적 우연성에 기인한다.

보다 최근에는 형이상학에서 기반(ground) 개념과 이를 통한 형이상학적 설명의 문제가 중요한 주제로 떠올랐는데, 여기에서 기반 개념과 관련하여 '때문에'가 주목을 받기 시작했다. 내가 원래 '때문에'의 문제에 대해서 관심을 가지게 된 것은 최근 형이상학에서의 이런 발전과정과는 독립적인 것이었다. 하지만 이 분야에서의 철학적 논의들이 워낙 흥미롭고 활발하게 이루어지고 있어서 내가 주로 일상적 설명이나 과학적 설명의 맥락에서 발전시켰던 '때문에'에 대한 반사실 조건문적 이론을 형이상학적 설명에서의 '때문에'에 대해서도 확장 적용하면서, 기반 개념과 〈때문에〉 개념 사이의 관계 설정을 하는 기획에 관심을 가지고 추가적인 연구와 생각을 진행하였다. 이 책의 뒷부분에서 그렇게 포함된 작업의 결과를 논의할 것이다.

'때문에'의 의미에 대해 이 책에서 제시하는 반사실 조건문적 이론은 너무나 분명하고 단순하며 상식적이기 때문에, 이와 같은 이론이 더 일찍 등장하지 않고 설명에 대한 논의 속에서 내가 보기에 잘못된 길에서 방황한 이론들이 그동안 그렇게 오랜 시간에 걸쳐 수없이 쏟아져 나왔다는 것이 놀라울 정도이다.

이와 같은 주제에 대한 내 관심은 30여 년 전 학부 시절 인과 개념에 대한 관심으로부터 시작되었다. 그 당시 반사실 조건문적 인과 이론은 국내에 잘 소개되어 있지 않았고 충분조건적 인과 이론 등 기존의 잘 알려진 인과 이론은 나를 만족시키지 못했다. 나는 고민을 하다가 반사실 조건문적 인과 이론의 단순한 형태에 해당하는 것을 나름대로 생각해 내게 되었다.

그러면서 인과 관계에 대한 논문 모음집을 읽다가 그중에 데이비드 루이스의 논문 「인과(Causation)」를 처음으로 접하게 되었고, 내가 생각한 종류의 인과 개념 분석을 루이스가 이미 제시했다는 사실을 알게 되었다. 더구나 루이스는 반사실 조건문에 대해서도 이미 내가 생각하고 소망했던 아이디어를 훨씬 더 세련되게 발전시켜서 체계적인 가능 세계 의미론을 구성했다.

그래서 인과에 대해서 완전히 새로운 분석을 제시하는 학부 졸업 논문을 쓰겠다는 한 학부생의 야심은 루이스의 인과 이론을 검토하면서 이를 변주하고 옹호하는 보다 온건한 과제로 대체될 수밖에 없었다. 그렇게 해서 내가 학사 학위 논문으로 쓴 논문이 상당히 방대한 분량의 「반사실 조건문으로서의 인과 문장」이었다. 그런데 이 논문에서 내가 주장한 입장은 루이스의 입장과 똑같지는 않았고, 핵심 아이디어를 루이스가 이미 발전시켰다는 사실에 실망했던 당시의 나는 그 차이점의 중요성에 주목하지 못했다. 나는 그 논문에서 주로 사건 인과보다는 사실 인과를 기본으로 하여 인과 이론을 발전시켰고, 거기에는 루이스 등 기존의 반사실 조건문적 이론과의 중요한 차이를 낳을 씨앗이 들어 있었다.

이후 여러 해 동안 나의 주 관심사는 가능 세계 문제였고 인과 문제는 뒤로 미루어졌다. 그러다가 대학원에서 설명에 대한 과학철학 문헌들을 폭넓고 심도 있게 공부해 볼 기회를 가졌는데, 형이상학의 인과 논의와는 달리 과학철학의 설명 논의에서는 (그 당시만 해도) 아직 반사실 조건문 개념이 중요한 역할을 하지 못하고 있었고, 그 때문에 많은 어려움이 해결되지 못한다는 것을 깨달았다. 나는 설명에 대한 반사실 조건문적 이론을 제시하는 페이퍼를 썼는데, 당시만 해도 나의 동기는 인과에 대해서 반사실 조건문 개념이 이룬 성취를 설명에 대해서도 확장하고 적용하려는 데에 있었다.

그 후 프린스턴 대학교에서 박사과정을 밟게 된 나는 그곳 철학과에서 데이비드 루이스의 인과 세미나들에 참여할 수 있었다. 마침 내가 프린스턴에 있던 1990년대 후반에 루이스는 당시에 쏟아져 나온 여러 도전들로 해서 자신의 기존의 인과 분석에 많은 문제가 있다는 것을 인지하게 되었고, 이를 해결하기 위한 고민 속에서 인과에 대한 여러 차례의 세미나를 열었다. 나는 이런 세미나에 참여하면서 루이스의 이론이 최근 얼마나 심각한 도전을 받게 되었는가를 절감하게 되었고, 비로소 내가 학부 시절에 썼던 논문에서 제시한 관점의 사소해 보였던 차이가 실은 중요한 차이라는 사실을 깨닫게 되었다. 또한 국내 대학원 과정 때 썼던 페이퍼에서 제시했던 반사실 조건문적 설명 이론은 반사실 조건문적 인과 이론과 달리 그런 심각한 문제들에 부딪히지 않는다는 사실을 깨닫고서, 반사실 조건문적 이론이 적용되어야 할 적절한 대상은 인과라기보다는 오히려 설명(또는 더 정확히는 〈때문에〉)이라는 것에 대해서 차츰 주목하게 되었다. 반사실 조건문적 인과 이론에 대한 우리의 직관은 기본적으로 반사실 조건문적 설명 이론의 올바름으로부터 파생되어 나오는 것이었고, 인과 개념과 설명(〈때문에〉) 개념이 갈리는 지점에서마다 반사실 조건문적 인과 이론은 도전에 부딪혔다.

양상과 가능 세계에 대한 박사학위 논문에 집중하느라 나는 프린스턴에 있는 동안에는 이런 생각을 발전시키지 못했고, 박사 학위를 끝내고 국내에 돌아와서 2000년대에 쓴 일련의 논문을 통해서 나의 입장을 제시하고 발전시켰다. 그 논문들은 「확률적 설명 모형이 설명의 기준을 제시할 수 있는가?」, 「설명의 반사실 조건문적 의존 모형」, 「설명과 반사실 조건문에 대해 명료하게 사고하기」, 「"왜" 질문의 논리적 구조」 등이다.[1] 그러나 이 논문들에서는 반사실 조건문적 인과 이론과 반사실 조건문적

---

1 이 책의 2, 3, 8장은 각각 이 논문들 중 앞의 세 논문들에 부분적으로 기초해 있다.

설명 이론 사이의 중요한 차이점들이 아직 충분히 드러나 있지는 않았고, 반사실 조건문적 설명 이론에 대한 체계적이고 깊이 있는 발전이 여전히 필요한 상태였다.

그 이후 이 주제에 대해서 서울시립대, 서울대, 연세대에서 강의와 세미나를 하면서 반사실 조건문적 설명 이론이 가진 중요한 설명력과 장점들에 보다 주목하게 되었다. 특히 설명과 인과에 대한 기존의 이론들과 접근들이 부딪히는 많은 문제들이, 설명에 대한 반사실 조건문적 접근과 이로부터 출발하는 인과에 대한 접근을 통해서 아주 잘 해결될 수 있다는 것을 깨닫게 되었다. 그래서 이런 접근에 대해서 보다 체계적인 발전이 필요하다고 생각하게 되었고, 이 주제에 대한 저술을 계획하게 되었다.

저술 작업은 길고 지난한 과정이었다. 이 주제에 대해서 이전에 썼던 논문들의 아이디어들은 이 책의 출발점이었지만 많은 논증 구성과 이론 확장과 보완 논의가 저술 과정에서 요구되었고 이를 위한 많은 연구와 사색이 필요했다. '때문에'에 대한 의미론적 이론을 출발점으로 해서, '때문에'에 대한 화용론적 이론과 논의를 추가하였고, 인과와 설명과 기반에 대한 기존의 이론들이 부딪히는 다양한 문제에 대해서 '때문에'에 대한 반사실 조건문적 이론이 어떤 식으로 더 나은 해결책을 제시하는지에 관련된 논증들을 전개하였으며, 대조항을 가진 '때문에' 문장이나 형이상학적 설명에서의 '때문에' 문장 등에 대해서 어떻게 반사실 조건문적 이론을 확장해 적용할 수 있는지에 대한 논의들을 전개하였다. 이와 같은 연구와 저술을 완성하는 데에 생각보다 훨씬 긴 시간이 요구되었다. 처음 이 주제에 대해서 아이디어가 싹트기 시작한 시점부터 계산하면 이 책은 30년 동안 〈때문에〉라는 주제에 대해서 사유한 과정의 결과물이다.

이 책을 완성하기까지 많은 이들의 도움을 받았다. 스승들과 동료 학자들과 제자들의 가르침과 토론이 모두 이 책을 위한 사유의 과정에 큰 자양분이 되었다. 한국연구재단의 저술 연구비 지원도 이 저술의 진행에 도움이 되었다. 원고를 인내심 있게 기다려주고 유익한 편집을 해준 아카넷 출판사 편집장과 저술을 위한 긴 시간 동안 지지와 도움을 준 가족에게 감사한다.

2020년 8월

선우환

차례

서문 7

1장 서론: 〈때문에〉란 무엇인가?

1. 핵심 질문 19

2. 유보 사항: 대상으로 삼는 〈때문에〉 개념 21

3. '때문에' 문장과 인과 문장 23

4. 〈때문에〉와 설명 26

5. '때문에' 문장의 사례 고찰 29

6. 〈때문에〉에 대한 반사실 조건문적 의존 이론 32

7. '때문에' 문장의 맥락 의존성 36

8. 〈때문에〉 개념으로부터 출발하여 인과 개념과 기반 개념을
   이해하기 39

2장 새로운 설명 이론을 향하여:

전통적 이론들은 왜 설명의 조건을 제시할 수 없는가?

1. 설명 이론은 무엇을 다루는가?: 탐구의 과제를 구성하기 42

2. 의존의 개념으로서의 설명적 유관: 충분조건 이론으로부터 확률적
   유관성 이론으로 51

3. 확률적 이론은 설명적 유관성의 조건을 제시하는가? 63

3장 설명에 대한 반사실 조건문적 이론: '때문에' 문장의 진리 조건

1. 설명에 대한 확률적 이론에서 반사실 조건문적 이론으로 75

2. 설명적 유관성의 반사실 조건문적 분석 77

3. 의미론적 배경: 반사실 조건문적 분석의 의미론적 보완과 확장 87

4. 반사실 조건문을 통해 이해된 설명의 맥락의존성 100

5. 반사실 조건문을 통해 이해된 설명의 경험적 시험가능성 106

4장 설명 일반에 대한 이론으로서의 반사실 조건문적 이론:
인과적 이론 대 반사실 조건문적 이론

　1. 설명에 대한 반사실 조건문적 이론은 루이스의 이론과
　　어떻게 다른가? 115
　2. 비인과적 설명들과 반사실 조건문적 이론 118
　3. 김재권의 문제들 129
　4. 과잉 결정의 문제와 선점의 문제 136
　5. 설명에 대한 반사실 조건문적 이론이 살먼-다우의 이론에 대해서
　　가지는 우위 143
　6. 부재 인과의 문제 147
　7. 이중 방지의 문제 156
　8. 비이행성의 문제 160

5장 대조적 설명에 대한 반사실 조건문적 이론:
'때문에' 문장에서의 대조와 맥락의존성

　1. 대조적 설명 169
　2. 대조적 설명 문장의 진리 조건 175
　3. 대조적 설명과 단순 설명에 대한 기본적 관찰들 184
　4. 대조적 설명에 대한 루이스의 이론과의 비교 194
　5. 루이스의 이론에 대한 립튼의 잘못된 비판 202
　6. 대조적 설명에 대한 립튼의 이론과의 비교 207

6장 설명 문장의 적합성과 수용가능성:
'때문에' 문장의 화용론과 맥락의존성

　1. 설명 문장의 화용론적 맥락의존성: 적합성의 일반적 조건 217
　2. 설명 문장의 적합성과 수용가능성의 조건: 첫 번째 조건 226
　3. 설명 문장의 수용가능성의 조건: 두 번째 조건 239

7장 인과적 설명에 대한 조작가능성 이론: 비판적 고찰

    1. 인과적 설명에 대한 우드워드의 조작가능성 이론 247

    2. 유형 인과에 대한 우드워드의 이론의 문제점들 250

    3. 단칭 인과에 대한 우드워드의 이론의 문제점들 259

    4. 우드워드의 개입 개념의 문제점들 274

    5. 인과적 설명에 대한 우드워드의 이론의 문제점들 282

8장 반사실 조건문적 설명 이론에 대한 비판과 응답

    1. 들어가는 말 291

    2. 비인식적 조건으로서의 설명적 유관성의 조건 293

    3. 확률적 설명 이론과 비결정론 296

    4. 반사실 조건문적 설명 이론에 대한 반례들? 300

    5. 완전한 설명의 개념 307

    6. 과학 이론의 변동과 올바른 설명 311

9장 과정 연결적 인과 이론에 대한 비판

    1. 살먼과 다우의 과정 연결적 인과 이론 315

    2. 과정으로 연결되지 않은 인과의 문제 319

    3. 화용론적 설명 328

    4. 화용론적 설명에 대한 다우의 대응의 문제점들 332

    5. 다우의 '유사 인과' 이론에 대한 비판 340

    6. 우리 직관에 대한 다우의 설명의 문제점들 346

    7 맺음말: 최소한 이중 방지는 인과의 사례이다 351

10장 두 종류의 인과 개념

    1. 들어가는 말: 두 인과 개념 357

    2. 〈때문〉 인과 개념 360

    3. 과정 인과 개념 370

11장 형이상학적 설명에서의 '때문에' 문장

1. 들어가는 말 381
2. 형이상학적 설명의 문제 384
3. 불가능 세계와 형이상학적 양상에 대한 대안적 제안 389
4. 반사실 조건문적 의존의 비대칭성에 대한 대안적 제안 401
5. 형이상학적 설명의 문제에 대한 해결책 417
6. 형이상학적 설명의 다른 유형들 422

12장 형이상학적 기반 개념과 〈때문에〉 개념

1. 기반 개념과 〈때문에〉 개념에 대한 분석의 가능성 439
2. 결정 개념으로서의 기반 개념과 〈때문에〉 개념 445
3. 기반 개념과 〈때문에〉 개념은 이행적인가? 457
4. '때문에'는 초내포적인가? 472
5. 기반, 인과, 〈때문에〉 482

13장 결론 495

참고문헌 509
찾아보기 521

1장
서론: 〈때문에〉란 무엇인가?

1. 핵심 질문

〈때문에(because)〉란 무엇인가? 이 질문은 다소 낯설다. 철학자들은 '인과(causation)란 무엇인가?', '앎(knowledge)이란 무엇인가?' '자유(freedom)란 무엇인가?' 등의 질문들을 자주 제기하고 대답하려 하지만, '〈때문에〉란 무엇인가?'라는 형태의 질문을 제기하는 경우는 드물다.

그러나 그것이 '때문에'라는 말이 우리 언어에서 차지하는 위치 또는 〈때문에〉 개념이 우리 사유 속에서 차지하는 위치가 중요하지 않아서는 분명 아니다. 그보다는 '때문에'라는 말이 '인과', '앎' 등과 달리 명사적 표현이 아니어서 그 질문을 묻기가 불편해서일 가능성이 더 크다. (그래서 나는 비문법적 문장을 피하기 위해서 홑화살괄호를 사용해야 했다.[2]) 그러나 한

---

2 나는 앞으로도 개념을 명사화해 가리키기 위해 홑화살괄호를 사용할 것이다.

표현이 명사적 표현이 아니라고 해서 그것이 그 표현에 대한 철학적 분석이 제시될 필요가 없다거나 제시될 수 없다는 것을 의미하는 것은 물론 아니다.

사실 명사적 표현인 '인과', '앎' 등에 대해서도 그것에 대한 분석은 대개 명사화되지 않은 형태의 연관 단어에 대해서 더 적절하게 부여될 수 있다. 그래서 철학자들은 다음과 같은 형태의 분석들을 제시하려 애쓴다.[3]

c가 e를 야기한다 iff ---

(c causes e iff ---)

s는 P라는 것을 안다 iff ---

(s knows that P iff ---)

즉 우리는 위의 분석적 필요충분조건 문장의 우변을 채울 조건들을 찾으려고 한다. 이와 마찬가지로 우리는 아래의 분석적 필요충분조건 문장의 우변을 채울 조건을 발견함으로써 '때문에'에 대한 분석을 제시할 수 있다.

P이기 때문에 Q iff ---

(Because P. Q iff ---)

즉 우리는 '야기하다'나 '안다'가 포함된 문장의 진리 조건을 제시함으로써 '야기하다'나 '안다'(파생적으로 '인과'나 '앎')에 대한 분석을 제시하

---

3   철학 전공자에게는 불필요한 사족에 해당하는 설명이지만, 그 다음에 나오는 'iff'는 '---일 경우 그리고 오직 그 경우에(if and only if)'의 축약 표현이다. 즉 이는 'iff'의 양옆(양변)에 나오는 조건이 서로 필요충분조건이라는 것을 표현한다.

듯이 '때문에'가 포함된 문장의 진리 조건을 제시함으로써 '때문에'에 대한 분석을 제시할 수 있다. 그리고 이를 통해서 우리는 '때문에'의 의미(최소한 의미의 중요한 성분)를 밝힐 수 있다.

⟨때문에⟩는 우리의 사유 속에서 매우 기본적으로 중요하게 사용되는 근본 개념이므로, 이에 대한 분석을 제시하는 것은 철학적으로 매우 중요한 의의를 가진다. ⟨때문에⟩가 무엇인지 아는 것, 다시 말해서 '때문에'가 포함된 문장이 참일 조건을 알고, 그리하여 '때문에'가 무엇을 의미하는지 아는 것은 '때문에'라는 말 또는 연관된 단어나 개념을 사용하는 우리의 다양한 철학적 사유에 중요한 기초가 될 것이다.

2. 유보 사항: 대상으로 삼는 ⟨때문에⟩ 개념

이 책에서 내가 대상으로 삼는 ⟨때문에⟩ 개념에는 약간의 제약이 필요하다. '때문에'라는 말은 주지하다시피 두 가지 의미 또는 쓰임을 가진다. 다음의 두 문장 각각은 '때문에'의 어떤 의미에서 받아들일 만하다.

  (1) 우주가 팽창하기 때문에 적색편이 현상이 관찰된다.
  (2) 적색편이 현상이 관찰되기 때문에 우주가 팽창한다.

통상적인 맥락에서 문장 (1)은 적색편이 현상이 왜 관찰되는지 **설명**하는 문장으로서 받아들일 만하다. 우주의 팽창이 먼 은하계를 우리로부터 멀어지게 하고 그것이 그 은하계로부터 관찰되는 파장에 적색편이가 나타나게 한다. 문장 (2)는 우주가 팽창한다는 것을 우리가 믿을 수 있게 하는 논거를 제시하는 문장으로서 즉 우주가 팽창한다는 결론에 대한 **논**

증으로서 받아들일 만하다.

'때문에'라는 말은 설명적 의미와 논증적 의미를 가진다. 설명적 의미에서의 '때문에'가 사용될 때, '때문에'가 이끄는 절의 내용은 주절의 내용보다 존재론적으로 우선하며 주절의 내용이 '때문에' 절의 내용에 존재론적으로 의존한다. 논증적 의미에서의 '때문에'가 사용될 때, '때문에'가 이끄는 절의 내용은 주절의 내용보다 인식론적으로 우선하며 주절의 내용이 '때문에' 절의 내용에 인식론적으로 의존한다. 존재의 순서에 있어서는 우주가 팽창한다는 것이 적색편이 현상보다 우선하며, 인식의 순서에 있어서는 적색편이 현상이 우주가 팽창한다는 것에 우선한다.

두 의미의 '때문에'를 구별할 수 있게 해주는 한 가지 표지는 '때문에'를 논증을 위해서만 사용되는 표현 — 예를 들어, '그러므로' — 으로 교체할 수 있는가에 있다. 그렇게 교체할 수 있는 경우에 '때문에'는 논증적 의미로 사용되고 있고, 그렇게 교체될 수 없는 경우에 '때문에'는 설명적 의미로 사용되고 있다. (1)과 (2)를 각각 다음과 같이 바꾸었다고 하자.

(3) 우주가 팽창한다. 그러므로 적색편이 현상이 관찰된다.
(4) 적색편이 현상이 관찰된다. 그러므로 우주가 팽창한다.

(4)의 경우에 (2)의 내용을 그대로 보존한다. 그러나 (3)은 (1)이 말하고자 했던 것과 다른 내용을 이야기하고 있다. 물론 (3)과 같은 논증을 할 수 있는 맥락이 있기는 하다. '우주가 팽창한다'가 더 잘 알려져 있고, 그것을 근거로 '적색편이 현상이 관찰된다'는 것을 받아들이게끔 하는 논증을 제시하는 맥락에서이다. 우주가 팽창한다는 것이 적색편이 현상을 설명해 준다는 (1)의 내용을 생략된 전제로 삼아서, 그런 논증을 제시하는 것이 가능하다. 그러나 그럴 경우 (3)은 우리가 원래 의도했던 의미

의 (1)과는 다른 추가적인 내용을 이야기하고 있는 것이다.

이 책에서 나는 기본적으로 설명적 의미의 '때문에'만 분석 대상으로 삼을 것이다. 논증적 의미의 '때문에'는 이 책에서의 분석 대상이 아니다. 앞으로 '때문에'에 대해서 이야기할 때에는 (특별히 다른 말을 하지 않는 한) 설명적 의미로 사용된 '때문에'를 가리키는 것으로 이해해야 할 것이다.

3. '때문에' 문장과 인과 문장

그동안 철학자들이 '때문에'의 의미에 대한 질문을 충분히 많이 묻지 않아 왔던 이유의 하나는 그 질문이 자주 '원인'의 의미를 묻는 질문에 의해 대치되었기 때문일 가능성이 있다. '때문에'와 '원인'은 자주 혼동된다. 서구 언어에서 '때문에'와 '원인'에 해당하는 'because'와 'cause'는 어원적으로도 연결되어 있다. 우리는 자주 '원인'의 의미가 무엇인지 밝힘으로써 '때문에'의 의미도 자동적으로 밝힐 수 있다고 생각하는 경향이 있다.

그러나 이는 오해이다. '때문에'와 (최소한 현대 언어에서의) '원인'은 의미에 있어서도 논리적 형식에 있어서도 같지 않다. 특히 '원인'의 의미를 밝힘으로써 '때문에'의 의미가 자동적으로 곧장 밝혀지지는 않는다.

우선 논리적 형식에 있어서 인과 문장과 '때문에' 문장 ─ 앞으로 '때문에'가 포함된 문장을 줄여서 이렇게 부른다 ─ 은 다음과 같이 대조될 수 있다.

(C) c가 e의 원인이다. (c가 e를 야기한다.)

(B) P이기 때문에 Q.

인과 문상인 (C)에서 'c'와 'e'는 각각 사건을 지칭하는 단칭어구들이고, '원인이다'는 이 두 단칭어구를 연결하는 관계 술어이다. [사실 인과 문장, 행위자 인과 문장 등 이런 논리적 형식에 들어맞지 않는 인과 문장도 고려하는 경우가 있지만, 여기서는 가장 표준적인 형태의 인과 문장을 대상으로 삼는다. 인과 개념에 대한 오늘날의 철학적 논의에서 일반적으로 분석하고자 하는 대상은 (C)와 같은 논리적 형식의 문장이다.] 반면 '때문에' 문장인 (B)에서 'P'와 'Q'는 각각 문장들이고, '때문에'는 문장 연결사이다.

인과 관계는 일반적으로 서로 구별되는 (그리고 시간적으로 뒤이어 일어나는) 두 사건 사이의 관계로서 이해된다. 인과 문장은 두 사건에 대해 특정 관계를 귀속시키는 형식의 문장이다. 반면 '때문에' 문장은 연언 문장이 두 문장을 연결하듯 두 문장을 연결하는 복합적 문장이다. 물론 '때문에' 문장은 연언 문장과 달리 진리함수적이지는 않다. 즉 '때문에' 문장은 비진리함수적 연결사에 의해 두 문장을 연결한 복합문이다. 그것은 두 존재자 사이의 관계를 서술하는 문장은 아니다. (편의상 두 사실 사이의 관계를 서술한다는 식으로 표현할 수 있기는 하지만 말이다.) 두 종류의 문장이 가진 논리적 형식에 있어서의 큰 차이에 비추어볼 때, (C) 형식의 문장을 분석했다고 해서 (B) 형식의 문장이 곧바로 분석되리라고 기대하기는 어렵다.

또한 어원적, 역사적 고찰을 해보자. 영어의 'because'와 'cause'는 모두 라틴어의 'causa'에서 유래한다. 그러나 고대에 라틴어 'causa'나 그에 상응하는 그리스어 'aitia'는 현대 언어에서의 'cause'나 '원인'보다 훨씬 넓은 의미로 쓰였다.

아리스토텔레스는 '왜' 질문에 대한 대답으로서 네 가지 의미의 아이티아(aitia) 즉 네 가지 의미의 까닭을 이야기했다. 이 네 가지 의미에서의 아이티아는 각각 형상, 질료, 작용, 목적이라는 측면의 아이티아이다.[4] 이 네가지 아이티아는 흔히 '4 원인'이라고 부적당하게 번역되지만, 그렇게 번역할 경우 현대 언어에서의 원인 개념에 비추어보면 아리스토텔레스의 이론은 매우 이상해 보이게 된다. 예를 들어, 이 책상을 이루고 있는 질료인 특정 목재는 이 책상이 이렇게 존재하는 **까닭**이라고는 할 수 있겠지만, 어떤 목재가 그 목재를 재료로 하는 책상의 **원인**이라고 하는 것은 이상하다. 그것은 근세 이후에 현대 언어의 'cause'(또한 그것을 번역하는 데에 사용되는 '원인')가 작용적 아이티아 또는 작용적 까닭(causa efficiens)을 의미하는 단어로 제한되어 사용되게 되었고 더 나아가 근세적 세계관과 과학적 이론들이 탑재된 의미를 가지게 되었기 때문이다. 반면 'because'는 고대의 'causa'나 'aitia'의 의미를 보다 직접 계승하고 있다. 그러그러한 목재로 만들어져 있기 **때문에** 그 책상이 그러저러하게 존재한다고 우리는 자연스럽게 말할 수 있다.[5]

이에서 보듯이 'because'는 보다 근본적이고 일반적인 개념이고, 'cause'는 보다 제한적인 개념이다. '때문에'를 먼저 규정하고 그로부터 파생적으로 제한하여 '원인'을 정의할 가능성은 생각해 볼 수 있겠지만 (나중에 보듯 사실 이것도 간단한 문제는 아니다), '원인'을 먼저 정의하고 그것으로부터 '때문에'를 정의하려는 시도는 명백히 수레를 말 앞에 놓으려는 시도이다.

---

4 Aristoteles [Met] 1044a 33 ff.
5 이와 비슷한 이유에서 박홍규 · 이태수 (1988)와 같은 고대철학 연구가들도 'aitia'를 '원인'보다는 '때문'이나 '까닭'으로 번역하는 것이 더 적절하다고 지적한다[박홍규 · 이태수 (1988), p. 285].

우리말에서도 '때문에'가 순수토착어인 데서도 알 수 있듯이 '때문에'는 매우 기본적인 어휘에 속한다. 반면 '원인'이나 '인과'는 한자어들로 어떤 시점에서이든 우리 언어 체계에 수입된 표현이다. 그리고 그 표현들은 많은 한자어가 그러하듯 서구의 근현대 언어의 'cause'와 'causation'을 번역하는 데에 적합하게끔 의미가 주어졌거나 조정되었다고 추정할 수 있다. '때문에'가 '원인'보다 더 근본적인 개념을 나타낸다고 생각할 만한 이유가 최소한 하나 더 주어지는 셈이다.

그리고 무엇보다도, 〈때문에〉 개념과 인과 개념에 대해서 보다 철학적인 반성을 해보더라도, 그 두 개념은 매우 다르고, 인과 개념을 이해한다고 해서 〈때문에〉 개념을 자동적으로 이해하게 되는 것은 아니라는 점을 알 수 있다. 논증적인 〈때문에〉를 제외하더라도 많은 설명적인 〈때문에〉가 비인과적인 〈때문에〉라는 것을 이 책의 뒷부분에서 보게 될 것이다. 그리고 그런 설명적인 〈때문에〉의 사례들은 인과적인 경우이건 비인과적인 경우이건 공통의 핵심 조건을 만족한다는 것을 보게 될 것이다. 설명적인 〈때문에〉의 사례들을 하나로 묶어주는 것은 인과성이 아니다. 따라서 인과 개념을 이해했다고 해서 보다 기본적이고 폭넓은 개념인 〈때문에〉 개념을 자동적으로 이해하게 되는 것은 아니다.

4. 〈때문에〉와 설명

〈때문에〉가 무엇인지의 질문이 충분히 전면적으로 주제화되지 않은 또 다른 이유는 그 질문이 설명이 무엇인지의 질문을 통해 이미 간접적으로 탐구되어 왔다는 사실에도 기인한다. 과학철학자들은 '왜' 질문에 대한 대답으로서의 설명을 주제화하면서 그 대답인 '때문에' 문장에 대한 탐구를 해왔다. '때문에'가 이끄는 절 즉 설명항은, 주절 즉 피설명항과 어떤 관계에 있어야 하는가?

명사적 표현이 아닌 '때문에' 대신 명사 표현인 '설명'을 가지고 이야기하게 되면, 우리는 '설명이란 무엇인가?'라고 자연스럽게 질문을 제시할 수 있고 '설명에 대한 이론들' 등의 표현도 자연스럽게 할 수 있다. ('때문에에 대한 이론'과 같은 표현을 홑화살괄호 없이 할 수 없다는 점을 상기하자.)

그러나 '설명'이라는 표현을 통해서 우리의 주제인 〈때문에〉에 대한 탐구를 기술하고자 할 경우에 오해의 여지들도 있다. 한 가지 오해의 가능성은, 설명 자체는 우리가 행하는 활동이라는 점에 기인한다. 설명과 인과를 대조할 때, 인과는 우리 밖의 세계에서 성립하는 존재론적인 것이고, 설명은 우리가 하는 활동으로서 인식론적이고 실천적인 것이라는 식의 대조를 하고자 하는 유혹을 받기가 쉽다. 또한 흔히 인과에 대한 고찰은 형이상학적 고찰이고 설명에 대한 고찰에는 인식론적, 화용론적 요소가 포함된다는 식으로 대조하고자 하는 유혹을 받기도 한다.

그러나 그러한 것은 부적합한 대조이다. 물론 설명 자체는 인간적 활동이고 인과 자체는 존재론적인 것이다. 하지만 우리는 처음부터 그런 식으로 대조항을 설정하지 말았어야 했다. 설명은 '때문에' 문장을 제시하는 활동이고, 인과 보고는 인과 문장을 제시하는 활동이다. 설명과 인과 보고를 비교하면, 그것은 둘 다 인간적 활동이다. 그 두 활동에는 모두 실천적 고려가 요구된다. '때문에' 문장과 인과 문장을 비교하면 그것들은 둘 다 세계에서 성립하는 존재론적 사실들을 서술하고 있다. 그 두 문장은 각각 세계가 어떠하다는 것에 의해서 참이거나 거짓이 된다. '때문에' 문장과 인과 문장은 모두 그것이 참이라는 것을 확인하는 데에 다양한 인식론적 고려들이 요구된다. 그 두 문장에는 각각 나름의 화용론적 고려가 요구된다. 설명과 인과 대신 〈때문에〉와 인과를 비교할 경우에 두 주제 사이에 이런 불필요한 대조를 할 필요는 없어진다. 물론 앞 절에서 이미 강조했듯 〈때문에〉와 인과를 구별하고 대조하는 것은 중요하다. 그러나 그 둘 사이의 대조가 실천적인 것과 존재론적인 것 사이의 대조와 같은 잘못된 대조로 오해되는 것은 옳지 않다.

〈때문에〉에 대한 탐구를 '설명'이라는 표제 아래에서 할 때 또 다른 오해의 여지는 '때문에' 문장을 제시하는 것과 설명을 하는 것이 정확히 일치하지 않을 가능성 때문에 발생한다. 우선은 무엇보다 일상 언어에서 '설명'은 훨씬 넓은 의미로 사용된다. 예를 들어, 우리는 '나는 빵을 어떻게 만드는지 그에게 설명했다'라고 말할 수 있는데 이때의 설명은 '때문에' 문장을 제시하는 일과 아무 상관이 없다. 일반적으로 '왜' 질문에 대답하는 활동뿐만 아니라 '어떻게' 질문 등 다른 종류의 질문에 대답하는 활동도 일상적 의미에서 설명일 수가 있다. 따라서 '때문에' 문장에 대해 충분히 이해를 하게 되더라도 (일상적 의미에서의) 설명이 무엇인가에 대해서는 충분히 이해하지 못하게 될 수도 있다.

그러므로 '설명'이라는 표제 아래에서 〈때문에〉에 대해서 탐구하고자 할 경우, '설명'은 보다 제한적 의미에서 이해되어야 한다. 즉 우리는 '왜' 질문에 대한 대답으로서의 설명으로 제한된 의미에서의 '설명'을 다루는 것으로 이해해야 한다. 실제로 과학철학자들이 설명에 대한 연구를 할 때 대개 그들은 그렇게 제한된 보다 전문적인 의미에서의 '설명'을 다루고 있다고 여겨진다.

나도 앞으로 이 책에서 주로 '설명'이라는 표제 아래에서 〈때문에〉에 대해서 탐구할 것인데, 이때 나도 '설명'이라는 말은 '왜' 질문에 대한 대답으로 제한된 의미에서 사용할 것이다. 또는 더 나아가 그냥 '때문에' 문장을 발화하거나 제시하는 일을 가리키는 축약적 표현으로 '설명'이라는 말을 사용할 것이다.

'그리고'의 의미를 탐구하고자 할 때, '그리고'가 표현하는 개념을 '연언'이라 부르면서 이런 탐구를 연언에 대한 탐구로서 표제화하는 것이 편리할 때가 있다. 마찬가지로 '때문에'의 의미를 탐구하고자 할 때에도 '때문에'가 표현하는 개념을 '설명적 유관성'이라 부르면서 이런 탐구를 설명적 유관성 또는 설명에 대한 탐구로서 표제화하는 것이 편리할 수 있다. 그러나 그렇더라도 중요한 것은 '때문에'의 일상적 의미에 대한 고찰이고, 이 책에서 '설명'이라는 말은 그런 고찰을 위해서 편의상 사용하는 전문 용어일 뿐이다. 그러므로 '설명'이라는 말의 일상적 의미의 다른 측면들이 '때문에'에 대한 우리의 고찰을 방해하지 않도록 주의해야 할 것이다.

5. '때문에' 문장의 사례 고찰

다음과 같은 '때문에' 문장을 논의의 출발점으로 삼아보자.

> (5) 오늘 아침에는 비가 오고 있었기 때문에 유진이가 버스 정류장에서 책을 읽지 않았다.

이 문장이 의미하는 것은 무엇인가? 이 문장이 주장하는 내용 속에 '오늘 아침에 비가 오고 있었다'와 '유진이가 오늘 버스 정류장에서 책을 읽지 않았다'가 포함되어 있다는 것은 분명하다. 즉 그 두 요소 문장이 참일 경우에만 (5)가 참이라는 것은 분명하다.

동시에 이 문장은 그 이상의 것을 주장하고 있다. 그 이상의 내용은 무엇인가? 많은 사람들이 흔히 생각하듯이, 그것은 다음과 같은 내용인가?

(6) 비가 올 때마다 유진이가 버스 정류장에서 책을 읽지 않는다.

그러나 (6)이 참이라고 하더라도 [그리고 (5)의 두 요소 문장이 참이라고 하더라도] (5)가 참이 아닐 수 있다. 유진이는 버스 정류장에서 책을 읽는 경우가 없는 사람이라고 하자. 아예 유진이가 책과 완전히 담을 쌓은 사람이라고 가정할 수도 있다. 그 경우에 (6)은 참이겠지만 (오늘 아침에 비가 오고 있었고, 유진이가 오늘 버스 정류장에서 책을 읽지 않았다고 하더라도) (5)는 거짓일 것이다. 비가 오지 않았더라도 유진이는 어차피 버스 정류장에서 책을 읽지 않을 것이었다.

그렇다고 (6)을 더 강화해서 다음과 같은 조건으로 만들어도 그 추가적 내용을 포착할 수는 없다.

(7) 비가 올 때마다 그리고 오직 그때에만 유진이가 버스 정류장에서 책을 읽지 않는다.

(7)이 참이라고 하더라도 [그리고 (5)의 두 요소 문장이 참이라고 하더라도] (5)가 여전히 참이 아닐 수 있다. 유진이가 일반적으로는 책이 젖지 않는 한에서 시간 날 때마다 책을 읽기를 원한다고 하자. 그래서 비가 오지 않는 경우에는 늘 버스 정류장에서 책을 읽었고 비가 오는 경우에는 늘 버스 정류장에서 책을 읽지 않았다고 하자. 그런데 유진이가 오늘 아침에는 특별히 수업 준비를 못 했기 때문에 비가 와서 책이 젖더라도 버스 정류장에서 수업 관련 책을 읽을 결심을 하고 집을 나섰다. 그런데 마침 유진이가 책을 집에다 놓고 와서 버스 정류장에서 책을 읽지 못했다고 하자. 그러면 (7)은 참이겠지만 (오늘 아침에 비가 오고 있었고, 유진이가 오늘 버스 정류장에서 책을 읽지 않았다고 하더라도) (5)는 거짓일 것이다.

비가 오지 않았더라도 유진이는 어차피 버스 정류장에서 책을 읽지 못했을 것이다.

또한 (5)가 참이기 위해서 (6)도 (7)도 참이어야 할 필요는 없다. 유진이가 대개는 비가 오는 경우에조차 책이 젖는 것을 개의치 않고 버스 정류장에서 책을 읽는다고 하자. 그러나 오늘 아침의 경우에는 유진이가 특별히 소중한 책을 가지고 있었고 그는 그 책이 젖는 것만은 원하지 않았는데 마침 비가 왔기 때문에 그가 버스 정류장에서 책을 읽지 않았다고 하자. 그 경우에 (5)는 참이겠지만 (6)과 (7)은 거짓일 것이다.

다른 후보들과 다른 제안들을 더 살펴볼 수도 있겠지만 그것들을 상세히 살펴보는 것은 뒤에서 보다 본격적으로 하도록 하고, 여기서는 내가 주장하고자 하는 제안으로 곧장 나아가도록 하자. 그것은 (5)가 참이기 위해 필요한 추가 조건이 다음의 내용이라는 것이다.

(8) 오늘 아침에 비가 오고 있지 않았더라면 유진이가 버스 정류장에서 책을 읽었을 것이다.

우리가 (5)가 참인지를 알기 위해서 흔히 (6)이나 (7)의 진리치에 관심을 가지는 것은 그것이 (8)의 진리치를 아는 데에 참고사항이 되기 때문이다. 그러나 (5)의 내용에서 핵심은 다른 때가 아닌 오늘 아침에 비가 오지 않았더라면 유진이가 버스 정류장에서 책을 읽었을 것이라는 것이다. 즉 오늘 아침의 유진이에 대한 가능한 반(反)사실적인 상황을 고려해야 한다. 오늘 아침에 실제로는 비가 왔고 유진이가 실제로는 책을 읽지 않았다. 그러면 중요한 것은 오늘 아침에 비가 오지 않은 (그러면서 가능한 한 현실과 가까운) 반사실적 가능 상황에서 유진이가 책을 읽었을 것인가 여부이다. 그가 그 상황에서 어차피 책을 읽지 않았을 것이라면 (5)는 거

것이다. 그가 그 상황에서는 책을 읽었을 것이라면 (5)가 참이다. 즉 (8) 과 같은 내용이 (5)와 같은 '때문에' 문장의 진리 조건에서 중요한 부분을 차지한다. 이제 '때문에' 문장이 참이기 위한 조건에 대해서 보다 일반적으로 고찰하도록 하자.

6. ⟨때문에⟩에 대한 반사실 조건문적 의존 이론

'때문에' 문장이 참이기 위한 조건은 무엇인가? 즉 'P이기 때문에 Q' 형식의 문장은 어떤 경우에 참인가?

이미 이야기했듯이, 그런 형식의 문장이 참이기 위해서 일단 P와 Q가 둘 다 참이어야 한다는 것은 분명하다. 또한 P와 Q가 참이라는 것만으로 'P이기 때문에 Q'가 참인 것은 아니라는 것도 분명하다. 그렇다면 '때문에' 문장이 참이기 위해서 어떤 조건이 추가적으로 요구되는가?

'P이기 때문에 Q'가 참이기 위해서는 Q가 성립하는 것이 P가 성립하는 것에 의존해야 한다. 그런 의존 조건을 'P가 성립하지 않았더라면 Q가 성립하지 않았을 것이다'라는 반사실 조건문(counterfactual conditional)을 통해서 표현할 수 있다.

그리하여 나는 '때문에' 문장이 참이기 위한 필요충분조건으로 다음과 같은 조건을 제안한다.

(TC) P이기 때문에 Q

iff (i) P

(ii) Q

(iii) ~P였더라면 ~Q였을 것이다.

여기에서 조건 (iii)이 핵심 조건으로서 Q가 P에 반사실 조건문적 의존 (couterfactual dependence)을 하고 있다는 것을 표현하고 있다.

예를 들어, 다음의 문장을 보자.

(9) 중국 정부가 1950년대에 참새 제거운동을 했기 때문에 중국의 대기근이 발생했다.

이 문장이 참이기 위해서는, 중국 정부가 1950년대에 참새 제거운동을 했다는 것도 참이고 중국의 대기근이 발생했다는 것도 참이며, 중국 정부가 1950년대에 참새 제거운동을 하지 않았더라면 중국의 대기근이 발생하지 않았을 것이라는 것도 참이어야 한다. 1950년대에 참새들이 곡식 낟알을 도둑질한다는 생각을 한 중국 정부가 대규모의 참새 사냥을 독려했고 천적인 참새가 급감한 후에 메뚜기의 개체 수가 급격히 증가했는데 메뚜기 떼가 농지를 덮으면서 이후에 중국의 농업 생산량이 급감했고 유명한 3년 대기근이 발생했다고 한다. 참새 제거운동이 없었더라면 메뚜기 개체 수가 급격히 증가하지 않았을 것이고 대기근도 발생하지 않았을 것이라고 한다면 (9)는 참일 것이다. 반면 중국 정부가 참새 제거운동을 하지 않았더라도 대기근이 발생했을 것이라면, 위의 문장은 참이 아닐 것이다.

이 분석에서 중요하게 사용되는 문장 형태인 반사실 조건문과 관련해서는 잘 알려져 있다시피 스톨네이커(R. Stalnaker)와 루이스(D. Lewis)를 중심으로 한 철학자들에 의해서 영향력 있는 의미론적 연구가 이루어진 바 있다.[6] 이 책에서도 반사실 조건문에 대한 이런 표준적 의미론을 대체

---

6 이들의 의미론은 Stalnaker (1968)와 Lewis (1973a), (1973c) 등에서 전개되었다.

적으로 따를 것이다. (세부적인 의견 차이는 나중에 밝히겠지만, 대강의 기본적 아이디어는 차이가 없으므로, 여기에서는 그런 기본적 아이디어만 가지고 이야기하겠다.) 표준적 의미론의 내략적 아이디어는 다음과 같다.

반사실 조건문은 대개 전건과 후건이 모두 거짓인 맥락에서 발화되지만 어떤 반사실 조건문은 참이고 어떤 반사실 조건문은 거짓이므로, 반사실 조건문은 명백히 비진리함수적이어야 한다. 반사실 조건문의 진리 조건은 전건과 후건의 현실적 진리치만을 고려해서 결정되지 않고 대신 가능한 경우들을 고려해야 한다. 반사실 조건문의 진리 조건은 가능 세계 의미론에 의해 부여되는데, 반사실 조건문이 참이기 위한 조건은 (대략적으로 말해서) 전건이 참이면서 현실 세계와 가장 유사한 가능 세계(가능한 경우)에서 후건이 참일 경우에 참이라는 것이다. (여기서는 일단 보다 간단한 스톨네이커의 의미론적 조건을 사용한다. 뒤에 보다 복잡한 경우들을 고려하자.)

그러므로 조건 (ii) '~P였더라면 ~Q였을 것이다'가 참이기 위한 조건은 (현실적으로는 ~P와 ~Q가 거짓이지만) ~P가 참이면서 현실 세계와 가장 유사한 가능 세계에서 ~Q가 참이라는 것이다. 예를 들어, (5)가 참이기 위해서는, 현실적으로는 중국 정부가 1950년대에 참새 제거운동을 했고 중국에 대기근이 발생했지만, 중국 정부가 1950년대에 참새 제거운동을 하지 않았으면서 현실 세계와 가장 유사한 가능 세계(현실 세계의 다른 조건들은 가능한 최대한 유지되는 세계)에서 중국의 대기근이 발생하지 않았다는 것이 성립해야 한다.

〈때문에〉에 대한 반사실 조건문적 의존 이론의 아이디어는 다음과 같은 방식으로 다시 서술할 수 있다. 'P이기 때문에 Q'가 참이기 위해서는 Q가 성립하는지 여부가 P가 성립하는지 여부에 의존해야 한다. P가 성립하는 경우에는 Q가 성립하고, P가 성립하지 않는 경우에는 Q가 성립하지 않아야 한다. 그러나 P가 성립하는 가능한 **모든** 경우에 Q가 성립하고, P가 성립하지 않는 가능한 **모든** 경우에 Q가 성립하지 않아야 한다는 것은 아니고, 현실 세계와 가능한 한 가까운 경우 중에서 P가 성립하는 경우에는 Q가 성립하고, P가 성립하지 않는 경우에는 Q가 성립하지 않아야 한다는 조건만이 요구될 뿐이다. 요구되는 의존 관계 자체도 현실 세계에서 성립하는 의존이기 때문이다. 예를 들어 중국의 대기근 발생이 중국 정부의 참새 제거운동에 의존하는 것도, 현실적으로 성립하는 여러 조건(참새가 메뚜기의 주요 천적이고, 메뚜기가 참새보다 곡식 낟알을 훨씬 더 많이 먹고 등등)이 존재하는 한에서 성립하는 것이다.

그래서 Q가 성립하는지 여부가 P가 성립하는지 여부에 의존한다는 것은 다음의 두 조건에 의해 표현될 수 있다.

(iii) ~P였더라면 ~Q였을 것이다.

(iv) P였더라면 Q였을 것이다.

위의 (TC)에는 이 중 조건 (iii)만이 포함되어 있는데, 이는 (TC)의 두 조건 (i)과 (ii)가 주어지면 (iv)는 그것으로부터 따라 나온다고 여겨지기 때문이다. (i)과 (ii)에 의하면 P와 Q가 현실적으로 참이다. 그러면 P가 성립하면서 현실적 경우와 가장 가까운 경우는 다름 아니라 현실적 경우 그 자체이다. 그리고 그 현실적 경우에 Q가 성립하므로, (iv)가 참이게 된다.

그러나 특수한 경우(예를 들어 비결정론적 경우)에는 (iv)가 나름의 역할을 할 수 있도록 반사실 조건문에 대한 표준적 의미론을 수정한 의미론을 채택할 수도 있다. 그럴 경우 (iv)는 (iii)만큼 중요한 역할을 하지는 않더라도 추가적 조건으로서 (TC)에 덧붙여질 수 있다. 이 가능성에 대해서는 지금 단계에서는 상술하지 않겠다.

7. '때문에' 문장의 맥락의존성

'때문에' 문장은 흔히 '왜' 질문에 대한 대답으로서 제시된다. 그러므로 우리는 '때문에' 문장을 이해하기 위해서 '왜' 질문의 의미론과 화용론에 대해서도 탐구할 필요가 있다. 이에 대한 상세한 논의는 뒤에서 다룰 것이다. 지금 단계에서 중요한 것은, 맥락에 따라 다른 '왜' 질문이 자연스럽게 제기되고, 그 맥락에서 어떤 '왜' 질문이 자연스럽게 제기되는가에 따라 다른 '때문에' 문장이 그 맥락에서 적합할 수 있다는 것이다.

다음과 같은 '왜' 질문을 고려해 보자.

> (10) 왜 헨리 8세는 덴마크의 크리스티나의 초상화를 그리라고 지시했는가?

이 '왜' 질문이 어떤 맥락에서 제기되는가에 따라서 이 질문은 여러 방식으로 해석될 수 있다. 이 질문에 다음과 같이 대답했다고 하자.

> (11) 헨리 8세는 덴마크의 크리스티나가 어떻게 생겼는지 알기 원했기 때문에 (헨리 8세는) 그녀의 초상화를 그리라고 지시했다.

영국 왕 헨리 8세는 세 번째 부인이 죽고 나서 네 번째 결혼 상대를 찾던 중, 후보감이었던 덴마크의 크리스티나를 실제로는 보지 못한 상태에서 그녀의 외모가 어떤지 알기를 원했고, 궁정화가 한스 홀바인을 유럽 대륙에 살고 있던 그녀에게 보내서 초상화를 그리라고 시켰다고 한다.[7] 헨리 8세는 한스 홀바인의 예술 작품을 원했던 것은 아니고, 크리스티나가 어떻게 생겼는지 알고자 하지 않았더라면 굳이 그녀의 초상화를 그리게 하지 않았을 것이다. 그러므로 (11)은 참이다. 또한 이 문장은 우리가 쉽게 생각할 수 있는 많은 맥락에서 '왜' 질문에 대한 자연스럽고 적합한 대답이다.

'왜' 질문 (10)에 다음과 같이 대답할 수도 있다.

(12) 헨리 8세 시대에는 아직 사진이 발명되지 않았기 때문에 헨리 8세는 그녀의 초상화를 그리라고 지시했다.

헨리 8세 시대에 이미 사진이 발명되어 있었더라면 헨리 8세가 군이 크리스티나의 초상화를 그리라고 지시하지 않고 사진을 찍어오게 했을 것이라고 하자. 그렇다면 (12)도 참이다. (12)는 어떤 맥락에서는 우리가 원하는 정보를 제시하지 않기 때문에 부적합한 문장이기는 하지만 또 어떤 맥락에서는 오히려 요구되는 정보에 더 잘 맞는 적합한 문장이기도 하다. 예를 들어 '왜' 질문을 제기하는 사람이 헨리 8세가 덴마크의 크리스티나가 어떻게 생겼는지 알기 원했다는 사실은 알고 있으면서 그가 왜 사진을 찍지 않고 군이 그림을 그리게 시켰는지 궁금해하는 맥락에서 (12)는 보다 자연스럽고 적합한 문장일 것이다.

두 '때문에' 문장 (11)과 (12)는 각각 다음의 두 '왜' 질문에 대한 적합한 대답이 된다.

(13) 왜 헨리 8세는 덴마크의 크리스티나에 관한 아무런 지시도 하지 않기보다는 그녀의 초상화를 그리라고 지시했는가?

(14) 왜 헨리 8세는 덴마크의 크리스티나의 사진을 찍도록 지시하기

---

7   Wolf (2006) pp. 76-78 참조.

보다는 그녀의 초상화를 그리라고 지시했는가?

즉 '왜' 질문 (10)은 맥락에 따라서 서로 나른 내조항('덴마크의 크리스티나에 관한 아무런 지시도 하지 않는다' 또는 '덴마크의 크리스티나의 사진을 찍도록 지시한다')을 가진 두 질문으로 해석될 수 있다. 이 두 대조항 중 어떤 것에 대조되어 '덴마크의 크리스티나의 초상화를 그리라고 지시한다'가 왜 성립하는지 질문되는가에 따라서 서로 다른 '때문에' 문장이 더 적합할 수 있다. 더 나아가 '때문에' 문장들 자체도 이런 대조항을 가지는 문장들로 해석될 수 있다.

우리는 이 책에서 이런 대조적 '왜' 질문과 대조적 '때문에' 문장이 가지는 맥락의존성에 대해서 본격적으로 탐구할 것이다. 특히 대조적 '때문에' 문장이 서로 다른 대조항을 포함함에 따라서 가지는 진리 조건에 대해서도 반사실 조건문적 이론의 관점에서 어떻게 확장된 이론을 발전시킬 수 있는지 검토할 것이다.

나아가 '때문에' 문장은 그 문장의 진리 조건만으로 포착되지 않는 의미 성분을 가진다. 이는 '때문에' 문장이 각각의 맥락에서 얼마나 받아들일 만한가의 문제와 관련되는데, 이것은 또한 '때문에' 문장이 그 맥락에서 요구되는 정보에 얼마나 적합한가의 문제와도 구분될 필요가 있다. 그리하여 나는 이 책에서 '때문에' 문장의 수용가능성 조건에 대해서도 제시할 것이다. 이 조건은 '때문에' 문장의 맥락의존성이 어떻게 나타나는가를 체계화시켜 주는 한 가지 방식이 될 것이다. 또한 이 수용가능성 조건은 진리 조건과 함께 '때문에' 문장의 의미를 규정하는 데에 중요하게 이용될 것이다.

8. 〈때문에〉 개념으로부터 출발하여 인과 개념과 기반 개념을 이해하기

앞에서 이야기했듯이, 나는 〈때문에〉 개념이 인과 개념보다 더 근본적이라고 생각한다. 그러므로 〈때문에〉 개념을 규정하는 데에 인과 개념을 사용해서는 안 된다고 생각한다.[8] 인과 개념을 통해서 〈때문에〉 개념을 규정하고자 할 때 생겨나는 문제들에 대해서는 앞으로 이 책에서 자세히 논의할 것이다.

반대로 인과 개념을 규정하는 데 있어서는 〈때문에〉 개념으로부터 출발할 수 있다. 그러나 인과 개념은 〈때문에〉 개념에 비해 훨씬 번잡한 개념이다. 인과 개념에 대한 최근의 철학적 논의들은 크게 두 종류의 인과 개념이 있다는 사실을 드러내었다고 할 수 있다. 그 두 인과 개념 중에서 하나는 〈때문에〉 개념에 제약을 가해서 곧장 정의할 수 있는 보다 논리적으로 단순하고 분명한 개념이다. 또 하나의 인과 개념은 보다 복잡하고 경험적인 개념이며 〈때문에〉 개념에 의해서 곧장 규정할 수는 없고 〈때문에〉 개념과 간접적인 방식으로 관련을 맺는다.

이 책은 기본적으로 인과에 대한 책이 아니고 〈때문에〉에 대한 책이기는 하지만, 이 책의 뒷부분에서 〈때문에〉 개념으로부터 출발하여 인과 개념에 어떻게 접근할 것인가를 논의할 것이다. 나는 이 부분은 〈때문에〉에 대해서만큼 확신이 없으며 인과 개념에 대한 논의들(특히 두 번째 인과 개념에 대한 논의들)은 다소 사변적인 (추정적인) 내용을 포함하게

---

8 설명에 대한 인과적 이론가들은 인과 개념을 먼저 규정하고 이를 통해서 설명(그리고 그 핵심이 되는 설명적 유관성 즉 〈때문에〉)을 이해한다고 할 수 있다. 대표적인 철학자들의 문헌으로 Lewis (1973b), (1986c), Salmon (1984), (1987), Dowe (2000), Woodward (2003) 등이 있다.

될 것이다. 이와 같은 논의에서 우리는 〈때문에〉에 대한 반사실 조건문적 이론이 인과 개념에 대한 논의 속에서는 어떤 식으로 적용되고 의미를 가질 수 있는지 보게 될 것이다.

또한 최근에 어떤 철학자들은 특히 형이상학적 설명과 관련된 맥락에서 이른바 기반(ground) 개념을 도입하면서 이 기반 개념을 이해시키는 방식으로 그 개념과 '때문에'라는 표현 사이의 밀접한 연관성을 이용하기도 하는데, 이 때문에 '때문에'라는 말에 대해서 철학자들의 관심이 높아졌다.[9] 그러나 그들 철학자들의 생각과 달리, 그들이 도입하고 이해하는 기반 관계는 우리가 일상적으로 사용하는 〈때문에〉 개념과 중요한 측면에서 다르다. 나는 그 철학자들이 자신들이 도입하는 기반 개념과 〈때문에〉 개념이나 설명적 개념과의 밀접한 연관성을 강조할 때에 그런 연관성이 지나치게 과장되어 있다는 것을 이 책의 뒷부분에서 논증할 것이다. 〈때문에〉 개념은 그 철학자들이 도입하는 기반 개념과의 연관성을 통해서는 제대로 이해될 수 없다. 오히려 기반 개념에 대한 이해는 〈때문에〉 개념과의 제대로 된 관계 설정을 통해서 보다 올바르게 개선될 수 있고, 형이상학적 설명에 대해서도 보다 명확한 접근을 할 수 있음을 보게 될 것이다.

---

9 그러한 철학자들의 대표적 문헌은 다음과 같다. Fine (2001), (2012), Rosen (2010), Schaffer (2009), Audi (2012a), (2012b), Schnieder (2017).

2장

새로운 설명 이론을 향하여

전통적 이론들은 왜 설명의 조건을 제시할 수 없는가?

설명에 대한 이론의 역사에서 지배적인 위치를 차지했던 헴펠(C. G. Hempel)의 설명 이론이 붕괴한 이후, 확률적 설명 이론들이 오랫동안 과학철학에서의 설명에 대한 논의에서 특별히 중요한 위치를 차지해 왔다.[10] 이 장에서, 나는 확률적 설명 이론들이 설명 이론으로서 부적합하다는 것을 보이고자 한다.[11] 그러한 목적을 위해 나는 각각의 설명 이론들이 가진 문제점들을 지적하기보다는 확률적 설명 이론들이 설명 이론으로서 부적합할 수밖에 없는 공통적이고 근본적 이유를 제시하고자 한다.

---

10 대표적인 전통적 확률적 설명 이론으로서 내가 염두에 두고 있는 입장들은 Salmon (1970), Salmon (1984), Van Fraassen (1980)에 나타나있다.
11 이 장의 일부는 선우환 (2001a)에 기초함.

1. 설명 이론은 무엇을 다루는가?: 탐구의 과제를 구성하기

설명이 '왜'-질문('why'-question)에 대한 답으로서 주어진다는 것을 언급함으로써 설명에 대한 논구를 시작하는 것만큼이나 진부한 일은 없을 것이다. 설명에 대한 헴펠(C. G. Hempel)과 오펜하임(P. Oppenheim)의 기념비적 논문이 그러한 언급으로부터 출발할 뿐 아니라,[12] 반 프라센(B. Van Fraassen)은 그러한 통찰이 가질 수 있는 흥미로운 함축을 체계적으로 다루기까지 했다.[13] 그럼에도 불구하고, 나는 그러한 통찰이 여전히 퇴색하지 않은 가치를 지니고 있다고 생각한다.

'왜 (R이 아니고) Q인가?'라는 꼴의 질문에 대해 그 대답으로서 'P이기 때문에 (R이 아니고) Q이다'라는 설명이 주어졌다고 하자. 우리는 이 설명 진술이 다음과 같은 것들을 함축한다는 것을 쉽게 안다.

> (i) P가 참이다
>
> (ii) Q가 참이다
>
> (iii) R이 참이 아니다

그러나 이것들이 위의 설명 진술이 말하는 전부가 아니라는 것을 우리는 또한 안다. P가 Q에 대해 (R에 상대적으로) '때문에'의 관계('때문에'라는 말이 표현하는 관계)에 있어야만 위의 진술은 참이 된다. '때문에'라는 이 비진리함수적 연결사가 의미하는 바는 무엇인가? 다시 말해서, P와 Q가 어떤 연관을 가질 때 위의 진술은 참이 되는가? 위 진술이 참

---

12 Hempel & Oppenheim (1948) p. 245.

13 Van Fraassen (1980) Ch. 5.

이 되기 위해 P가 Q에 대해 가져야 할 관계를 '설명적 유관성의 관계 (explanatory relevance relation)'라고 부르기로 하자. 내가 생각하기에는, 바로 이 설명적 유관성 관계가 무엇인지를 해명하는 것이 설명에 대한 철학적 이론이 목표해야 할 핵심적 과제이다. 즉 설명이 무엇이냐는 물음의 핵심은 설명적 유관성이 무엇이냐는 데 있다.

화용론적 설명 이론을 발전시킨 반 프라센이 '왜' 질문에 대한 대답으로서의 설명 진술이 가지는 언어적 구조를 흥미롭게 분석하고 묘사했지만, 그는 (설명적) 유관성 관계 자체에 대해서는 아무런 해명도 하려고 하지 않는다. 그는 설명 진술의 일반적인 형식을 다음과 같이 표현하고 나서,

A이기 때문에 X(의 나머지들)에 대조적으로 P_K이다.

이 대답에서 주장되는 것이 무엇인지 묻는다.[14] 주장되는 바로서 말해지는 것들 중 앞의 셋은 우리의 (i) (ii) (iii)에 상응하는 내용들이다. 그리고 이 대답에서 주장된다는 마지막 것은 다음의 내용이다.

A가 하나의 이유이다.

이것이 우리 과제에 아무 도움이 안 된다는 것은 명백하다. 우리는 A가 P_K에 대해 이유가 된다는 것이 무엇인지를 알고 싶은 것이다. 그는 이어서 다음과 같이 말한다.[15]

나의 의견으로는, '때문에'라는 말은 여기서 오직 A가 이 맥락에서 이 물음

---

14 Van Fraassen (1980), p. 143.

15 Van Fraassen (1980) *ibid*.

에 대해 유관하다는 것을 의미한다. 따라서 그 주장은 단지 A가 $\langle P_K , X \rangle$에 대해 (유관성) 관계 R에 있다는 것이다.

그러나 이것 역시 도움이 되지 않는다. (설명적) 유관성의 관계란 무엇인가? 이것이 바로 우리가 알고자 하는 것이다.

그렇지만 사실 반 프라센이 설명적 유관성 관계에 대해 아무런 분석도 제시하지 않은 이유가 전혀 없는 것은 아니다. 그것은 설명적 유관성의 관계가 '왜' 물음이 제기되는 맥락에 따라 달라진다는 점에 있다. '왜 이 도선이 휘어 있는가?'라는 물음은 그 휘어짐'에로 이끈' 사건에 대한 물음일 수도 있고, 그런 사건을 가능하게 한 지속적 조건들에 대한 물음일 수도 있으며, 그런 휘어짐이 수행하는 기능에 대한 물음일 수도 있다.[16] 이러한 다양성 앞에서, 설명적 유관성의 관계를 어떻게 감히 하나로 고정할 수 있겠는가?

그러나 어떤 개념이 맥락의존적이라는 사실이 그 개념에 대한 일관된 분석을 불가능하게 만드는 것은 아니다. 예를 들어, 반사실 조건문에 대한 스톨네이커나 루이스의 의미론은 반사실 조건문의 맥락의존성이 체계적으로 반영될 수 있게 하는 이론이다.[17] 어떤 개념이 맥락의존적일 때 우리는 그 개념이 맥락의존적이라고 말하는 것으로 만족해서는 안 되며, 맥락이 그 개념을 포함하는 전체 문장의 진리 조건에 어떤 식으로 영향을 미치는지에 대한 체계적인 이론을 구성할 수 있는지 물어야 한다. 그것은 또한 한 개념이 맥락에 의존함에도 불구하고 맥락에 따라 변화하지 않는 요소—맥락의 영향을 체계적으로 반영하는 기본 구도—도 포함

---

16 Van Fraassen (1980), pp. 141-142.
17 Stalnaker (1968)과 Lewis (1973).

하는지를 찾는 일이기도 하다.

따라서 우리의 과제는 설명적 유관성에 대한 (그 맥락의존성을 허용하는) 분석을 모색하는 일이 될 것이다. 또한 그것은 '때문에'라는 단어의 의미 분석의 과제이기도 하다. 그런 분석은 '때문에'라는 단어가 포함된 진술─설명 진술─의 (맥락의존적) 진리 조건을 부여함으로써 이루어질 것이다.

우리의 과제와 관련해 언급해야 할 또 하나는 우리는 단순히 〈설명으로서 상정된 것〉에 대한 조건을 제시하고자 하는 것이 아니라, 〈올바른 설명(correct explanation)〉에 대한 조건을 제시하고자 한다는 점이다. 설명 진술 'P이기 때문에 Q이다'가 참이라면, P는 Q에 대해 올바를 수도 그릇될 수도 있는 의미에서의 설명에 그치는 것이 아니라, Q에 대한 단적으로 올바른 설명이다. (그 진술이 참일 경우, P는 Q에 대해 질문자가 질문하는 포인트와 별 상관 없는 설명일 수는 있어도 그릇된 설명일 수는 없다.) 따라서 우리가 'P이기 때문에 Q이다'의 진리 조건을 제시한다면─그리고 그것이 바로 '때문에'의 의미를 부여하는 것이기도 한데─그것은 곧 올바른 설명의 조건을 제시하는 것이기도 하다.

'설명'이라는 단어는 올바름을 함축하는 의미로도 쓰이고 그렇지 않은 의미로도 쓰이는데, 이는 다른 많은 단어에서도 발견되는 현상이다. 예를 들어, '지식'은 참임을 함축하는 의미로도 사용되지만, 일상 언어에서는 '그렇게 잘못 알려졌다'나 '잘못된 지식에 근거해 있다'와 같이 '지식으로 상정된 바의 것'을 의미하는 식으로 사용되기도 한다. 또한 '증명' 역시 올바름을 함축하는 의미로도 사용되지만 '잘못된 증명'에서와 같이 '증명으로 상정된 바의 것'이라는 의미로도 사용된다. 그럼에도 불구하고 인식론은 엄격한 의미의 '지식'에 대한 분석만을 추구하고, 논리학은 추론 규칙에 따라 올바로 도출되었음을 의미하도록 '증명'을 정의

한다. 이와 마찬가지로 설명 이론 역시 엄격한 의미의 '설명', 즉 이른바 '올바른 설명'에 대한 분석을 제시해야 한다. 느슨한 의미의 '설명'은 느슨한 의미의 '지식'이나 '증명'처럼 이론적 분석의 대상으로 삼기에는 부적합하다.[18] 그런 의미에서의 '설명'은 단지 '설명으로서 상정된 바의 것'을 의미한다. 사람들이 어떤 것을 '설명이랍시고' 내세울지는 각자에게 달려 있다. 설명에 대한 사람들의 어떠한 공통적인 직관이나 개념에도 완전히 어긋나는 무언가를 누군가가 설명으로서 내세우더라도 (흔히는 그 사람의 설명 개념이 별달라서가 아니라 다른 인식적인 오류를 저지름으로써) 그것은 느슨한 의미의 '설명'(혹은 '누군가에 의해 설명으로 상정된 바의 것')의 외연 속에 당당히 속하게 될 것이다. 따라서 그런 외연을 묶어주는 분석을 제시할 수 있기를 기대할 수는 없다.

느슨한 의미에서, '논증'은 논증처럼 생긴 모든 것을 가리키고, '설명'은 설명처럼 보이는 모든 것을 가리킨다. 논리학이 그런 논증 개념에 대해 어떠한 규정도 하려 하지 않고 오직 타당한 귀결의 관계를 규정하려 하듯, 설명 이론도 오직 올바른 설명적 유관성의 관계를 규정하려 해야 할 것이다. 그러므로 이제 우리의 과제는 올바른 설명적 유관성의 관계가 무엇인지를 규정하는 것, 혹은 보다 단순히 말해, '때문에'라는 말이 포함된 진술의 진리 조건을 규정하는 것으로서 구성된다.

설명에 대한 반 프라센의 이론의 전체 내용을 알고 있는 독자는 여기

---

18 헴펠은 (느슨한 의미에서의) 설명과 올바른 (혹은 참된) 설명의 기준 모두를 제시하는 것으로 여겨질지도 모르겠다[Hempel (1965) 참조]. 즉 설명에 대한 그의 이른바 논리적 조건들만을 만족하면, 그것은 그냥 설명이고 경험적 조건까지도 만족하면, 그것은 더 나아가 올바른 (혹은 참된) 설명이라는 것이다. 그러나 사실상 그는 올바른 설명의 약한 조건과 강한 조건을 제시하고 있는 것으로 보아야 한다. '그릇된 설명'이라는 말은 설명적 유관성(헴펠이 연역적 혹은 귀납적 귀결 관계로서 분석하는), 즉 논리적 조건이 결여된 경우에조차 적용될 수 있기 때문이다.

에서 반 프라센 역시 '설명을 어떻게 평가할지'에 대한 기준을 제시했음을 언급하려 할지도 모르겠다.[19] 따라서 우리가 과제로 삼는 것을 반 프라센 역시 이미 다룬 것이 아닌가? 그러나 올바름 자체의 조건과 올바름을 평가하는 기준이 당연히 일치한다고 섣불리 생각해서는 안 된다. 평가는 우리 인간의 행위이고 평가의 기준은 그 행위를 인도하는 규칙이다. 어떠어떠한 경우에 특정 설명이 올바르다고 판단하는 것은 합리적이고 정당화될 수 있다. 평가 기준은 어떤 경우에 우리의 그런 판단이 합리적이고 정당한지를 말해주는 기준이다. 그것은 실제에 있어 올바르지 않은 설명이었을 수도 있다. 이 기준은 지식의 인식적 정당화 기준과도 유사하다. 지식의 정당화 기준은, 우리가 어떤 경우에 특정 믿음을 지니는 것이 합리적인지를 말해주지만, 그 믿음이 참임을 보장해 주지는 않는다.

반면 설명적 올바름 자체의 조건은 일종의 진리 조건이다. P가 Q에 대해 올바른 설명적 유관성을 가진다는 것은 설명 진술 'P이기 때문에 Q이다'가 참이라는 것이다. 따라서 설명적 올바름의 조건을 제시한다는 것은 위 진술이 어떤 경우에 참이 되는지의 비인식적 조건을 제시하는 것과 같다.

이러한 점은 반 프라센 자신도 역시 무의식적으로라도 인지하고 있었던 것으로 보인다. 그가 자신의 기준―특히 설명항이 피설명항을 선호(favour)한다는 기준―을 설명적 유관성이 무엇인지에 관한 논의에서 다루지 않고, 뒤에 설명의 평가 부분을 설정함으로써 따로 다룬 것도 그의 이러한 인지를 보여준다. 그리고 또한, 예를 들어 설명항의 단독적 평가 기준으로서 설명항의 진리치를 제시하지 않고, 설명항에 부여되는 (주관적) 확률(배경지식 K에 의존하는)을 제시한 것도 이를 보여준다. 설

---

19 Van Fraassen (1980), pp. 146-151.

명 진술을 참인 진술이게 하기 위해 설명항이 단독적으로 가져야 할 조건으로서, 반 프라센 역시 설명항의 참을 받아들이리라는 것은 명백하다. (앞서 보았듯이, 반 프라센은 설명항이 참임을 설명 진술에 의해 주장되는 바 중의 하나로 제시했었다.) 설명항의 진리성은 올바른 설명 자체의 조건으로서는 요구되지만, 올바른 설명으로서의 수용이 어떤 경우에 합리적인지의 기준으로서는 너무 강하다. 또한 설명항이 피설명항을 선호하는 바의 기준—이는 설명적 유관성에 대한 평가 기준에 해당되는데—역시 확률값들 간의 비교를 통한 것이다. 이런 기준은 설명적 유관성 관계가 무엇인가에 대한 대답 혹은 유관성 관계 자체의 조건으로서 제시된 것도 아니고[20] 그런 조건으로서 적합한 것도 아니다.

나는 통계적-확률적 형태의 기준들 일반이 설명적 유관성에 대한 인식적 기준 혹은 평가 기준으로서는 적합할 수도 있지만 설명적 유관성 자체의 조건(혹은 설명 진술의 진리 조건)으로서는 부적합하다고 생각한다. 나는 앞으로 이런 생각을 근거 짓기 위한 보다 일반적인 논변을 제시할 것이다.

지금까지 나는 다음과 같은 것들을 논의하고 주장했다.

(1) 설명 이론의 과제는 (올바른) 설명의 조건을 규정하는 데 있다.[21]
(2) P가 Q에 대한 올바른 설명일 조건은 설명 진술 'P이기 때문에 Q이다'가 참일 조건과 같다.
(3) 설명 진술 'P이기 때문에 Q이다'가 참일 조건은 (Q가 참임이 주어졌을 경우) 다음의 둘을 만족하는 것이다:

---

20 반 프라센은 설명 평가에 관한 부분이 전통적 설명 이론의 문제의 해결에 도움이 되기를 의도한 것이 아니라는 단서를 붙인다[Van Fraassen (1980), p. 146].
21 앞으로는 엄밀한 의미의 '설명'에 대해 대개의 경우 '올바른'이란 수식어를 생략할 것이다.

(a) P가 참이다.

(b) P가 Q에 대해 (올바른) 설명적 유관성의 관계에 있다.

(4) 따라서, 설명 이론의 핵심적 과제는 (올바른) 설명적 유관성 관계의 조건을 규정하는 데 있다.

그러나 나는 (올바른) 설명의 조건을 규정하는 것, 그리고 그러기 위해 (올바른) 설명적 유관성 관계의 조건을 규정하는 것이, 설명에 대해 우리가 이야기할 수 있는 유일한 논의거리라고는 생각하지 않는다. (올바른) 설명 자체의 조건만큼 엄밀한 분석의 대상이 될 수 있어 보이지는 않지만, 최소한 다음과 같은 두 종류의 조건은 부가적으로 논의할 수 있다고 생각한다.

첫째는, 적합한 설명(appropriate explanation)의 조건이다. 여기서 '유관한(relevant)'과 '적합한(appropriate)'의 두 단어를 구분해서 쓰는 것은 순전히 임의적인 것이다. 나는 설명항 P가 피설명항 Q에 대해 유관한 혹은 적합한 관계에 있을 때엔 '유관한'이란 단어를 사용하고, 설명 진술 'P이기 때문에 Q이다'가 질문자의 '왜'-물음에 대한 유관한 혹은 적합한 대답일 때엔 '적합한'이란 단어를 사용하기로 했다. 전자의 경우에 대해선 '유관성(relevance)' 대신 '연관성(connection)'이란 단어를 사용하는 것이 더 적절할지도 모른다. 그러나 단어의 구분은 임의적이지만 두 개념 간의 구분은 임의적인 것이 아니다. 설명항이 피설명항에 대해 가지는 관계와 대답으로서의 설명 진술이 물음(과 그 물음이 제기되는 맥락)에 대해 가지는 관계는 어떻든 구분되어야 한다.[22]

---

22 반 프라센의 경우에는 이 둘을 구분하지 않았기 때문에, 설명적 유관성의 관계가 분석될 수 없는 관계처럼 보였다.

결국 어떤 설명(설명적 진술)이 적절한 설명일 조건이란 설명 진술 'P이기 때문에 Q이다'가 질문자가 물음을 제기하는 맥락 혹은 질문자의 관심에 적절할 조건을 말한다. 어떤 설명이 질문자의 관심에 얼마나 잘 부합하는가 하는 것은 어느 정도 심리적 요소도 포함한다고 생각할 수 있다.

둘째는, 그럼직한 '설명(plausible 'explanation')'의 조건이다. 여기서 '그럼직하다(plausible)'는 것은 (올바른) 설명이라고 믿거나 받아들이는 것이 합리적이거나 정당화된다는 의미의 인식론적 용어이다. 정당화되었음에도 틀리는 일이 가능하므로, 그럼직한 '설명'은 (올바른) 설명이 아닐 수도 있다. (그것이 내가 여기에 인용부호를 찍는 이유이다.)

설명으로 제안된 어떤 것이 그럼직한 '설명'이냐 하는 것은 우리의 배경지식에 의존한다. 즉, 우리가 어떤 배경지식을 가지고 있느냐에 따라 동일한 '설명'(으로 제안된 것)이 그럼직할(정당하게 받아들일 만할) 수도 있고 그렇지 않을 수도 있다. 그럼직한 '설명'의 조건은 (올바른) 설명에 대한 인식적 기준을 강하게 만족시키는 데에 있다. 따라서 (올바른) 설명에 대한 인식적 기준은 우리가 어떤 배경지식을 가지고 있느냐를 언급하지 않을 수 없다.[23]

결국, 설명 이론은 적절한 설명의 조건과 그럼직한 '설명'의 조건에 대한 논의로 보충될 수 있다. 그러나 가장 고유한 의미에서 설명 이론은 설명이 무엇인가에 대해 대답하는 이론이고, 그것은 (올바른) 설명의 조건, 특히 (올바른) 설명적 유관성의 조건을 규정함으로써 이루어진다.

---

[23] 그런 인식적 기준, 특히 설명적 유관성의 인식적 기준이 어떤 형태의 것일지의 문제는 기본적으로 인식론과 방법론의 문제이다. 내가 보기에 설명에 대해서 제시된 기존의 많은 이론들(특히 확률적 이론들)은 이런 인식론의 문제에 대해서 보다 적절한 대답들이다.

2. 의존의 개념으로서의 설명적 유관: 충분조건 이론으로부터 확률적 유관성 이론으로

헴펠의 고전적인 설명 이론이 설명 이론으로서 많은 문제를 지니고 있다는 것은 오늘날의 과학철학자들에게 새로운 소식이 아니다. 그러나 확률적 설명 이론들에 대한 일반적 반론을 제시하기 전에, 우선 헴펠의 설명 이론에 대해 제기되어 온 문제들의 본성을 파악할 필요가 있다. 그러므로, 헴펠의 D-N 설명 이론(연역-법칙적 설명 이론, deductive-nomological theory of explanation)과 I-S 설명 이론(귀납-통계적 설명 이론, inductive-statistical theory of explanation)에 대한 논의로부터 우리의 논의를 시작하자.

헴펠의 설명 이론 역시 (올바른) 설명의 조건을 규정하려는 시도이다. 잘 알려져 있다시피, 헴펠의 연역-법칙적 설명 이론 즉 D-N 설명 이론에 의하면, 올바른('건전한') 설명은 다음의 네 적합성(adequacy) 조건을 만족해야 한다.[24]

(1) 설명항으로부터 피설명항이 논리적으로 귀결되어야 한다.
(2) 설명항은 일반 법칙들을 포함해야 하고, 이 일반 법칙들은 피설명항의 도출에서 실제로 사용되어야 한다.
(3) 설명항은 경험적 내용을 지녀야 한다.
(4) 설명항을 구성하는 문장들은 참이어야 한다.

그는 이 중 조건 (1)-(3)을 논리적 조건이라고 부르고, 조건 (4)를 경험적 조건이라고 부른다. 경험적 조건이 내가 앞 절에서 정리한 조건 (3)

---

[24] Hempel & Oppenheim (1948) pp. 247-249. 또한 Hempel (1965a) 참조.

(a)에 해당한다면 논리적 조건은 (3)(b) 즉 설명적 유관성 조건에 해당한다. 헴펠의 D-N 설명 이론에서는 설명항과 피설명항으로 이루어진 설명은 일종의 연역 논증과 같은 구조를 가지고 있다. 설명의 그 구조는 다음과 같다.

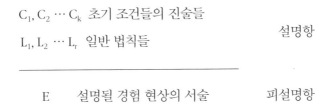

즉 초기 조건의 진술들과 일반 법칙들로 이루어진 설명항이 경험 현상의 진술들인 피설명항을 연역적으로 함축하는 논증이 하나의 설명을 이루는 구조이다.

설명항은 여러 진술들로 돼 있지만 그 진술들을 하나의 진술로 연결해서 P라고 하고, 피설명항은 Q라고 한다면, P가 Q에 대한 올바른 D-N 설명일 중요한 조건은 다음의 세 가지로 정리할 수 있다.

(1) P는 Q를 연역적으로 함축한다.
(2) P는 법칙적 진술을 함축하고, 그 법칙적 진술이 Q의 연역에 사용된다.
(3) P는 참이다.

원래의 네 조건 중 한 조건은 생략되었다. 설명되는 Q가 경험적 현상에 대한 진술이라고 가정하는 한, 헴펠 자신이 지적하듯 '설명항은 경험적 내용을 가져야 한다'라는 조건은 불필요하다. 왜냐하면 P로부터 Q가 연역되기 위해서는 P도 경험적 내용을 가져야 하기 때문이다. 그리고 설명항에 법칙적 진술이 포함되어 있어야 한다는 것은 설명항이 법칙적 진술을 논리적으로 함축하는 내용을 포함하고 있다는 논리적 방식으로 재서술되었다.

여기서, P가 Q에 대해 지니는 설명적 유관성의 관계를 위한 조건은 (1)과 (2)에 의해서 주어진다. 설명되어야 할 현상에 대한 문장 Q가 참이라는 것이 가정될 경우, 설명 문장 'P이기 때문에 Q이다'라는 문장이 참이기 위해서는, 첫째 P가 참이고, 둘째 P가 Q에 대해서 설명적으로 유관해야 할 것인데 앞의 조건은 (3)에 의해서 뒤의 조건은 (1)과 (2)에 의해서 제시되는 셈이다.

설명 문장 'P이기 때문에 Q이다'의 의미론의 관점에서 이 조건들을 볼 때 제기될 수 있는 불평은, '내가 커피를 엎질렀기 때문에 이 카페트가 더러워졌다'에서처럼, 실제의 설명 문장에서 P가 Q를 함축하지 않아도, 또한 P가 법칙적 문장을 함축하지 않아도 그 설명 문장은 거짓인 것으로 간주되지 않는다는 점이다. '때문에'에 대한 우리의 직관적 개념은 설명 문장에서 전혀 그러한 조건들을 요구하지 않는다.

그리고 바로 이것이 스크리븐(M. Scriven)이 헴펠의 설명 이론에 대해 제기했던 비판의 중요한 포인트와 연결된다.[25] 즉 스크리븐은 일상의 설명에서 일반 법칙은 대개의 경우 진술되지도 않고 진술될 필요도 없다는 것을 지적한다. 우리는 보통 개별적 사실들을 설명하기 위해서 다른 개별적 사실을 서술하는 진술을 사용한다. 일반 법칙에 대한 언급은 그 설명을 정당화하라는 요구에 입각해서 필요할 뿐이고, 그 일반 법칙에 대한 언급이 없더라도 설명은 그 자체로 만족스러울 수 있다는 것이다.

---

25 Scriven (1962).

헴펠 이론의 신봉자는 그러한 실제의 설명 문장에서는 '완전한' 설명이 갖추어야 할 내용들이 생략된다고 말하려 할 것이다. 이런 전략을 반영해 우리는 실제의 설명 문장의 진리 조건으로서 다음과 같이 수정된 약화된 조건을 시도해 볼 수 있을 것이다.

(1) P&L로부터 Q가 연역적으로 함축되는, 그러한 법칙적이고 참인 문장 L이 존재한다.
(2) P는 참이다.

이것은 스크리븐의 비판을 수용하는 설명 이론이면서 헴펠 이론에서의 설명의 기본 성격을 보존하고 있다(설명이 더 이상 논증 구조를 갖지는 않지만). 이 조건에서는 법칙적 문장이 설명항 안에 나타날 필요가 없다. 다만 법칙적 문장은 설명항이 피설명항에 대한 유관성―스크리븐은 이를 적합성(adequacy)이라 부를 것이다―의 조건을 만족하게끔 설명항과 피설명항을 연결시키면서 참인 것으로 존재하기만 하면 된다. 따라서 나는 이를 스크리븐적 D-N 이론(Scrivenized D-N theory)이라고 부를 만하다고 생각한다. 이 설명 이론은 원래의 D-N 이론을 특수한 경우로 포함한다. P에 Q를 연역하기에 충분한 법칙적 문장이 이미 포함되어 있을 경우, 우리는 그 법칙적 문장을 L로서 인용하면 된다.

헴펠의 귀납-통계적 설명 이론 즉 I-S 이론과 관련해서도 이와 유사한 이야기를 할 수 있다. 헴펠은 엄밀 법칙으로부터의 연역 논증뿐만 아니라 통계적 법칙으로부터의 귀납 논증도 설명의 한 종류로 포함시키기 위해서 이 I-S 이론을 발전시켰다.[26] 귀납 통계적 설명의 대표적 형태는

---

26 Hempel (1965a).

다음과 같은 귀납 논증의 구조를 가진다.

$$Prob(R/S)가 1에 가깝다. \qquad 설명항$$

$$Sa$$

$$Ra \qquad\qquad 피설명항$$

이 설명은 'S인 것들 중에서 R인 것들이 속하는 확률 즉 그 상대 빈도가 1에 가깝다'는 통계적 법칙과 개체 a가 S에 속한다는 개별 문장을 설명항으로 삼아 그것들로부터 귀납적으로 높은 개연성을 가지고 그 개체 a가 R에 속한다는 피설명항을 이끌어내는 구조를 가지고 있다.

그러면 D-N 이론과 I-S 이론을 결합할 때 얻어지는 설명의 일반 이론에서, P가 Q에 대한 (올바른) 설명일 조건은 다음과 같다고 할 수 있다.

(1) P로부터 Q가 연역적으로 추론되거나 귀납적으로 높은 개연성을 가지고 추론된다.

(2) P는 법칙적(통계적이건 비통계적이건) 문장을 함축하고, 그 법칙적 문장이 Q의 추론에서 사용된다.

(3) P는 참이다.

이에 대응해 법칙적 문장을 설명항에 포함할 필요가 없는 스크리븐적 D-N + I-S 이론(Scrivenized D-N + I-S theory)을 구성하면 그 이론에서의 설명의 조건은 다음과 같이 정리될 수 있다.

(1) P&L로부터 Q가 연역적으로 추론되거나 귀납적으로 높은 개연

성을 가지고 추론되는, 그러한 법칙적(통계적이건 비통계적이건)이
고 참인 문장 L이 존재한다.

(2) P는 참이다.

원래의 헴펠 이론들(D-N, I-S, D-N + I-S)과 스크리븐적 헴펠 이론들
이 설명적 유관성에 대한 다양한 조건들을 가지고 있고 이들 이론들 중
뒤의 이론들이 앞의 이론들보다 완화된 조건들을 가지고 있기는 하지
만, 이들 이론 모두의 공통점은 설명적 유관성 관계에 대한 충분조건적
접근이다. 즉 그것들은 모두 어떤 의미에서건 설명항이 피설명항에 대
한 충분조건이라는 것 혹은 충분조건에 가깝다는 것을 설명적 유관성
의 본성으로 생각한다. 즉 'P이기 때문에 Q이다'가 'P이면 Q이다'의 어
떤 형태로 표현될 수 있음을 가정한다. 'P이면 Q이다'가 논리적 참이거
나(D-N 이론), 'P이면 Q이다'가 법칙적 지지를 받는 참이거나(스크리븐적
D-N 이론), 혹은 Prob(Q/P)가 1에 가깝거나(스크리븐적 I-S 이론) 등이다.

그러나 이런 가정이야말로 바로 헴펠식 이론이 우리의 직관적 설명
개념과 충돌하는 가장 근본적인 부분이라 할 수 있다. '때문에'의 의미는
명백히 충분조건적이지가 않다.

헴펠의 설명 이론에 대해 제기된 많은 반례는 다른 것이 아니라 이 점
을 보여준다. 카이버그(H. Kyburg)의 반례에서 보듯이, 소금을 물에 넣기
전에 주문을 거는 것은 소금이 물에 녹기 위한 충분조건이지만, 소금을
물에 넣기 전에 주문을 걸었기 때문에 소금이 물에 녹은 것은 아니다.[27]
살먼(W. Salmon)의 유명한 반례에서 제시되었듯이, 남자인 존스가 피임

---

27 Kyburg (1965), "Comments," *Philosophy of Science* 32(2) pp. 147-151. Salmon
(1970), p. 33에서 재인용.

약을 먹은 것은 존스가 임신하지 않은 데에 충분조건이지만, 존스가 피임약을 먹었기 때문에 그가 임신하지 않은 것은 아니다.[28] 반 프라센이 예시하듯이, 적색편이가 나타나는 것은 은하가 우리로부터 멀어지는 데에 충분조건이지만, 적색편이 때문에 은하가 우리로부터 멀어지는 것은 아니다.[29] 브롬버거(S. Bromberger)의 잘 알려진 예에서 보듯이, 그림자가 그러그러한 길이인 것은 깃대가 그러그러한 높이인 데에 충분조건이지만, 그림자의 길이가 그러그러하기 때문에 깃대의 높이가 그러그러한 것은 아니다.[30] 스크리븐의 예에서 보듯이, 치료되지 않은 매독은 척추마비에 대해 어떤 의미에서도 충분조건이 아니지만, '치료되지 않은 매독 때문에 그 척추마비가 생겼다'는 참이다.[31]

이 예들과 그 밖의 무수히 많은 예들이 드러내는 것은, '때문에'에 대한 우리의 개념이 충분조건의 관념보다는 의존의 관념을 포함하고 있다는 점이다. 다시 말해서 'P이기 때문에 Q이다'는 Q가 P에 의존한다는 개념, P의 성립 없이는 Q가 성립하지 않으리라는 개념을 표현하고 있다. 소금에 주문을 걸지 않았더라도 소금은 물에 녹았을 것이므로, '소금에 주문을 걸었기 때문에 소금이 물에 녹았다'는 거짓이다. 존스가 피임약을 먹지 않았더라도 그는 임신하지 않았을 것이므로, '존스가 피임약을 먹었기 때문에 임신하지 않았다'는 거짓이다. 적색편이가 나타나지 않았더라도 (다른 조건들이 현실적일 경우와 가능한 한 가장 유사하다면) 은하가 우리로부터 멀어졌을 것이므로, '적색편이가 나타났기 때문에 은하가 우리

---

28 Salmon (1970), p. 34.

29 Van Fraassen (1980), p. 104.

30 Bromberger (1966), p. 72.

31 Scriven (1959), "Explanation and Prediction in Evolutionary Theory," *Science* CXXX. Salmon (1970), pp. 56~57에서 재인용.

로부터 멀어졌다'는 거짓이다. 치료되지 않은 매독이 없었다면 척추마비가 나타나지 않았을 것이므로, '치료되지 않은 매독 때문에 그 척추마비가 생겼다'는 참이다.

결국 Q가 P에 의존한다는 관념은 '~P이었더라면 ~Q였을 것이다'라는 조건문의 형태에 의해 표현될 수 있다. 이 조건문은 명백히 진리함수적 조건문일 수가 없다. 왜냐하면 우리는 그 설명 문장이 참이기 위해서 P도 참이어야 한다고 믿고 있고, P가 참이라면 위의 조건문은 무조건 참이 될 것이기 때문이다. 결국 위의 조건문은 반사실적 조건문(counterfactual conditional)이어야 할 텐데, 헴펠 이론에 대한 반례들이 쏟아져 나오던 당시에는 불행히도 반사실적 조건문에 대한 제대로 된 의미론이 정립되지 않았다. 설명에 대한 많은 논의들이 이 가능성에 대해서는 고려조차 하지 못한 것은 이 때문이었을 수도 있다.

그리하여 헴펠 이론의 대안으로 제시된 중요한 설명 이론들, 즉 확률적 설명 이론들에서 의존의 관념을 표현하는 방식은 주로 조건부 확률(conditional probability) 부여를 통해 이루어졌다. 대표적으로 살먼 등이 발전시킨 S-R 설명 이론(통계적 연관성 설명 이론, statistical-relevance theory of explanation)이 이런 확률적 의존 개념을 발전시켰다.[32] 이런 이론들에서 Q가 P에 의존한다는 것의 확률적 표현은 기본적으로 다음과 같다.

(1) $\text{Prob}(Q) < \text{Prob}(Q/P)$

---

32 이 이론의 가장 대표적 철학자인 살먼(W. Salmon)의 논의를 주로 따름. Salmon (1970) 참조. 그 밖에 이 이론을 발전시킨 주요한 철학자로 제프리(R. Jeffrey)와 그리노(J. Greemp) 등이 있다. Jeffrey (1969), Greeno (1970) 참조.

즉, P가 조건으로 주어지지 않았을 경우의 Q의 확률은 P가 조건으로 주어졌을 경우의 Q의 조건부 확률보다 낮아진다. 혹은 다음과 같은 형태도 가능하다.

(2) $\text{Prob}(Q/\sim P) \langle \text{Prob}(Q/P)$

즉, ~P가 조건으로 주어졌을 경우의 Q의 조건부 확률은 P가 조건으로 주어졌을 경우의 Q의 조건부 확률보다 낮아진다. 이런 표현 방식들은 이러한 방향으로 설명 이론을 발전시킨 살먼의 것을 주로 따르고 있지만 세부적인 점에서 많은 차이가 있고 또한 아주 단순화되어 있다. 우선 살먼에 있어서는 문장들이 아닌 집합들에 확률이 귀속되는데, 이는 확률에 대한 그의 빈도 해석적 관점이 반영된 것이다. 또 하나의 차이는 그가 '낮아진다'보다는 '달라진다'를 선호한다는 점이다. 보다 중요한 차이는 설명항을 그 부정 혹은 여집합과 비교하는 것이 아니라, 그 부정 혹은 여집합의 특정한 분할들과 비교한다는 점이다. 그렇게 해서 얻어지는 것은 (2)로부터의 한 변형태이다.

설명 문장의 형식이 'a가 Ck이기 때문에 (A인) a가 B이다'라고 하자. 그러면 살먼에 있어 'a $\in$ Ck'가 설명적으로 유관할 조건은 다음과 같이 표현될 수 있다.[33]

(3) 모든 i에 대해 $\text{Prob}(B/A\&C_i) \neq \text{Prob}(B/A\&C_k)$

---

33 이 정식화 자체는 살먼(Salmon)에 의해 표현되지 않았다. 그러나 어떻든 그의 설명적 유관성의 조건은 이 같은 형식으로 추출될 수 있다. 여기서 C_i들 간에 $\text{Prob}(B/A\&C_i)$가 서로 달라야 한다는 조건은 불필요하다. 또한 Salmon이 $\text{Prob}(B/A) \neq \text{Prob}(B/A\&C_k)$를 설명적 유관성의 조건으로 내세우지 않는다는 점에 주의하라.

(단, 여기서 A&C$_k$와 각 A&C$_i$들은 집합 B에 관해 A의 균질적인 분할이다.[34])

살먼 사신은 이 유관성 조건을 설명형 속에 포함시키겠지만, 일상의 설명 문장과 관련해서 볼 때는 이것을 설명항 속에 포함시키지 않는 것이 보다 자연스럽다. 살먼이 '$\langle$' 대신 '$\neq$'를 선택한 것은 그가 피설명항에 대해 긍정적으로건 부정적으로건 유관한 모든 것을 설명적으로 유관한 것으로 보려고 하기 때문이다. 그리하여 그는 '때문에(because)'가 표현하는 것뿐만 아니라 '에도 불구하고(despite)'가 표현하는 것까지 설명적 유관성에 포함시키겠다고 말한다.[35] 그러나 우리는 오직 '때문에'가 표현하는 관계에만 관심이 있으므로, 그런 (긍정적인) 설명적 유관성 관계의 조건으로서 다음과 같은 것을 받아들이면 될 것이다.

(4) 모든 i에 대해, Prob(B/A&C$_i$) $\langle$ Prob(B/A&C$_k$)

위의 (3)에 있는 괄호 속의 조건은 매우 중요한데, 이는 통계적으로 관련 있는 측면들이 모두 세부적으로 명시(specify)되어야 한다는 조건에 해당한다. 이는 살먼의 이론에서 헴펠의 최대 세부성의 요구(the requirement of maximal specificity)에 상당하는 역할을 한다. 그리고, 무엇보다도, 이 조건이 없다면 살먼의 설명 이론은 헴펠 이론에 대한 반례를 피할 수가 없을 것이다: 일반적 사람들(A)에 있어 피임약을 먹었을 때(C) 임신하지 않을(B) 확률이, 피임약을 먹지 않았을 때(C′) 임신하지 않을

---

34 집합 A가 B에 관해 균질적이라는 것은 집합 A에서 B에 관해 통계적으로 유관한 분할이 가능하지 않다는 것이다. 그리고 C가 B에 관해 A 내에서 통계적으로 유관하다는 것은 Prob(B/A&C) $\neq$ Prob(B/A)를 만족시키는 것이다. Salmon (1970), p. 46.

35 Salmon (1984), p. 46.

확률보다 훨씬 높다. 그러나 남자(D)라는 조건이 추가되면, 피임약을 먹고 안 먹고는 임신 여부에 영향을 끼치지 않음을 우리는 안다. 그런데 위의 조건이 없을 경우

(5) Prob(B/A&~C) $\langle$ Prob(B/A&C)

이므로, 피임약을 먹었다는 사실이 임신하지 않음을 설명한다고 해야 하게 된다. 문제는 A&C′과 A&C가 B에 대한 A의 균질적인 분할이 아니라는 점이다. 왜냐하면

(6) Prob(B/A&C) $\neq$ Prob(B/A&C&D)

이기 때문이다. 즉 A&C는 남자라는 조건에 의해 보다 더 분할될 수 있는 비균질적 집합이었다.

이 접근에서의 설명적 유관성 조건은 또한 차폐(screen-off)를 배제하는 조건에 의해 보충되어야 한다.[36] 기압계와 폭풍에 대한 고전적인 예를 생각해 보자. 기압계의 바늘이 내려가는 것은 폭풍에 대해 통계적으로 유관하고, 따라서 기압계의 바늘이 내려가는 날과 내려가지 않는 날의 분할 각각이 주어졌을 때의 폭풍의 조건부 확률도 서로 다르다. 즉, A가 날들 일반이고 B가 폭풍이고 C가 기압계 바늘의 내려감일 때, 다음이 성립한다.

(7) Prob(B/A&C) $\neq$ Prob(B/A&~C)

---

36 Salmon (1970), pp. 53-55.

그러나 우리는 궁극적으로 '기압계의 바늘이 내려갔기 때문에 폭풍이 발생했다'는 설명을 하고자 하지는 않을 것이다. 이런 설명은 기압의 강하(D)가 날들(A)에 대해 폭풍(B)으로부터 기압계 바늘의 내려감(C)을 차폐한다는 것에 의해 결국에는 배제된다. D가 A에 대해 B로부터 C를 차폐한다는 것은 다음의 조건이 만족된다는 것이다.

(8) $Prob(B/A\&C\&D) = Prob(B/A\&D) \neq Prob(B/A\&C)$

이는 일단 요소 D가 존재하게 되면, 요소 C는 있으나 마나 한 것임을 보여준다.

반 프라센의 화용론적 설명 이론에서 제시된 설명 평가 기준들 역시 또 하나의 확률적 이론이라는 관점에서 볼 수 있다.[37] 설명을 평가하는 그의 기준들은―반 프라센 스스로는 그렇게 생각하지 않겠지만―어떤 사람들에게는 설명적 유관성의 조건을 제시해 주는 것으로 생각될 수 있다. 혹은 어떤 경우에 보다 더 설명적으로 유관한지의 객관적 기준을 제시해 주는 것으로 생각될 수 있다. 특히 그가 제시한 두 번째 평가 기준은 그런 요소를 가지는데, 그것은 배경지식에 설명항 P가 주어지지 않았을 때의 대조집합 원소들의 조건부 확률 분포와 P가 주어졌을 때의 대조집합 원소들의 조건부 확률 분포를 비교하는 것이다.[38] (설명을 단순화하기 위해, 대조집합의 원소가 피설명항을 빼고 하나뿐이라 하자.) 그리하여, 다음과 같은 조건이 만족되면 P는 Q에 대해 설명적 유관성을 가진다고 말할 수 있을 것이다. (여기서 K는 배경지식이되, 단 피설명항을 제외시킨 배경지식의 적절한 일부

37 Van Fraassen (1980) Ch. 5. Van Fraassen의 설명 이론에 대한 중요한 논의로서 Kitcher & Salmon (1987)을 참조하다.

38 Van Fraassen (1980), pp. 146-151.

분이다. Q′은 대조집합의 나머지 원소이다. 여기서도, 이 조건은 차폐를 배제하는 조건에 의해 보충되어야 할 것이다.)

$$(9)\ \mathrm{Prob}(Q/K)/\mathrm{Prob}(Q'/K) < \mathrm{Prob}(Q/K\&P)/\mathrm{Prob}(Q'/K\&P)$$

이것도 보다 정교해지기는 했지만, (1)에서처럼 P에 대한 Q의 의존의 관념을 확률적으로 표현하는 방법의 한 형태이다. 즉 P라는 조건이 주어지지 않았더라면 Q의 확률의 (Q′의 확률에 대비된) 상대적 우월성이 P라는 조건이 주어진 실제의 경우만큼 높지는 못했을 것이라는 것이다.

3. 확률적 이론은 설명적 유관성의 조건을 제시하는가?

앞 절에서의 논의가 보여준 것은, 설명적 유관성의 개념은 피설명항의 설명항에 대한 의존의 관념을 포함하고 있고 확률적 설명 이론은 그러한 의존의 관념을 표현하는 한 방식이라는 것이다. 이제 내가 논의할 것은 확률적 설명 이론이 설명적 유관성의 조건을 제시하기에 적합한가 하는 것이다.

확률적 설명 이론이 '때문에'의 개념을 제대로 포착하지 못한다는 반론들 중 몇 가지가 이미 존재한다. 예를 들어 살먼의 S-R 이론에 대해 제기된 카트라이트(N. Cartwright)의 고엽제 반례는 유명하다.[39] 고엽제를 뿌렸을 때에 넝쿨 옻나무가 죽을 확률이 일반적으로 넝쿨 옻나무가 죽을 확률보다 훨씬 높다고 하자. 그러면 고엽제를 뿌렸지만 살아 있는 옻

---

39 Cartwright (1979).

나무에 대해 '이 옻나무는 고엽제를 뿌렸기 때문에 살아 있다'라고 말해야 하는데, 그것은 받아들일 만하지 않다는 것이다. 그러나 이 반론은 그다지 결정적이지 못하다. 이 반론은 단지 앞 절에서의 조건 (3) 대신 조건 (4)를 선택하도록 권고할 뿐이다. 그리고 살먼 자신도 '때문에'의 개념과 '에도 불구하고'의 개념을 하나로 결합시킨 조건을 제시했다고 말한다.

나는 이 밖의 개별 반론들 하나하나를 살펴보기보다는 곧바로 나 자신의 논의로 들어가겠다. 즉 나는 확률 이론들이 설명적 유관성의 인식적 기준을 제공할 수는 있지만 설명적 유관성 관계 자체의 조건을 제시할 수는 없다는 일반적 논변을 개진하려 한다. 논변의 골격은 다음과 같이 간단한 것이다.

1. P가 Q에 대해 설명적으로 유관할 조건을 제시하는 것은 'P이기 때문에 Q이다'라는 문장이 참일 조건을 제시하는 것과 같다.
2. 'P이기 때문에 Q이다'라는 문장의 참, 거짓은 (그 문장의 대조집합이 확정되었을 경우) 그 문장의 화자(또는 청자)의 배경지식에 의존하지 않는다.
3. 확률 이론이 제시하는 기준은 화자(또는 청자)의 배경지식에 의존하는 것일 수밖에 없다.

따라서, 확률 이론은 P가 Q에 대해 설명적으로 유관할 조건을 제시할 수 없다.

전제 1은 내가 이 장의 1절에서 논의하고 주장했던 것이다. 그리고 사실 그것은 설명 이론에 대한 많은 논의가 암묵적으로 전제하고 있던 점이기도 하다. 어떤 설명 이론의 올바름을 반증하는 방법으로서, 흔히 우리는 그 설명 이론에서는 X가 Y에 대해 설명적 유관성을 가진다고(가지지 않는다고) 받아들여지지만, 실제로 X이기 때문에 Y인 것은 아니라고(사실이라고) 말한다.

전제 2에 대해 논의하기 전에, 우선 전제 3부터 논의를 하자. 나는, 우리가 알고 있는 확률 이론들이 제시하는 이른바 '설명적 유관성'의 기준이 배경지식에 의존한다고 생각할 뿐만 아니라, 확률 이론들 일반이 어떤 방식으로건 기본적으로 배경지식에 의존하는 기준을 제시할 수밖에 없다고까지 생각한다. 이를 근거 짓기 위해 확률 이론에서의 확률에 대한 가능한 해석의 대안들을 생각해 볼 수 있다.

우선 빈도 해석(frequency interpretation)에 입각해 확률 이론을 받아들인다고 해보자.[40] 이 해석에 따르면, 확률은 사건들의 무한 계열에서 한 속성이 나타날 상대 빈도의 극한값이다. 그 경우 확률은 오직 유형 혹은 집합과 관련해서만 부여된다. 그런데 어떤 속성과 또 다른 속성 간의 통계적 관련성은 우리가 문제 삼는 피설명항이 속하는 준거 집합을 얼마만큼 세분하느냐에 의존한다. 그렇다면 그 준거 집합을 얼마만큼 세분할 것인가? 더 이상 통계적으로 의미 있는 분할이 가능하지 않아서, 집합 내의 원소들이 문제되는 속성에 대해 완전히 균질적일(homogeneous) 때까지인가? 그러나 우라늄 원자의 알파 붕괴와 같은 비결정론적 현상들이 아닌 경우에 그런 동질성은 존재론적 균질성일 수가 없다. 그렇다면 결정론적이건 비결정론적이건 어떤 현상의 설명에도 적용되는 설명적 유관성의 조건이 빈도 해석에 입각한 확률 이론에 의해 주어질 경우, 그것은 불가피하게 인식론적 균질성의 개념에 의존하는 조건이어야 한

---

40 확률의 빈도 해석에 대해서는 Reichenbach (1949)와 Salmon (1966) 참조.

다. 그리고 어떤 집합이 어떤 속성에 대해 인식론적으로 균질적인가 하는 것은 우리의 배경지식에 의존한다.

한편 주관적 확률 해석(subjectivist interpretation)에 입각해 확률 이론을 받아들일 때 제시되는 유관성 조건이 배경지식에 의존하지 않을 수 없다는 것은 보다 명백하다.[41] 이 해석에 있어서 확률은 우리가 어떤 것에 대해 합리적으로 가지는 믿음의 정도이다. 여기서 합리성은 오직 믿음들의 체계가 확률 계산(probability calculus)에 부합한다는 것과 증거들이 주어졌을 경우의 믿음들의 변화가 베이즈 정리(Bayes's theorem)와 조건화 규칙(rule of conditionalization)에 의거해야 한다는 제약을 부여할 뿐이다.[42] 따라서, 어떤 믿음을 어느 정도로 가지는 것이 합리적인가는 그 믿음을 애초에 어느 정도만큼 가졌었는가와 어떤 증거가 주어져서 그 증거가 어느 정도만큼 믿어지는가에 의존한다. 그러한 의미에서의 확률 귀속은 당연히 각각의 주체가 가진 배경지식 혹은 각자가 믿고 있는 바를 조건으로 해서 이루어져야 한다.

성향 해석(propensity interpretation)을 받아들일 경우에는 개별 사건에 객관적인 확률을 귀속시키는 것이 의미 있을 것이다.[43] 그러나 그런 종류

---

41 '주관적 확률 해석'에 나는 베이즈 정리(Bayes's theorem)에 기초한 개인적 확률 해석(personalist interpretation of probability)을 포함시킨다. 이 입장의 대표적인 예를 위해 Savage (1972)와 Jeffrey (1983)를 참조하라.

42 베이즈 정리의 단순한 형태는, H가 한 가설이고 E가 증거일 때, Prob(H/E) = Prob(H&E) / Prob(E)로 나타낸다. 제프리(Jeffrey)의 조건화 규칙(rule of conditionalization)에 의하면, 증거 E가 주어진 후 H에 대한 새로운 확률(합리적 믿음의 정도) Prob'(H)는 기존의 조건부 확률 Prob(H/E)와 같아야 하며 후자의 확률은 베이즈 정리에 의해 계산될 수 있다. Jeffrey (1983) Ch. 11 참조.

43 확률에 대한 성향 해석은 포퍼(Popper)에 의해 양자역학에서의 확률을 다루기 위해 옹호되었다[Popper (1983)]. 이 해석에서 확률은 성향(disposition)이 일반화된 형태의 물리적인 속성으로서 이해된다.

의 확률이 개별 사건에 귀속된다는 것은 그 개별 사건들이 존재론적으로 비결정성을 지닌다는 것을 의미한다. 따라서 이런 확률 해석을 통해 항상 일반적으로 적용되는 설명적 유관성 조건을 제시할 수 있기를 기대해서는 안 된다.

따라서 일단 확률적 관계를 통해 설명적 유관성의 일반적 조건을 제시하려 하는 한, P가 Q에 대해 설명적으로 유관한가 하는 것은 사람들의 배경지식에 의존하지 않을 수 없게 된다. 그런데 여기서 전제 1과 전제 2를 받아들이게 되면, 우리는 확률적 조건과 설명적 유관성 간에 항상 간극이 존재한다는 것을 받아들여야 한다. 전제 2를 위한 그 이상의 논의로 나아가기 전에 확률적 이론이 어떤 상황에 처해 있는가를 이해하기 위한 예를 찾아보아야겠다.

다음과 같은 예를 생각해 보자. 풍진 예방 접종을 했을(A) 때 풍진에 걸릴(B) 확률은 그러지 않을 때 풍진에 걸릴 확률보다 훨씬 낮다. 그런데, 민수는 풍진 예방 접종을 했고, 오히려 접종된 풍진균으로 해서 풍진에 걸렸다. 그러나 우리는 민수나 그 예방 접종의 어떤 (통계적으로 유관한) 특성이 그런 차이를 낳았는지에 대해 아무런 더 이상의 지식도 가지고 있지 않다고 하자. 그러나 그렇다고 해서

(10) 민수는 그 풍진 예방 접종을 했기 때문에 풍진에 걸렸다.

라는 문장이 참이 아니게 되는 것은 아니다.

이것은 단순한 예이지만 논의의 실마리로서 주어졌다. 이 이야기가 일단 예시하는 것은 다음과 같은 평범한 사실이다:

어떤 유형의 사건이 일반적으로 어떤 사건을 낳는 경향이 있더라도,

특정 상황에서는 오히려 그 유형의 사건이 오히려 방해되는 요인이 되었을 수도 있고 또는 아무런 역할을 하지 않을 수도 있다. 또 그 역도 성립한다. 특정한 사건 개별자가 특정 상황에서 어떤 역할을 했는지는 그 사건 개별자가 어떤 유형에 속하고 그 유형이 일반적으로 어떤 경향을 가지는가에 의해 결정될 수가 없다.

위의 예에서, Prob(B/A)가 매우 낮기 때문에, (스크리븐적인) I-S 이론의 설명적 유관성 조건에 의하면, 문장 (10)은 참이 아니어야 한다. 이는 최대 세부성의 요구(RMS)에 따라 배경지식이 함축하는 모든 특성이 고려된 한에서 그러하다.

또한 Prob(B/~A) 〉 Prob(B/A)이므로, 앞 절의 (4)를 통해 정식화된 바에 있어서의 S-R 이론의 설명적 유관성 조건에 의해서도, 위의 문장은 참이 아니게 된다. 물론 (3)을 통해 유관성 조건을 정식화할 경우, 위의 문장이 참이라고 생각할지도 모른다. 그러나 그때의 조건은 '때문에'뿐만 아니라 '에도 불구하고' 문장의 진리 조건까지 포함하는 조건이므로, 위의 '때문에' 문장을 참이게 만들어 주는 조건이 되지는 못한다. 만약에 (3)을 굳이 우리 의미에서의 설명적 유관성 조건으로서 생각하고자 한다면, 앞서 본 카트라이트의 손쉬운 반례에서 벗어나지 못할 뿐 아니라, 우리는 우리 예를 조건 (3)에 맞게 수정할 수도 있다. 예를 들어 그것은 효과가 매우 약한 풍진 예방 접종을 상상하는 것만으로도 충분하다. 그 예방 접종이 (그렇지 않았으면 치명적이었을) 풍진을 퇴치하는 비율이 그 예방 접종으로 해서 풍진에 걸리는 비율을 정확히 상쇄할 만큼만 작다면, 풍진 예방 접종은 풍진에 통계적으로 무관할 것이고, 위의 문장의 참을 부정해야 할 처지에 처할 것이다.

물론 한 가지 준거 집합 분할만 가지고서 설명항에 대해 설명적 유관성이 없다고 말을 할 수는 없다. 그러나 이 상황에서 우리가 가진 지식만으로는 예방 접종을 하지 않은 경우에 대해 더 이상 (통계적으로 유관한 방식으로) 분할할 수가 없다.

반 프라센의 설명 이론으로부터 얻어낸 설명적 유관성 조건에 따르려면 우선 대조집합을 분명히 해야 한다. 대조집합을 (민수가 풍진에 걸렸다, 민수가 풍진에 걸리지 않았다)라고 하자. 우리 배경지식이 주어졌을 때, 민수가 풍진에 걸렸을 확률이 0.3이라 하고 우리의 배경지식에 민수가 예방 접종을 받았다는 정보가 추가되었을 때에 민수가 풍진에 걸렸을 확률이 0.05라면, 다음이 성립한다.

(11) $Prob(Q/K)/Prob(\sim Q/K) = 0.3/0.7 \rangle Prob(Q/K\&P)/Prob(\sim Q/K\&P) = 0.05/0.95$

그러면, 앞 절의 (9)에 어긋나므로, 위 문장은 거짓이 되어야 한다.

민수를 특별히 풍진 예방 접종에 취약하게 하는 특성에 대한 지식이 우리의 배경지식 속에 포함되어 있다면, 위의 부등식은 역전될 수도 있다. 그러나 이 예는 우리가 그런 배경지식을 갖고 있지 않을 경우에 대한 것이었다.

이상에 대해 누군가가 다음과 같은 반론을 펴고 싶어 할지도 모른다: 민수를 예방 접종을 통한 감염에 취약하게 하는 통계적 특성에 대해 우리가 알고 있지 못하다면, 우리는 도대체 무슨 근거로 '민수가 풍진 예방 접종 때문에 풍진에 걸렸다'고 말하는가?

글쎄, 통계적 특성에 대한 지식 없이도 그 문장이 참임을 알 수 있을 수도 있고 없을 수도 있다. 그러나 내가 하고 싶은 대답은 그것이 아니다. 중요한 것은 우리가 '민수가 풍진 예방 접종 때문에 풍진에 걸렸다'

는 것이 참임을 알지 못한다고 해서 그 문장이 참이 아닌 것으로 되는 것은 아니라는 것이다. 우리의 이야기를 3인칭으로 한다면, 보다 이해하기 쉬울 것이다. 어떤 외계인 과학자 공동체가 지구인 남녀를 구별하지 못하고 남녀의 성에 따른 임신 가능 여부의 차이를 알지 못한다고 하자. 그들에게 지구인들의 집합은 임신에 대해 인식적으로 균질적이다. 그러나 그렇다고 해서 '존스는 피임약을 먹었기 때문에 임신하지 않았다'가 그들에게는 참이라고 해야 하는가? '때문에'라는 말의 의미 분석이 어떻게 이루어지건 간에 위의 문장의 진리치가 최소한 그런 식으로 결정되어서는 안 된다는 것이 그 말에 대해 우리가 가진 직관이다.

이렇게 해서 우리는 전제 2를 위한 논의로 자연스럽게 흘러들어 왔다. 이를 주장함에 있어 내가 '때문에'-문장이 맥락의존성을 가질 수 있다는 것을 부정하려는 것은 아니다. (이것은 오히려 나 역시 나 자신의 설명 이론을 통해 주장하고자 하는 바이다.) 많은 문장이 발화된 맥락을 떠나서는 아무런 진술도 이루어내지(make any statement) 못하고, 맥락이 주어짐으로써 진술을 이루어내며 진리치를 가진다. '그는 여기에서 죽었다'라는 문장은 발화된 맥락에서만 특정한 진술을 이루어내고, 따라서 그럴 때에만 참, 거짓도 가진다. 나폴레옹을 지칭하면서 19세기의 어떤 특정한 시점 이후에 세인트헬레나섬에서 이 문장을 발화했을 때 이루어진 진술은 참이다. 그러나 동일한 사람을 지칭하면서 워털루에서 이 문장이 발화될 경우에 이루어진 진술은 거짓이다. 위의 문장의 경우, 예를 들어, '여기'라는 지표적 단어(indexical term) 때문에 그 문장이 어떤 진술로 되느냐에 그 문장이 발화된 장소가 관계한다. 그러나 그러면 '때문에'라는 단어는 그것을 포함한 문장을 발화하는 사람(혹은 듣는 사람)이 어떤 지식을 가지고 있는가를 어떤 진술이 이루어지는가에 관계하게 하는가? 앞서의 논의에서 보았듯이, 그렇게 생각하는 것은 우리의 언어적 직관에 위배되는 것이다.

물론 특정한 '때문에' 문장이 발화될 때 어떤 진술이 이루어지는가는 그 문장을 발화할 때의 맥락, 특히 화자와 청자의 관심에 의존할 수 있다고 생각한다. 더 나아가 그런 관심은 화자와 청자가 가진 배경지식에 의해 영향받는 것일 것이다. 그러나 첫째로, 그런 관심은 오직 대조집합을 어떻게 규정하는가에 의해서만 문장의 진리 조건에 영향을 미친다. 일단 대조집합이 확정되면, 그 '때문에' 문장은 특정한 진술을 이루어내고, 그 진술은 그 문장을 발화하는 사람이 어떤 지식을 갖고 있는가에 상관없이 참이거나 거짓이어야 한다. 그리고 둘째로, 관심에 대한 배경지식의 영향은 단지 인과적 영향이다. 어떠어떠한 배경지식이 있다는 사실이 그 자체로(ipso facto) 한 문장이 어떤 진술을 이루어내는지를 좌우하는 것은 아니다. 그러므로 '때문에' 문장의 진리 조건 자체가 배경지식에 대한 (원래 문장에 존재하지 않는) 언급을 포함하는 것은 온당하지 않다.

더 나아가, 특정한 '때문에' 문장이 질문자의 '왜' 물음에 대한 적합한(appropriate) 대답이 되는지도 대답자와 질문자의 배경지식에 의존할 것이다. 예를 들어, 대답자와 질문자가 모두 P가 참임을 알지 못하고 P가 참이라고 생각할 아무런 근거를 가지고 있지 않다면, 'P이기 때문에 Q이다'라고 말하는 것은 '왜 Q인가?'에 대한 적합한 대답이 아니다. 그러나 이는 그 '때문에' 문장의 진리 조건이 화자와 청자의 배경지식에 의존한다는 것을 함축하지 않는다. 따라서 화자와 청자의 배경지식에 상대적인 조건은 설명 문장의 진리 조건으로서는 적합하지 않다.

외계인들이 인간종에 대한 배경지식이 부족해(그 배경지식 하에서는 가장 합리적인 통계적 추론을 통해) '존스는 피임약을 먹었기 때문에 임신하지 않았다'고 말한다면, 우리는 그 문장이 단순히 거짓이라고 말해야 한다. 설사 틀린 설명이라 하더라도, 그들이 그 설명을 받아들일 때 그런 제한된 지식만을 가졌다는 사실은 그들의 추론이 불합리한 것은 아니었다는 참작을 하게 한다. 그러나 (우리 믿음이 옳다면) 그들의 설명은 어떻든 단순히 틀린 설명이다. 그들의 설명이 틀렸다고 말하는 데에 그들의 열악한 정보 상황은 아무런 고려 사항도 못 된다.

그럼에도 불구하고 확률적 기준은 'P이기 때문에 Q이다' 형식의 문장을 받아들이는 것이 어떤 경우에 합리적인지의 기준은 될 수 있다. 그러한 기준은 주어진 배경지식하에서 어떤 '때문에' 문장을 참이라고 믿도록 정당화되는지의 기준은 될 수 있다. 우리는 그 속성들 간에 '때문에'의 의존 관계가 존재한다고 믿는 것이 합리적이다. 또는 대조항에 대한 합리적 믿음의 정도에 대비된 피설명항에 대한 합리적 믿음의 정도를 증가시키는 조건항은 그 설명항의 '까닭'이 된다고 믿는 것이 합리적이다. 그러나 어떻든 그런 기준들은 올바름과 참의 조건은 되지 못한다. 그런 기준들을 따르는 이른바 '설명'들은 그럼직하고 합리적인 '설명'들로 간주될 수는 있지만, 그렇다고 해서 곧바로 올바른 설명들인 것은 아니다.

사실 이것은 헴펠이 그가 가장 초기에 설명에 대해 썼던 논문에서 이미 가졌던 통찰이었다.[44]

어떤 현상이 과학의 초기 단계에서 잘 확립된 증거에 의해 설명되었지만, 그 증거가 보다 최근의 경험적 발견들에 의해 강하게 반증되었다고 하자. 그 경우 [앞서 말한 잘못된 정식화를 받아들인다면] 우리는 원래 그 설명이 옳았지만 나중에는 더 이상 옳지 않게 되었다고 말해야 할 텐데, 그것은 일상의 용법과 일치하는 것 같지 않다.

---

44 Hempel & Oppenheim (1948), p. 248.

결국 확률적 '설명' 이론은 설명적 유관성에 대한 인식적 기준을 제공할 수는 있다 하더라도, 설명적 유관성이 무엇인가에 대한 대답을 주지는 못한다. 그리고 설명적 유관성이 무엇인가에 대한 대답을 제시하지 못하는 '설명' 이론은 설명 이론으로서 적합하지 않다.

3장
설명에 대한 반사실 조건문적 이론
'때문에' 문장의 진리 조건

1. 설명에 대한 확률적 이론에서 반사실 조건문적 이론으로

'때문에'라는 말이 의미하는 바는 무엇인가? 또는 더 정확히 이야기해서, 'P이기 때문에 Q이다'라는 형식의 문장—설명 문장—이 참일 일반적 조건은 무엇인가? 나는 2장에서 설명 이론의 중심적 과제가 이런 물음에 대답하는 것이라는 논의를 펼쳤다. 거기에서 나는 설명에 대한 확률적 이론 등 전통적 이론들이 그런 물음에 대한 대답으로서 적절하지 않다는 논변을 제시했다. 확률적 설명 이론들이 지닌 일반적인 문제는, 그것들이 설명적 유관성 자체의 조건(혹은 설명 문장들의 진리 조건)을 제시한다기보다는 설명적 유관성에 대한 인식적 기준을 제시한다는 점에 있다. 확률적-통계적 기준들은 개별적인 '때문에' 문장들의 진리치를 판단하는 데에 유용한 인식적 지침을 제공하기는 하지만, 그것들이 그러한 문장들의 진리 조건을 구성한다고 보기는 어렵다.

그렇다면, 어떠한 설명 이론이 설명 문장들의 진리 조건을 적절히 규정해 줄 수 있는가? 설명적 유관성은 어떤 관계인가? 우리는 앞 장에서 그것이 어떤 종류의 의존 관계라는 것을 논의했고 그것은 최소한 확률적 의존 관계는 아니라는 것을 보았다. 그러면 그것은 어떤 의존 관계인가? 내가 옳다고 생각하는 설명 이론은 그 의존 관계를 반사실 조건문적 의존(counterfactual dependence) 관계로 파악하는 입장이다.

'존스는 피임약을 먹었기 때문에 임신을 하지 않았다'라는 문장이 거짓이라는 말을 할 때, 우리는 무엇을 의미하는가? 우리는 이렇게 말할 것이다. 존스는 피임약을 먹지 않았더라도 여전히 임신을 하지 않았을 것이다. 즉 그가 실제로 피임약을 먹은 것은 그가 임신하고 하지 않고 여부에 아무런 차이를 낳지 않았다. 그렇다면 그것이 차이를 낳는 경우는 어떤 경우인가? 존스가 피임약을 먹지 않았더라면 그가 임신을 했을 경우이다. 그 경우 우리는 단적으로 존스가 피임약을 먹었기 때문에 임신을 하지 않았다고 말한다.

'P이기 때문에 Q이다'라는 문장이 (P와 Q가 참이라는 것 외에) 의미하는 것은 '~P였더라면 ~Q였을 것이다'라는 반사실 조건문이 표현하는 것 바로 그것이다. 즉 '때문에'의 관계는 P가 Q에 반사실 조건문적으로 의존하고 있을 때에 성립한다. 이 반사실 조건문은 위의 '때문에' 문장의 참에 대한 단순한 증거 구실을 하는 것이 아니라 그 문장이 의미하는 바 자체이다. 그리하여 나는 설명적 유관성 관계가 바로 다름 아닌 반사실 조건문적 의존 관계라는 해명을 제시한다. 내가 보기에 그런 의존 관계는 P와 Q 사이의 우회적인 의존 관계가 아니라 P에 대한 Q의 직접적 의존 관계를 보여주는 것 같다. 의존 개념을 유관성 조건에 포함하려는 확률적 설명 이론들은 (~P가 조건으로 주어지면, 혹은 P가 조건으로 주어지지 않는다면) Q의 확률이 원래의 확률(선행 확률)보다 작아진다거나, 달라진다거나, 대조항과 상대해 작아진다고 말하려고 한다. 반면 반사실 조건문적 설명 이론은 P가 성립하지 않았다면 단순하게 Q가 참이 아니었을 것이라고 말한다. 이 분석에 의해 주어지는 설명은 Q가 개연성 있는 이유를 말하는 데 그치는 것이 아니라 Q가 왜 참인지의 이유를 말하는 것이라고 할 수 있다. P는 Q가 참이기 위해 의존하는 바로 그것이다. 이 장의 과제는 반사실 조건문적 의존 이론을 보다 분명하게 제안하고 이에 대해서 보다 본격적인 옹호 논의들을 펼치는 데 있다.[45]

2. 설명적 유관성의 반사실 조건문적 분석

나는 설명적 유관성의 조건을 설명적 적합성의 조건이나 설명적 그럴듯함의 조건과 구별한다. 더 구체적으로 말해서, 'P이기 때문에 Q이다'가 참일 조건 및 그 조건의 일부로서 P가 Q에 설명적으로 유관할 조건은, 'P이기 때문에 Q이다'가 특정한 '왜' 물음에 대한 적합한 대답일 조건이나 'P이기 때문에 Q이다'를 받아들이는 것이 인식적으로 정당화되거나 합리적일 조건과 별개의 조건이다. 내가 반사실 조건문적 분석을 제시하는 것은 오직 전자의 조건 즉 설명적 유관성의 조건에 대해서이다. 다시 말해서 나는 오직 'P이기 때문에 Q이다'의 진리 조건을 규명하고자 한다.

　내가 제안하는 반사실 조건문적 설명 이론은 'P이기 때문에 Q이다'가 참일 조건 (즉 P가 Q에 대해 올바른 설명일 조건) 및 설명적 유관성에 대해 다음과 같은 간단한 분석을 받아들인다.[46]

45　이 장의 일부는 선우환 (2002)에 기초하여 확장 · 발전됨.

46　서론(1장)에서 나는 '때문에'의 의미에 대한 이와 같은 반사실 조건문 분석을 미리 제시했다. 여기에서 이 분석을 과학철학의 설명 이론들 사이의 논쟁의 맥락 속에서 설명적 유관

(C) 'P이기 때문에 Q이다'가 참이다

    iff (i) P는 참이다

      (ii) Q는 참이다

      (iii) ~P였더라면 ~Q였을 것이다.

여기서 조건 (iii)은 P가 Q에 대해 설명적으로 유관할 조건에 해당한다. 즉 설명적 유관성의 조건이 바로 반사실 조건문적 의존 관계로서 분석된다.

설명적 유관성 즉 〈때문에〉에 대한 반사실 조건문적 의존 이론의 기본적 아이디어는 다음과 같다. 'P이기 때문에 Q'가 참이라는 것은 Q가 참이라는 것이 P가 참이라는 것에 의존한다는 것이다. 그 의존은 인식론적 의존(이를 '의존'이라 부를 수 있다면)이 아니라 존재론적 의존이다. 즉 단지 Q가 참이라는 것의 인식에 P가 참이라는 것이 근거(예를 들어 확률적 지지)가 된다는 것이 아니라, Q가 참인 것이 P가 참인 것에 정말로 의존한다는 것이다. 현실적으로는 P와 Q가 둘 다 참이지만, P가 성립하지 않았을 반사실적인 가능 상황에서 Q가 성립하지 않았을 것이라는 양상적 힘(modal force)을 가진 의존 관계가 그러한 의존을 포착한다. 반면 P가 성립하든 성립하지 않든 Q가 어차피 성립할 것이었다면 Q는 P에 의존하지 않는다.

의존은 양상적 개념이며, Q가 성립하는 것이 P가 성립한다는 것에 의존한다는 개념은 P가 성립하지 않았을 가능한 경우에 대한 고려를 요구한다. P가 성립하는 현실적 경우와 P가 성립하지 않았을 가능한 경우를 비교하여 그 두 경우 사이에 Q가 성립하는가 여부에 차이가 있을 때, P가

성에 대한 이론으로서도 유효성을 가진다는 것을 보여주기 위해서 다시 제시한다.

성립한다는 것은 Q가 성립한다는 것에 대해서 설명적 유관성을 가진다.

앞 장(2장)에서 내가 확률적 설명 이론을 비판하기 위해 든 예 중의 하나는, 풍진 예방 접종이 풍진에 걸릴 확률을 낮춤에도 불구하고 오히려 특정한 풍진 예방 접종 때문에 풍진에 걸린 민수의 사례이다. 어떤 유형의 사건이 일반적으로 어떤 사건을 낳는 경향이 있더라도, 특정 상황에서는 오히려 그 유형의 사건이 오히려 방해되는 요인이 되었을 수도 있고 또는 아무런 역할을 하지 않을 수도 있다. 반사실 조건문적 의존 이론은 그런 단칭적, 개별적 사실이 어떻게 설명적 유관성을 갖는지 잘 보여준다. 풍진 예방 접종이 일반적으로 어떤 결과를 낳는 경향성을 갖고 있든 간에,

(1) 민수가 그 특정한 풍진 예방 접종을 받지 않았더라면 풍진에 걸리지 않았을 것이다.

가 참이라면,

(2) 민수는 그 특정한 풍진 예방 접종을 받았기 때문에 풍진에 걸렸다.

가 참이라고 할 수 있다. 즉 민수의 그 풍진 예방 접종은 그 특정한 상황에서 민수가 풍진에 걸린 것을 설명하는 설명적 유관성을 가진다.

또한 살먼의 유명한 예에 나오는 어차피 임신하지 않을 남자 존스가 피임약을 먹은 상황에서,[47]

---

[47] 이 예는 Salmon (1970) pp. 53-55에 나온다. 이 예에 대한 분석에 대해서는 앞 장 참조.

(3) 존스는 피임약을 먹었기 때문에 임신을 하지 않았다.

라는 문장이 거짓인 것은

(4) 존스가 피임약을 먹지 않았더라면 그가 임신을 했을 것이다.

라는 반사실 조건문이 거짓인 것에 기인한다. 즉 존스가 피임약을 먹지 않았었더라도 그는 여전히 임신을 하지 않았을 것이다. 만약에 반사실 조건문 (4)가 참인 상황이 존재했다면 우리는 그 상황에서 설명 문장 (3)이 참이라고 해야 했을 것이다. 따라서 반사실 조건문적 의존 이론은 설명 문장 즉 'P이기 때문에 Q이다' 형식의 문장의 진리 조건을 올바로 포착한다고 할 수 있다.

또 다른 잘 알려진 예를 들어서,[48] 지면에 상대적인 태양의 위치가 주어져 있는 경우에, 장대의 높이 h로부터 그 장대의 그림자의 길이 l을 연역할 수도 있고 역으로 그림자의 길이 l로부터 장대의 높이 h를 연역할 수도 있다. 그러나 일반적으로

(5) 그림자의 길이가 l인 것은 장대의 높이가 h이기 때문이다.

라고 말할 수는 있지만 역으로

(6) 장대의 높이가 h인 것은 그림자의 길이가 l이기 때문이다.

---

48 Bromberger (1966), p. 72.

라고 말할 수는 없다. 그러한 비대칭성 역시 반사실 조건문 조건의 비대칭성을 통해 설명할 수 있다. 즉

(7) 장대의 높이가 h가 아니었더라면 그림자의 길이가 l이 아니었을 것이다.

라는 반사실 조건문은 참이지만 그 역

(8) 그림자의 길이가 l이 아니었더라면 장대의 높이가 h가 아니었을 것이다.

라는 반사실 조건문은 참이 아니라는 것이 그것을 설명해 준다.[49]

또한 카이버그의 예에서 나오는 것처럼, 소금을 물에 넣기 전에 주문을 거는 것은 소금이 물에 녹는 데에 충분조건이지만, 소금을 물에 넣기 전에 주문을 걸었기 때문에 소금이 물에 녹은 것은 아니다.[50]

(9) 소금을 물에 넣기 전에 주문을 걸었기 때문에 소금이 물에 녹았다.

가 거짓인 것은

(10) 소금에 주문을 걸지 않았더라면, 소금이 물에 녹지 않았을 것

---

49 후자의 반사실 조건문 역시 참이라고 생각하려는 유혹이 있을 수 있지만 그런 생각은 반사실 조건문을 이른바 '역행적(backtracking)' 방식으로 해석하는 것이다. 그런 식으로 반사실 조건문을 해석하지 말아야 할 설득력 있는 이유를 Lewis (1979)에서 제시했다.

50 Salmon (1970), p. 33.

이다.

가 거짓이라는 것에 의해 잘 이해될 수 있다. 소금은 주문을 걸지 않았더라도 어차피 물에 녹았을 것이기 때문이다.

　반 프라센의 예에서 보듯이, 적색편이가 나타나는 것은 은하가 우리로부터 멀어지는 데에 법칙적 충분조건이고 또 더 나아가 둘 사이에는 확률적 의존 관계까지도 존재하지만, 적색편이 때문에 은하가 우리로부터 멀어지는 것은 아니다.[51]

　　(11) 적색편이 현상이 나타나기 때문에 은하가 우리로부터 멀어진다.

라는 문장이 거짓인 것은

　　(12) 적색편이 현상이 나타나지 않았더라면 은하가 우리로부터 멀어지지 않았을 것이다.

라는 반사실 조건문이 거짓인 것에 의해 잘 이해될 수 있다. '적색편이 현상이 나타나지 않는다면 은하가 우리로부터 멀어지지 않는다'라는 직설법 조건문은 전건과 후건 사이의 인식론적 연관성 때문에 받아들여질 수 있겠지만, 우리의 배경지식에 의거할 때 (12)는 참이 아니다.

　스크리븐의 유명한 예에서 이야기하듯이, 치료되지 않은 매독은 척추마비에 대해 어떤 의미에서도 충분조건이 아니지만, 치료되지 않은 매독

51　Van Fraassen (1980).

때문에 그 척추마비가 생겼다고 할 수 있다.[52] 여기에서도

> (13) 김씨가 치료되지 않은 매독을 앓았기 때문에 김씨에게 척추마
> 비가 생겼다.

라는 설명 문장이 참인 것은

> (14) 김씨가 치료되지 않은 매독을 앓지 않았더라면 김씨에게 척추
> 마비가 생기지 않았을 것이다.

라는 반사실 조건문이 참이라는 것에 의해 뒷받침될 수 있다.

설명 문장 즉 '때문에' 문장을 이와 같이 반사실 조건문을 통해서 이해하는 것은 일상의 사고와 개념에 매우 뿌리 깊이 박혀 있는 것이다. 예를 들어, 인류 문명들 사이의 차이가 왜 발생했는지에 대해서 깊은 관심을 가지고 연구한 학자인 다이아몬드(J. Diamond)가 그의 잘 알려진 책 『총, 균, 쇠(Guns, Germs, and Steel)』에서, 여러 대륙에서 문명의 차이가 발생하게 된 것은 지리적 환경의 차이들 때문이었다는 것을 그의 핵심 논제로 주장하면서 이에 대한 다양한 증거들을 제시하는데, 그 논의를 매듭짓는 결론 부분에서 그는 다음과 같이 서술한다.[53]

> 다른 대륙의 사람들이 겪은 장기간의 역사들이 서로 크게 달라진 것은 그 사람들의 생래적 차이들 때문이 아니라 그들의 환경에 있어서의 차이들 **때**

---

52 Scriven (1959), "Explanation and Prediction in Evolutionary Theory," *Science* CXXX. Salmon (1970), pp. 56–57에서 재인용.

53 Diamond (1999), p. 405. 강조는 인용자.

문이었다. 만약 홍적세 말기에 오스트레일리아 원주민인 사람들과 유라시아 사람들을 서로 **뒤바꾸어 놓을 수 있었더라면**, 현재에는 오스트레일리아 원주민들이 유라시아뿐만 아니라 남북아메리카와 오스트레일리아의 대부분을 차지하고 있을 것이고, 원래 유라시아 원주민들이었던 사람들은 오스트레일리아에서 짓밟힌 채 파편적으로 남아 있는 인구로 전락했을 것이다.

설명이나 반사실 조건문에 대한 추상적인 철학적 논의들로부터 멀리 떨어져 있는 이러한 담론에서도 〈때문에〉 개념과 반사실 조건문 사이의 연관은 이와 같이 자연스럽고 밀접하다. 유라시아 인종들과 오스트레일리아 원주민 인종들 사이의 문명 발달의 차이가 그 인종들의 생물학적 차이 때문이 아니라 그 인종들이 정착했던 대륙의 지리적 환경의 차이 때문이라는 논제와 밀접히 연관되어 있는—그리고 그것을 결정적으로 보여줄 수 있는—논제는, 그 두 인종이 생물학적 차이는 그대로 두고 지리적 환경을 서로 뒤바꾸었더라면 그 두 인종의 문명 발달도 서로 뒤바뀐 차이를 가지게 되었을 것이라는 논제이다. 그리고 그 후자의 반사실 조건문 형식의 논제에 대한 직접적 실험은 상상 속에서만 가능하지만 이 논제를 입증해 주는 다양한 회고적 시험과 증거가 존재한다는 것을 다이아몬드는 지적한다.[54] 어떻든 중요한 것은, 그 시험과 증거가 그 반사실 조건문 논제를 지지함으로써 결과적으로 문명 발달의 차이에 대한 설명 논제 즉 '때문에' 문장을 지지해 준다는 식의 생각이 이와 같이 매우 자연스럽다는 점이다.

'때문에' 문장과 반사실 조건문이 이와 같이 서로 밀접하게 연결되는 현상은 심지어 고대 동양의 고전에서까지도 찾아볼 수 있다. 노자의 『도

---

54 Diamond (1999) pp. 405~406.

덕경』에는 다음과 같은 구절이 나온다.[55]

> 내게 큰 근심이 있는 까닭은 내가 몸을 가지고 있기 **때문**이다. 내가 몸을 가지고 있지 **않았더라면** 나에게 무슨 근심이 있겠는가?

위 구절에서의 뒤쪽 반사실 조건문은 그 앞의 '때문에' 문장을 지지해 주기 위해서 나온 것임이 분명하다. 이 둘 사이의 연관은 이 글의 고대 저자에게 매우 당연하고 자연스럽게 전제되고 있다고 할 수 있다.

이와 같은 종류의 개념과 인식 방법은 우리의 보다 일상적인 판단과 사유에서도 흔히 나타난다. 예를 들어, 철수가 높은 지능을 가지는 것이 그의 특정한 양육 환경 때문인지 알고자 할 때 우리는 되도록 다른 점들—예를 들어, 유전적 특성들—에 있어서는 현실적 철수와 같으면서 양육 환경에서만 다른 사람—예를 들어, 다른 가정에 입양된 일란성 쌍둥이 영수—이 철수처럼 높은 지능을 가지는지 알아보려 할 것이다. 이는 철수 자신이 다른 양육 환경에서 자라난—그러면서 다른 점들에서는 가능한 한 현실의 자기 자신과 일치하는—반사실적인 가능 세계에서도 여전히 높은 지능을 가졌을 것인가 알아보고자 하는 목적과 밀접히 연관되어 있다고 할 수 있다. 또한 여기에서 철수의 일란성 쌍둥이 영수에 대한 내용들은 철수의 높은 지능이 무엇 때문인지에 대한 내용 자체의 일부를 이루지는 않으며, 다만 철수 자신의 높은 지능이 무엇 때문인지에 대한 내용 즉 철수 자신의 높은 지능에 대한 반사실 조건문적 내용들에 대한 경험적 증거들로서 중요성을 가진다는 것이 명백하다. 현실에서 그

---

55 老子, 『道德經』13장. 원문은 다음과 같다. "吾所以有大患者 爲吾有身 及吾無身 吾有何患". 강조는 인용자. 위의 인용문은 이강수 (2007)와 파인 (R. Pine, 2009)을 참고해서 번역함.

특정한 양육 환경에서 자라난 철수 자신을 현실 속에서 다른 양육 환경에서 자라나게 하는 실험은 불가능하므로, 우리는 대신 다른 측면들에서는 철수와 같으면서 그 특정한 양육 환경과는 다른 양육 환경에서 자라난 일란성 쌍둥이를 조사함으로써 철수 자신이 다른 양육 환경에서 자라났더라면 어떠했을지를 알아보려고 하는 것이라고 할 수 있다.

또 다른 예를 들어, 보험 회사가 보험 가입자가 어떤 교통사고를 **당했기 때문에** 받게 된 손해를 계산하고자 한다고 해보자. 보험 회사는 그 보험 가입자가 치른 병원 치료비 등만을 계산하는 것이 아니라 그 가입자가 그 교통사고를 **당하지 않았더라면** 얻을 수 있었던 소득 등의 이득을 기회비용으로 계산해서 그 비용에 포함시키는 것이 일반적이다. 그런 기회비용을 계산하기 위해서 가입자가 현실 세계에서 가진 여러 속성들(예를 들어 일정한 소득, 건강 상태 등)을 이용해서 그가 교통사고를 당하지 않은 반사실적 가능 세계에서 얼마나 많은 이득을 얻을 수 있었을 것인가 계산한다. 그리고 이는 바로 그가 교통사고를 당했기 때문에 받은 손해로서 계산된다. 그리고 물론 그 가입자가 현실적으로 치른 병원 치료비 등도 그가 교통사고를 당하지 않았더라면 치를 필요가 없었던 비용이라는 점에서 함께 계산된다. 이런 일상적 계산에는 다름 아니라 〈때문에〉를 반사실 조건문을 통해서 이해하는 생각이 개념적 배경으로 깔려 있다.

이와 같이 설명적 유관성 즉 〈때문에〉 개념에 대한 우리의 이해에는 반사실 조건문적 의존의 개념이 핵심적 위치를 차지하고 있고, 기존의 설명 이론들에 대한 다양한 반례들이 설명적 유관성을 반사실 조건문적 의존 개념을 통해서 이해함으로써 아주 잘 해결될 수 있다. 또한 설명적 유관성을 반사실 조건문적 의존 개념으로 이해함으로써 누릴 수 있는 많은 장점을 이 책의 나머지 부분에서 살펴볼 것이다.

3. 의미론적 배경: 반사실 조건문적 분석의 의미론적 보완과 확장

설명적 유관성의 반사실 조건문적 분석을 제시함에 있어 나는 대체적으로 반사실 조건문에 대한 표준적 의미론, 특히 루이스의 가능 세계 의미론에 근거한다. 표준적 의미론을 최초로 제시한 스톨네이커에 의하면, 반사실 조건문의 진리 조건은 다음과 같다.[56]

> (C1) 'P였더라면 Q였을 것이다'는 참이다 iff P가 참이면서 현실 세계에 가장 근접한 가능 세계에서 Q도 참이다.

여기에서 세계들 간의 근접성은 그 세계들 간의 유사성을 기준으로 정해진다. 즉 현실 세계와 더 유사한 세계일수록 현실 세계에 더 근접한 세계이다. 그러면 이 진리 조건은 현실 세계와 가장 유사한 가능 세계가 하나 이상 그리고 오직 하나만 존재한다는 가정을 포함하고 있다. 잘 알려져 있듯, 루이스는 그런 가정을 포함하지 않는 다음과 같은 수정된 조건을 제시했다.

> (C2) 'P였더라면 Q였을 것이다'는 참이다 iff (P가 참인 가능 세계가 존재할 경우) P&~Q인 어떠한 가능 세계보다도 현실 세계에 더 근접한 P&Q인 세계가 존재한다.

이 조건은 우선 현실 세계와 가장 근접한(즉 유사한) 세계가 존재한다

---

56 반사실 조건문에 대한 표준적 의미론으로 Stalnaker (1968)와 Lewis (1973a), (1973c) 참조.

는 존재 가정을 하지 않는다. 그런 존재 가정을 해서는 안 되는 이유는 '김씨의 키가 175cm보다 작았더라면 그의 키는 박씨의 키와 정확히 똑같지는 않았을 것이다'와 같은 반사실 조건문에 의미를 부여할 수 있기 위해서이다. 김씨의 키가 175cm라 하자. 김씨의 키가 175cm가 아니면서 현실 세계와 가장 유사한 세계는 그의 키가 174cm인 세계인가? 그러나 그의 키가 174.9cm인 세계는 현실 세계와 보다 유사하다. 그리고 174.99cm인 세계는 그보다 더 유사하고 등등. 이와 같이, 유사성의 최대값은 존재하지 않으면서 무한히 더욱더 유사성의 정도가 커지는 유사성 계열만이 있을 수도 있다. 루이스의 조건에 따르면, 그런 유사성 계열만이 있을 경우 어떤 특정한 정도 이상으로 현실 세계와 유사하면서 P인 가능 세계 모두에서 Q이면 'P였더라면 Q였을 것이다'는 참이 된다.

그런 미묘한 상황을 배제한다면, (C2)는 다음과 같은 조건과 동등하다.

(C3) 'P였더라면 Q였을 것이다'는 참이다 iff (P가 참인 가능 세계가 존재할 경우) P가 참이면서 현실 세계에 가장 근접한 가능 세계들 모두에서 Q도 참이다.

(C1)과 이 조건의 유일한 차이는, 이 조건은 현실 세계에 가장 근접한, 즉 가장 유사한 가능 세계들이 여럿일 (서로 동등하게 유사해서 유사성의 측면에서 무승부일) 가능성을 열어놓는다는 점이다. 나는 일단 이 조건을 반사실 조건문의 분석으로서 받아들일 것이다. (C1)이 아닌 (C3)의 분석을 채택하는 것은 설명에 관련된 우리 논의에도 도움이 될 것이다.

나는 또한 (C2)보다도 (C3)를 선호한다. '김씨의 키가 180cm보다 컸더라면'과 같은 후건의 반사실 조건문을 평가하는 상황에서 미세한 유사상 차이까지도 고려하여 근접성의 정도가 무한히 커지는 계열을 허용

하면서 (C2)를 채택할 경우에

   (i) 김씨의 키가 180cm보다 컸더라면 그의 키는 180.1cm보다 작았을 것이다.

  (ii) 김씨의 키가 180cm보다 컸더라면 그의 키는 180.01cm보다 작았을 것이다.

 (iii) 김씨의 키가 180cm보다 컸더라면 그의 키는 180.001cm보다 작았을 것이다.

 (iv) 김씨의 키가 180cm보다 컸더라면 그의 키는 180.0001cm보다 작았을 것이다.

등등으로 이어지는 무한한 계열의 반사실 조건문 모두가 참이라는, 즉 후건에서 180cm보다 큰 임의의 실수값에 대해서 그 실수값의 키보다 작았을 것이라고 말하는 모든 반사실 조건문이 참이라는 (그러면서 동시에 '김씨의 키가 180cm보다 컸더라면 그의 키는 180cm보다는 큰 특정한 실수값의 키였을 것이다'도 참이라는) 반직관적 귀결을 낳는다.[57] 따라서 이런 문제를 해결하기 위해서는 (C2)를 택하면서 근접성의 정도가 무한히 커지는 계열을 허용하기보다는, '가장 근접한'이라는 조건이 맥락에 의해 미세한 유사성 차이를 무시하는 것을 허용해야 한다. 가장 근접한 세계들을 결정하기 위해서 아무리 미세한 유사성의 차이라도 맥락과 무관하게 모두 고려해야 하는 것은 아니다. 그리고 그럴 경우 (C2)는 충분히 받아들일 만한 조건이 된다. 그러나 앞서 이야기했듯이 (C2)와 (C3)는 위와 같은 미묘한 상황을 제외한다면 동등하므로, (C2)와 (C3) 사이의 선택의 문제

---

57 이런 문제는 Stalnaker (1980)에서 제기했다.

는 대개의 경우에는 편의상의 문제가 될 것이고, (C2)를 더 선호하는 독자라도, 앞으로 우리가 (C3)를 사용하는 것은 단순성을 위한 편의상의 선택으로 받아들이고서 논의를 따라가도 좋다.

(C2)가 되었건 (C3)가 되었건 반사실 조건문에 대한 이런 의미론 속에서 가능 세계들 사이의 유사성은 맥락의존적 개념이지만, 이는 오히려 반사실 조건문 자체의 맥락의존성을 체계적으로 포착하는 데에 유용하고, 이 책에서 앞으로 계속 보겠듯이 나의 반사실 조건문적 이론에서 설명 문장의 맥락의존성을 포착하는 데에도 유용하다.

반사실 조건문의 의미론을 위해서 가능 세계들 사이의 유사성을 평가하는 맥락에서는 세계들의 모든 측면을 동등하게 고려할 수는 없을 것이다. 일반적으로 두 세계 사이에 한 개별 사실이 일치하는 경우보다는 자연법칙이 일치하는 경우에 대해서 두 세계가 더 유사한 것으로 가중치가 부여되어야 할 것이다.

루이스는 이런 점을 지적하면서도, 동시에 유사성의 평가에 자연법칙의 일치를 절대적인 기준으로 여겨서는 안 된다는 것도 지적한다.[58] 물론 개별적 사실과 자연법칙을 일대일로 비교할 때에는 당연히 자연법칙에 더 가중치가 주어져야겠지만, 개별 사실들이 현실 세계로부터 광범위하게 달라진 세계보다는 현실 세계의 자연법칙이 작게 한 번 위배된 (즉 작은 기적이 일어난) 세계가 유사성 서열에 있어 더 선호될 수 있다.

예를 들어,

(15) 그 총알이 빗나갔다면 그 유리병이 깨지지 않았을 것이다.

---

58 Lewis (1979).

라는 반사실 조건문의 진리치를 평가하기 위해 우리는 그 총알이 빗나간 가능 세계들 중 어떤 세계가 현실 세계와 더 유사한가의 판단을 내려야 한다. 현실 세계의 자연법칙들이 결정론적이라고 하자. 그때에 만약 우리가 현실 세계의 자연법칙들이 한 번도 위배되지 않는 세계들만을 선택할 경우 그 세계들은 개별 사실들에 있어 현실 세계와 너무 판이하게 다를 것이다. 현실 세계에서는 그 총알이 정확하게 날아왔고, 그 사건은 그 이전의 사건들과 자연법칙들에 의해 연결되어 있다. 따라서 현실 세계의 자연법칙을 철저히 고수하는 세계를 찾기 위해 우리는 멀고 먼 과거에까지 (그리고 과거로 가면 갈수록 더 광범위하게) 현실 세계와 차이가 벌어지는 세계들을 고려해야 할 것이다. 그보다는 총알이 정확히 날아오기 직전에 작은 기적이 일어나 총알의 궤도가 달라진 세계를 현실 세계와 더 유사한 세계로 고려하는 것이 더 적합할 것이다.

그런데 문제는 이와 같은 생각을 왜 미래에 대해서도 적용할 수 없느냐는 것이다. 이에 대해 생각해 보기 위해, 루이스의 의미론에 대해 파인(K. Fine)이 제시한 다음의 반론을 먼저 살펴보는 것이 유용하다.[59]

(16) 닉슨이 그 버튼을 눌렀더라면 인류는 핵전쟁으로 멸망했을 것이다.

가 참인 상황을 가정하자. 이때 그 버튼은 핵미사일에 연결되어 있었다는 등의 조건이 성립한다. 그런데 루이스의 의미론에 의할 경우 이 반사실 조건문은 거짓이 되는 것 같다. 왜냐하면 이 조건문의 전건과 후건이 모두 참인 세계들보다는 전건이 참이고 후건이 거짓인 세계들이 현

---

59 Fine (1975).

실 세계와 더 유사한 것으로 보이기 때문이다. 핵전쟁으로 인류가 멸망한 세계는 개별적 사실들에 있어서 현실 세계와 너무나 다르기 때문에, 차라리 닉슨이 그 버튼을 눌렀지만 기적이 일어나서 핵미사일의 발사가 뒤따르지 않은 세계가 현실 세계와 더 유사하다고 할 수 있을 것 같다. 닉슨이 그 버튼을 눌렀다는 사실을 허용하기 위해 그 사건 직전에 어차피 하나의 기적이 필요하니 왜 또 하나의 기적을 통해 현실 세계로부터 크게 다른 미래를 갖는 것을 방지하지 않는가?

이 반론에 대한 루이스의 대답은, 닉슨이 그 버튼을 눌렀다는 사실을 허용하기 위해서는 그리고 그러면서 과거가 현실 세계에서와 달라지지 않게 하기 위해서는 단 한 번의 작은 기적(예를 들어, 닉슨의 두뇌 상태의 변칙적인 변화)으로 충분하지만, 닉슨이 그 버튼을 눌렀음에도 불구하고 미래가 현실 세계에서와 달라지지 않게 하기 위해서는 한 번의 작은 기적으로 충분하지 않고 상당히 넓은 범위에 걸친 수많은 기적을 요구한다는 것이다.[60] 일단 닉슨이 버튼을 누르고 나면 비록 하나의 기적(예를 들어, 그 버튼으로부터 핵 미사일로의 전기 회로의 차단)을 통해 핵전쟁을 피할 수 있을지 모르지만, 닉슨이 버튼을 누른 사건의 수많은 "흔적들"(버튼에 묻은 닉슨의 지문, 닉슨의 기억, 버튼과 닉슨의 영상을 담은 광파들 등)을 모두 무효화시키기 위해서는 수많은 기적이 필요하다. 그리고 시간이 지남에 따라 그 수많은 작은 차이들이 점점 많은 차이를 낳게 될 것이고 오랜 시간이 지난 후에는 그것들은 결국 큰 차이를 낳게 될 것이다. 이를 통해서 "과거가 이러이러하게 달라졌더라면 미래가 이러이러하게 달라졌을 것이다"라는 형식의 반사실 조건문은 많은 경우 참이고 받아들여질 수 있지만 "미래가 이러이러하게 달라졌더라면 과거가 이러이러하게 달

---

60 Lewis (1979).

라졌을 것이다"라는 형식의 반사실 조건문—즉 역행적 반사실 조건문 (backtracking counterfactuals)—은 일반적으로 받아들여질 수 없다는 것이 따라 나온다. 즉 세계들 사이의 유사성의 기준을 통해서 반사실 조건문의 시간적 비대칭성을 뒷받침할 수 있게 된다. 반사실 조건문의 시간적 비대칭성은 반사실 조건문을 통해서 설명적 유관성을 분석하는 데에 있어서도 중요한 특성이다.

설명적 유관성과 관련된 일상적이고 통상적인 경우들에서는 이상의 표준적 의미론(및 근접성 기준)을 고려하는 것만으로 충분할 것이고, 앞으로의 대부분의 논의에서는 이 의미론을 전제할 것이다. 그러나 비교적 덜 중심적인 고려의 대상이 될 몇 가지 경우와 관련해서 반사실 조건문에 대한 표준적 의미론을 수정하거나 보완해야 할 필요성이 제기될 수 있고, 이러한 수정 또는 보완은 설명에 대한 나의 반사실 조건문적 분석의 세부 사항에 영향을 끼치게 될 것이다.

첫째, 표준적 의미론에서는 반사실 조건문의 전건과 후건이 둘 다 참일 경우에는 반사실 조건문 전체가 참인 것으로 결정되는 진리 조건을 가진다. 전건 P와 후건 Q가 참이라는 것은 그것들이 현실 세계에서 참이라는 것인데, P가 현실 세계에서 참이므로, P가 참이면서 현실 세계에 가장 근접한 가능 세계는 바로 현실 세계 자체가 된다. 그리고 그 세계에서 Q가 참이므로, (C3)의 우변이 만족되어 그 조건에 의해서 'P였더라면 Q였을 것이다'는 참이 된다.

일반적으로 이는 합리적인 조건이라고 여겨진다. 전건이 참인 현실 세계에서 후건도 참이므로 그 전건과 후건으로 이루어진 반사실 조건문은 당연하게 참인 것으로 여겨질 수 있는 것이다. 그러나 현실 세계가 비결정론적인 경우에 이 조건이 반드시 합리적인가 하는 것에는 의심의 여지가 있다. 전건 P와 후건 Q가 둘 다 현실 세계에서 참이라고 하더라도,

전건 P가 참이면서 현실 세계와 아주 유사한 세계들 중에서 어떤 세계들 (현실 세계 포함)에서는 후건 Q가 참이고 어떤 세계들에서는 후건 Q가 거짓이라고 해보자. 즉 P가 성립하는 시점 t에 이르기까지의 상태가 현실 세계와 완전히 같고 (비결정론적인) 자연법칙도 현실 세계와 완전히 같은 가능 세계들 중에서 어떤 세계들(현실 세계 포함)에서는 후건 Q가 참이고 어떤 세계들에서는 후건 Q가 거짓이라고 해보자. 그 경우에 'P였더라면 Q였을 것이다'라는 반사실 조건문을 참이라고 해야 한다는 것은 별로 그럴듯하지 않다. 'P였더라면'이라는 반사실적 가정이 주어진 아래에서 Q가 미결정되기 때문이다.

그러므로 그런 비결정론이 성립하는 경우에 (C3)의 'P가 참이면서 현실 세계에 가장 근접한 가능 세계'의 조건은, 유사성의 정도를 너무나 세부적으로 고려해서 유사성에 있어서 약간이라도 뒤떨어지는 세계는 최근접 세계의 자격을 상실하게 하는 조건이어서는 안 될 것이다. 근접성에 대한 표준적 해석과 결합한 표준적 의미론에서는, 현실 세계 이외의 세계들은 어떻든 약간의 측면에서라도 현실 세계 자체보다는 현실 세계에 덜 유사하다고 할 수 있기 때문에, P가 참일 경우 'P가 참이면서 현실 세계에 가장 근접한 가능 세계'에 해당되는 것은 오직 현실 세계뿐인 것으로 이해할 수 있다. 그러나 최근접성의 조건을 더 느슨하게 잡아서, 'P가 참이면서 현실 세계에 가장 근접한 가능 세계'에 해당되는 것에 'P가 참이면서 현실 세계에 **충분히** 유사한 가능 세계'에 해당되는 것들을 포함하게 되면, 'P였더라면 Q였을 것이다'라는 반사실 조건문이 참일 조건은 더 엄격해질 것이다. 후건 Q가 현실 세계에서 참이라고 하더라도 'P가 참이면서 현실 세계에 충분히 유사한 가능 세계'에 해당되는 세계들 모두에서 참이지는 않을 수 있기 때문이다.

비결정론이 성립하여 'P였더라면 Q였을 것이다'라는 반사실 조건문이 참일 조건을 이와 같이 더 엄격하게 취할 경우, 설명에 대한 나의 반사실 조건문도 강화될 필요가 있다. 그 경우 나는 나의 설명 이론을 다음과 같이 보완할 것이다.

(C´) 'P이기 때문에 Q이다'가 참이다

iff (i) P는 참이다

　　(ii) Q는 참이다

　　(iii) ~P였더라면 ~Q였을 것이다

　　(iv) P였더라면 Q였을 것이다

이는 원래의 이론에 새로운 조건 (iv)를 덧붙인 것이다. 반사실 조건문에 대한 표준적 의미론에서는 조건 (vi)는 조건 (i)과 (ii)로부터 따라 나오므로 불필요한 조건이었다. 그러나 비결정론과 수정된 의미론에 입각해서 조건 (vi)가 조건 (i)과 (ii)로부터 따라 나오지 않을 가능성이 있을 경우에 조건 (vi)는 추가적으로 필요한 조건이 될 것이다.

설명적 유관성 즉 〈때문에〉에 대한 반사실 조건문적 이론의 핵심 아이디어는 'P 때문에 Q'가 참이기 위해서는 Q가 성립하는지 여부가 P가 성립하는지 여부에 의존한다는 것이고 그 의존은 위의 조건들 (iii)과 (iv)에 의해 포착된다. 다만 결정론을 가정한 표준적 의미론에 입각해서는 조건 (iv)가 조건 (i)과 (ii)에 의해서 이미 포착되는 것이다.

그런데 이 조건들은 설명적 유관성에 대한 강한 조건들이다. 즉 비결정성이 허용되는 경우에도 P가 (다른 사실들과 함께) Q를 결정하고 ~P가 ~Q를 결정하는 경우에만 'P 때문에 Q'가 참일 수 있는 것으로 삼기 때문이다. 그리고 우리는 비결정론이 성립하는 경우에 비결정론적 현상에 대해서는 성향적 확률 개념을 사용한 확률적 설명을 허용하는 것이 합당하다고 여긴다.

이와 같은 보다 약한 의미에서의 설명을 허용하기 위해서 우리는, 루이스가 그의 반사실 조건문적 인과 이론을 비결정론적인 경우에로 확장하기 위해 사용한 방법과 유사한 방법을 써서,[61] (iii)을 다음과 같은 확률적 조건으로 수정할 수도 있다.

  (iii′) ~P였더라면, Q가 가졌을 확률이 Q가 현실적으로 가진 확률보다 훨씬 더 낮았을 것이다.

그러나 이 조건은 (vi)가 없는 분석에서 (iii)을 대치하는 조건으로 사용될 수 있지만, (vi)가 남아 있는 상황에서는 (vi)가 너무 강한 조건으로 있을 것이고 그렇다고 해서 (vi)를 유사하게 대치할 만한 조건을 생각하기는 어렵다. 그렇다고 해서 (vi)를 제외시키면 비결정론하에서 너무 약한 조건을 가지는 분석으로 될 것이다. 조건 (iii) (그리고 루이스의 유사한 조건)만 가질 경우 너무 약한 조건이 된다고 할 수 있는데, P가 참인 현실 세계에서 Q가 가지는 현실적 확률과 P가 거짓이었을 반사실적 가능 세계에서 Q가 가졌을 가능한 확률의 차이가 상당히 크다는 것만으로는 P가 성립하기 때문에 Q가 성립한다고 이야기하기 어려울 수 있다. 현실 세계에서도 Q의 확률이 매우 낮았다면, P가 거짓인 가능 세계에서 Q의 확률이 그보다 훨씬 더 낮다는 것이 'P이기 때문에 Q이다'를 참으로 받

---

61 루이스는 결정론적 경우에만 적용되는 Lewis (1973)의 인과 분석을 일반화하기 위해 Lewis (1986)에서 비결정론적인 경우에 대한 확률적 조건을 추가했다. 이에 의하면 '사건 c가 사건 e의 원인이다'가 성립하는 데에 'c가 발생하지 않았더라면 e의 확률이 e의 현실적 확률보다 훨씬 더 낮았을 것이다'라는 조건이 성립하는 것으로 (c와 e가 발생했다는 것에 덧붙여) 인과의 조건이 완화되었다. Lewis (1986), pp. 175-176.

아들이기에 충분하도록 만드는 것 같지는 않기 때문이다.

그래서 내가 비결정론하에서의 확률적 설명을 위해서 대안적으로 제안하는 약한 조건의 느슨한 분석은 다음과 같다.

> (C″) 'P이기 때문에 Q이다'가 (약한 의미에서) 참이다.
>> iff (i) P는 참이다.
>> (ii) Q는 참이다.
>> (iii) ~P였더라면 Q의 확률이 매우 낮았을 것(0에 가까웠을 것)이다.
>> (iv) P였더라면 Q의 확률이 매우 높았을 것(1에 가까웠을 것)이다.

분석 (C″)의 (iii)과 (iv)를 결합하면 그로부터 루이스적 조건인 (iii′)가 따라 나온다. 그러나 그 역은 성립하지 않는다. 즉 (C″)의 (iii)과 (iv)는 (iii′)보다 더 많은 것을 요구하는 더 강한 조건이다. P가 성립하는지 여부가 Q가 성립하는지 여부를 비결정론적으로, 즉 확률적으로만 결정함에도 불구하고, 'P이기 때문에 Q이다'를 참으로 받아들이는 것이 용인될 수 있다면 위의 조건들이 이에 대한 최선의 조건들이라고 생각한다. 이 조건들은 P가 성립하는 현실 세계에서는 Q가 1에 가깝고 P가 성립하지 않는 가능 세계에서는 Q가 0에 가까웠을 것이라는 것을 이야기한다.

둘째, 반사실 조건문에 대한 표준적 의미론에서는, 반사실 조건문의 전건이 불가능한 (즉 필연적으로 거짓인) 문장인 경우 반사실 조건문이 사소하게 참이 된다. (C3)의 우변에 있는 괄호 안의 조건 'P가 참인 가능 세계가 존재할 경우'가 성립하지 않게 되므로, 우변 전체는 사소하게 만족되기 때문이다. 전건이 참인 가능 세계가 존재하지 않을 경우에 우리는 전건이 참인 가능 세계 중에서 현실 세계와 충분히 유사한 세계에서 후건이 성립할지 여부에 대해서 아예 생각할 수가 없다. 그 경우 우리는 그런 세계에서의 후건의 성립 여부를 따지지 않고, 조건문을 참인 것으로 평가한다.

이런 진리 조건은 나름의 합리성을 가진다. 여기서의 불가능성은 논리적 불가능성 즉 절대적 불가능성을 의미한다. 전건 P가 거짓임이 논리적으로 필연적일 경우, P가 참일 상황에서 어떤 일이 일어날지 따지는 것 자체가 합리적이지 않은 것처럼 보인다. 논리적으로 불가능한 상황을 가정할 경우 이로부터 어떠한 것도 이끌어낼 수 있기에, 논리적으로 불가능한 전건을 가지는 반사실 조건문은 어떤 후건을 가지더라도 참이라고 생각하는 것도 그럴듯하다.

그러나 어떤 철학자들은 이와 같이 불가능한 전건을 가지는 반사실 조건문 즉 반가능 조건문(counterpossibles)이 사소하게 참으로 여겨져서는 안 된다고 본다. 즉 반가능 조건문이라 하더라도 경우에 따라 참이거나 거짓이고, 이를 구분하는 의미론이 필요하다는 것이다. 그리고 이를 위해서 가능 세계뿐만 아니라 불가능 세계까지 도입하는 의미론을 제안한다.[62]

일상의 반가능 조건문이 정말 사소하지 않은 실질적인 의미를 가지고 있는가, 그리고 불가능 세계를 통한 의미론이 정말 제대로 작동할 수 있게 구성될 수 있는가 등의 문제는 앞으로 더 많은 논쟁의 대상이 되어야 할 문제이며 현재로서는 그 문제에 답하려고 하지는 않을 것이다.

---

[62] 이러한 철학자들로 놀란(D. Nolan) 반더 란(D. Vander Laan), 브로가르(B. Brogaard), 살레르노(J. Salerno) 등이 있다. Nolan (1997), Vander Laan (2004), Brogaard and Salerno (2013) 참조. 또한 반가능 조건문에 대한 특정 형태의 의미론에 대해서 문제를 제기하는 논문으로 Bjerring (2014) 참조.

다만 이 문제에 대한 논의가 설명의 반사실 조건문적 이론에 대해서 가질 수 있는 함축에 대해서 이야기하고자 한다. 만약 반가능 조건문이 정말 사소하지 않은 실질적인 의미를 가지고 있다면 (그리고 다행히 이에 대한 의미론이 적절하게 구성될 수 있다면), 논리적으로 필연적인 명제를 통한 설명 역시 실질적인 의미를 가질 수 있을 것이다.

논리적으로 필연적인 명제를 통한 설명이 실질적으로 유효한 의미를 가질 수 있는가는 논란의 여지가 있다. 예를 들어 수학적 설명은 가능한가?[63] 어떤 수학적 명제가 다른 수학적 명제를 설명할 수 있는가? 아니면 한 수학적 명제가 다른 수학적 명제를 설명할 수 있는 것처럼 보이는 경우는 단지 전자의 수학적 명제가 후자의 수학적 명제에 대한 논증적 근거가 되는 것뿐인가? 특정한 수학적 정리 T를 사용하여 다리가 무너지지 않게끔 건설했다고 하자. 그렇다면 그 다리가 무너지지 않는 것은 수학적 정리 T가 성립하기 때문인가?

(17) 수학적 정리 T가 성립하기 때문에 그 다리가 무너지지 않는다.

라는 문장을 참이라고 받아들일 경우 그 문장의 '때문에'는 설명적 의미의 '때문에'인가 아니면 논증적, 증거적 의미의 '때문에'인가? 즉 수학적 정리 T는 그 다리가 무너지지 않는 것을 알 수 있게 해주는 인식적 근거가 되는 것에 그치는가 아니면 그 다리가 무너지지 않는 것이 정말 존재론적 의미에서 그 수학적 정리 T가 성립하기 때문인가?

이와 같은 문제에 대한 답은 상응하는 반사실 조건문이 실질적인 의미

---

[63] 확률적 설명 이론, 인과적 설명 이론 등 많은 대표적 설명 이론들에서 수학적 설명의 가능성은 원리적으로 배제된다. 나의 반사실 조건문적 이론에서는 반사실 조건문에 대한 의미론을 어떻게 부여하는가에 따라 가능할 수도 있고 가능하지 않을 수도 있다.

를 가지는가의 문제에 대한 답과 연계되어 있다고 여겨진다. 예를 들어

> (18) 수학적 정리 T가 성립하지 않았더라면 그 다리가 무너졌을 것
>   이다.

라는 반사실 조건문이 실질적인 의미를 가질 수 있다면, 위의 문장 (17)
도 설명 문장으로서 실질적 의미를 가질 수 있다. 문장 (18)은 논리적으
로 불가능한 전건을 가진 반가능 조건문이고, 이런 반가능 조건문이 실
질적인 의미를 가질 수 있는지의 문제에 대해서는 열린 문제로 남겨놓
을 것이다. 그리고 반가능 조건문이 실질적인 의미를 가질 수 있는 것으
로 드러날 경우에 이를 가능하게 하는 의미론을 선택할 것이며 표준적
의미론을 고수하지는 않을 것이다. 나의 주된 입장은 설명적 의미의 '때
문에'가 반사실 조건문에 의해서 이해되어야 한다는 것이고, 나는 반사
실 조건문에 대한 특정한 의미론은 오직 배경 이론으로서 사용할 것이
고 현재 이용할 수 있는 최선의 이론을 사용할 것이다.

4. 반사실 조건문을 통해 이해된 설명의 맥락의존성

설명적 유관성을 반사실 조건문적으로 분석하는 것이 우리가 가진 개념
과 이같이 잘 들어맞음에도 불구하고, 반사실 조건문적 접근에 대해 특
별히 우려하는 시각도 존재한다.[64] 그런 시각이 존재하는 이유의 하나는
반사실 조건문이 맥락의존적 혹은 관심의존적이라는 것이다. 특히 콰인

---

64 특히 Van Fraasen (1980), pp. 114-118; Salmon (1989), p. 130.

(W. V. O. Quine)이 처음 제시했던 비제-베르디 예는 유명하다. 즉, 비제와 베르디가 같은 나라 사람이었더라면, 비제와 베르디가 둘 다 프랑스인이었겠는가? 아니면 비제와 베르디가 둘 다 이탈리아인이었겠는가? 둘 중 어느 하나를 선택할지의 문제는 맥락에 의존하는 것 아닌가?

반 프라센이 제시하는 다음과 같은 또 다른 흥미로운 예도 있다. 도화선이 화약통에 연결되어 있다고 하자. 그때에

(19) 톰이 그 도화선에 불을 붙였더라면 폭발이 있었을 것이다.

는 참인 것 같다. 그런데 사실 톰은 매우 주의 깊은 사람이다. 따라서 톰은 도화선과 화약통의 연결을 끊지 않고서는 도화선에 불을 붙이지 않았을 사람이다. 그렇다면

(20) 톰이 그 도화선에 불을 붙였더라면 폭발이 없었을 것이다.

역시 참이 아닌가? 그리고 이 둘 중의 어느 것이 참인가는 맥락에 의존하는 것 같다. 반사실 조건문의 참, 거짓이 이렇게 맥락에 의존한다면, 과학에 반사실 조건문을 위한 자리는 없다고 반 프라센은 말한다.[65]

그러나 반사실 조건문의 맥락의존성은 설명 이론에 최소한 해가 되지 않거나 혹은 오히려 득이 되는 것 같다. 우선 비제-베르디 예를 고려해보자. 이 예의 경우엔 우리가 반사실 조건문의 의미론으로서 채택했던 (C3)에 입각해서는 아무런 문제가 발생하지 않는다. 비제-베르디 예는 전건이 참이면서 현실 세계와 가장 유사한—그러면서 서로 똑같은 정

---

65 Van Fraassen (1980), p. 116.

도로 유사한—세계가 둘 이상 있을 수 있다는 문제이다. (C3)의 의미론은 그런 경우에 단순히 그런 세계들 모두에서 후건이 참인 경우에 (그리고 오직 그 경우에) 반사실 조건문이 참이라고 말한다. 따라서

(21) 비제와 베르디가 같은 나라 사람이었더라면 그들은 둘 다 프랑스인이었을 것이다.

(22) 비제와 베르디가 같은 나라 사람이었더라면 그들은 둘 다 이탈리아인이었을 것이다.

는 둘 다 거짓이다. (전건이 참이면서 현실 세계와 가장 유사한 두 가능 세계 중 각각 오직 한 세계에서만 후건이 참이므로) 다만

(23) 비제와 베르디가 같은 나라 사람이었더라면 그들은 둘 다 프랑스인이거나 둘 다 이탈리아인이었을 것이다.

는 참이다.

이런 반사실 조건문들의 해석이 어떤 설명 문장과 관련해 문제가 될 것인지를 한번 생각해 보자. 음악 사회학자가 비제와 베르디의 어떤 음악적 차이를 그들이 서로 다른 나라 사람이라는 점을 통해 설명한다고 해보자. 그 설명이 올바른 경우는 비제와 베르디가 둘 다 프랑스인인 가능 세계와 두 사람이 둘 다 이탈리아인인 가능 세계 모두에서 그 음악적 차이가 나타나지 않는 경우일 것이다. 만약 그 음악적 차이가 두 가능 세계 중 오직 한 가능 세계—예를 들면, 두 사람 다 프랑스인인 가능 세계—에서만 나타나지 않는다면, 그 음악적 차이를 설명하는 것은 두 사람이 서로 다른 나라 사람이라는 사실이 아니라, 두 사람 중 한 사람만

프랑스인이고 다른 사람은 프랑스인이 아니라는 사실일 것이다. 그리고 그 두 사실은 서로 구별되는 사실—서로 다른 명제적 내용을 가지고 서로 다른 설명력을 가진—이다. 결국 우리는 두 가능 세계 중 오직 한 가능 세계를 맥락에 의해, 혹은 임의적으로 선택해 그 가능 세계에서 후건이 참인지를 살펴볼 필요가 없다. 우리는 두 가능 세계를 모두 고려함으로써만 원래 설명항의 설명력을 알 수 있고, 여기서는 따라서 맥락의존성이 나타나지 않는다.

이번에는 반 프라센의 도화선 예를 살펴보겠다. 나는 이 예에서는 진정으로 반사실 조건문의 맥락의존성이 나타난다고 생각한다. 그러면서 동시에 반사실 조건문의 이 맥락의존성이 설명 이론에서 사용되기에 오히려 유리한 함축을 가진다고 생각한다.

이 예에 대한 논의로 직접 들어가기 전에 반사실 조건문의 맥락의존성의 보다 일반적인 성격에 대해 생각해 보자. 반사실 조건문의 표준적 의미론에서 맥락의존성을 포함하는 가장 중요한 요소는 〈유사성〉 개념이다. 반사실 조건문의 의미론은 전건이 참이면서 현실 세계와 가장 유사한 가능 세계(들)에서 후건이 참인지 거짓인지를 살펴보라고 말한다. 그러나 A에 대해 B가 더 유사한지 C가 더 유사한지는 그것들을 어떤 측면에서, 어떤 측면에 중점을 두어 비교하는가에 따라 다르지 않은가? 세계 간의 유사성을 비교함에 있어 여러 측면의 유사성들의 가중치를 어떻게 부가할 것인가? 특히 법칙에 있어 현실 세계와 동일한 가능 세계가 보다 선호될 것인지 아니면 현실 세계의 법칙을 다소 어기더라도 개별적 사실들에 있어서 현실 세계와 보다 일치하는 가능 세계가 선호될 것인지의 문제는 반사실 조건문 의미론과 관련해서 중요하게 논의되는 문제이다. 한마디로 말해, 유사성은 최소한 그 자체로는 매우 맥락의존적이고 또한 대략적인 개념이다.

그렇다면 반사실 조건문의 이러한 맥락의존성이 우리 설명 이론에 어떤 유리한 함축을 가지는가? 설명 문장은 객관성과 맥락의존성을 모두 가지고 있는 것 같다. 즉 설명의 문맥이 일단 결정되면 어떤 것이 올바른 설명인가는 객관적인 문제이지만 그러기 위해서는 우선 그 문맥이 결정되어야 한다. 인과 관계에 대한 문장은 어떤 사건이 어떤 사건을 야기하는가에 대해 세계를 단순히 객관적으로 서술하는 문장만으로 여겨질 수 있는 여지가 상대적으로 더 많다. 그러나 설명 문장은 인과 문장에 비해 맥락의존성을 더 강하게 가진다고 여겨진다. 설명은 주어진 특정한 관심과 관련해서 그에 맞는 객관적 연관을 밝히는 일이다.

5장과 6장에서 상술하듯이 설명의 맥락의존성은 여러 방식으로 나타나는데, 설명의 어떤 맥락의존성은 설명항의 어떤 부분에 강세를 두는가에 따라 나타난다. 그리고 이 측면의 맥락의존성은 설명 문장을 반사실 조건문으로 분석할 때 반사실 조건문의 맥락의존성에 의해 잘 설명된다. 도화선 예와 관련된 설명의 예를 들어보자.

(24) 스티븐이 그 도화선에 불을 붙였기 때문에 폭발이 일어났다.

이 설명 문장은 이를테면 '스티븐', '그 도화선', '불 붙임' 등에 각각 강세를 둠에 따라 다르게 해석될 수 있다.

그런 다양한 해석가능성이 설명 문장에 대한 우리의 반사실 조건문적 의미론에서 어떻게 구현되는가? 위의 설명 문장을 분석하는 반사실 조건문은 일단 다음과 같은 것이다.

(25) 스티븐이 그 도화선에 불을 붙이지 않았더라면 폭발이 일어나지 않았을 것이다.

이 반사실 조건문이 참인지의 기준이 되는 가능 세계—전건이 참이면서 현실 세계와 가장 유사한 세계—는 유사성의 어떤 측면을 중시하느냐에 따라 달라질 것이다. 예를 들어, 사람들 각각의 일반적 성향들에 있어서의 유사성이 개별적 환경 조건에 있어서의 유사성보다 더 중요시되는 맥락에서 반사실 조건문의 진리 조건이 고려된다고 해보자. 위의 반사실 조건문은, 부주의한 스티븐 대신에 톰이 그 도화선에 불을 붙이되, 톰의 주의 깊은 성향—특히 도화선과 화약통의 연결을 끊지 않고서는 도화선에 불을 붙이지 않음—이 현실 세계 그대로 고정되고 대신 도화선과 화약통의 연결이 문제의 시점에서 이전에 끊어져 있는 점이 현실 세계와 달라진 가능 세계에서 고려되어 참이 될 수 있을 것이다. 위의 반사실 조건문이 참이 될 수 있는 또 다른 방식이 존재한다. 개별적 환경 조건에 있어서의 유사성이 사람들의 일반적 성향에 있어서의 유사성보다 중요시되는 맥락에서 반사실 조건문의 진리 조건이 고려된다고 해보자. 이 문장은, 스티븐이 그 도화선 대신 다른 안전한 도화선에 불을 붙이거나 혹은 다른 일을 했을 가능 세계에서 고려되어 참이 될 수 있을 것이다. 왜냐하면 문제의 시점에서 그 도화선이 화약통에 연결되어 있다는 현실 세계의 환경적 조건이 계속 고정되어야 하기 때문이다.

가능 세계를 선택하는 데 있어서의 이 두 방법이 각각 설명 문장 (24)를 해석하는 다음의 두 방식에 대응한다.

(24-1) 다른 사람이 아닌 스티븐이 그 도화선에 불을 붙였기 때문에 폭발이 일어났다.

(24-2) 스티븐이 다름 아니라 그 도화선에 불을 붙였기 때문에 폭발이 일어났다.

(24-1)은 현실 세계에서 스티븐을 대신해 그 도화선에 불을 붙였을 기회가 가장 많았던 사람이 또 한 사람의 부주의한 빌이었다면 거짓이 될 것이다. (24-2)는 현실 세계에서 스티븐 주위에 있었던 모든 도화선이 화약통과 연결되어 있었더라면, 혹은 그뿐 아니라 도화선에 불을 붙이지 않더라고 폭발이 일어났을 다른 조건들이 존재했더라면 거짓이 될 것이다.

설명 문장은 맥락에 따라 위와 같이 여러 방식으로 해석될 수 있다. 그리고 설명에 대한 반사실 조건문 이론은 (반사실 조건문의 맥락의존성을 통해) 맥락에 의한 설명 문장의 다양한 해석가능성을 잘 설명해 주고 더 나아가 맥락이 설명 문장의 진리 조건에 어떻게 영향을 미치는지를 드러내 준다. 따라서 반사실 조건문의 맥락의존성은 반사실 조건문적 설명 이론에 위협이 되는 것이 아니라 오히려 유리한 함축을 지닌다. 설명에 대한 반사실 조건문 이론이 설명의 맥락의존성에 대해서 어떤 유익한 함축들을 가지는지에 대해서는 뒤(5장-6장)에서 더 자세히 논의할 것이다.

5. 반사실 조건문을 통해 이해된 설명의 경험적 시험가능성

설명에 대한 반사실 조건문적 접근을 꺼리는 시각에서 내세울지 모를 또 하나의 (과학철학 전통에서 흔히 제기되는) 우려는 반사실 조건문이 경험적으로 시험가능하지 않다는 생각이다. 이에 대해 내가 하고자 하는 대답은, 첫째로는 반사실 조건문이 경험적으로 시험가능하지 않다는 생각에 대해 이의를 제기하는 것이고, 둘째는 반사실 조건문이 경험과 직접 맞닿아 있지는 않다는 사실이 설명 이론에서의 사용에 유리한 함축을 가진다는 것이다.

반사실 조건문이 경험적으로 시험가능하지 않다는 생각은 반사실 조건문이 현실 세계가 아닌 다른 가능 세계에 대해 이야기한다는 점에 근거해 있다. 그리고 우리가 할 수 있는 모든 경험은 오직 우리가 사는 현실 세계에서의 경험뿐이 아닌가? 그러나 가능 세계에 대해 이야기한다는 것이 꼭 현실 세계 바깥의 어떤 곳에 우리에게 관찰될 수 없으면서 존재하는 별다른 세계에 대해서 특수한 인식 능력을 통해서 파악하여 이야기하는 것으로 생각해야 할 필요는 없다. 특히 반사실 조건문의 의미론에서 고려되는 가능 세계는, 현실적으로 존재하는 것들에게서 성립하는 조건들의 대부분이 똑같이 성립하면서 어떤 특정한 측면에 있어서만 실제와 달랐을 경우 가능했을 상황 이상의 것이 아니다. 그러한 가능 세계가 어떠할 것인가에 대한 판단들은 기본적으로 현실 세계에 대한 경험적 지식들에 의거한다.

'P였더라면 Q였을 것이다'라는 반사실 조건문이 참인지에 대한 판단은 우선 P가 참이면서 현실 세계와 가장 유사한 가능 세계들이 어떤 세계들인가에 대한 판단에 의존하고 그 후자의 판단은 현실 세계가 어떤 세계인가에 대한 경험적 지식들에 의존한다. 현실 세계에서 어떤 자연법칙들이 성립하고 어떤 개별적 사실들이 성립하는가에 의거해서 우리는 어떤 세계들이 현실 세계와 유사한지 판단할 수 있게 된다. P가 참이면서 현실 세계와 가장 유사한 가능 세계들에서 Q가 참인지에 대한 판단도 가능 세계를 지배하는 별다른 법칙에 의거하는 것이 아니라, 현실 세계와 가능한 한 유사하기 위해 가져야 한다고 판단된 법칙들과 초기 조건들에 의거하는 것이다. 일단 경험적 배경 이론에 입각해서 (현실과 가장 유사한) 법칙들과 초기 조건들의 내용이 결정되고 나면, 그런 법칙들과 초기 조건들을 가지는 세계에서 Q가 참인지의 문제는 선험적 추론의 문제일 수 있다.

물론 전건이 참이면서 현실 세계와 가장 유사한 가능 세계 자체를 관찰하면서 그 세계에서 후건이 참인지를 확인할 수는 없다. 다만 세계들이 순수하게 질적이라면[즉 헤세이티스틱(haecceitistic)한 속성들이 존재하지 않는다고 하면] 현실 세계 내에서 이를 직접적으로 확인할 수 있는 상황이 배제되는 것은 아니다. 현실 세계에서 시점 t에 사건 c가 발생했다고 하자. 그리고 사건 c가 발생하지 않았더라면 그보다 나중 시점 t′에서 사건 e가 발생하지 않았을 것인지 알고 싶다고 하자. 어떤 이유에서이건 현실 세계에서의 더 나중 시점 t_2에 현실 세계에서의 시점 t와 다른 점에서 가능한 한 유사하면서 사건 c가 발생하지 않은 상태가 성립할 경우 이후 시점 t_2(t′−t = t_2−t_2일 때)에 사건 e가 발생하는지 관찰하는 것이 그 반사실 조건문의 참 여부에 대한 직접적 관찰에 해당할 것이다.[66] 그러나 우리는 이런 행운을 기대할 수는 없다. 세계 전체의 상태가 이전의 상태와 한 가지 측면만 제외하고 동일하게 되기를 기대하는 것은 너무나 어렵고 희박한 가능성을 기대하는 것이기 때문이다.

그렇지만 이런 종류의 결정적 확인에 의한 검증을 하지 못한다고 해서 그것이 경험적으로 시험 불가능하다고 할 수 없는 것은 이론적 문장의 경우와 마찬가지이다. 우리는 또한 현실 세계 전체의 상태가 미래에 과거 어떤 시점의 상태와 거의 유사하게 될 것이라 기대하기는 어렵지만, 세계의 일부분을 폐쇄계(closed system)로 설정함으로써 그 폐쇄계의

---

66 나는 여기에서 t_2 시점 이후에 자연법칙이 위반되는 것을 요구하는 유사성 평가는 이루어지지 않는다고 전제한다. 또한 한 번의 관찰로 반사실 조건문을 검증하기 위해서는 자연법칙이 결정론적이라는 것을 요구한다. 그러나 논의의 편의를 위해서 했던 결정론적 가정은 사실 폐기해도 상관없다. 그 가정을 폐기할 경우 우리에게 요구되는 것은 단 한 번의 관찰이 아닌 여러 번의 관찰일 것이다. 위에서 서술한 실험 상황을 충분히 여러 번 되풀이했을 때 항상 e가 발생하지 않는다면 우리는 문제되는 반사실적 상황에서도 e가 발생하지 않을 것이라고 합리적 결론을 내릴 수가 있다. 또한 e가 발생하는 상대 빈도가 예를 들어 30%라면, 그 반사실적 상황에서 e가 발생했을 객관적 확률(propensity)이 30%라고 결론 내릴 수 있다.

상태가 과거에 존재했던 계를 재연하는 것으로 여길 수는 있다. 만약 그 계 바깥으로부터의 영향을 무시할 수 있다는 합리적 가정이 존재한다면, t와 t_2 시점 직전까지의 그 계의 상태와 동일하고 그 시점에서 c가 발생하는지의 여부에 있어서만 다른 계를 구성하는 실험적 설계는 훨씬 더 실천가능하게 이루어질 수 있고, 실제의 많은 실험들은 이와 같은 방식으로 반사실 조건문들을 경험적으로 시험하고 있다고 할 수 있다.

또한 앞 장에서 살펴보았던 설명에 대한 확률적 이론은 설명 문장의 의미 또는 진리 조건을 제시하는 이론으로서는 적절하지 못하지만, 일단 설명 문장의 진리 조건이 반사실 조건문을 통해서 이해되었을 때에 설명 문장에 대한 경험적 인식 또는 입증을 위한 방법론으로서는 나름의 가치를 가질 수 있다. 반사실 조건문의 전건과 후건에 각각 언급된 속성들 사이의 확률적, 통계적 상관관계는 그 반사실 조건문이 참이라는 것에 대해서 경험적 증거 역할을 할 수 있기 때문이다.

확률적, 통계적 상관관계들을 통해서 경험적 증거들을 수집하는 데에 있어서 설명에 대한 반사실 조건문적 조건은 그 규제 이념이 될 수 있다. 예를 들어 속성 P와 Q 사이의 기본적 통계적 상관관계인 'Prob(Q/~P) 〈 Prob(Q/P)' 자체는 '개체 a가 속성 P를 가지기 때문에 속성 Q를 가진다' 라는 문장을 뒷받침하기에 적합하지 못한데, 이는 확률적 이론가들에게도 잘 알려져 있다시피 속성 P와 Q에 공통적으로 영향을 미치는 변수가 있을 수 있기 때문이다. 그리고 이런 가능성을 막기 위해서 확률적 이론가들은 다양한 복잡한 추가 조건들을 덧붙여 확률적 이론을 완성하고자 시도하는데[67] 이런 시도들이 완결되지도 못하거니와, 설사 그 추가 조건들을 받아들인다고 하더라도 그런 복잡한 조건들이 '때문에'가 의미하

---

[67] 2장 참조.

는 내용 속에 포함되어 있다고 보는 것은 전혀 그럴듯하지 못하다. 그런 조건들을 계속 추가함으로써 가까이 가려고 하는 것은 결국 설명 문장의 진리 조건에 해당하는 반사실 조건문에 대한 경험적 확인이라고 할 수 있다.[68] 그리고 설명 문장의 진리 조건에 해당하는 반사실 조건문은 어떤 확률적, 통계적 조건들이 인식적 조건들로서 추가되어야 하는지에 대한 규제 이념 역할을 할 수가 있는 것이다.

또한 설명에 대한 반사실 조건문적 이론은 설명을 경험적으로 시험(test)하는 데에 있어서 실험(experiment)이 왜 중요한지 설명해 준다. 설명 문장 'P이기 때문에 Q이다'를 '~P였더라면 ~Q였을 것이다'를 통해서 분석하는 경우에, 우리는 그 설명 문장을 경험적으로 평가하기 위해서 ~P이면서 현실 세계와 가능한 한 유사한 가능 세계에서 어떠할지에 대해서 평가해야 한다. 현실 세계 속에서 우리의 관심 대상이 되는 상황(P와 Q가 모두 성립하는 상황)과 유사하면서 ~P 조건(또는 이에 상응하는 조건)이 성립하는 기존의 상황을 찾아서 이를 관조적으로 관찰하는 경우에, 그 상황에서 ~P 조건(또는 이에 상응하는 조건)이 성립하는 데에 영향을 미치는 다른 조건들이 있어서 그 조건들이 우리의 관심 대상이 되는 상황과 중요한 차이를 가지게 할 수 있다. 우리에게 자유의지가 존재한다면 과거의 영향으로부터 벗어나서 실험 상황에 개입해서 과거의 조건들과 상관없이 ~P 조건(또는 이에 상응하는 조건)이 성립하게끔 만들 수 있을 것이고, 이는 ~P이면서 현실 세계와 가장 유사한 가능 세계를 구성하는 것에 가장 가까울 것이다. 물론 자유의지는 실재하지 않을 수 있다.

---

68 예를 들어 '김씨가 열악하지 않은 양육 환경에서 자라났기 때문에 지능지수가 높다'라는 설명 문장을 경험적으로 확인하기 위해서 그것의 진리 조건인 '김씨가 열악한 양육 환경에서 자라났더라면 지능지수가 높지 못했을 것이다'라는 반사실 조건문을 경험적으로 확인하는 데에 적합한 다양한 확률적, 통계적 상관관계들을 찾아내고자 할 것이다.

그럼에도 불구하고 마치 자유의지가 존재하는 것처럼 되도록 과거의 조건으로부터의 영향과 상관없이 임의적(random) 선택을 하여서 선택된 환경에 인위적 ~P 조건(또는 이에 상응하는 조건)을 조성하는 것이 반사실 조건문을 경험적으로 시험하기 위한 작업에 가장 적합한 일일 것이다.[69]

살먼(Salmon) 역시 반사실 조건문에 경험적 의미를 부여하는 실험 상황의 예들을 제시한다. 예를 들어 살먼은 다음과 같은 문제를 풀고자 반사실 조건문을 이용한다.[70] 표면이 투명한 탁자 위에서 당구공 두 개가 충돌한다. 따라서 그것들의 그림자도 서로 교차할 것이다. 그런데 두 당구공 간의 충돌은 인과적 상호작용이고 두 그림자 간의 교차는 그렇지 않다. 그렇다면 인과적 상호작용과 단순한 교차를 어떻게 구분할 것인가? 살먼이 제시하는 기준은 다음과 같은 반사실 조건문과 관련해 두 경우가 가지는 차이에 의한 것이다.

(26) 공 A가 공 B와 교차하지 않았더라면, 공 B의 운동 방향은 바뀌지 않았을 것이다.
(27) 그림자 A′이 그림자 B′과 교차하지 않았더라면, 그림자 B′의 운동 방향은 바뀌지 않았을 것이다.

살먼에 의하면 (26)은 참이고 (27)은 거짓이다. 그리고 그것이 인과적 상호작용과 인과적 상호작용이 아닌 것을 구분하게 해준다. 그렇다면 두

---

69 나는 뒤에서 인과적 설명에 대한 우드워드(J. Woodward)의 조작가능성 이론 [Woodward (2003)에서 제시된]이 인과적 설명에 대한 이론으로서 올바르지 못하다고 비판할 것이다. 그러나 그의 개입 개념을 사용한 이론은 반사실 조건문에 대한 실험적 방법론의 기초로서 매우 유용하다.

70 Salmon (1984), pp. 172-174.

반사실 조건문을 위한 실험 상황은 공 A를 없애거나 그것을 공 B와 교차하지 않게 굴리는 것일 것이다[실험 1].[71] 그런 실험을 되풀이했을 경우 공 B의 운동 방향은 항상 바뀌지 않으므로 (26)은 경험적 지지를 얻는다. 한편 (27)을 위한 실험 상황은 그림자 A′과 B′이 교차하지 않게 하는 것일 텐데, 그것을 실현하는 방법은 (공 A와 공 B가 충돌하지 않게 하는 방법도 있지만) 공 A를 공 B와 여전히 충돌하게 하면서 A′에 조명을 달리 줌으로써 A′이 B′과 교차하지 않게 하는 것일 수도 있다[실험 2]. 그러나 후자의 경우 B′의 운동 방향은 여전히 바뀔 것이므로, (27)은 경험적으로 거부된다.

　실험 상황에 대한 이 같은 제안은 일견 두 반사실 조건문 사이에 차이를 만들기 위한 임의적인 것처럼 보이고, 실제로 키처(P. Kitcher)는 이 제안에 대해 다음과 같은 반론을 제기한다.[72] 즉, (27)이 그런 방식의 실험 상황에서 시험된다면, (26)에 대해서도 그와 유사한 실험 상황을 설정할 수 있다는 것이다. 그 실험 상황이란, 강한 압력을 도입해서 탁자에서 공 A가 있었을 경우와 동일한 효과를 낳게 하는 상황이다[실험 3]. 이런 실험 상황에서는 물론 공 B의 운동 방향은 바뀔 것이고 (키처에 의하면) (26)도 똑같은 방식으로 거부될 것이다. 원래 존재하지 않았던 그런 새로운 강한 압력을 도입하는 것이 어떻게 정당화되는가? 키처에 의하면, 그런 압력을 도입하는 것은 작위적이지만 실험 2에서 새로운 조명을 도입하는 것 역시 마찬가지라는 것이다.

　그러나 나는 실험 2에서 새로운 조명을 도입하는 것과 실험 3에서 새로운 압력을 도입하는 것이 동등하지 않다는 것을 주장하고자 한다. 우

71　살먼(Salmon) 자신은 공 A를 공 B와 교차하도록 굴리는 실험도 함께 시행하는 대조 실험을 염두에 둔다.

72　Kitcher (1989), pp. 473-475.

선 반사실 조건문에 대한 의미론은 전건이 성립하는 가능한 경우 중 현실적인 경우와 가장 유사한 경우를 고려하라고 말한다는 것을 상기하자. 우리 실험과 관련해서 이를 다시 말하면, 전건이 성립하도록 만들어진 실험 상황은 원래의 상황—두 공과 두 그림자가 각각 서로 교차했던—과 가능한 한 유사해야 한다. 어느 것이 어느 것보다 원래의 상황에 더 유사하다고 말할 수 없을 정도로 서로 대등한 두 실험 상황이 원래의 상황에 가장 유사한 실험 상황으로서 존재할 경우에는 두 실험 상황 모두에서 후건이 성립해야 반사실 조건문이 경험적 지지를 얻는다.

살먼이 (27)을 시험하기 위해 실험 1과 실험 2를 모두 고려한 것은 (우리 식으로 말한다면) 실험 상황 1과 실험 상황 2가 원래의 상황에 대해 (27)의 전건이 성립하는 것 중 가장 유사하면서 똑같은 정도로 유사하다는 판단에 근거한 것이다. 실험 1에서는 새 조명이 도입되지는 않았지만 대신 전건 자체 속에서 말해진 변화—그림자 운동의 변화—외에 공의 운동의 변화까지도 요구되었다. 비록 실험 2에서는 원래의 상황에 없던 새로운 조명이 도입되었지만 그 대신 원래 상황에서의 공의 운동이 변화되지 않고 유지되었다. 따라서 이 경우 새로운 조명의 도입은 다른 측면에서의 유사성의 증가라는 반대급부에 의해 정당화될 수 있다.

이제, (26)을 시험하는 것으로서의 실험 1과 실험 3을 비교해 보자. 두 실험 상황 모두에서 (26)의 전건, 즉 공 A가 공 B와 교차하지 않는다는 것은 성립한다. 그렇다면 그 전건을 성립시키기 위해 요구되는 다른 변화들을 살펴보자. 실험 1에서는 그림자의 운동이 바뀐다는 변화가 요구된다. 한편 실험 3에서는 그림자의 운동이 바뀐다는 변화가 여전히 요구되면서 그에 더불어 새로운 압력의 도입까지도 요구된다. 결국 이 경우에는 명백히 실험 1이 실험 3보다 원래의 상황에 보다 유사하며, 따라서 우리 의미론에 따르면 실험 상황 1에서 후건이 성립하는지만을 살펴보면 된다. 실험 상황 3에서 새 압력이 도입됨으로써는 실험 상황 2에서처럼 다른 측면에서의 유사성의 증가가 따르지 않는다. 그러므로 여기서의 새 압력의 도입은 실험 2에서의 새 조명의 도입과 달리 순전히 임의적 (ad hoc)이다.

그러므로 앞에서 제기된 실험 상황에 대한 키처의 비판은 성립하지 않는다. 그러나 반사실 조건문을 경험적으로 시험하는 과정이 반드시 이와 같이 반사실 조건문의 의미론에 직접적으로 대응하는 실험 상황이어야 할 필요는 없다. 어떤 외부의 힘도 받지 않는 물체는 자신의 운동 상태를 계속 유지한다는 뉴턴(Newton)의 제1 운동 법칙은 (어떤 외부의 힘도 받지 않는 물체는 존재하지 않으므로) 반사실 조건문적 법칙이다. 이 반사실 조건문의 경험적 지지는 여러 크기의 힘을 받는 여러 물체들의 운동에 대한 관찰과 실험으로부터의 다양한 추론을 통해 얻어졌다.

그러나 어떻든 반사실 조건문의 경험적 시험이 단 한 번의 직접적 관찰만으로 가능하지 않으리라는 것은 분명하다. c라는 사건의 발생과 e라는 사건의 발생에 대한 문장들은 가장 기초적인 형태의 관찰 진술들일 수 있지만, c와 e가 발생했다는 두 명제 간의 설명적 유관성 관계―반사실 조건문으로서 분석된―는 단순한 의미에서 직접 관찰되는 것은 아니다. 그것은 여러 종류의 여러 관찰로부터 경험적 확증을 얻는 이론 진술의 인식적 지위와 비슷한 인식적 지위를 가진다. 그리고 이런 인식적 지위는 설명이 단순한 기술(description) 이상의 것이라는 우리의 직관적 생각을 오히려 잘 설명해 준다.

4장

설명 일반에 대한 이론으로서의
반사실 조건문적 이론
인과적 이론 대 반사실 조건문적 이론

이번 장에서는 설명에 대한 반사실 조건문적 이론이 설명에 대한 인과적 이론 그리고/또는 인과에 대한 반사실 조건문적 이론과 어떻게 차별화되는가, 그리고 그것(들)보다 어떤 점에서 더 우위에 있는가 보여주고자 한다. 그 과정에서 나의 반사실 조건문적 이론이 인과 또는 인과적 설명에 대한 이론이 아니라 설명 일반에 대한 이론이라는 사실이 갖는 중요성이 강조될 것이다.

1. 설명에 대한 반사실 조건문적 이론은 루이스의 이론과 어떻게 다른가?

설명(또는 설명적 유관성 또는 〈때문에〉)에 대한 나의 반사실 조건문적 이론은 인과 관계에 대한 기존의 반사실 조건문적 분석과 깊은 친화성을 가진다. 이 둘은 우리 자연언어에 내재하는 동일한 직관에 기초해 있다. 인과에 대한 반사실 조건문적 이론은 루이스에 의해 처음 제안된 후, 이미 중요한 인과 이론으로서 많이 논의되었다.[73] 잘 알려져 있다시피, 인과에 대한 그의 기본적 이론은 다음과 같다. 그는 우선 '사건 e가 사건 c에 인과적으로 의존한다'를 다음과 같은 반사실적 조건문으로 분석한다.

(L1) 사건 c가 발생하지 않았더라면 사건 e가 발생하지 않았을 것이다.

그리고 그는 인과 관계가 이행적(transitive) 관계가 되게끔 이 인과적 의존의 조상(ancestral) 관계로 인과 관계를 분석한다. 즉 그는 인과 관계를 인과적 의존의 사슬로 연결된 관계로 보는 것이다. 그는 우선, d는 c에 인과적으로 의존하고 e는 d에 인과적으로 의존하고 등등의 관계를 만족하는 사건들의 유한한 연쇄 c, d, e…를 '인과적 사슬(causal chain)'이라고 부른다. 그러고 나서 인과 문장 '사건 c가 사건 e의 원인이다'를 다음과 같이 분석한다.

(L2) c로부터 e로 연결된 인과적 사슬이 존재한다.

이 분석에 의하면, c와 e가 직접 (L1)로 정의된 인과적 의존 관계를 지니지 않더라도 c와 e 사이에 인과적 의존 관계에 있는 사건들의 사슬이 존재하면 c가 e의 원인이라고 할 수 있다. 그리하여 결과적으로 루이스는 반사실 조건문적 의존 관계를 사용해서 인과 관계를 정의한다.[74]

---

73 Lewis (1973b), (1986b), (2000) 참조.

74 여기에 설명한 이론은 Lewis (1973b)에서 제시한 분석이고, Lewis (1986b)와 (2000)에서 그의 반사실 조건문적 인과 이론을 수정하고 변형시킨다.

그렇다면 내가 설명에 대한 반사실 조건문적 이론을 제안하는 것은 어떤 새로운 의의를 지니는가? 게다가 루이스는 설명에 대한 그의 논문에서 "한 사건을 설명하는 것은 그 사건의 인과적 역사에 대한 어떤 정보를 제공하는 것이다"라는 논제를 주장한다.[75] 즉 그는 설명에 대한 인과적 이론을 주장한다. 이 논제를 중심으로 하는 그의 설명 이론 자체는 인과에 대한 반사실 조건문적 이론을 포함하거나 전제하지 않지만 그의 인과 이론과 설명 이론을 결합시키면 설명항은 피설명항이 반사실 조건문적으로 의존하는 바의 것(혹은 그런 의존의 사슬에 의해 연결되어 있는 것)이라는 결론을 얻게 될 것이다.

그러나 그럼에도 불구하고, 이 책에서 개진하는 나의 설명 이론은 인과에 대한 반사실 조건문적 이론에 기반해서 얻어지는 설명 이론이 아니다. 다시 말해서, 설명에 대한 반사실 조건문적 이론은 인과에 대한 반사실 조건문적 이론 더하기(plus) 설명에 대한 인과적 이론이 아니다. 나는 모든 설명이 인과적 설명이라고 전제하지도 않고, 인과 관계가 반사실 조건문적 의존 관계라는 근거에서 설명에 대한 반사실 조건문적 이론을 주장하는 것도 아니다. 나는 오히려 반사실 조건문적 의존 조건이 인과 관계에 대한 조건으로서보다도 설명적 유관성에 대한 조건으로서 더 적합하다고 생각한다.

나는 설명에 대한 일종의 존재론적 관점을 받아들이지만,[76] 그런 관점에 선다는 것이 곧바로 모든 설명을 인과적 설명으로 간주한다는 것을 의미하는 것은 아니다. 흔히 확률적 설명 이론들에 대한 반례들은 확률적으로 주어진 조건을 만족하면서 (만족하지 않으면서) 인과 관계는 존재하지

---

75   Lewis (1986c).
76   즉 설명적 유관성의 관계가 성립한다는 조건은 단순히 그 관계가 성립한다고 받아들이는 것이 인식론적으로 정당화된다는 조건과 구별되어야 한다. 이런 요점은 2장의 논의 참조.

않는 (인과 관계는 존재하는) 예의 형태로서 주어진다. 그러나 확률적 이론을 거부하게 하는 것은 확률적 조건이 설명적 유관성의 조건과 일치하지 않는다는 것이지, 인과 관계의 조건과 일치하지 않는다는 것은 아니다. 예를 들어 앞의 예에서 민수가 풍진에 걸린 것과 풍진 예방 접종 사이에 부정적인 통계적 유관성이 존재하거나 혹은 아무런 통계적 유관성도 존재하지 않음에도 불구하고 민수가 풍진에 걸린 것이 풍진 예방 접종 때문이었다는 것이 문제되는 것이다. (이 예에서는 비록 풍진과 예방 접종 사이에 인과적 연관이 존재하지만) 위의 '때문에'가 인과적인 것인가 비인과적인 것인가 하는 것은 우리의 목적과 관련해선 아무런 차이도 낳지 않는다.

2. 비인과적 설명들과 반사실 조건문적 이론

나는 (루이스와 달리) 나의 설명 이론―설명적 유관성이 무엇인가에 대한 이론―을 적용함에 있어 모든 설명이 인과적 설명이라는 주장을 할 필요가 없다. 인과적 의존 관계가 존재론적 의존 관계의 가장 중요한 형태이고 어쩌면 유일한 형태일지도 모르지만(앞으로 보듯이 사실 그런 것은 아니다), 설명적 유관성의 개념을 해명하는 데에 그런 가정이 요구되어서는 안 된다. 우리는 또한 순전히 개념적 견지에서 인과적 설명이라는 말을 할 수는 없는 많은 설명들을 알고 있다.

우선 기능적, 목적론적 설명들에 대해 생각해 볼 수 있다. 예를 들어

(1) 긴 속눈썹이 모래바람으로부터 눈을 보호하는 데에 유리하기 때문에 낙타는 긴 속눈썹을 가지고 있다.

라는 기능적 설명을 생각해 보자. 긴 속눈썹이 그렇게 유리하다는 사실은 좁은 의미에서의 (작용적 까닭이라는 의미에서의) 원인이라고 하기가 어렵다. 더구나 그것은 낙타가 긴 속눈썹을 갖는 일이 일어나기 전에 일어난 어떤 사건도 아니다. 물론 우리는 자연 선택 이론의 성공을 통해서 이런 기능적 설명에 상응하는 인과적 설명이 존재한다는 것을 안다. 그러나 그것은 우리가 그런 생물학적 성과 없이도 (1)과 같은 문장을 유의미하게 쓸 가능성을 배제하지 못한다. '때문에'라는 말의 의미는 우리 세계가 어떤 세계인지 상관없이 적용되어야 한다. 왜냐하면 '때문에'라는 말은 우리가 세계에 대한 그런 사실들을 결정짓기 전에 이미 유의미하게 사용될 수 있는 말이기 때문이다.[77]

'때문에'의 의미가 반사실 조건문적 의존 관계로서 부여될 경우, (1)은 자연 선택 이론이 참인지에 상관없이 동일한 의미를 부여받는다. 그것은 단순히 낙타의 긴 속눈썹이 속눈썹의 그런 보호기능에 존재론적으로 의존해 있다는 의미이다. 즉 다음과 같은 반사실 조건문이 참이라는 것이다.

(2) 속눈썹이 모래바람을 막아내는 데에 유리하지 않다면, 낙타는 그런 긴 속눈썹을 갖지 않을 것이다.

사건이나 사실이 목적이나 기능에 직접 존재론적으로 의존하는지 아니면 다른 인과적 매개를 통해 의존하는지에 대해 (또한 어떠한 인과적 매개를 통해 의존하는지에 대해서) 나의 설명 이론은 중립적이다.

또한 (1)의 기능적 설명에 상응하는 인과적 설명이 존재한다는 것을

---

77 예를 들어 우리는 문장 (1)의 '때문에'의 의미를 자연 선택 이론에 기초한 인과적 설명 문장으로 번역함으로써 이해하려고 시도해서는 안 될 것이다.

우리가 안다고 하더라도, 그 인과적 설명은 여전히 기능적 설명 (1)과는 별개의 설명이다. 인과적 설명에서는 낙타가 긴 속눈썹을 갖기 이전의 사건들(낙타 조상들의 적응, 번식, 유전, 생존 등에 대한 사건들)을 설명항에서 언급할 것이다. 기능적 설명 (1)은 긴 속눈썹을 가지는 것이 유리하다는 기능적 사실을 설명항으로 이용한다. '때문에'에 대한 반사실 조건문적 이론은 인과적 설명에 나타나는 '때문에'에 대해서도 (1)과 같은 비인과적 설명에 나타나는 '때문에'에 대해서도 공통적으로 적용될 수 있다.

생물학 등에서 이와 같은 기능적 '때문에' 문장들은 매우 중요하게 등장한다. 생물학자 도킨스(R. Dawkins)의 다음과 같은 논의를 사례로서 생각해 보자. 그는 그의 책의 한 부분에서 "일벌레들이 다른 일벌레들과 유전자를 공유하고 있기 때문에 그 다른 일벌레들을 보살펴 준다"고 하는 다른 생물학자 바라쉬(D. P. Barash)의 주장을 비판하면서, 대안적으로 "일벌레들이 다른 일벌레들과 같은 번식 개체들(여왕벌레와 그 알들)을 위해 일하고 있기 때문에 그 다른 일벌레들을 보살펴 준다"는 취지의 설명을 제시한다.[78] 여기에서 '일벌레들이 다른 일벌레들과 같은 번식 개체들을 위해 일하고 있다'는 것은 현재 그 일벌레들이 다른 일벌레들을 보살펴주는 것보다 더 이전의 특정 시점에 일어난 것을 언급하는 것이 아니다. 즉 다른 일벌레들이 같은 번식 개체를 위해서 일했던 것에 대한 보상 차원에서 현재 그 다른 일벌레들을 보살펴 주는 것이 아니다. 오히려 일벌레들은 다른 일벌레들이 일반적으로 같은 번식 개체들을 위해서 일하고 있기 때문에 그 다른 일벌레들을 보살펴 준다는 것이다. 즉 도킨스의 '때문에' 문장의 설명항은 (바라쉬의 '때문에' 문장의 설명항도 마찬가지이

---

[78] Dawkins (1999), p. 172. 그가 바라쉬의 주장이 그르다고 보는 이유는, 일벌레들이 불임이어서, 그 일벌레들의 유전자는 생식계열이 아니기 때문이다.

지만) 피설명항에서 언급된 사건의 원인을 제시하는 것으로 이해될 수는 없다.

물론 이 경우에도 이런 '때문에' 문장이 참인 것은 (자연 선택 이론이 옳다면) 어떤 인과적 사실이 성립하기 때문일 것이다. 도킨스의 '때문에' 문장이 참인 것은, 과거에 다른 일벌레들을 도와주는 경향이 있는 일벌레들을 표현형으로 하는 유전자들이 그 유전자들을 가진 번식 개체에게 더 유리하게 작용하여 더 많이 복제되었기 때문일 것이다. 그러나 그 인과적 문장의 설명항은 여전히 기능적 '때문에' 문장의 설명항과는 구분된다. 기능적 '때문에' 문장이 참일 때에는 항상 인과적 '때문에' 문장이 그 기반이 된다는 것이 세계에 대해 참이라고 하더라도, 기능적 '때문에' 문장은 여전히 인과적 '때문에' 문장과 구분되는 설명 문장이다.

그리고 일벌레들이 다른 일벌레들과 유전자를 공유하고 있지 않더라도 (예를 들어 그 다른 일벌레들이 다른 종이지만 알 상태에서 납치당해 와서 일하게 된 노예 일벌레들이었다 하더라도) 그 다른 일벌레들을 보살펴 주었을 것이라면, "일벌레들이 다른 일벌레들과 유전자를 공유하고 있기 때문에 그 다른 일벌레들을 보살펴 준다"는 바라쉬의 문장은 거짓일 것이다. 반면 다른 일벌레들이 같은 번식 개체들을 위해서 일하는 존재가 아니었더라면 일벌레들이 그 다른 일벌레들을 돕지 않았을 것이라는 조건이 성립하는 경우에는, "일벌레들이 다른 일벌레들과 같은 번식 개체들을 위해 일하고 있기 때문에 그 다른 일벌레들을 보살펴 준다"는 도킨스의 문장은 참일 것이다. 즉 기능적 설명 문장은 인과 문장으로서 이해될 수는 없으면서 반사실 조건문을 통해서 이해될 수 있다.

인과 법칙 아닌 이른바 공존의 법칙(law of coexistence)과 관련된 설명 역시 인과적 설명에 집어넣기가 어렵다고 여겨진다. 레일튼(P. Railton)

에 의한 다음 설명의 예를 생각해 보자. "별이 붕괴하고 있었다. 그러다가 그 붕괴가 정지한다. 왜인가? 붕괴할 수 있는 한도까지 다 붕괴했기 때문이다. 더 이상 붕괴할 경우 그것은 파울리(Pauli)의 배타 원리(the Exclusion Principle)에 위배될 것이다."[79]

즉 우리는 파울리의 배타 원리에 의해서 별의 붕괴 정지에 대해서 다음의 설명을 제시할 수 있다.

> (3) 붕괴할 수 있는 양자 상태(quantum state)가 더 이상 남아 있지 않았기 때문에 별의 붕괴는 정지했다.

여기에서 양자 상태(quantum state)가 더 이상 남아 있지 않기 때문이라는 사실은 붕괴 정지의 원인이라고 보기 어렵다. 그것은 붕괴가 정지하기 전에 발생해 붕괴의 정지를 촉발시키는 어떤 사건이 아니다. 그러나 그럼에도 불구하고 이 설명에서의 설명항-피설명항 간에도 반사실 조건문적 의존 관계는 성립한다. 즉 다음의 반사실 조건문이 성립한다.

> (4) 붕괴할 수 있는 양자 상태(quantum state)가 더 남아 있었더라면 별의 붕괴는 정지하지 않았을 것이다.

즉 배타 원리가 허용하는 양자 상태(quantum state)가 더 남아 있었더라면 그 붕괴는 그 시점에서 정지하지 않고 더 계속되었을 것이다.

루이스 자신은 파울리의 배타 원리에 의한 별의 붕괴 정지에 대한 설명의 사례를 다루면서, 이 설명이 별의 붕괴 정지에 원인이 없다는 정보

79　레일튼(Railton)의 이 예는 루이스가 보고하고 있다. Lewis (1986c) p. 222 참조.

를 제시하는 '예기치 않게 부정적인 종류의 설명'이라고 주장한다.[80] 즉 부정적인 인과적 정보를 제공한다는 점에서 설명에 대한 자신의 인과적 이론("한 사건을 설명하는 것은 그 사건의 인과적 역사에 대한 어떤 정보를 제공하는 것이다")에 대한 반례가 되지 않는다는 것이다.

그러나 이런 대응에는 많은 문제가 있다. 물론 루이스는 별의 붕괴 정지에 대해 그것을 야기하는 선행 사건이 없다는 점에서 별의 붕괴 정지에 원인이 없다는 것을 받아들일 수는 있겠지만, 그렇다고 해서 설명 (3)이 전달하고 있는 것이 단지 그런 부정적 정보인 것은 아니다. (3)은 적극적으로 별의 붕괴 정지가 **왜** 발생했는지를 설명하고 있다. 다만 그것을 설명하는 것이 다른 사건(즉 원인)이 아닐 뿐이다.

이를 다음의 설명과 비교해 보자.

(5) 별의 핵융합 연료가 소진되었기 때문에 별이 붕괴하기 시작했다.

루이스는 (5)는 별의 붕괴 시작에 대한 원인을 별의 핵융합 연료 소진으로서 제시하는 인과적 정보를 전달한다고 볼 것이며 원인이 없다는 부정적 정보를 제시하는 (3)과는 상당히 다른 내용을 가지는 것으로 볼 것이다. 그러나 직관적으로 볼 때, (3)과 (5)에 나타나는 '때문에'는 같은 의미를 가진다. (5)가 별의 붕괴 시작이 왜 발생했는지 설명하듯 (3)은 별의 붕괴 정지가 왜 발생했는지 설명하고 있다. 똑같은 '때문에'가 (5)에서는 별의 붕괴 시작에 대한 원인을 제시하기 위해서 사용되고 (3)에서는 별의 붕괴 정지에 대해 아무런 원인이 없다는 것을 밝히기 위해서 사용되고 있다고 주장하는 것은 전혀 그럴듯하지 않다. 나의 반사실 조

---

80   Lewis (1986c), pp. 222-223.

건문적 이론은 인과적 이론과 달리 (3)과 (5)를 공통의 형식을 가진 문장으로 해명할 수 있다. (3)이 (4)로 분석되듯이, (5)는 다음으로 분석될 것이다. [단 (TC)의 (i), (ii)에 해당하는 조건들은 편의상 생략한다.]

  (6) 별의 핵융합 연료가 소진되지 않았더라면 별이 붕괴하기 시작하지 않았을 것이다.

즉 '때문에' 절(설명항)에 원인이 되는 특정 사건이 언급되건 그렇지 않건 간에, '때문에'가 같은 의미를 가질 수 있다는 것을 반사실 조건문적 이론은 인과적 이론보다 더 잘 해명한다.

상태들의 수에 의한 또 다른 설명의 예로 열역학 제2 법칙(the Second Law of Thermodynamics)에 대한 설명을 생각해 보자. 왜 고립된 계에서 무질서의 정도 즉 엔트로피는 증가하는 경향성이 있는가? 그것은 높은 엔트로피에 해당하는 상태들의 수가 더 많기 때문이다. 이를 하나의 설명 문장으로 제시해 보자.

  (7) 높은 엔트로피에 해당하는 상태들의 수가 더 많기 때문에 고립된 계에서 엔트로피는 증가하는 경향성이 성립한다.

그러나 높은 엔트로피에 해당하는 상태들이 수가 더 많다는 사실은 열역학 제2 법칙에 대한 원인은 아니다. 그것은 열역학 제2 법칙을 야기하는 선행하는 어떤 사건이 아니다. 따라서 설명에 대한 인과적 이론은 (7)과 같은 설명에 대해서 규명할 수가 없다.

그러나 이 경우에도 설명에 대한 반사실 조건문적 이론은 (7)을 다음과 같은 반사실 조건문을 통해서 이해할 수 있다.

> (8) 높은 엔트로피에 해당하는 상태들의 수가 더 많지 않았더라면 고립된 계에서 엔트로피는 증가하는 경향성이 성립하지는 않았을 것이다.

다시 이번에도 '때문에'는 인과적 경우이건 아니건 간에 같은 방식으로 이해될 수 있다.

또한 헴펠이 제시한 사례를 변형한 다음과 같은 설명 사례를 고려하자.[81]

> (9) 진자 a의 길이가 d이기 때문에 a의 진동 주기가 2초이다.

이 경우에도 진자 a의 길이가 d라는 것이 a의 진동 주기가 2초라는 것에 대해 선행해서 존재하는 사건이 아니고 따라서 그 원인이 아니다. 헴펠이 이야기하듯 이것은 인과적 설명이라 보기 어렵다.

그러나 이 경우에도 인과적 이론과 달리 반사실 조건문적 이론은 이를 다루는 데에 아무 문제가 없으며 다음과 같은 반사실 조건문을 통해서 이해할 수 있다.

> (10) 진자 a의 길이가 d가 아니었더라면 a의 진동 주기가 2초가 아니었을 것이다.

---

81 Hempel (1965a), p. 352.

아리스토텔레스적인 형상적 까닭(aitia)에 의한 설명도 (작용적인) 인과적 설명으로 환원될 수 없는 대표적인 경우이다. 그런 형상적 설명의 사례로서 축구공이 럭비공보다 왜 더 잘 구르는지에 대한 다음의 설명을 고려해 볼 수 있다.[82]

(11) 축구공은 럭비공보다 더 둥글기 때문에 더 잘 구른다.

여기에서 축구공이 럭비공보다 더 잘 구르는 것은 축구공과 럭비공의 모양을 통해서 설명된다. 그러나 이 경우에도 축구공과 럭비공의 모양이 축구공이 럭비공보다 더 잘 구르는 것에 선행해서 존재하는 원인으로 이해될 수는 없다. 그리고 이 경우에도 이 설명은 인과보다는 반사실 조건문을 통해서 더 잘 이해된다.

(12) 축구공이 럭비공보다 더 둥글지 않았더라면 축구공이 럭비공보다 더 잘 구르지 않았을 것이다.

성향적 속성(dispositional property)에 대한 설명의 다음과 같은 사례는 루이스 자신에 의해 난제로서 고려되었다.

월트는 홍역에 면역력을 가졌다. 왜인가? 그는 침입하는 홍역 바이러스를 죽일 수 있는 항체를 보유하고 있기 때문이다. 그러나 그의 항체 보유는 그의 면역력을 야기하지 않는다. 그의 항체 보유는 바로 그의 면역력이다. 면

---

82 이 사례는 박홍규 · 이태수 (1988)에 나오는 유사한 사례로부터 힌트를 얻어서 여기에 제시했다.

역력이란 성향이고, 성향은 어떤 인과적 역할을 차지하는 무언가 어떤 것을 가지는 것이다. 그리고 월트의 경우에 그 역할을 차지하는 것은 그의 항체 보유이다.[83]

즉 여기에서 다음과 같은 설명은 인과적 설명이 아니다.

(13) 월트가 홍역 바이러스를 죽일 수 있는 항체를 보유하고 있기 때문에 그는 홍역에 면역력을 가졌다.

설명에 대한 인과적 이론이 다루기 어려운 이와 같은 사례에 대해서 루이스는 어떻게 대응하는가?[84] 그는 우선 이 경우가 특정 사례(instance)에 의해서 존재 양화(existential generalization)를 설명하는 경우라고 본다. 즉 '왜 어떤 것이 F인가?'에 대해서 'A가 F이기 때문에'라고 설명하는 형식을 가졌다는 것이다. ('월트가 홍역 면역력을 가졌다'는 '홍역에 안 걸리게 하는 월트의 어떤 속성이 존재한다'는 것에 해당하고 '월트가 홍역 항체를 보유하고 있다'는 '홍역에 안 걸리게 하는 월트의 어떤 속성이 바로 홍역 항체 보유이다'라는 내용을 전달하기 때문이다.) 그리고 그는 이 경우가 인과적 설명이 아닌 설명임을 인정한다. 그러면서도 그는 이 경우가 설명에 대한 자신의 핵심 논제인 "한 사건을 설명하는 것은 그 사건의 인과적 역사에 대한 어떤 정보를 제공하는 것이다"에 대한 반례가 되는 것은 아니라고 변명한다. 그가 이렇게 변명할 수 있는 이유는 이 경우에 피설명항은 존재 양화 문장이고 특정 사건에 대한 것이 아니기 때문이다. 그리고 그의 논제는

---

83 Lewis (1986c), p. 223.

84 Lewis (1986c), p. 223 참조.

사건을 설명하는 경우에 한해서만 적용된다는 것이다.

그러나 루이스의 이론이 이렇게 제한적인 방식으로 이해될 수밖에 없으면 그의 이론이 가진 문제가 오히려 드러나게 된다. 루이스의 이론은 특정 사건에 대해 설명하는 경우와 다른 설명의 경우 사이의 공통성을 가능하게 하는 일반적 이론을 제시하지 못하는 것이 된다. (13)과 같은 설명의 경우에서나

(14) 월트가 홍역 바이러스를 죽일 수 있는 항체를 보유하고 있기 때문에 그는 홍역에서 일찍 회복되었다.

와 같은 설명의 경우(즉 피설명항에 특정 사건의 발생에 대한 서술이 나타나는 경우)에서나 '때문에'는 직관적으로 같은 것을 의미하고 있다. 최소한 사건의 발생을 설명하는 경우에나 존재 양화를 설명하는 경우에나 '때문에'는 공통의 의미를 가지는 것으로 이해할 수 있어야 하는데, 루이스의 인과적 이론은 사건의 발생을 설명하는 경우에만 적용될 수 있는 것을 가지고 설명을 규정하는 이론으로 되어버림으로써(그 경우에도 반례가 있다는 것을 보았지만), 사건의 발생을 설명하는 경우에 사용되는 '때문에'와 그 밖의 것을 설명하는 경우에 사용되는 '때문에'의 공통성을 드러낼 수가 없게 된다.

반면 나의 반사실 조건문적 이론은 (13)과 (14)에 대해서 (피설명항은 다르지만) 설명항-피설명항 관계에 대해서 모두 공통의 구조를 가지고 있는 것을 가능하게 한다. (13)과 (14)는 각각 다음과 같은 반사실 조건문에 의해 표현되는 의존 관계를 통해서 분석될 수 있다.

(15) 월트가 홍역 바이러스를 죽일 수 있는 항체를 보유하고 있지 않

았더라면 그는 홍역에 면역력을 가지지 않았을 것이다.

(16) 월트가 홍역 바이러스를 죽일 수 있는 항체를 보유하고 있지 않았더라면 그는 홍역에서 일찍 회복되지 않았을 것이다.

이 두 경우에서 〈때문에〉 관계가 성립하는 이유와 방식은 다르지만 반사실 조건문적 의존으로 규정될 수 있는 〈때문에〉 관계 자체는 동일하다.

결국 우리는 인과 관계가 성립하건 성립하지 않건 '때문에'라는 말이 사용되어 참인 문장을 이루는 곳에서는 늘 반사실 조건문적 의존 관계를 발견할 수가 있다. 반사실 조건문적 의존 관계는 인과 관계에만 국한된 개념의 분석으로서보다는 설명적 유관성 일반의 분석으로서 유용하고 적합한 것이다.

3. 김재권의 문제들

김재권(J. Kim)은 그의 논문들에서 인과에 대한 루이스의 반사실 조건문적 이론을 비판하기 위해서 반사실 조건문적 의존은 성립하면서 인과 관계라고 할 수 없는 사례들을 제시했다. 이 사례들은 인과에 대한 반사실 조건문적 이론에 대한 반론으로서 역할을 할 뿐만 아니라 (김재권 자신이 의도한 것은 아니지만) 인과에 대한 반사실 조건문적 이론과 차별화되는 이론으로서 설명(또는 〈때문에〉)에 대한 반사실 조건문적 이론을 지지해 주는 논거로서 활용될 수 있다. 우선 김재권이 제시한 사례들을 살펴보자.[85]

---

85 Kim (1973)과 Kim (1974). 김재권이 제시한 순서대로 제시하지는 않는다. 둘째 사례는

첫째, 다음의 반사실 조건문이 성립한다.

(17) 시점 t에 소크라테스가 죽지 않았더라면, 시점 t에 크산티페가
　　 과부가 되지 않았을 것이다.

그러나 그렇다고 해서 소크라테스의 죽음이 크산티페의 과부가 됨의 원
인이라고 하기는 어렵다. 두 사건 사이의 관계는 인과적 관계는 아니다.
　둘째, 2000년에 태어난 소영에 대해서 다음의 반사실 조건문이 성립
한다.

(18) 소영이 2000년에 태어나지 않았더라면, 소영은 2020년에 스무
　　 살이 되지 않았을 것이다.

그러나 그렇다고 해서 소영이 2000년에 태어난 것이 소영이 2020년에
스무살이 되는 것의 원인이라고 하기는 어렵다. 여기에서도 원인과 결과
의 관계가 존재한다고 보기가 어렵다.
　셋째, 내가 이름 'Larry'를 썼고 그 과정에서 철자의 일부인 'rr'을 썼
다고 하자. 그러면 다음의 반사실 조건문이 성립한다.

(19) 내가 'r'을 두 번 연속해서 쓰지 않았더라면, 나는 'Larry'라고
　　 쓰지 않았을 것이다.

그러나 이 반사실 조건문이 참이라고 해서 내가 'r'을 연속해서 두 번 쓴

　　　인물, 연도 등을 변경해 번안했다.

130

것과 내가 'Larry'라고 쓴 것 사이에 원인과 결과 관계가 있다고 보기는 어렵다.

　이와 같은 문제에 대응하기 위해서 루이스는 자신의 인과 분석의 조건 속 반사실 조건문적 의존이 **별개의 사건들**(distinct events) 사이의 의존이라는 것을 강조한다. 즉

　(CD) ~P였더라면 ~Q이다.

형식의 모든 반사실 조건문적 의존 문장이 인과 관계에 대한 조건이 되는 것은 아니고, c와 e가 별개의 사건일 때의

　(CD$_E$) c가 발생하지 않았더라면 e가 발생하지 않았을 것이다.

형식의 반사실 조건문적 의존 문장만이 인과 관계에 대한 조건이라는 것이다. 그리고 루이스는 김재권의 사례들을 위의 형식이 되지 않게끔 자신의 사건 이론을 발전시킨다.[86]

　루이스에 의하면 사건은 지배적으로 내재적(predominantly intrinsic)이어야 한다. 각 가능 세계에서의 시공간 영역들의 집합(직관적으로 말해, 각 가능 세계에서 사건이 발생하는 시공간 영역들의 집합)을 사건이 성립하기 위한 기본적 조건이라 했을 때, 그중에서도 그 시공간 영역들이 서로 내재적 유사성을 지배적으로 가지고 있을 경우에만 그 시공간 영역들의 집합을 사건이라고 할 수 있다는 것이다. 이러한 사건 이론에 따르면, 김재권의 첫째 사례에서의 크산티페의 과부가 되는 것과 둘째 사례에서의

86　Lewis (1986d).

소영이 2020년에 스무살이 되는 것은 진정한 사건이 아니게 된다. 각 가능 세계에서 크산티페의 남편이 죽을 경우 오직 그 경우에 크산티페가 위치해 있는 시공간 영역들 사이에 내재적 유사성이 지배적으로 있지는 않을 것이고, 각 가능 세계에서 소영이 2020년에 스무살이 될 경우 오직 그 경우에 소영이 위치해 있는 시공간 영역들 사이에 내재적 유사성이 지배적으로 있지는 않을 것이기 때문이다. 따라서 루이스에 따르면 (21)과 (22)는 (CD$_E$) 형식의 문장이 아니어서 그것들이 인과 관계에 대한 조건이 아닌 것이 괜찮게 된다.

또한 루이스에 의하면 한 사건이 다른 사건의 부분이 될 수 있고 그럴 경우 그 두 사건은 동일하지는 않으면서도 별개의(distinct) 구별되는 사건이 아니게 된다. 이런 사건 이론에 따르면 내가 'r'을 연속해서 두 번 쓴 사건은 내가 'Larry'라고 쓴 사건의 일부분이기 때문이기 때문에 그 두 사건은 서로 별개의 구별되는 사건이 아니게 된다. c와 e가 별개의 사건일 때의 (CD$_E$)만이 인과 관계에 대한 조건이므로, 김재권의 셋째 사례에서 사용된 (23)은 인과 관계에 대한 조건이 아니게 된다.

루이스의 이와 같은 대응 전략이 김재권의 반론에 맞서는 데에 얼마나 성공적인가에 대해서는 여기에서 논의하지 않겠다. 그보다 지적해야 할 문제는 그의 대응 전략이 인과에 대한 반사실 조건문적 분석을 반박당하지 않게 하는 데에는 설사 성공적이라 하더라도, 그 대응은 중요한 부분을 해명하지 않고 그대로 남겨둔다는 점에 있다.

김재권의 사례들을 다시 한번 살펴보자. 첫째, 반사실 조건문적 의존 문장

(17) 시점 t에 소크라테스가 죽지 않았더라면, 시점 t에 크산티페가 과부가 되지 않았을 것이다.

가 참이라고 해서, 소크라테스의 죽음이 크산티페의 과부 됨의 원인이라고 할 수는 없겠지만, 다음의 '때문에' 문장은 성립한다고 할 수 있다.

> (20) 시점 t에 소크라테스가 죽었기 때문에, 시점 t에 크산티페가 과부가 되었다.

둘째, 반사실 조건문적 의존 문장

> (18) 소영이 2000년에 태어나지 않았더라면, 소영은 2020년에 스무 살이 되지 않았을 것이다.

이 참이라고 해서 소영이 2000년에 태어난 것이 소영이 2020년에 스무 살이 되는 것의 원인이라고 할 수는 없지만, 다음의 '때문에' 문장은 성립한다.

> (21) 소영이 2000년에 태어났기 때문에, 소영은 2020년에 스무살이 되었다.

이 두 문장 (20)과 (21)은 인과 관계 없이 성립하는 '때문에' 문장의 직관적으로 분명한 사례들이다.

셋째, 반사실 조건문적 의존 문장

> (19) 내가 'r'을 두 번 연속해서 쓰지 않았더라면, 나는 'Larry'라고 쓰지 않았을 것이다.

은 다소 어색하게 들리지만 그럼에도 불구하고 참이다. 내가 'r'을 두 번 연속해서 쓰지 않았으면서 현실 세계에서 가장 가까운 세계는 (현실 세계의 구체적 사실들에 의존해서) 'Lary'라고 잘못 쓴 세계일 수도 있고 'Larry' 비슷한 이름을 아예 쓰지 않은 세계일 수도 있다. 어느 경우든 나는 'Larry'라고 쓴 것이 되지 않았을 것이고 그래서 (19)는 참이다.

내가 'r'을 두 번 연속해서 쓴 것이 내가 'Larry'라고 쓴 것의 원인이라고 할 수는 없지만, 다음의 '때문에' 문장은 참이다.

(22) 내가 'r'을 두 번 연속해서 썼기 때문에, 나는 'Larry'라고 썼다.

이 문장은 (20)과 (21)과 달리 다소 어색하게 들리기는 하지만, 단지 (19)에 상응하는 방식으로 어색하다. (19)와 (22)가 둘 다 어색하고 오도적으로 들리는 것은 일반적으로 (대개의 맥락에서) 행위자의 행위 문장이 피설명항(또는 그에 상응하는 반사실 조건문적 의존 문장의 후건)에 나타날 때 우리가 일반적으로 행위자적 관점에서의 이유(동기상의 이유)가 설명항(또는 그에 상응하는 반사실 조건문적 의존 문장의 전건)에 나타날 것으로 기대하는 경향이 있어서일 것이다. (22)의 피설명항에 내가 'Larry'라고 쓰는 행위에 대한 서술이 나오므로 설명항에는 그런 행위의 동기에 해당하는 이유가 나올 것으로 기대하는데 다른 측면의 설명이 제시되고 있기 때문에 (22)는 어색하게 들린다. 마찬가지로 (19)의 후건에 내가 'Larry'라고 쓰는 행위를 하는가 여부에 대한 서술이 나오므로 전건에는 그런 행위의 동기에 해당하는 이유가 충족되지 않은 경우가 서술될 것으로 기대하기 때문에 (19)는 어색하게 들린다.

(19)와 (22)를 각각 다음과 같이 행위자가 행하는 행위 서술로서의 측면이 두드러지지 않게 각 절을 수동태로 바꿔 쓰기만 해도 그 어색함이

상당 부분 해소된다는 것을 통해서도 이런 생각이 뒷받침된다.

(23) 'r'이 두 번 연속해서 쓰이지 않았더라면, 'Larry'라는 이름은 쓰이지 않았을 것이다.

(24) 'r'이 두 번 연속해서 쓰였기 때문에, 'Larry'라는 이름은 쓰였다.

따라서 이 경우에도 우리는 비인과적인 '때문에' 문장과 반사실 조건문적 의존 문장이 서로 긴밀하게 연결된다는 것을 확인하게 된다.

결국 김재권이 제시한 반사실 조건문적 의존 사례들은 인과의 사례들은 아니면서 〈때문에〉 관계가 성립하는 사례들이라고 할 수 있다. 그리고 루이스는 이들 사례들에 대해 그것들이 (c와 e가 별개의 사건일 때의) (CD$_E$) "c가 발생하지 않았더라면 e가 발생하지 않았을 것이다" 형식에 들어맞지 않는다는 이유에서 인과의 사례들이 아니라는 것을 설명하려고 한다. 그러나 그런 설명은 김재권의 반사실 조건문적 의존 사례들에 상응하는 '때문에' 문장들과 (별개의) 사건 발생에 대한 '때문에' 문장들 사이의 공통성에 대해서는 아무런 해명을 하지 못한다. 그 '때문에' 문장들의 공통성은 바로 그것들의 조건들이 (인과적 사례이건 아니건) 반사실 조건문적 의존 조건을 통해서 주어질 수 있다는 것이다. 즉 반사실 조건문적 의존 조건은 특별히 인과에 대한 조건이라기보다는 〈때문에〉 일반에 대한 조건이라고 보아야 한다. 이것이 바로 김재권의 사례들이 우리에게 주는 교훈이다.

4. 과잉 결정의 문제와 선점의 문제

반사실 조건문적 의존 관계가 인과의 분석에 있어서보다 설명(또는 〈때문에〉)의 분석에 사용되는 것이 더욱 적합하다고 생각하는 또 하나의 이유는, 반사실 조건문적 인과 분석이 부딪히는 잘 알려진 문제들에 기반한다.[87] 그 문제들은 과잉 결정(overdetermination)의 문제와 선점(preemption)의 문제이다.

과잉 결정의 문제는, 한 사건 e가 일어나게 하기에 충분한 두 사건 c_1과 c_2가 서로 독립적으로 일어나는 경우에 나타나는 문제이다. 한 예는 두 킬러 김씨와 이씨가 각각 쏜 총알이 박씨의 심장에 동시에 날아와서 박씨의 심장이 파열된 경우이다. 이 경우에 김씨의 총알이 날아오는 사건이 발생하지 않았더라도 (이씨의 총알로 해서) 박씨의 심장 파열이 발생했을 것이고 이씨의 총알이 날아오는 사건이 발생하지 않았더라도 (김씨의 총알로 해서) 박씨의 심장 파열이 발생했을 것이다. 따라서 (반사실 조건문적 분석에 따를 때) 김씨의 총알이 날아오는 사건도 이씨의 총알이 날아오는 사건도 박씨의 심장 파열의 원인이 되지 못한다. 이 귀결 자체는 그다지 나쁘지 않다. 그 두 사건 모두가 박씨의 심장 파열의 원인이 아니라고 말하는 것은 직관에 별로 반하지 않기 때문이다. 그러나 문제는 그러고 나면 박씨의 심장 파열에 대한 원인이 되는 사건을 찾기가 힘들다는 것이다. 위의 두 사건이 모두 박씨의 심장 파열의 원인이 아니라면 어떤 사건이 원인인가?

한 가지 대답은 루이스가 시도하듯 두 사건의 부분전체론적 합(mere-ological sum)이 박씨의 심장 파열의 원인이라고 하는 것이다.[88] 그러나 그런 대답은 임의의 두 사건이 있을 때, 그 두 사건의 부분전체론적 합으로서의 보다 큰 사건이 존재한다는 것을 보장하는 사건 이론을 전제로 할 때에만 가능하다.[89] 그리고 서로 독립적으로 발생한 임의의 두 사건에 대해 그런 사건이 존재한다는 것은 우리의 상식적인 사건 개념에 입각해서 그렇게 당연시될 수 있는 가정이 아니다.

그렇다고 해서 두 사건의 선언(disjunction)이 박씨의 심장 파열의 원인이라고 말할 수도 없다. 왜냐하면 사건들은 명제적 대상이 아니고 (사건은 발생하거나 발생하지 않지, 참이거나 거짓인 것이 아니다) 따라서 선언과 같은 명제적 연산이 적용될 수 있는 대상이 아니기 때문이다. 그러나 그 점에 있어서 설명의 반사실 조건문적 분석은 보다 나은 처지에 있다. 인과관계는 사건들 사이의 관계이지만, 설명적 유관성의 관계는 명제들 혹은 사실들 사이의 관계이다. 따라서 설명적 유관성을 갖기에 실패한 두 명제 사이의 선언을 취함으로써 설명적 유관성을 갖는 명제를 찾을 수 있다. 김씨의 총알이 날아오지 않았더라도 박씨의 심장이 파열되었을 것이기에, '김씨의 총알이 날아왔기 때문에 박씨의 심장이 파열되었다'는 거짓이고, 이씨의 총알이 날아오지 않았더라도 박씨의 심장이 파열되었을 것이기에, '이씨의 총알이 날아왔기 때문에 박씨의 심장이 파열되었다'도 거짓이지만, 김씨의 총알도 이씨의 총알도 날아오지 않았더라면 박씨의 심장은 파열을 면했을 것이므로, '김씨와 이씨 중 최소한 한 사람

---

88 Lewis (1986b), p.212 참조.

89 Lewis (1986d)의 사건 이론에 따르면, 사건은 각 가능 세계에서 최대한 하나의 시공간 영역을 뽑은 시공간 영역 집합과 동일시된다.

의 총알이 날아왔기 때문에 박씨의 심장이 파열되었다'는 참이 된다. 김씨의 총알이 날아온 사건과 이씨의 총알이 날아온 사건의 선언으로서의 또 다른 사건은 존재하지 않지만, 〈김씨의 총알이 날아왔다〉라는 사실과 〈이씨의 총알이 날아왔다〉라는 사실의 선언인 〈김씨와 이씨 중 최소한 한 사람의 총알이 날아왔다〉라는 사실은 존재하고 이 사실이 〈박씨의 심장이 파열되었다〉라는 사실을 설명할 수가 있는 것이다. 그리하여 우리는 과잉 결정의 경우에도 설명적 공백을 가정할 필요가 없게 된다.

선점의 문제는 인과에 대한 최근의 열띤 철학적 논의에서 가장 심각한 골칫거리 중의 하나이어 왔다. 과잉 결정의 경우에서와 같이 여기서도 사건 e가 발생하게 하기에 충분한 두 사건 c_1과 c_2가 모두 발생한다. 다만 여기서는 그중 한 사건—예를 들어 c_1—이 다른 사건 c_2와 달리 e를 발생하게 하는 현실적인 인과적 과정을 낳은 것으로 여겨진다. c_1이 e의 원인으로서의 위치를 먼저 확보했기에 c_2는 e에 대한 현실적 원인이 될 기회를 박탈당하고 단지 그것의 잠재적 원인으로 남는다. 선점의 경우는 비교적 다루기 쉬운 경우인 "이른 선점(early preemption)"의 경우와 다루기에 보다 어려운 경우인 "늦은 선점(late preemption)"의 경우로 나뉜다.[90]

이른 선점의 경우에, c_1으로부터 시작하는 인과적 과정이 e에서 끝나기 전에 c_2가 원인이 될 기회가 이미 박탈된다. 예를 들어 서투른 킬러 김씨와 능숙한 킬러 이씨가 박씨를 살해하려 한다고 하자. 이씨는 박씨가 오후 2시 정각에 심장이 파열되어 죽게 하겠다고 마음먹는다. 그는 그런

---

90 Lewis (1986b)에서 이런 분류의 필요성이 인식되었다. 이른 선점과 늦은 선점은 모두 선점하는 사건과 결과 사건 사이의 연속적 인과 과정의 존재(그리고 선점되는 사건과 결과 사건 사의의 연속적 인과 과정의 부재)를 전제한다. 보다 최근의 논의에서는 이른 선점도 늦은 선점도 아닌, 연속적 인과 과정 없는 선점의 경우를 논의한다. Schaffer (2000)가 "제압하는 선점(trumping preemption)"이라 부르는 것이다.

마음을 먹고 2시가 되기 얼마 전부터 박씨 가까이서 총으로 박씨의 심장을 겨누고 있다. 이씨는 워낙 능숙한 킬러이므로 그가 그런 마음을 먹고 박씨의 심장에 정확히 총을 겨누는 사건—c_2—이 발생한 이상, 2시 정각에 박씨의 심장이 파열되는 사건—e—도 발생하지 않을 수 없다. 그러나 이씨는 되도록 자기 총알을 아끼고자 하기 때문에, 김씨가 정확히 그 시간에 박씨의 심장을 맞힐 것을 확신할 경우 자기의 총알을 쓰지 않을 것이다. 그는 다만 서투른 김씨가 실수할 것에 대비해서 박씨의 심장을 계속 겨누고 있다. 김씨가 실수할 경우 이씨의 총알이 발사되어 박씨의 심장은 파열될 것이다. 그러나 이씨는 2시 정각이 되기 직전 김씨가 박씨의 심장을 정확히 겨누고 총알을 발사하는 것을 확인하고 나서 자기 총을 거둔다. 그리고 박씨의 심장은 김씨의 총알에 맞아 파열된다. 이 경우 김씨가 박씨의 심장에 정확히 총을 겨누는 사건—c_1—과 그 사건으로부터 직접적으로 촉발된 사건인 김씨의 총알이 박씨의 심장을 정확히 향해서 발사된 사건은 사건 c_2가 사건 e의 원인이 될 기회를 박탈하고 스스로가 사건 e의 원인이 되었다고 여겨진다. 이것이 "이른" 선점의 경우라고 불리는 이유는 사건 c_2로부터 사건 e로의 인과적 과정은 e가 발생하기 이전에 이미 절단되기 때문이다. 문제는, 직관적으로는 c_1은 e의 원인이라고 여겨지지만 e는 c_1에 반사실 조건문적으로 의존하지 않는다는 것이다. 즉 c_1이 발생하지 않았더라도 e는 발생했을 것이다.

이런 경우의 문제는 루이스가 초기에 제시한 반사실 조건문적 인과 분석에서의 장치를 통해 해결될 수 있다.[91] 이 분석에 의하면, e가 c에 직접 반사실 조건문적으로 의존하지 않더라도 e와 c 사이에 서로 반사실 조건문적으로 의존하는 관계에 있는 사건들의 사슬이 존재하면 c가 e의

91 Lewis (1973b), (1986b) 참조.

원인이라고 할 수 있다. 위와 같은 경우에, c_1과 e 사이에는 그 둘을 서로 연결하는 매개적 사건으로서 예를 들어 김씨의 총알이 박씨의 심장을 향해 날아가는 사건 d를 찾을 수 있다. 그리고 e는 d에 반사실 조건문적으로 의존하고 d는 c_1에 반사실 조건문적으로 의존한다. 즉 c_1이 발생하지 않았더라면 d가 발생하지 않았을 것이고 d가 발생하지 않았더라면 e가 발생하지 않았을 것이다(후자가 성립하는 이유는 d가 발생한 시점은 이씨가 이미 총을 거둔 이후의 시점이기 때문이다). 반면 c_2와 e 사이에는 그런 연결고리 역할을 하는 매개적 사건을 찾을 수 없다. 따라서 이 분석에 의하며 c_1은 e의 원인이지만 c_2는 e의 원인이 아니게 된다.

그러나 늦은 선점의 문제는 이런 방식으로 해결될 수가 없다. 늦은 선점의 경우는 c_1으로부터 시작하는 인과적 과정이 e를 통해 완결된 이후에야 c_2로부터 e로의 인과적 과정이 절단되는 경우이다. 예를 들어 킬러 김씨와 이씨가 모두 박씨의 심장을 향해 총알을 발사했고 다만 김씨의 총알이 조금 일찍 박씨의 심장에 도착해서 박씨의 심장을 파열시켰다고 하자. 김씨의 총알이 발사된 사건 c_1과 이씨의 총알이 발사된 사건 c_2는 모두 박씨의 심장이 파열되는 사건 e가 발생하게 하기에 충분하고 둘 중 어느 하나가 발생하지 않았더라도 e는 여전히 발생했을 것이다. 그런데 여기서의 보다 심각한 문제는 c_1과 e 사이에 반사실 조건문적 의존 관계를 갖는 매개적 사건을 찾을 수가 없다는 것이다. c_2로부터 e로의 인과적 과정은 e가 발생할 때까지 계속 진행하므로, c_1과 e 사이의 어떤 사건을 취하든지 e가 그 사건에 반사실 조건문적으로 의존하게 되지를 않는다. 즉 그 사건이 발생하지 않았더라도 e는 여전히 c_2로부터의 인과적 과정 덕택에 발생했을 것이다.

늦은 선점의 문제와 그 밖의 선점의 문제들을 해결하기 위해 최근까지 다양한 해결책이 제안되어 왔고 여러 가지 복잡한 형태의 반사실 조

건문적 분석들이 고려되어 왔으나 그중 어느 것도 충분히 만족스럽게 여겨지지 않는다.[92]

위의 경우와 관련해 인과 문장의 진리치에 대한 판단에 있어서, 우리는 'c_1(김씨의 총알이 발사된 사건)이 e(박씨의 심장이 파열되는 사건)의 원인이다'가 참이라는 지배적 직관을 가지고 있다고 여겨지고, 이 직관을 수용하는 데에 반사실 조건문적 인과 분석은 많은 어려움을 지니고 있음이 최근의 논의에서 드러났다. 그러나 설명 문장의 진리치에 대한 판단에 있어서, 우리가 위의 문장에 대응되는 문장들인 '김씨의 총알이 발사되었기 때문에 박씨의 심장이 파열되었다'나 'c_1이 발생했기 때문에 e가 발생했다'가 참이라는 데에 분명한 직관을 가지고 있다고 보기는 어렵다. 그보다는 선언적 명제를 사용한 설명 문장들 '김씨와 이씨 중 최소한 한 사람의 총알이 발사되었기 때문에 박씨의 심장이 파열되었다'나 'c_1과 c_2 중 최소한 하나가 발생했기 때문에 e가 발생했다'가 더 분명하게 참인 문장인 것으로 여겨진다. 더 나아가, 김씨의 총알이 발사되지 않았더라도 박씨의 심장은 어차피 파열되었을 것이므로 '김씨의 총알이 발사되었기 때문에 박씨의 심장이 파열되었다'는 것은 참이 아니다라고 우리가 판단하는 경향이 있다는 것은 설명 문장에 대한 반사실 조건문적 분석을 지지해 준다.

또 다른 예를 들어, 레닌이 러시아의 볼셰비키 혁명에서 독자적으로 중요한 역할을 했지만 레닌이 20세기 초의 러시아에 존재하지 않았더라도 레닌과 유사한 열성과 능력을 지닌 다른 공산주의자들이 볼셰비키 혁명을 일어나는 것을 가능하게 했을 것이라고 가정하자. 그 가정하에서 '20세기 초의 러시아에 레닌이 존재했기 때문에 러시아에서 볼셰비키

---

92 그러한 다양한 시도들로서 Lewis (1986b), (2000), Schaffer (2000), Paul (2000) 등을 참조.

혁명이 일어나는 것이 가능했다'라는 것은 참인 설명 문장이 되지 못한다는 직관을 우리는 지닌다. 레닌 정도의 열성과 능력을 지닌 공산주의자가 20세기 초의 러시아에 한 사람도 존재하지 않았더라면 러시아에서 볼셰비키 혁명이 일어나는 것이 가능하지 않았을 것이라 가정하자. 그러면 '20세기 초의 러시아에 레닌 정도의 열성과 능력을 지닌 공산주의자가 존재했기 때문에 러시아에서 볼셰비키 혁명이 일어나는 것이 가능했다'라는 문장은 참이라고 해야 한다는 직관을 우리는 지닌다. 레닌이라는 사람은 볼셰비키에 대해 타의 추종을 불허하는 인과적 역할을 했다고 말할 수 있어도 〈20세기 초의 러시아에 레닌이 존재했〉라는 사실은 볼셰비키 혁명이 가능한 데에 대한 적절한 설명적 유관성을 지니지 못한다고 할 수 있다.

그렇다면 우리는 왜 인과 문장에 대해서는 상이한 판단을 하게 되는 것일까? 인과 관계는 (최소한 어떤 의미에서) 두 사건이 그 사건들을 서로 연결하는 과정이 가진 내재적 속성으로 해서 가지는 관계라고 생각할 만하다. 그래서 c_1과 e가 인과적 과정이라 불릴 만한 것 ─ 서로 인과 관계를 가진다고 우리가 확신할 만한 다른 두 사건을 연결하는 과정과 동일한 내재적 속성을 갖는 그런 과정 ─ 에 의해 연결되어 있다면 그것들이 인과 관계를 갖는다고 판단할 만하다. 반면 설명적 유관성의 관계는 사실들 혹은 조건들 사이의 순수하게 조건적인 관계이다. 조건적인 관점에서는 〈c_1이 발생했다〉라는 사실이나 〈c_2가 발생했다〉라는 사실이나 대등하다. 그것들은 둘 다 〈e가 발생했다〉라는 사실에 대해 법칙적으로 충분하고 반사실 조건문적으로 필요조건들이다. 따라서 그것들 중 하나만이 〈e가 발생했다〉라는 사실에 대해 설명적 유관성을 가진다고 판단하기가 어렵게 여겨진다. 더구나, 인과의 경우에서와는 달리, 설명의 경우에는 〈c_1과 c_2 중 최소한 하나가 발생했다〉라는 보다 나은 설명이 존재한다.[93] 따라서 선점의 경우는 설명에 대한 반사실 조건문적 분석을 위협하는 직관을 우리에게 강요하지 않는다고 할 수 있다.

5. 설명에 대한 반사실 조건문적 이론이 살먼-다우의 이론에 대해서 가지는 우위

나의 설명 이론이 비록 존재론적 관점에 기반해 있지만 설명적 유관성을 인과 관계로서 해명하려는 입장이 아니므로, 후기 살먼의 접근[94]과는 사실상 거의 시작부터 구별되는 노선에 있다는 것은 명백하다.

살먼은 설명에 대한 인과적 이론을 주장하면서 그와 함께 인과에 대해서는 과정 연결적 이론을 주장한다. 즉 그에 있어서 설명적 유관성은 인과적 과정에 의해 연결되어 있는 사건들 사이의 관계이다.

내 관점에서 볼 때, 살먼의 접근은 최소한 설명 이론으로서는 지나치게 많은 것을 담고 있다. 인과적 과정과 인과적 상호작용을 구분해 내기 위한 그의 모든 기준이 우리의 설명적 유관성 개념 즉 〈때문에〉 개념

---

93 이와 관련해, '때문'이 들어간 문장 중에도 인과 문장과 유사한 판단을 하게 하는 문장이 있음을 관찰할 수 있다. '박씨의 심장이 파열한 것은 김씨의 총알 때문이지 이씨의 총알 때문이 아니다'라는 문장은 참인 것처럼 보인다. 중요한 것은 여기서의 '때문'이 절을 이끄는 연결사로 쓰인 것이 아니라 단칭어구와 연결된 술어로 쓰였다는 점이다. 그렇게 쓰일 경우 그 말은 사건 단칭어구들을 연결하는 관계 술어 '원인이다'처럼 그 단칭어구가 지시하는 대상이 지니는 속성이나 관계를 표현하게 된다. 반면 '박씨의 심장이 파열한 것은 김씨의 총알이 발사되었기 때문이다'는 그만큼 분명하게 참으로 여겨지지는 않는다. 박씨의 심장 파열에 인과적 책임을 지닌 사물은 김씨의 총알이고 그것에 대해 원인인 사건은 김씨의 총알이 발사된 사건이지만 그것을 적절하게 설명하는 사실은 김씨와 이씨의 총알 중 최소한 하나가 발사되었다는 사실이라고 해야 할 것이다.

94 특히 Salmon (1984) 참조.

을 이루는 부분이라고 상상하는 것은 불가능하다. 예를 들어 그의 'at-at 이론'이 전제하고 있는 연속적 공간 이론이 우리의 설명적 유관성 개념—인과 개념에 의존한다고 말해지는—이 유의미하기 위해 요구된다고 말해야 하는가?

거기에 덧붙여 그는 인과 과정과 인과적 상호작용을 사이비 과정으로부터 구분하기 위해 어차피 반사실 조건문 기준을 사용한다. 또한 키처는 특정 사건에 어떤 인과 과정과 인과적 상호작용이 유관한지를 가려내기 위해서도 반사실 조건문 조건이 필요하다는 것을 지적한다.[95] 키처가 말하듯, 왜 살먼은 처음부터 단순하게 반사실 조건문 조건을 중심에 두지 않는가?

물론 그는 이후에 다우(P. Dowe)의 제안을 받아들여, 반사실 조건문을 사용하지 않으면서 또한 보다 단순한 형태를 가진 인과 개념을 주장한다.[96] 그는 예를 들어 (다우를 따라) 인과적 상호작용을 다음과 같이 정의한다.

(N1) 인과적 상호작용은 보존량(conserved quantity)의 교환을 포함하는 교차(intersection)이다.

살먼과 다우가 염두에 두는 것은 이런 것이다: 야구공과 질소 분자가 동시에 유리창에 충돌했고 유리창이 깨졌다고 하자. 유리창은 야구공 때문에 깨졌는가? 아니면 질소 분자 때문에 깨졌는가? 충돌 후 깨어진 유리창 조각들의 전체 운동량은 충돌 전의 질소 분자의 운동량보다 훨씬

---

95 Kitcher (1989), pp.470-471.
96 Dowe (1992).

크다. 반면 충돌 전의 야구공의 운동량은 충돌 후의 유리창 조각들의 전체 운동량 및 충돌 후의 야구공의 운동량을 합한 것과 맞먹는다. 따라서 이것을 기준으로 해서 야구공 때문에 유리창이 깨졌으며 그것이 질소 분자 때문에 깨진 것은 아니라고 말할 수 있다는 것이다.

그러나 위와 같은 것이 '야구공 때문에 유리창이 깨졌다'고 우리가 말할 때 의미하는 바에 포함되는가? 말해진 조건이 설명적 유관성과 **개념적**으로 연관되어 있는지 알 수 있게 하는 테스트가 있다. 그것은 어떠한 보존량에 대한 개념적 장치도 없는 경우에도 위의 전술이 언명가능한지를 물어보는 것이다. 실제로 운동량이나 에너지, 질량 혹은 다른 어떠한 보존량에 대한 개념을 형성할 수 있게 하는 자연과학적 지식을 얻기 이전부터도 우리는 '때문에'라는 말을 의미 있게 사용해 왔다.

우리가

(N2) 야구공이 부딪쳤기 때문에 유리창이 깨졌다.

라는 진술을 할 때 의미하는 것은 단지, 야구공이 부딪치지 않았더라면 유리창이 깨지지 않았을 것이라는 것 아닌가? 그에 반해

(N3) 질소 분자 때문에 유리창이 깨진 것은 아니다.

라는 진술이 의미하는 것은 질소 분자가 부딪치지 않았다고 해서 (다른 조건이 같을 경우에) 유리창이 안 깨지지는 않았을 것이라는 것 아닌가? 설명에 대한 반사실 조건문적 이론은 바로 이런 직관을 잘 반영한다. 즉 반사실 조건문적 이론이 인과적 이론보다 (특히 인과적 이론이 인과에 대한 과정 연결적 이론을 기반하는 경우에 더욱) 더 우위에 있다.

또한 설명에 대한 인과적 이론은 인과에 대한 과정 연결적 이론과 결합했을 때에도 인과에 대한 반사실 조건문적 이론과 결합했을 때와 마찬가지의 문제들을 가진다. 특히 인과적 설명으로 이해되거나 환원될 수 없는 많은 설명의 경우들을 살먼의 설명 이론은 해명하지 못하게 된다.

2절에서 살펴보았던 수많은 비인과적 설명의 경우들을 여기에서 모두 반복할 수는 없을 것이다. 그 모든 설명의 경우들에서 사용되는 '때문에'는 같은 방식으로 설명항과 피설명항을 연결하고 있지만, 설명항과 피설명항이 인과적 과정에 의해 연결되어 있는 두 사건을 각각 언급하거나 진술하고 있는 것은 명백히 아니다. 예를 들어,

(7) 높은 엔트로피에 해당하는 상태들의 수가 더 많기 때문에 고립된 계에서 엔트로피는 증가하는 경향성이 성립한다.

라는 (앞서 보았던) 설명에서 높은 엔트로피에 해당하는 상태들의 수가 더 많다는 것과 엔트로피는 증가하는 경향성이 성립한다는 것이 시공간적으로 연속된 인과 과정에 의해서 연결되어 있는 두 시공점 사건으로서 이해될 수 없다는 것은 명백하다. 그러므로 과정 연결적 인과 이론에 입각한 인과적 이론은 설명적 유관성 관계 즉 〈때문에〉 관계에 대해 결코 옳은 이론일 수가 없다.

결국 설명에 대한 반사실 조건문적 이론은 설명에 대한 인과적 이론보다 우위에 있으며, 인과적 이론이 인과에 대한 과정 연결적 이론에 기반해 있는 경우에 특히 더욱 그러하다고 할 수 있다. 설명에 대한 반사실 조건문적 이론이 그러한 인과적 이론보다 우위에 있다는 사실은 앞으로 6, 7, 8절에서 부재 인과의 문제, 이중 방지의 문제, 비이행성의 문제를 살펴봄으로써 (그리고 뒤의 장에서 대조적 설명의 문제를 살펴봄으로써) 더 드

러날 것이다.

6. 부재 인과의 문제

우리는 자주 어떤 사건의 원인으로서 다른 어떤 사건의 부재(absence)를 지목한다. 예를 들어, 어떤 상황에서 꽃이 시든 것의 원인 중 하나는 정원사가 꽃에 물을 주지 않은 것이라 여겨진다. 정원사가 꽃에 물을 준 것은 어떤 시공 위치에서 발생한 특정한 사건이지만, 정원사가 꽃에 물을 주지 않은 것은 특정한 사건이 아니라 어떤 유형의 사건의 부재이다. 부재가 원인인 경우를 부재 인과(causation by absence)라고 하자.

부재 인과의 문제는 루이스식의 반사실 조건문적 인과 이론과 살먼과 다우의 과정 연결적 인과 이론 등 여러 인과 이론들이 공통적으로 부딪히는 어려운 문제이다. 우선 루이스의 인과 이론에서 부재 인과가 왜 문제가 되는가를 살펴보자.

루이스는 인과적 의존에 해당하는 반사실 조건문적 의존 관계와 그렇지 않은 반사실 조건문적 의존 관계를 구분하기 위해서 사건들에 대해서만 인과 개념을 적용한다. 김재권이 제기한 문제들을 다루기 위해서도 루이스는 인과 관계를 사건들 사이의 관계로서만 다루어야 하고 또 그의 분석의 표준적 형태는 실제로 인과 관계를 사건들 사이의 관계로만 다룬다.

앞서 보았듯, 인과 관계에 대한 그의 분석의 내용은 다음과 같다. ('c'와 'e'가 사건을 지시하는 단칭어이므로, c와 e가 발생한 사건들이라는 것을 가정하자.)

(CA) c가 e를 야기했다

　　　　iff (i) c가 발생하지 않았더라면 e가 발생하지 않았을 것이다,

또는

(ii) (i)과 같은 의존의 방식의 사슬이 c로부터 e로 연결되어
있다.

현재의 목적을 위해서는 선언지 (ii) 부분은 무시하더라도 상관이 없
다. 그런데 정원사가 꽃에 물을 주지 않았다는 것에 해당하는 특정한 사
건은 존재하지 않으므로, '정원사가 꽃에 물을 주지 않은 것이 꽃이 시든
것의 원인이다'라는 문장은 위의 분석의 피분석항 형식에 들어맞지 않
는다.

루이스는 이와 같은 문제를 다루기 위해서 고려해 볼 수 있는 세 가지
서로 다른 전략을 검토한다.[97]

첫째는 정원사가 물을 주지 않음과 같은 누락(omission)을 하나의 사
건으로 간주하는 전략이다. 그런 전략을 택할 경우 그 사건은 정원사가
물을 주지 않는 모든 가능한 경우에 그리고 오직 그런 경우들에만 발생
하는 그런 사건이어야 할 것이다. 그러나 이는 사건에 대한 온당한 전제
들에 입각해서 (그리고 루이스의 사건 이론에 입각해서) 볼 때 받아들일 만하
지 않다.

우선 그런 사건이 어떤 시공간 위치에서 발생하는지가 분명하지 않다.
정원사가 1주일간 물을 주지 않았고 그 사이에 여러 장소에서 청소도 하
고 공부도 하고 식사도 하고 잠도 잤다고 하자. 정원사가 꽃에 물을 주
지 않은 사건은 그가 있었던 도서관, 식당, 침실 등에 옮겨 다니며 혹은
그 장소들에 걸쳐서 발생했는가? 정원사가 여러 명이고 그중 아무도 꽃
에 물을 주지 않았다고 하자. 어떠한 정원사도 물을 주지 않은 사건은 그

---

97 Lewis (1986b), pp. 190-193.

여러 정원사가 있었던 여러 장소에 흩어져 존재하는가? 정원사가 한 사람뿐이고 그 정원사가 1주일 동안 한 장소에서 한 가지 일만 했다고 해 보자. 그렇다고 하더라도 정원사가 물을 주지 않는 사건이 발생하는 여러 세계에서 그 사건이 발생하는 시공간 영역들은 서로 내재적 유사성을 갖지 못할 것이다. 한 세계에서는 정원사가 잠을 자고 또 한 세계에서는 정원사가 식사를 하고 또 한 세계에서는 청소를 했다면, 서로 이질적인 시공간 영역들을 묶어서 사건이라고 부르는 것은 적절하지 않다. 이런 이유들로 해서 (이것들을 그가 모두 고려하지는 않지만) 루이스 자신도 첫째 전략을 만족스럽게 여기지 않는다.

둘째 전략은 인과에 대한 반사실 조건문적 분석을 예외를 허용하도록 수정하는 것이다. 즉 부정적 인과를 위한 별도의 조항을 다음과 같이 두는 것이다.

(CO) F 유형의 사건의 부재가 e를 야기했다 iff F 유형의 사건이 발생했더라면 e가 발생하지 않았을 것이다.

그러나 그런 경우를 허용하면 김재권식의 문제를 해결하기 위해서 인과를 사건들 사이의 관계로 국한했던 것과 원인 사건과 결과 사건을 서로 별개의(distinct) 사건으로 요구했던 전략을 더 이상 활용할 수가 없게 되기 때문에 루이스 자신도 이 둘째 전략을 만족스러워하지 않는다. 또한 부정적 인과의 경우들에 대해서만 이와 같은 별도 조항을 따로 두는 것은 인과 문장들의 공통성을 밝혀야 할 일반적 이론으로서 당연히 만족스럽지 못한 양보이다.

루이스가 검토하는 셋째 전략은 첫째와 둘째 전략의 혼합 전략이다. 이는, 정원사가 물을 주지 않고 낮잠을 잤다면, 정원사의 낮잠—이는 분명 하나의 사건인데―을 정원사가 물을 주지 않은 누락(omission) 역할을 하는 사건으로 간주하자는 전략이다. 정원사의 낮잠이 바로 정원사가 물을 주지 않은 사건이되 단 우연히 그러하다는 것이다.

그러나 이런 혼합 전략은 제3의 길이라기보다는 오히려 첫째와 둘째 전략의 어려움에 모두 직면하게 하는 전략이다. 우선 (본질적으로) 정원사가 물을 주지 않은 사건은 여전히 여러 가능 세계에서 서로 이질적인 여러 사건의 결합 형태로 주어질 수밖에 없다. 그리고 정원사가 물을 주지 않은 사건이 발생하지 않는 가능 세계는 우연히 그것에 해당하는 사건인 정원사의 낮잠이 발생하지 않는 가능 세계가 아니라 정원사가 물을 주는 유형의 사건이 발생하는 가능 세계일 것이다. 따라서 루이스는 인과의 조건에 (CO)와 같은 별도의 조항을 여전히 요구한다. 그리고 루이스도 바로 그런 점 때문에 이 전략도 만족스럽게 여기지 않는다.

부재 인과에 대해 루이스는 스스로 인정하듯 이러한 어려운 곤경에 빠진 셈인데, 이는 기본적으로 그의 반사실 조건문적 이론이 인과에 대한 이론이고, 그에 있어서 인과는 사건들 사이의 관계이기 때문에 발생하는 곤경이다.

반면 설명(또는 〈때문에〉)에 대한 이론인 나의 반사실 조건문적 이론은 이와 같은 문제와 관련해서 훨씬 더 나은 위치에 있다. (P와 Q가 참이라는 조건을 생략하면) 나의 조건은 기본적으로 다음과 같다.

(TC) P이기 때문에 Q iff ~P였더라면 ~Q였을 것이다.

이 조건은 매우 일반적이며, 여기에서 문장 자리인 'P'와 'Q' 자리에는 어떠한 문장도 들어갈 수 있다. 그 자리에 꼭 'c가 발생했다'와 'e가 발생했다'처럼 사건의 발생을 진술하는 문장이 들어가야만 하는 것은 아니다. 그러므로 다음의 조건들은 일반적 조건인 (TC)의 특수한 사례들로서 따라 나온다.

> (TC-1) c가 발생했기 때문에 e가 발생했다 iff c가 발생하지 않았더라면 e가 발생하지 않았을 것이다.
>
> (TC-2) F 유형의 사건이 발생하지 않았기 때문에 e가 발생하지 않았다 iff F 유형의 사건이 발생했더라면 e가 발생하지 않았을 것이다.
>
> (TC-3) c가 발생했기 때문에 G 유형의 사건이 발생하지 않았다 iff c가 발생하지 않았더라면 G 유형의 사건이 발생했을 것이다.
>
> (TC-4) F 유형의 사건이 발생하지 않았기 때문에 G 유형의 사건이 발생하지 않았다 iff F 유형의 사건이 발생했더라면 G 유형의 사건이 발생했을 것이다.

(TC-1)이 기본적 사건 인과에 해당하는 '때문에' 문장에 대한 조건이라면, (TC-2)은 부재 인과에 해당하는 '때문에' 문장에 대한 조건이고, (TC-3)은 방지(prevention)에 해당하는 '때문에' 문장에 대한 조건이며, (TC-4)는 부재에 의한 방지(prevention by absence)에 해당하는 '때문에' 문장에 대한 조건이다.

이것들은 각각 다음과 같은 예의 '때문에' 문장들에 대해서 진리 조건을 제시하고 있다.

> (M1) 정원사가 꽃에 불을 붙이는 (그) 사건이 발생했기 때문에 꽃이 타버리는 (그) 사건이 발생했다.
>
> (M2) 정원사가 꽃에 물을 주는 (유형의) 사건이 발생하지 않았기 때

문에 꽃이 시들어버리는 (그) 사건이 발생했다.

(M3) 정원사가 꽃에 우산을 씌우는 (그) 사건이 발생했기 때문에 꽃이 젖는 (유형의) 사건이 발생하지 않았다.

(M4) 정원사가 꽃에 물을 주는 (유형의) 사건이 발생하지 않았기 때문에 꽃이 만개하는 (유형의) 사건이 발생하지 않았다.

중요한 것은 이 다양한 형태의 문장들 각각에 대해서 별도의 조건이 필요하지 않다는 것이다. 이들에 대한 조건들 즉 (TC-1)부터 (TC-4)까지의 조건들은 모두 일반적인 조건인 (TC)의 대입 사례들에 불과하다.

그리고 부정적 '인과'에 대한 우리의 직관들은 기본적으로 (M2)와 같은 '때문에' 문장에 대한 직관으로부터 비롯된다고 여겨진다. 오늘날의 표준적인 인과 개념의 방식대로, 인과를 사건들 사이의 관계로서 이해하는 한, 부정적 '인과'는 인과일 수가 없다. 그러나 그것을 '인과'라고 하든 하지 않든, (M2)와 같은 '때문에' 문장은 명백히 받아들일 만한 문장이며 참일 수 있는 문장이다. 즉 정원사가 꽃에 물을 주지 않았다는 사실이 꽃이 시들어버리는 사건이 발생한 사실에 대해서 〈때문에〉 관계에 있을 수 있다는 것은 명백하다.

사실상 〈때문에〉 개념이 인과 개념보다 더 분명하며 근본적이다. 다양한 인과 개념들 중 어떤 개념을 택하는가에 따라서 정원사가 꽃에 물을 주지 않는 것(사건? 사건의 부재?)이 꽃이 시드는 것에 대해서 원인일 수 있는가 아닌가에 대해서 논란이 있을 수는 있지만, (정원사가 꽃에 물을 주지 않았더라면 꽃이 시들지 않았으리라는 것이 참일 경우에) 정원사가 꽃에 물을 주지 않았기 **때문에** 꽃이 시들었다는 것은 부인할 수가 없다. 이와 관련해서 우리의 〈때문에〉 개념은 불분명함을 가지고 있지 않다.

〈때문에〉 개념은 설명 문장에서 설명항 자리와 피설명항 자리에 어떤 문장이 오든 상당히 보편적이고 동등한 방식으로 적용된다. 반면 인과 개념의 적용은 이런 보편적 개념의 특수한 제약으로부터 이루어진다. 그런 특수한 제약의 결과로 주어지는 인과 개념에 입각해서 볼 때, 부정적 '인과'가 인과가 아님에도 불구하고 우리가 그런 '인과'에 대한 직관을 가지는 것처럼 보이는 것은 우리가 상응하는 '때문에' 문장에 대한 직관을 가지고 있다는 것을 통해서 설명될 수 있다. 우리는 (M2)와 같은 문장에 대한 직관을 부정 '인과'에 대한 직관으로 오해하는 것일 수 있다. 결국 인과 개념은 그렇게 중요하지 않다. 우리의 굳건한 직관과 더 밀접하게 연결되어 있는 근본적 개념은 〈때문에〉 개념이다.

　루이스는 설명에 대한 인과적 이론을 주장하고 있으므로, 부정적 인과를 허용할 수 없게 되면 (M2)와 같은 부정적 설명항을 가진 설명도 허용할 수가 없게 된다. 물론 그는 (M2)가 다음과 같은 형태의 인과적 정보를 준다는 점에서 설명일 수 있다고 주장하려 시도할 수는 있다.

　　(M5) 정원사가 꽃에 물을 주는 (유형의) 사건이 발생했더라면 그 유형에 속하는 사건은 어떤 사건 e를 야기했을 것이고 그 사건 e가 발생할 경우 꽃이 시들어버리는 (그) 사건이 발생하지 않을 것이다.

　그러나 이와 같은 복잡하고 작위적인 인과적 정보 내용은 (M2)의 내용을 제대로 잘 포착하고 있지 못한 것 같다. (M2)의 내용은 보다 분명하고 간단하게

　　(M6) 정원사가 꽃에 물을 주는 (유형의) 사건이 발생했더라면 꽃이 시들어버리는 (유형의) 사건이 발생하지 않았을 것이다.

라는 것으로 포착될 수 있다. 그리고 부정적 인과를 인과에서 배제할 경우 그리고 설명은 반드시 인과적 정보를 전달해야 한다고 할 경우, (M6)를 통해서 이해된 (M2)가 어떻게 설명일 수 있는지가 설명되지 않게 되어버린다.

또한 (M2)가 (M5)와 같은 복잡한 인과적 정보를 전달하고 있다는 것을 받아들인다고 하면 (M1)과 (M2)[와 (M3)와 (M4)]에 나타나는 '때문에'가 같은 의미를 가지고 있다는 것을 설명하기가 어렵게 된다. (M2)가 (M6)를 통해서 이해되듯이 (M1)은

(M7) 정원사가 꽃에 불을 붙이는 (그) 사건이 발생하지 않았더라면 꽃이 타버리는 (그) 사건이 발생하지 않았을 것이다.

를 통해서 이해되어야 한다. (M1)과 (M2)가 각각 그렇게 이해되면 그 두 문장에 나타나는 '때문에'가 어떻게 공통의 의미를 갖는지 설명할 수가 있다. 그러나 (M2)를 (M5)와 같이 이해하게 되면 (M1)과 (M2)에서의 '때문에'는 서로 굉장히 다른 의미를 가지고 있는 것이 될 것이고 (M1)과 (M2)는 서로 완전히 다른 논리적 구조를 가지고 있는 문장이 될 것인데, 이는 두 문장에 대한 우리 직관에 완전히 위배된다.

결국 루이스의 인과적 설명 이론은 부정적 설명을 허용하기가 어렵게 되는데, 부재 인과를 허용하지 못하는 것과 달리 이것은 훨씬 더 심각한 재난이 된다. 정원사가 꽃에 물을 주는 사건의 부재가 꽃이 시들어버린 것의 **원인**일 수 있는가는 논란이 될 수 있지만, '꽃에 물을 주는 사건이 발생하지 않았기 **때문에** 꽃이 시들어버렸다'가 참일 수 있다는 것은 직관적으로 결코 부인할 수 없다.

부정적 인과의 문제는 살먼과 다우의 과정 연결적 인과 이론과 결합

한 인과적 이론에 대해서도 심각한 문제가 된다. 부정적 인과가 그들의 인과 이론에서 허용될 수 없다는 것은 명백하다. 과정 연결적 인과 이론에서 두 사건이 인과 관계에 있기 위해서는 적절한 조건을 만족하는 물리적 과정에 의해 그 두 사건이 연결되어 있어야 한다. 사건과 사건은 물리적 과정에 의해 연결되어 있을 수 있지만 사건의 부재와 사건이 물리적 과정에 의해 연결되어 있을 수는 없다. 사건과 달리 사건의 부재는 시공간적 위치도 갖지 못하기 때문이다.

다우는 이 문제를 부재 '인과'가 인과라는 것을 부인하는 방식으로 해결하고자 한다. (이에 대해서는 9장에서 더 상세히 논의하기로 하자.) 그러나 그런 해결책을 받아들인다고 하더라도 보다 심각한 문제는 (루이스의 경우에서와 마찬가지로) 부정적 설명과 관련해서 생겨난다. 즉 과정 연결적 인과 이론을 받아들이면서 설명에 대한 인과적 이론을 함께 받아들이게 되면 (M2)와 같은 문장을 어떻게 이해할 것인가의 문제가 다시 생겨나게 된다. 살면처럼 "한 사건을 설명하는 것은 그 원인이 무엇인지 확인하는(identify) 것이고, 최소한 많은 경우에, 이 원인과 피설명 사건 사이의 인과적 관계를 밝히는 것이다"라는 입장에 있게 되면[98] 그리고 부재 인과를 부인하게 되면, 정원사가 꽃에 물을 주는 사건이 발생하지 않았다는 것은 꽃이 시들어버리는 사건의 발생을 설명할 수가 없게 된다. 그러나 (정원사가 꽃에 물을 주지 않았더라면 꽃이 시들지 않았으리라는 것이 참일 경우에) 정원사가 꽃에 물을 주지 않았기 **때문에** 꽃이 시들었다는 것은 결코 부인할 수가 없으므로, 과정 연결적 인과 이론에 입각한 인과적 이론도 루이스식의 인과적 이론과 마찬가지로 심각한 문제를 지니고 있다. 그리고 과정 연결적 인과 이론에서 부재 인과를 허용할 수 있는 전망은

---

98 Salmon (1984), pp. 121-122.

더욱 희박하므로, 이 문제는 과정 연결적 인과 이론에 입각한 인과적 이론에서 특히 더 심각하다.

그러므로 부정적 인과에 상응하는 '때문에' 문장과 관련해서 설명에 대한 반사실 조건문적 이론은 설명에 대한 인과적 이론(루이스식의 인과적 이론이든, 살먼-다우식의 인과적 이론이든)보다 더 우위에 있다.

7. 이중 방지의 문제

인과에 대한 (살먼과 다우의) 과정 연결적 이론에 따르면 두 사건이 인과 관계에 있기 위해서는 적절한 조건을 만족하는 물리적 과정에 의해 그 두 사건이 연결되어 있어야 한다. 그러나 이런 인과 이론에 대한 반례들이 있고 그중 대표적인 것이 이중 방지(double prevention)의 경우이다. 다음과 같은 사례를 생각해 보자.[99]

전쟁 중 대통령을 살해하려는 적군이 미사일을 대통령 관저에 정확히 겨냥해 발사한다. 그러자 레이더로 미사일을 탐지한 아군이 패트리어트 요격 미사일을 발사해서 날아오는 적군 미사일을 요격한다. 적군 미사일이 요격되지 않았더라면 그 미사일은 대통령 관저를 폭파시켜 대통령이 목숨을 잃었겠지만, 적군 미사일이 아군 미사일에 의해 요격되었기 때문에 대통령은 그날 생존한다.

이 상황에서 아군 요격 미사일의 발사가 대통령의 그날 생존의 원인 중 하나라고 하는 것은 적절한 것 같다. 그리고 이 사례는 대통령의 생존

---

[99] 홀(N. Hall)이 제시한 이중 방지의 유명한 사례(폭격기를 조종하는 수지의 폭격을 막으려는 적군 전투기를 격추시키는 빌리의 전투기 이야기)를 그대로 사용하기보다는 직관적으로 더 분명하게끔 구성한 사례를 여기에 제시한다.

을 방지했을 적군 미사일의 (대통령 관저로의) 진행을 아군 요격 미사일의 발사가 방지한다는 점에서 원인 사건이 결과 사건의 방지를 방지한다고 할 수 있고, 그 점에서 '이중 방지'라고 불리는 사례 중의 하나이다. 그리고 이런 이중 방지 사례의 중요한 특징은 원인으로부터 결과로 이어지는 물리적 과정이 있을 필요가 없다는 것이다. 위의 이야기에서 아군 방위 기지에서 발생한 아군 요격 미사일의 발사로부터 대통령 관저에서의 대통령의 생존에까지 어떠한 물리적 과정도 있을 필요가 없다. 그리고 그런 물리적 과정 없이도 우리의 직관은 아군 요격 미사일의 발사가 대통령의 생존에 대한 하나의 원인이라고 판단한다.

이중 방지 인과는 부재 인과와 달리 인과 관계의 관계항이 둘 다 사건이며 사건의 부재를 관계항으로 포함하지는 않는다. 따라서 '아군 요격 미사일의 발사가 대통령의 그날 생존의 원인이다'와 같은 문장은 '내가 성냥을 그은 것이 성냥에 불이 붙은 것의 원인이다'와 같은 전형적인 인과 문장들과 마찬가지로 'c는 e의 원인이다'의 형식을 가지고 있다. 따라서 사건만이 관계항이라는 것을 받아들이는 (오늘날의 통상적인) 인과 개념에 입각해서도 그 자체로는 인과에 포함되는 데에 아무 문제가 없다.

물론 과정 연결적 인과 이론의 관점에서 보면 이중 방지의 두 사건 사이에는 물리적 과정이 연결되어 있지 않으므로 이중 방지를 인과로 포함시키기 어렵겠지만 그런 어려움은 오히려 과정 연결적 인과 이론에 대한 나쁜 소식이다. 과정 연결적 인과 이론의 입장에서는 물리적 과정으로 연결되어 있는 c_1(성냥을 그은 것)과 e_1(성냥에 불이 붙은 것) 사이의 관계와 e_2(대통령의 생존)를 방지할 물리적 과정의 진행을 c_2(아군 요격 미사일의 발사)가 방지하는 경우의 c_2와 e_2 사이의 관계는 근본적으로 다른 것이겠지만 이 역시 인과 여부 판단과 관련해서 물리적 과정을 중심으로 보는 과정 연결적 인과 이론의 입장에서 볼 때 그러할 뿐이다.

사실 우리가 두 사건 c와 e가 인과 관계에 있는지를 판단하기 위해서 c
와 e가 직접 물리적 과정에 의해서 연결되어 있는가 아니면 보다 복잡한
방식으로 c와 e가 상관성을 가지고 있는가 등에 큰 관심이 있는 것 같지
는 않다. 이에 대해서는 쉐퍼(J. Schaffer)가 효과적이고 설득력 있게 논증
하고 있다.[100] 예를 들어, 테러리스트가 폭탄의 폭파 장치 스위치를 누르
고 폭탄이 터졌을 때, 우리는 스위치를 누른 사건이 폭탄이 터진 사건의
원인이라고 판단하기에 충분하다고 생각하지, 그 폭파 장치의 메커니즘
이 정확히 어떻게 되어 있는지 (과정 연결 방식으로 되어 있는지, 이중 방지 방
식으로 되어 있는지) 알 때까지 그 판단을 유보하지는 않는다.

그럼에도 불구하고 다우 등의 과정 연결 이론가들은 이중 방지의 경
우가 인과라는 것을 부인함으로써 과정 연결 이론을 고수하고자 한다.
이에 대한 자세한 논의는 인과를 중심으로 논의하는 뒷부분의 장으로
미루도록 하겠다. 그러나 지금 여기서 강조해야 할 것은, 이중 방지의 인
과 여부에 대해서 논란을 삼는 것은 가능하다고 하더라도 이중 방지자
가 설명력을 가진다는 것에는 논란의 여지가 없다는 것이다. 즉

(L1) 아군 요격 미사일의 발사가 대통령의 생존의 원인이다.

라는 것을 설사 부인한다고 하더라도 (나는 이것을 부인하는 것도 쉽지는 않
다고 생각하지만)

(L2) 아군 요격 미사일이 발사되었기 때문에 대통령이 생존했다.

---

100 Schaffer (2004) pp. 197-200.

는 것은 명백히 부인할 수 없다. (L2)를 받아들이는 데에는 아군 요격 미사일이 발사되는 사건으로부터 대통령이 생존하는 사건으로의 물리적 과정이 존재하지 않는다는 것이 아무런 잠재적 장애물도 되지 않는다.

그런데 과정 연결적 인과 이론과 결합된 인과적 설명 이론은 (L2)와 같은 문장을 올바른 설명으로서 받아들일 수가 없게 된다. 설명에 대한 인과적 이론의 관점에서는 (L2)가 올바른 설명이기 위해서는 설명항이 피설명항의 원인을 제시하는 것이어야 하고 그러려면 (L1)을 받아들여야 하는데 과정 연결적 인과 이론은 (L1)을 받아들일 수가 없기 때문이다. 그리고 (L2)를 거부해야 한다는 것은 심각한 재난이다.

반면 내가 옹호하는 반사실 조건문적 설명 이론에 있어서는 (L2)와 같은 문장을 받아들일 수 있고 직관에 맞게 규명할 수 있다. (L2)를 받아들이는 데에 아군 요격 미사일이 발사되는 사건으로부터 대통령이 생존하는 사건으로 물리적 과정이 연결되어 있어야 할 필요는 없다. 중요한 것은 대통령의 생존이 아군 요격 미사일 발사에 반사실 조건문적으로 의존해 있느냐 하는 것이다. 우리 이야기 속에서 아군 요격 미사일이 발사되지 않았더라면 적군 미사일이 대통령을 죽였을 것이므로, 다음이 성립한다.

(L3) 아군 요격 미사일이 발사되지 않았더라면 대통령이 생존하지 않았을 것이다.

그리고 바로 이런 반사실 조건문적 의존이 성립하는 것 때문에 우리는 (L2)를 받아들일 수가 있다. 이중 방지의 경우에도 〈때문에〉에 대한 반사실 조건문적 이론은 정확히 잘 들어맞는다.

8. 비이행성의 문제

비이행성(intransitivity)의 문제는 인과가 이행적이라는 귀결을 가지는 인과 이론들이 공통적으로 부딪히는 문제이다. 인과는 이행적인가? 즉 사건 c가 사건 e의 원인이고 사건 e가 사건 f의 원인이면 반드시 c가 f의 원인인가?

과정 연결적 인과 이론에 있어서는 인과는 이행적이어야 한다. 사건 c에서 사건 e까지 인과적 과정이 연결되어 있고 사건 e에서 사건 f까지 인과적 과정이 연결되어 있으면 c에서 f까지도 인과적 과정(즉 그 두 인과적 과정으로 이루어진)으로 연결되어 있어야 한다.

또한 루이스의 반사실 조건문적 인과 이론에 있어서도 인과는 이행적이어야 한다. 사건 c에서 사건 e까지 인과적 의존의 사슬이 연결되어 있고 사건 e에서 사건 f까지 인과적 의존의 사슬이 연결되어 있으면 c에서 f까지도 인과적 의존의 사슬이 연결되어 있어야 한다.

그러나 인과가 이행적이라는 생각에 대한 흥미로운 반례들이 제시되었다. 예를 들어 필드(H. Field)가 제시했다고 알려져 있는 다음 사례를 생각해 보자.[101]

테러리스트가 대통령을 암살하기 위해서 대통령 관저에 폭탄을 설치한다. 경호원이 그 사실을 알고서 폭탄을 해체한다. 그 결과 대통령은 그날 생존한다.

테러리스트의 폭탄 설치는 경호원의 폭탄 해체의 원인이다. 경호원의 폭탄 해체는 대통령의 생존의 원인이다. 그러나 분명 테러리스트의 폭탄

---

[101] 이 사례는 1990년대 말에 철학자들 사이에 구전되었다. 내 경우 루이스가 필드로부터 전해 들었다면서 이 사례에 대해서 이야기하는 것을 그의 세미나에서 들었다.

설치는 대통령의 생존의 원인이 아니다. 따라서 인과의 이행성은 성립하지 않는다.

이 사례는 이중 방지의 문제와 밀접한 연관을 가지고 있다. 경호원의 폭탄 해체가 대통령의 생존의 원인인 것은 이중 방지의 사례이기 때문이다. 그러므로 이중 방지를 인과의 경우로서 거부하는 (반직관적) 입장을 택하는 철학자는 이런 반례를 거부하는 (역시 반직관적) 입장을 택하는 데에 추가적인 부담을 느끼지는 않을 것이다. 그러나 어떻든 이런 사례는 과정 연결적 인과 이론과 같은 이론이 가진 반직관적 귀결을 다시 한 번 강조하는 효과가 있다.

인과의 이행성에 대한 또 다른 형태의 반례로서 다음의 사례를 생각해 보자. 이 사례는 맥더모트(M. McDermott)가 제시했다.[102]

폭탄의 폭파 장치 스위치를 누르려고 계획하고 있는 테러리스트가 거사 전날 개에게 오른손을 물렸다. 그래서 그는 거사 날 왼손으로 스위치를 눌렀고 그래서 폭탄이 폭파했다.

개에게 오른손을 물린 것은 테러리스트가 왼손으로 스위치를 누른 것의 원인이다. 테러리스트가 왼손으로 스위치를 누른 것은 폭탄의 폭파 원인이다. 그러나 개에게 오른손을 물린 것은 폭탄의 폭파 원인이 아니다. 따라서 인과의 이행성은 성립하지 않는다.

이 사례에서는 이중 방지가 등장하지는 않는다. (폭탄의 폭파 장치가 이중 방지 방식으로 되어 있지 않다면 말이다). 이 사례가 작동하는 방식에 대해서 쉽게 생각할 수 있는 불평("스위치를 **왼손**으로 눌렀기 때문에 폭탄이 폭파한 것은 아니지 않는가?")이 있지만, 그런 불평은 과정 연결적 인과 이론이나 루이스의 인과 이론에서 반영하기가 어렵다.

---

102 McDermott (1995)

과정 연결적 인과 이론에서는 어떻든 사건 c('개에게 오른손을 물린 사건'이라고 우리가 기술한 그 사건)로부터 사건 e('테러리스트가 왼손으로 스위치를 누른 사건'이라고 우리가 기술한 그 사건)로의 보존량 전이와 같은 물리적 과정이 연결되어 있고 그 사건 e로부터 사건 f('폭탄의 폭파'라고 우리가 기술한 그 사건)로의 비슷한 물리적 과정이 연결되어 있으면, 사건 c, e, f를 어떻게 기술하는가에 상관없이 c가 f의 원인이라고 판단해야 한다.

루이스의 인과 이론에서도 사정은 마찬가지이다. 어떻든 사건 c('개에게 오른손을 물린 사건'이라고 우리가 기술한 그 사건)에 사건 e('테러리스트가 왼손으로 스위치를 누른 사건'이라고 우리가 기술한 그 사건)가 인과적으로 의존하고 있고 그 사건 e에 사건 f('폭탄의 폭파'라고 우리가 기술한 그 사건)가 인과적으로 의존하고 있으면, 사건 c, e, f를 어떻게 기술하는가에 상관없이 c가 f의 원인이라고 판단해야 한다.

따라서 과정 연결적 인과 이론과 루이스의 인과 이론은 위 사례의 반직관적 귀결을 받아들여야 하는 문제가 있다.

나중에 10장에서 상술하고 논증하겠지만, 최소한 어떤 의미의 인과 개념은 〈때문에〉 개념과 밀접한 연관을 가지고 있다. (즉 어떤 인과 개념은, 사건 c가 사건 e의 원인일 경우 오직 그 경우 c가 발생했기 때문에 e가 발생했다는 것이 성립한다고 규정할 수 있는 그런 인과 개념이다.) 인과의 비이행성 사례들은 그런 의미의 인과 개념을 우리가 가지기 때문에 직관적 호소력이 있다고 여겨진다. 즉 인과의 비이행성 사례들은 우리가 인과를 과정이나 사슬의 연결로만 보지는 않고 있으며 최소한 어떤 경우에는 〈때문에〉 개념과 유사한 것으로 보고 있다는 것을 드러낸다.

위의 인과의 비이행성 사례들 중 맥더모트의 사례는 인과에 대조항(contrast)이 덧붙여진 것으로 이해함으로써 보다 즉각적으로 단순 인과의 비이행성 사례는 아닌 것으로 이해할 수 있다.[103] 다만 대조항을 덧붙이는 것 역시 인과 문장에 대해서보다는 상응하는 '때문에' 문장에 대해서 보다 자연스럽다. 즉 '사건 a가 아닌 사건 b가 사건 c가 아닌 사건 d의 원인이다' 형식의 대조적 인과 문장보다는 'P가 아니라 Q이기 때문에 R이 아니라 S이다' 형식의 대조적 설명 문장이 의미가 보다 분명하고 자연스러운 일상 언어로 받아들일 만하다.[104]

맥더모트의 사례 속 상황을 대조적 설명 문장으로 바꾸어 보면 다음과 같다. 개에게 오른손을 물렸기 때문에 테러리스트가 오른손이 아닌 왼손으로 스위치를 눌렀다. 테러리스트가 오른손이 아닌 왼손으로 스위치를 눌렀기 때문에 폭탄이 폭파했다. 그러나 개에게 오른손을 물렸기 때문에 폭탄이 폭파한 것은 아니다.

이와 같이 바꾸어 놓으면 그중 두 번째 설명 문장 '테러리스트가 오른손이 아닌 왼손으로 스위치를 눌렀기 때문에 폭탄이 폭파했다'는 더 이상 참이 아니다. 테러리스트가 **왼손이 아닌** 오른손으로 스위치를 눌렀더라도 폭탄이 폭파했을 것이라는 것이 이 직관을 설명한다.[105] 두 번째 문장을 참인 설명 문장 '테러리스트가 오른손으로 (**스위치를 누르지 않는 것이 아니라**) 스위치를 눌렀기 때문에 폭탄이 폭파했다'로 이해하면 첫 번째 문장과 같은 대조항을 가지지 않기 때문에, 이는 설명 문장의 이행성에 대한 반례로 이해하기 어렵게 된다.

그러나 이런 전략은 맥더모트의 사례와 같은 유형의 사례들에만 적용될 수 있다. 필드의 사례는 이와 같은 대조항을 가진 인과 문장 또는 설

---

103 이와 같은 대응이 쉐퍼의 대조 인과 이론에 의해 이루어진다. Schaffer (2005) 참조.

104 이런 대조적 설명 문장의 진리 조건에 대해서는 5장에서 논의할 것이다.

105 여기에서 나는 6장에서 제시할 대조적 설명 문장에 대한 반사실 조건문적 이론을 미리 가져다 사용한다.

명 문장으로 이해하기가 곤란하다. 특히 그 사례에서 두 전제를 매개하는 경호원의 폭탄 해체는 맥더모트의 사례에서의 왼손으로 스위치 누름처럼 서로 엇갈린 대조항을 가지는 것으로 해석할 수가 없다. 필드의 사례와 같은 유형의 사례들은 인과의 비이행성을 보여주는 보다 심각한 사례들이고, 이런 사례들은 대조항을 가지지 않는 인과 문장에서도 비이행성이 발생한다는 것을 보여준다.

인과의 비이행성은 〈때문에〉의 비이행성에 상응하는 것으로 이해하면 잘 이해될 수 있다. 그리고 〈때문에〉의 비이행성은 반사실 조건문적 의존의 비이행성을 통해서 잘 이해된다. 직설법적 조건문적 연관과 달리 반사실 조건문적 연관은 비이행적이라는 것은 반사실 조건문의 논리학과 의미론에서의 중요한 사실이다. 즉 다음의 추론은 타당하지 않다.

P였더라면 Q.

Q였더라면 R.

———————

P였더라면 R.

편의상 간단한 스톨네이커 의미론을 배경으로 이야기해 보자. P가 성립하면서 현실 세계에서 가장 가까운 세계 w_1에서 Q가 성립하고, Q가 성립하면서 현실 세계에서 가장 가까운 세계 w_2에서 R이 성립한다고 하자. 그렇더라도 P가 성립하면서 현실 세계에서 가장 가까운 세계 w_1에서 R은 성립하지 않을 수 있다. w_1이 w_2보다 현실 세계에 더 멀리 있을 수가 있기 때문이다. 그럴 경우 Q가 성립하는 w_2에서는 R이 성립하더라도 P와 Q가 성립하는 w_1에서는 R이 성립하지 않을 수 있다.

그리고 그 사례인 다음의 추론도 마찬가지로 타당하지 않다.

~P였더라면 ~Q.

~Q였더라면 ~R.

───────────────

~P였더라면 ~R.

그리고 나의 반사실 조건문적 설명 이론에 따르면 위의 추론 속 문장들이 '때문에' 문장에 대한 다음 추론 속 문장들을 규정한다. 물론 이 추론은 타당하지 않다.

P이기 때문에 Q.

Q이기 때문에 R.

───────────────

P이기 때문에 R.

그러므로 '때문에' 문장의 비이행성은 반사실 조건문의 비이행성으로부터 따라 나온다.

필드의 사례를 〈때문에〉 개념을 통해 재서술하면 이는 〈때문에〉의 비이행성에 대한 좋은 사례가 된다: 테러리스트가 폭탄을 설치했기 **때문에** 경호원이 그 폭탄을 해체했다. 경호원이 그 폭탄을 해체했기 **때문에** 대통령은 생존을 했다. 그러나 테러리스트가 폭탄을 설치했기 **때문에** 대통령이 생존을 한 것은 아니다.

〈때문에〉에 대한 이런 비이행성 사례는 〈때문에〉에 대한 반사실 조건문적 이론에 따라서 위의 문장들을 반사실 조건문적 의존 문장으로 바꿔 쓰고 이를 가능 세계 의미론을 통해 규명함으로써 잘 설명되고 확인된다.

우선 반사실 조건문적 의존의 비이행성 사례로 바꿔 쓰자: 테러리스트가 폭탄을 설치하지 않았더라면 경호원이 그 폭탄을 해체하지 않았을 것이다. 경호원이 그 폭탄을 해체하지 않았더라면 대통령은 생존하지 않았을 것이다. 그러나 테러리스트가 폭탄을 설치하지 않았더라도 대통령은 생존했을 것이다.

그다음 위의 비이행성은 가능 세계 조건들을 통해서 다음과 같이 잘 규명된다: 테러리스트가 폭탄을 설치하지 않았더라면 경호원이 그 폭탄을 해체하지 않았을 것이다. 즉 테러리스트가 폭탄을 설치하지 않았으면서 현실 세계와 가장 가까운 세계 w_1에서는 경호원이 그 폭탄을 해체하지 않았다. 그리고 경호원이 그 폭탄을 해체하지 않았더라면 대통령은 생존을 하지 않았을 것이다. 즉 경호원이 그 폭탄을 해체하지 않았으면서 현실 세계와 가장 가까운 세계 w_2에서는 대통령은 생존을 하지 못했다. 그런데 w_2는 w_1보다 현실 세계에 더 가깝다. 즉 경호원이 그 폭탄을 해체하지 않았으면서 현실 세계와 가장 가까운 세계 w_2는 테러리스트가 폭탄을 설치했다는 측면에서는 현실 세계와 일치하면서 그럼에도 불구하고 (어떤 이유로든) 경호원이 그 폭탄을 해체하지 않은 세계이다. 그리고 그 세계 w_2에서는 대통령이 생존하지 못한다. 그러나 테러리스트가 아예 폭탄을 설치하지 않은 (그러면서 다른 측면에 있어서는 현실 세계와 가능한 한 유사한) 세계 w_1에서는 대통령이 생존했을 것이다. 즉 테러리스트가 폭탄을 설치하지 않았더라도 대통령은 생존했을 것이다.

이와 같이 설명(또는 〈때문에〉)에 대한 반사실 조건문적 의존 이론은 〈때문에〉의 비이행성 사례를 잘 설명할 수 있다. 또한 11장에서 논의하려 하듯이, 인과의 비이행성 사례도 최소한 어떤 인과 개념이 〈때문에〉 개념과 밀접한 연관을 가지고 있기 때문에 성립한다. 그리고 인과의 비이행성 여부에 대해서 어떤 입장을 취하든 간에, 〈때문에〉(즉 설명적 유관성)의 비이행성 사례를 부인할 수는 없다. 그러므로 설명에 대한 잘 알려져 있는 인과적 이론들(과정 연결적 인과 이론이나 루이스의 반사실 조건문적 인과 이론과 결합한)은 설명적 유관성의 비이행성 사례를 허용하고 설명할 수 없다는 점에서 심각하게 잘못되었다.

5장
대조적 설명에 대한 반사실 조건문적 이론
'때문에' 문장에서의 대조와 맥락의존성

1. 대조적 설명

'때문에' 문장은 맥락에 따라 또는 어느 부분에 강세를 두는가에 따라 다른 대조항(contrast) 즉 대조되는 상황을 가질 수 있다. 이런 맥락의존성은 크게 두 가지 방식으로 나타난다. 하나는 피설명항의 어떤 부분에 강세를 두는가에 관계해서 나타나고, 또 하나는 설명항의 어떤 부분에 강세를 두는가에 관계해서 나타난다. 바꿔 말하자면 '때문에' 문장은 두 가지 방식으로 대조항을 요구할 수 있다. '때문에' 문장 속에서 피설명항이 특정한 대조항에 대비되어 주어질 수도 있고 설명항이 특정한 대조항에 대비되어 주어질 수도 있다. 그렇게 특정한 대조항을 가진 '때문에' 문장 또는 설명은 '대조적 설명(contrastive explanation)'이라고 불린다.

보다 잘 알려져 있는 것은 첫째 종류 즉 피설명항에 대해 대조항이 있는 경우이다. 그리고 그런 대조항은 '왜' 질문의 대조항에 상응한다. 앞

장에서 예를 들었듯이

(1) 왜 김 과장이 그날 사건 현장에 파견되었는가?

라는 '왜' 질문은 맥락에 따라 다음과 같은 여러 방식의 대조항을 가진 '왜' 질문으로 해석될 수 있다.

(2) 왜 다른 사람이 아닌 김 과장이 그날 사건 현장에 파견되었는가?
(3) 왜 김 과장이 다른 날이 아닌 그날 사건 현장에 파견되었는가?
(4) 왜 김 과장이 그날 다른 곳이 아닌 사건 현장에 파견되었는가?

즉 '왜 Q인가?'라는 질문은 '왜 R이 아니고 Q인가?'라는 질문으로 명시화될 수 있다. 이때 R이 대조항에 해당한다. 예를 들어 (2)에서 대조항 R은 〈다른 사람이 그날 사건 현장에 파견되었다〉라는 명제이고, (2)는 왜 그 명제 R이 아닌 Q 〈김 과장이 그날 사건 현장에 파견되었다〉라는 명제가 성립하는지 묻고 있다. '왜' 질문의 특정 대조항을 분명히 하기 위해서 일상의 담화에서 흔히 사용하는 방식은 질문의 특정 부분('김 과장', '그날', '사건 현장'과 같은)에 강세를 두는 것이다. 예를 들어 (2)를 의도하면서 (1) 형태의 질문을 할 때에는 (1)에서의 '김 과장'에 강세를 둘 수 있을 것이다.

이들 각각은 반 프라센 이론에서와 같은 대조집합을 명시함으로써도 표현될 수 있고 후기의 살먼에서의 피설명항 분할에 의해서 표현될 수도 있다. (1)이 어떻게 해석되는가는 질문자의 관심 혹은 맥락에 의존한다. 그러나 일단 그런 맥락에 따라 해석이 이루어지고 대조집합이 명시되면 어떤 대답이 적합한 대답인가의 문제는 객관적인 문제로 된다.

그렇지만 '왜' 질문이 꼭 반드시 이런 식의 특정한 대조항을 가져야만 하는 것은 아니다. 특정한 대조항을 갖지 않은 단순(plain) 질문 '왜 Q인 가?'는 '왜 ~Q가 아니고 Q인가?'라는 형식으로 대조항을 갖는 형식으로 표현할 수 있다. 이럴 경우 (1)에서의 어떤 부분에도 강세가 두어져서는 안 될 것이다. 앞으로 '왜 Q인가?'라는 질문이 특정한 대조항(즉 ~Q 형식이 아닌 대조항)을 가질 경우에만 특별히 그 질문을 '대조적 '왜' 질문'이라고 부르기로 하자.

대조적 '왜' 질문들에 상응해서 (피설명항에 대조항이 존재하는) 대조적 설명들이 존재한다.

> (5) 김 과장이 그 사건 해결의 적임자였기 때문에 김 과장이 그날 사
>   건 현장에 파견되었다.

라는 설명은 피설명항의 어떤 부분에 강세가 오는가에 따라서 다음과 같이 여러 대조적 설명들로 해석될 수 있다.

> (6) 김 과장이 그 사건 해결의 적임자였기 때문에 다른 사람이 아닌
>   김 과장이 그날 사건 현장에 파견되었다.
> (7) 김 과장이 그 사건 해결의 적임자였기 때문에 김 과장이 다른 날
>   이 아닌 그날 사건 현장에 파견되었다.
> (8) 김 과장이 그 사건 해결의 적임자였기 때문에 김 과장이 그날 다
>   른 곳이 아닌 사건 현장에 파견되었다.

김 과장이 그 사건 해결의 적임자가 아니었더라면 김 과장 대신 박 과장이 같은 날 사건 현장에 파견되었을 것이라고 하자. 그러면 (5)는 (6)

으로 해석되었을 경우에는 좋은 설명이지만 (7)로 해석되었을 때에는 좋은 설명이 아닐 것이다. 사실 (7)은 (위의 구체적 상황 정보가 주어졌을 경우) 아예 참이 아닐 것이다. 즉 (5)와 같은 '때문에' 문장은 맥락 속에서 어떤 대조항을 가지는 것으로 해석되는가에 따라 참이 될 수도 있고 거짓이 될 수도 있다.[106] 이는 '때문에' 문장이 특정 대조항을 가지는 경우에 그 대조항이 명시되지 않으면 그 문장이 표현하는 완전한 명제가 제시되지 않은 것이기 때문에 그러하다고 할 수 있다. 이는 마치 '철수가 키가 크다'라는 문장이 어떤 명제를 표현하는지가 '키가 크다'가 어떤 대조집합(성인 남자들의 집합인가, 철수 세대의 사람들의 집합인가 등)에 상대적인지 명시되지 않으면 완전히 주어지지 않는 것과 같다. 그래서 '철수가 키가 크다'라는 문장이 맥락에 따라 참일 수도 거짓일 수도 있는 것처럼, (5)도 해석되는 맥락에 따라 참일 수도 거짓일 수도 있다. (5)는 물론 대조적 설명이 아닌 것으로 해석될 수도 있고 그렇게 해석되었다면 (5)는 (6)과 마찬가지로 참이라고 여겨진다.

일반적으로 'P이기 때문에 Q'라는 설명 문장은

(A) P이기 때문에 R이 아니라 Q. (Because P, Q rather than R.)

라는 대조적 설명 문장으로 해석될 수 있다.

그러나 설명 문장의 피설명항이 꼭 특정한 대조항을 가지는 것으로 해석되어야만 하는 것은 아니고, 그런 단순 설명(plain explanation)의 경우 그것을 분명히 하기 위해서 'P이기 때문에 Q'를

---

106 이 맥락의존성은 살먼의 설명 이론에서 원래부터 존재했던 요소인 설명항 분할과 어느 정도 관련된다. 그러나 이는 반 프라센의 이론에서는 그 대응되는 부분을 찾을 수 없을 뿐 아니라 살먼에서도 그 화용론적 성격이 주목되고 있지는 못하다.

(A′) P이기 때문에 ~Q가 아니라 Q.

형태로 표현할 수 있다. 이 경우에는 피설명항의 부정이 편의상 피설명항의 대조항으로 취급되는 것이다.

이렇게 특정한 대조항을 갖지 않는 단순 설명 문장이 설사 참이라고 하더라도, 특정한 대조항을 가지는 '왜' 질문이 제기되고 있는 맥락 속에서는 그 질문에 대해서 적합하지 않은 설명일 수가 있다. 이는 그렇다고 해서 그 문장이 거짓이라는 것을 의미하는 것은 아니다.

둘째 종류는 설명항에 대한 대조항이다. 이와 관련해서는 2장에서 맥락의존성을 논의하면서 들었던 사례를 다시 고려하도록 하자. 부주의한 인물 스티븐이 화약통에 연결되어 있는 도화선에 불을 붙였고 폭발이 일어났다. 그리고 다음과 같은 설명이 제시되었다.

(9) 스티븐이 그 도화선에 불을 붙였기 때문에 폭발이 일어났다.

이 설명은 맥락에 따라 다음과 같은 여러 대조적 설명으로 해석될 수 있다.

(10) 다른 사람이 아닌 스티븐이 그 도화선에 불을 붙였기 때문에 폭발이 일어났다.
(11) 스티븐이 다른 도화선이 아닌 그 도화선에 불을 붙였기 때문에 폭발이 일어났다.

스티븐이 아닌 다른 사람이 그 도화선에 불을 붙였더라도 어차피 폭발이 일어났을 것이라 하자. 그러나 스티븐이 그 도화선이 아닌 다른 도화선에 불을 붙였더라면 폭발이 일어나지 않았을 것이라 하자. 그러면 (10)은 거짓이고 (11)은 참이라고 여겨진다. 따라서 (9)를 어떤 대조적 설명으로 해석하는가에 따라서 그 문장은 참이 될 수도 있고 거짓이 될 수도 있다.

일반적으로 'P이기 때문에 Q'라는 설명 문장은

(B) S가 아니라 P이기 때문에 Q. (Because P rather than S, Q.)

라는 대조적 설명 문장으로 해석될 수 있다. 그러나 설명 문장의 설명항이 꼭 특정한 대조항을 가져야만 하는 것은 아니다. 그리고 그럴 경우 설명항의 부정을 설명항의 대조항으로 간주할 수 있고, 그것을 분명히 하기 위해서 'P이기 때문에 Q'를

(B′) ~P가 아니라 P이기 때문에 Q.

형태로 표현할 수도 있다.

물론 경우에 따라서는 설명 문장의 설명항과 피설명항 모두에 대조항이 있을 수 있고, 그 경우 'P이기 때문에 Q'라는 설명 문장은

(C) S가 아니라 P이기 때문에 R이 아니라 Q. (Because P rather than S, Q rather than R.)

라는 대조적 설명 문장으로 이해된다. 설명항과 피설명항 모두 특정한 대조항을 갖지 않는 설명 문장의 경우에는 설명항과 피설명항의 부정을 각각 편의상 설명항과 피설명항의 대조항으로 설정하여

(C′) ~P가 아니라 P이기 때문에 ~Q가 아니라 Q.

와 같은 형태로 표현할 수 있다. 이렇게 형식화함으로써 단순 설명 (C′)도 대조적 설명 (C)의 특수한 형태인 것처럼 취급할 수 있다.

2. 대조적 설명 문장의 진리 조건

이제 대조적 설명 문장 즉 대조적 '때문에' 문장의 진리 조건을 살펴보도록 하자. 나는 1장과 2장에서는 대조항을 갖지 않는 설명 문장―'P이기 때문에 Q이다' 꼴의―에 대해서만 진리 조건을 제시했다. 이번 장에서 제시하는 진리 조건은 그 진리 조건을 보다 일반화하는 것이다.

우선 비교를 위해서 앞에서 제시한 진리 조건을 다시 여기에 옮겨놓자.

(TC) P이기 때문에 Q

    iff (i) P

      (ii) Q

      (iii) ~P였더라면 ~Q였을 것이다.

이제 첫 번째로 피설명항에 대조항이 있는 '때문에' 문장의 진리 조건은 다음과 같이 제시된다.

(TC1) P이기 때문에 R이 아니라 Q

    iff (i) P

      (ii) Q

(iii) ~R

(iv) ~P였더라면 ~Q이고 R이었을 것이다.

앞의 예에서의

(6) 김 과장이 그 사건 해결의 적임자였기 때문에 다른 사람이 아닌 김 과장이 그날 사건 현장에 파견되었다.

는, 김 과장이 그 사건 해결의 적임자가 아니었더라면 김 과장 대신 박 과장이 같은 날 사건 현장에 파견되었을 것이기에, (TC1)의 (iv)를 만족하므로 [(i), (ii), (iii)도 만족된다는 전제 하에서] 참이었을 것이다. 그러나

(7) 김 과장이 그 사건 해결의 적임자였기 때문에 김 과장이 다른 날이 아닌 그날 사건 현장에 파견되었다.

는, 김 과장이 그 사건 해결의 적임자가 아니었더라도 김 과장이 다른 날 사건 현장에 파견되지는 않았을 것이므로, (iv)를 만족하지 못하고 거짓이 된다.

이 조건 (TC1)이 말하고 있는 것은 P인가 아닌가가 바로 R이 아닌 Q를 성립하게 하는 차이를 낳는다는 것이다. R이냐 Q이냐는 것은 P 여부에 반사실 조건문적으로 의존한다. 김 과장 사례에서 김 과장이 사건 해결의 적임자라는 것(P) 여부에 따라 김 과장이 사건 현장에 파견되는가(Q) 박 과장이 사건 현장에 파견되는가(R)의 차이를 낳기에 (6)은 참이지만, 김 과장이 사건 해결의 적임자라는 것(P) 여부에 따라 김 과장이 그날 사건 현장에 파견되는가(Q) 다른 날 사건 현장에 파견되는가(R)의

차이를 낳는 것은 아니기에 (7)은 거짓이다.

이 조건이 주어지면, 앞서 주어졌던 조건 (TC)는 이 조건의 특수한 경우(R이 ~Q인 경우)로서 따라 나온다는 것을 알 수 있다.

(5) 김 과장이 그 사건 해결의 적임자였기 때문에 김 과장이 그날 사건 현장에 파견되었다.

이 문장이 피설명항의 어떤 부분에도 강세가 주어지지 않는 단순 설명으로 이해된다고 해보자. 그러면 이 문장은 김 과장이 그 사건 해결의 적임자가 아닌 (현실 세계에) 가장 가까운 세계(들)에서 김 과장이 그날 사건 현장에 파견되지 않을 경우에 (현실 세계에서 김 과장이 그 사건 해결의 적임자이고 그가 그날 사건 현장에 파견되었다는 가정하에서) 참이 된다. 그 세계(들)에서 김 과장 대신 박 과장이 그날 사건 현장에 파견되었든지 김 과장이 그날이 아닌 다른 날에 사건 현장에 파견되었든지 아니면 아무도 사건 현장에 파견되지 않았든지 아니면 이런 것들이 섞여 있든지 어떻든 그 세계(들 모두)에서 '김 과장이 그날 사건 현장에 파견되었다'가 어떤 식으로든 거짓이 되면 (5)는 참이 된다. 그러므로 피설명항에 대조항을 가지는 설명 문장 'P이기 때문에 R이 아니라 Q'가 참이면 단순 설명 문장 'P이기 때문에 Q'도 참이 되지만 그 역은 성립하지 않는다. 피설명항에 대조항을 가지는 설명 문장의 경우에는 앞서의 조건 (TC)는 만족하면서 위의 조건 (TC1)을 만족하지 않을 경우에 그것은 단순히 거짓인 설명 문장으로 된다. 예를 들어 그 세계(들 모두)에서 김 과장 대신 박 과장이 그날 사건 현장에 파견되고 김 과장이 다른 날에 사건 현장에 파견되지는 않을 경우에 (TC)는 만족하지만 (TC1)은 만족하지 않기에 (7)은 거짓이다.

그러나 대조항을 갖지 않는 단순 설명 문장이 특정 맥락 속에서 대조항을 암묵적으로 가정하고 있는 '왜'-물음에 대해 주어졌을 경우에는, 위의 조건 (TC1)을 만족하지 않으면서 앞서의 조건 (TC)만을 만족할 경우, 그렇다고 해서 그것이 거짓인 문장(혹은 틀린 설명)으로 되는 것은 아니다. 대신 그런 문장은 맥락 혹은 질문에 적합하지 않은 설명 문장이라 해야 할 것이다. 따라서 위의 조건 (TC1)은 대조항이 명시되지 않은 단순 설명 문장에 대해 주어질 경우에는 (질문이나 맥락에 대해) 적합한 설명의 조건이 될 것이다.

(12) 광수가 태어났기 때문에 광수는 비행 청소년이 되었다

라는 문장은 흔히 필요조건 분석이나 반사실 조건문 분석이 인과 관계에 대한 올바른 분석이 아니라는 논거로서 제시되는 예이다. '광수가 태어나지 않았더라면 광수는 비행 청소년이 되지 않았을 것이다'는 참이라고 여겨지지만, (12)는 거짓인 것 같기 때문이다.

그러나 지금 우리의 논의에 따르면, 이 같은 문장은 거짓이 아니지만 대부분의 흔한 맥락에서 적합하지 않은 설명이라고 말할 수 있을 것이다. 대부분의 맥락에서는 '그가 왜 비행 청소년이 되었는가?'를 물을 때에 '그가 왜 다른 대부분의 청소년들과 같은 부류의 청소년이 되지 않고 비행 청소년이 되었는가?'와 같은 방식으로 대조항이 설정된다. 따라서 그런 맥락의 물음에 대해서는 위와 같은 설명 문장은 적합하지 않은 설명이라 할 수 있다. 그러나 위와 같은 문장이 단순하게 거짓인 것이 아니라는 것은 그런 문장이 적합하게 사용되는 맥락도 존재한다는 것을 통해 알 수 있을 것이다.

물론 그 맥락에 적합한 대조적 설명인

(13) 광수가 태어났기 때문에 광수는 다른 대부분의 청소년들과 같은 부류의 청소년이 되지 않고 비행 청소년이 되었다.

는 조건 (TC1)에 따라 거짓이 된다. '광수가 태어나지 않았더라면 광수가 비행 청소년이 되지 않고 다른 대부분의 청소년들과 같은 부류의 청소년이 되었을 것이다'는 거짓이기 때문이다. 따라서 (12)를 대조적 설명으로 해석하건 단순 설명으로 해석하건 이 사례는 설명에 대한 반사실 조건문적 의존 이론에 대한 반례가 되지 않는다.

두 번째로 설명항이 대조항을 가지는 '때문에' 문장의 진리 조건은 다음과 같이 제시된다.

(TC2) S가 아니라 P이기 때문에 Q

iff (i) P

(ii) Q

(iii) ~S

(iv) ~P이고 S였더라면 ~Q이었을 것이다.

앞의 예에서의

(10) 다른 사람이 아닌 스티븐이 그 도화선에 불을 붙였기 때문에 폭발이 일어났다.

를 다시 고려하자. 내가 도입한 이야기 속에서, 스티븐이 아닌 다른 사람이 그 도화선에 불을 붙였더라도(S와 ~P가 성립하더라도) 어차피 폭발이 일어났을 것이므로(즉 Q가 성립할 것이므로), (TC2)의 (iv)가 만족되지 않아 (16)은 거짓이 된다.

  반면

  (11) 스티븐이 다른 도화선이 아닌 그 도화선에 불을 붙였기 때문에
      폭발이 일어났다.

를 고려해 보자. 스티븐이 그 도화선이 아닌 다른 도화선에 불을 붙였더
라면(S와 ~P가 성립하였더라면) 폭발이 일어나지 않았을 것이므로(~Q가 성
립하므로) (TC2)의 (iv)가 만족되고 [(i), (ii), (iii)은 당연히 성립하므로] (17)
은 참이다.

  이 조건 (TC2)가 말하고 있는 것은 P인가 S인가 양자택일 여부(P &
~S인가 아니면 S&~P인가 여부)가 바로 Q인가 아닌가 여부의 차이를 낳는
다는 것이다. Q인가 아닌가 하는 것은 P인가 S인가 여부에 반사실 조건
문적으로 의존한다. 스티븐 사례에서 스티븐이 그 도화선에 불을 붙였는
지 다른 사람이 그 도화선에 불을 붙였는지 여부에 따라 폭발이 일어나
는지 여부의 차이가 생기지 않기에 (16)은 거짓이지만, 스티븐이 그 도
화선에 불을 붙였는지 다른 도화선에 불을 붙였는지 여부에 따라 폭발
이 일어나는지 여부의 차이가 생기기에 (17)은 참이다.

  앞서 주어졌던 조건 (TC)는 이 조건 (TC2)에 대해서도 그 특수한 경
우(S가 ~P인 경우)로서 따라 나온다는 것을 알 수 있다.

  (9) 스티븐이 그 도화선에 불을 붙였기 때문에 폭발이 일어났다.

  이 문장이 설명항의 어떤 부분에도 강세가 주어지지 않는 단순 설명
으로 이해된다고 해보자. 그러면 조건 (TC2)에서 S 자리에 ~P 즉 '스티

븐이 그 도화선에 불을 붙이지 않았다'를 대입하면 (TC) 조건에 의해서 평가하는 것과 같은 결과를 낳는다. 스티븐이 그 도화선에 불을 붙이지 않으면서 현실 세계와 가장 가까운 가능 세계는 (실제로 현실 세계가 어떠한가에 따라서, 그리고 유사성 척도를 어떻게 취하는가에 따라서) 스티븐 대신 다른 사람이 그 도화선에 불을 붙이는 세계일 수도 있고 스티븐이 그 도화선 대신 다른 도화선에 불을 붙이는 세계일 수도 있으며 아무도 아무 도화선에도 불을 붙이지 않는 세계일 수도 있다. 그중 어느 세계가 가장 가까운 세계이든 그 세계에서 폭발이 일어나지 않을 경우 오직 그 경우에 (현실 세계에서는 스티븐이 도화선에 불을 붙였고 폭발이 일어났다는 가정하에서) (9)는 참이 된다. 따라서 설명항이 거짓인 세계 중 어떤 세계를 고려해야 할 것인가에 대해서, 대조적 설명은 더욱 명시적 조건을 제시하고 있고, 단순 설명은 현실 세계와의 유사성에 전적으로 맡겨 놓는다는 차이가 있다.

앞의 2장에서는 조건 (TC2)를 아직 명시적으로 도입하지 않은 상태에서 (10)과 (11)과 같은 문장들을 다루는 논의를 했지만 거기에서도 암묵적으로 (TC2)와 같은 조건을 사용했다. 그리고 거기에 덧붙여 반사실 조건문을 평가하는 데에 있어서의 유사성의 척도의 맥락의존성을 고려했다. (TC2)를 명시적으로 도입한 현 단계에서도 유사성 척도의 맥락의존성은 물론 여전히 고려될 수 있다. 예를 들어 (10)이 참이 되게 하려면 스티븐은 도화선에 화약통이 연결되어 있음에도 불구하고 도화선에 불을 붙일 만한 부주의한 성향을 가지고 있지만 스티븐 이외에 그 도화선에 불을 붙일 기회가 있는 다른 사람인 톰은 도화선에 불을 붙이기 위해서 연결을 해체할 만한 주의 깊은 사람이라는 상황이 주어지고 사람들의 일반적 성향에 있어서의 유사성을 중요한 척도로 하는 맥락이 주어져야 할 것이다. 그리고 이는 우리가 고려하는 상황 속에서 (10) 역시 참이게 하는 맥락이 있을 수 있다는 직관을 잘 반영한다.

세 번째로 설명항과 피설명항이 모두 대조항을 가지는 가장 일반적인 형태의 '때문에' 문장에 대해서 그 진리 조건을 다음과 같이 제시할 수 있다.

(TC3) S가 아니라 P이기 때문에 R이 아니라 Q

iff (i) P

(ii) Q

(iii) ~S

(iv) ~R

(v) ~P이고 S였더라면 ~Q이고 R이었을 것이다.

예를 들어, 다음 문장을 고려하자.

(14) 다른 사람이 아닌 김 과장이 그 사건 해결의 적임자였기 때문에 다른 사람이 아닌 김 과장이 그날 사건 현장에 파견되었다.

실제로 김 과장이 그 사건 해결의 적임자였고, 다른 사람은 그 사건 해결의 적임자가 아니었다고 하자. 또한 김 과장이 그날 사건 현장에 파견되었고, 다른 사람은 그날 사건 현장에 파견되지 않았다고 하자. 그러면 조건 (TC3)에서의 (i)에서 (iv)까지의 조건이 만족된다. 그리고 김 과장이 그 사건 해결의 적임자가 아니고 다른 사람이 그 사건 해결의 적임자였더라면, 김 과장이 그날 사건 현장에 파견되지 않고 다른 사람이 그날 사건 현장에 파견되었을 것이라 하자. 그러면 조건 (v)도 만족되고 위의 진리 조건에 의해서 (14)는 참이 된다.

이 조건 (TC3)이 말하고 있는 것은 P인가 S인가 여부가 바로 R이 아닌 Q를 성립하게 하는 차이를 낳는다는 것이다. R이냐 Q이냐는 것은 P인가 S인가 여부에 반사실 조건문적으로 의존한다. 김 과장 사례에서 김 과장이 사건 해결의 적임자인가(P) 아니면 다른 사람이 사건 해결의 적임자인가(S) 여부에 따라 김 과장이 사건 현장에 파견되는가(Q) 아니면 다른 사람이 사건 현장에 파견되는가(R)의 차이를 낳기에 (14)는 참이다.

조건 (TC3)은 가장 일반적인 조건으로서 이 조건이 주어지면, 앞서 주어졌던 조건들은 모두 그것의 특수한 경우로 따라 나온다. (TC)는 이 조건에서 S가 ~P이고 R이 ~Q인 특수한 경우로서 따라 나오고, (TC1)은 S가 ~P인 특수한 경우로서, (TC2)는 R이 ~Q인 특수한 경우로서 따라 나온다.

이렇게 해서 대조적 설명 문장에 대한 일반적인 진리 조건이 제시되었다. 설명에 대한 반사실 조건문적 이론이 가지는 장점 중의 하나는 단순(plain) 설명 문장에 대한 진리 조건으로부터 여러 형태의 대조적(contrastive) 설명 문장에 대한 진리 조건으로 확장해 나가는 데에 있어서 상당히 단순하고 체계적일 수 있다는 것이다. 대조적 설명 문장과 단순 설명 문장 사이의 논리적 관계는 자연스럽고 직관적으로 분명하다. 나의 이론이 가진 이런 장점은 다른 철학자들의 이론들 특히 설명에 대한 인과적 이론과 비교하면서 더욱 분명해질 것이다.

그런데 대조적 설명 문장 중에서 철학자들 사이에 주로 논의되는 것은 피설명항이 대조항을 가지는 형태의 문장 즉 'P이기 때문에 R이 아니라 Q' 형태의 문장이므로, 앞으로는 이런 형태의 문장에 대해서 그리고 이 문장에 대한 진리 조건인 (TC1)에 대해서 집중적으로 다른 철학자들의 이론들과 비교해 가면서 논의하도록 하겠다.

3. 대조적 설명과 단순 설명에 대한 기본적 관찰들

위에서 보았듯 대조적 설명 'P이기 때문에 R이 아니라 Q'의 조건은 단순 설명 'P이기 때문에 Q'의 조건보다 더 만족하기가 어렵다.

> (5) 김 과장이 그 사건 해결의 적임자였기 때문에 김 과장이 그날 사건 현장에 파견되었다.
>
> (7) 김 과장이 그 사건 해결의 적임자였기 때문에 김 과장이 다른 날이 아닌 그날 사건 현장에 파견되었다.

앞서 이야기가 설정되었던 대로, 김 과장이 그 사건 해결의 적임자가 아니었더라면 김 과장 대신 박 과장이 그날 사건 현장에 파견되었을 것(그러나 김 과장이 다른 날에 사건 현장에 파견되지는 않았을 것)이다. 그러므로 단순 설명 (5)는 참이지만 대조적 설명 (7)은 거짓이다. 김 과장이 그 사건 해결의 적임자였다는 것은 왜 김 과장이 그날 사건 현장에 파견되었는지를 설명하기는 하지만 왜 김 과장이 **다른 날이 아닌 그날** 사건 현장에 파견되었는지를 설명하지는 못한다.

왜 Q인지에 대한 때문/까닭은 Q에 대한 모든 대조항과의 관계에서의 때문/까닭인 것은 아니다. 'P이기 때문에 Q'가 참일 경우에, 설명항 P는 왜 ~Q보다는 Q가 성립하는지 그 하나의 때문/까닭이 될 뿐이다. 'P$_1$이기 때문에 Q', 'P$_2$이기 때문에 Q', 'P$_3$이기 때문에 Q' 등이 모두 동시에 참일 수가 있고, 그중 P$_1$은 왜 R$_1$이 아닌 Q인지를 설명하고 P$_2$는 왜 R$_2$가 아닌 Q인지를 설명하고 P$_3$는 R$_3$가 아닌 Q인지를 설명할 수 있다. 하나의 피설명항에 대해서 동등한 많은 단순 설명의 설명항이 동등한 여러 때문/까닭을 제시할 수 있고, 대조적 설명은 그중 피설명항의 어떤 측면에 대해서 설명하고 있는지를 더 명시한다고 할 수 있다.

대조적 설명에 대해서 본격적인 논의를 전개한 철학자 립튼(P. Lipton)은 어떤 경우에는 대조적 설명이 단순 설명보다 더 쉽다고 주장한다.[107] 즉 'R이기보다는 Q'('Q rather than R') (즉 'R이 아닌 Q')에 대한 설명이면서 Q에 대한 설명은 아닌 경우도 있다는 것이다. 그가 옳다면 대조적 설명 'P이기 때문에 R이 아니라 Q'의 조건은 만족하면서 단순 설명 'P이기 때문에 Q'의 조건은 만족하지 못하는 경우도 있어야 할 것이다. 그는 이를 예시하기 위해서, 자신이 현대극을 선호하는 것이 지난밤 〈캔디드〉보다는 〈점퍼스〉를 보러 간 것을 설명하기는 하지만 〈점퍼스〉를 보러 간 것을 설명하지는 못한다고 하는 사례를 든다. 그의 현대극에 대한 선호가 그가 〈점퍼스〉를 보러 간 것을 설명하지는 못한다고 보는 이유는 그것이 그가 왜 외출했는지를 설명하지는 못하기 때문이라는 것이다.

그러나 그의 사례는 대조적 설명이 단순 설명보다 더 쉬운 경우가 있다는 것을 보여주지는 못한다. 다음 문장들을 고려해 보자.

(15) 피터가 현대극을 선호하기 때문에 그는 〈점퍼스〉를 보러 갔다.

(16) 피터가 현대극을 선호하기 때문에 그는 〈캔디드〉를 보러 가기보다는 〈점퍼스〉를 보러 갔다.

(17) 피터가 현대극을 선호하기 때문에 그는 집에 머물러 있기보다는 〈점퍼스〉를 보러 갔다.

두 대조적 설명 (16)과 (17) 중에서 (16)은 참(올바른 설명)이고 (17)은 거짓(올바르지 못한 설명)이라고 할 수 있다. 그러나 단순 설명 (15)에 대해

---

107 Lipton (1991), pp. 37-38.

서는 (립튼의 생각과는 달리) 참이 아니라고 볼 이유가 없다. 립튼은 현대극에 대한 자신의 선호가 자신이 왜 외출했는지를 설명하지는 못하기 때문에 자신이 〈점퍼스〉를 보러 간 것을 설명하지는 못한다고 이야기하지만, 그것은 (17)이 거짓이라고 볼 이유는 되지만 (15)가 거짓이라고 볼 이유는 되지 못한다. 현대극에 대한 그의 선호는 그가 왜 **집에 머물러 있기보다는** 〈점퍼스〉를 보러 외출했는지 설명하지 못할 뿐이다. 그러나 단순 설명을 제공하는 설명항이 모든 측면의 대조적 설명을 제공해야 한다고 볼 이유는 없다.

〈때문에〉에 대한 반사실 조건문적 이론의 관점에서 보면, 그리고 직관적으로 판단해 보면, [(16)이 참이라면] (15)는 참이다. 피터가 현대극을 선호하지 않았더라면 그는 〈캔디드〉를 보러 가느라 〈점퍼스〉를 보러 가지 않았을 것이기 때문이다. 그러므로 그가 현대극을 선호하는 것은 그가 〈점퍼스〉를 보러 간 하나의 까닭(최소한 한 측면에서)이다.

다음의 대조적 설명 문장이 참이라고 가정하자.

> (18) 피터가 기분전환을 필요로 했기 때문에 그는 집에 머물러 있기보다는 〈점퍼스〉를 보러 갔다.

그렇다면 다음의 단순 설명 문장도 참이다.

> (19) 피터가 기분전환을 필요로 했기 때문에 그는 〈점퍼스〉를 보러 갔다.

(15)와 (19)는 같은 피설명항에 대한 각각 참인 대등한 설명 문장들이다. 이 둘 중 하나만이 참이라고 생각해야 할 이유는 없다.

피터가 기분전환을 필요로 했다는 것에 대해서도 그것이 그가 자살을 택하지 않고 〈점퍼스〉를 보러 간 까닭을 제시하지 못한다는 이유에서 그가 〈점퍼스〉를 보러 간 까닭을 제시하지 못한다고 누군가는 생각할 수도 있다. 이런 생각이 잘못되어 있는 것과 마찬가지로 현대극에 대한 선호가 그가 집에 머물러 있지 않고 〈점퍼스〉를 보러 간 까닭을 제시하지 못한다는 이유에서 그가 〈점퍼스〉를 보러 간 까닭을 제시하지 못한다는 립튼의 생각도 잘못되어 있다.

만약 누군가가 (15)는 거짓이고 (19)가 참이라고 잘못 생각한다면 그것은 그가 진리치와 맥락 적합성을 혼동하기 때문일 것이다. 통상적인 맥락에서 흔히 지배적인 관심은 왜 피터가 〈캔디드〉보다는 〈점퍼스〉를 보러 갔는지에 대해서 알고자 하는 관심보다는 왜 피터가 집에 머물러 있기보다는 〈점퍼스〉를 보러 갔는지에 대해서 알고자 하는 관심일 것이다. 그래서 그 통상적인 맥락에서는 (15)는 부적합한 설명이고 (19)가 적합한 설명일 것이다. 한편 대조적 설명 (16)은 (15)와 달리 대조항을 명시함으로써 그 맥락에서 통상적으로 요구하는 설명 요구에 대한 대답이 아니라 특수한 설명 요구에 대한 대답임을 분명히 하고 있고 그 때문에 (16)은 부적합하지 않을 수가 있다. 단순 설명은 특정 맥락에서 **부적합**하면서 (그것에 대조항을 첨가한) 대조적 설명은 **적합**한 경우는 있을 수 있지만, 이는 단순 설명이 **거짓**이면서 (그것에 대조항을 첨가한) 대조적 설명은 **참**인 경우가 있을 수가 있다는 것을 보여주지는 않는다.

대조적 설명 문장에서 피설명항과 그 대조항은 서로 양립불가능한 경우도 있을 수 있고 서로 양립가능한 경우도 있을 수 있다. 즉 'P이기 때문에 R이 아니라 Q'('Because P, Q rather than R') 형태의 문장에서 Q와 R은 양립불가능할 수도 있고 양립가능할 수도 있다. 예를 들어,

(20) 광수가 불우한 어린 시절을 겪었기 때문에 그는 모범생으로 성
　　　장하기보다는 비행 청소년으로 성장했다.

에서 피설명항 '광수가 비행 청소년으로 성장했다'와 그 대조항 '광수
가 모범생으로 성장했다'는 동시에 참일 수가 없다고 할 수 있다. 그러나

(6) 김 과장이 그 사건 해결의 적임자였기 때문에 다른 사람이 아닌
　　　김 과장이 그날 사건 현장에 파견되었다.

에서의 피설명항 '김 과장이 그날 사건 현장에 파견되었다'와 그 대조항
'김 과장 이외의 다른 사람이 그날 사건 현장에 파견되었다'가 둘 다 참
인 경우는 원리적으로 배제되지는 않는다. 김 과장과 박 과장 두 사람이
그날 사건 현장에 파견되었을 수도 있기 때문이다.
　그러나 피설명항과 대조항이 양립가능한 경우이든 양립불가능한 경
우이든 중요한 것은 대조적 설명은 피설명항**만** 참인 경우와 대조항**만**
참인 경우를 대조하여 설명한다는 점이다. 다시 말해서 피설명항과 대조
항 모두가 참인 경우가 원리적으로 배제되지 않는다 하더라도 그런 경
우는 대조항의 범위에 포함되는 것은 아니다. 예를 들어 (6)에서는, 그날
사건 현장에 다른 사람은 파견되지 않고 김 과장만 파견된 현실적 상황
과 김 과장은 파견되지 않고 다른 사람이 파견된 가능한 상황이 대조되
고 있는 것이다. 그리고 (6)은 왜 후자의 상황 대신 전자의 상황이 현실
화되었는가를 설명하고 있다. 피설명항 Q와 대조항 R이 서로 양립불가
능하지 않다 하더라도 결국 대조되는 것은 Q&~R과 ~Q&R이고 이 둘
은 명백히 서로 양립불가능하다. 대조적 설명을 제시할 때의 영어 표현
'rather than'이 잘 드러내듯이, 대조항과 피설명항은 서로 배타적인 가

능성으로서 고려되는 것이다.

이 점에 있어서 대조적 설명은 (현실적) 차이에 대한 설명과 다르다. 예를 들어 다음의 두 '왜' 질문은 다른 종류의 질문이다.

(21) 왜 박 과장이 아닌 김 과장이 그날 사건 현장에 파견되었는가?

(22) 왜 박 과장은 그날 사건 현장에 파견되지 않고 김 과장은 그날 사건 현장에 파견되는 차이가 성립하는가?

대조적 설명을 요구하는 '왜' 질문인 (21)은 (김 과장과 박 과장 중에서) 박 과장이 (그리고 박 과장만) 그날 사건 현장에 파견되는 반사실적 상황과 (김 과장과 박 과장 중에서) 김 과장이 (그리고 김 과장만) 그날 사건 현장에 파견되는 현실적 상황을 대조하면서 그 반사실적 상황 대신 현실적 상황이 성립하게 한 까닭이 무엇인지 묻고 있다. 그리하여 (21)은 '왜 〈박 과장이 그날 사건 현장에 파견되었다〉가 아니라 〈김 과장이 그날 사건 현장에 파견되었다〉가 성립하는가?'를 묻고 있다. 반면 현실적으로 성립하는 차이에 대한 단순 설명을 요구하는 '왜' 질문인 (22)는 김 과장과 박 과장이 〈그날 사건 현장에 파견됨〉이라는 속성을 가지는가 여부에 있어서 현실적으로 성립하는 차이가 왜 성립하는지 그 까닭을 묻고 있다. 그리고 이 질문은 그런 차이가 성립하지 않는 반사실적 상황 대신 그런 차이가 성립하는 현실적 상황이 성립하게 한 까닭이 무엇인지 묻고 있다.

위의 두 질문에 대한 대답은 많은 경우에 일치하지만 그렇다고 해서 그것이 두 질문의 내용이 같다는 것을 보여주는 것은 아니다. 또한 두 질문에 대한 대답이 일치하지 않는 경우도 있다. 다음의 상황이 성립한다고 가정하자. 김 과장과 박 과장의 상관이 김 과장의 삼촌이다. 조카인 김 과장을 편애하는 그 상관은 김 과장의 경력에 도움이 될 파견을 어떤 경우이든 성사시키기를 원한다. 그러나 그는 불공정 시비가 생길 것을 우려하고 있다. 그래서 그는 두 사람의 인사 점수를 비교하여 김 과장의 점수가 박 과장의 점수보다 높으면 김 과장만 사건 현장에 파견하고 두 사람의 점수가 같거나 박 과장의 점수가 더 높으면 두 사람 다 사건 현장에 파견할 계획을 세우고 있었다. 그런데 알고 보니 김 과장의 점수가 박 과장의 점수보다 조금 더 높았다. 그러자 그 상관은 김 과장만 사건 현장에 파견하였다. 그러면 '김 과장의 점수가 박 과장의 점수보다 더 높았기 때문에'는 질문 (22)에 대해서는 좋은 대답이 되지만 질문 (21)에 대해서는 좋은 대답이 되지 못한다. 김 과장의 점수가 박 과장의 점수보다 더 높지 않았더라면 박 과장은 그날 사건 현장에 파견되지 않고 김 과장은 그날 사건 현장에 파견되는 차이가 성립하지 않았을 것이다. 그러므로 '김 과장의 점수가 박 과장의 점수보다 더 높았기 때문에'는 질문 (22)에 대해서는 좋은 대답이 된다. 그러나 김 과장의 점수가 박 과장의 점수보다 더 높지 않았더라도 김 과장이 아닌 박 과장만이 그날 사건 현장에 파견되는 일은 일어나지 않았을 것이다. 사실 김 과장은 점수와 상관없이 어차피 그날 사건 현장에 파견되었을 것이다. 그러므로 '김 과장의 점수가 박 과장의 점수보다 더 높았기 때문에'는 그 상관이 겉으로 제시할 거짓 핑계일 뿐이고 질문 (21)에 대해서 진짜로 올바른 대답이 되지는 못한다.

대조적 설명이 연언에 대한 설명과 다르다는 것은 충분히 잘 인지되고 있다. 즉 'P이기 때문에 R이 아니라 Q'('Because P, Q rather than R') 형태의 문장은 'P이기 때문에 Q이고 R은 아니다'('Because P, Q and ~R') 형태의 문장과 내용이 다르다.[108] 또한 (현실적) 차이에 대한 설명도 연언

---

108 예를 들어 Lipton (1991), pp. 39-40; Lipton (2004), pp. 37-39. 립튼의 책의 초판과 재

(conjunction)에 대한 설명과는 구분되어야 한다. 즉 위의 질문 (22) '왜 박 과장은 그날 사건 현장에 파견되지 않고 김 과장은 그날 사건 현장에 파견되는 차이가 성립하는가?'는 다음의 두 질문 '왜 박 과장은 그날 사건 현장에 파견되지 않았는가?'와 '왜 김 과장은 그날 사건 현장에 파견되었는가?'에 각각 차례로 대답함으로써 대답될 수 있는 질문은 아니다. 다시 말해서 'P이기 때문에 a가 F이고 b는 F가 아닌 차이가 성립한다' 형태의 문장은 'P이기 때문에 a가 F이고 b는 F가 아니다' 형태의 문장으로 꼭 환원될 수 있는 것은 아니다. F 여부에 있어서의 a와 b 사이의 (현실적) 차이에 대한 설명은 (그것이 좋은 설명이려면) a와 b가 가진 다른 차이에 기반해야 한다.

이와 비슷한 경우로서 공통성을 공통성에 의해서 설명하라는 요구를 생각할 수 있다. 어느 교실에 있는 학생들 진수, 순이, 민우가 모두 공통적으로 옷에 얼룩이 묻어 있다. 왜 그 교실에 있는 학생들은 그런 공통성을 갖는가? 진수는 집에서 개가 더럽혔기 때문에 옷에 얼룩이 묻었고, 순이는 학교에 오는 길에 넘어졌기 때문에 옷에 얼룩이 묻었으며, 민우는 놀이터에서 장난을 했기 때문에 옷에 얼룩이 묻었다고 하자. 그러면 그 공통성은 설명될 수 없고 단지 개별적 사례들만 설명될 수가 있을 뿐이다. 그러나 그것이 아니라 교실 문에 진흙이 잔뜩 묻어 있었고 진수, 순이, 민우가 모두 그 문을 통과해서 교실에 들어왔기 때문에 옷에 얼룩이 묻게 되었다고 하자. 그러면 그 세 사람의 공통성(모두 옷에 얼룩이 묻어 있음)은 다른 공통성(모두 교실 문을 통과했음)에 의해서 설명될 수가 있게 된다. 즉 공통성에 대한 어떤 설명의 요구는 개별적 사례들에 대한 설명에 대한 요구로 환원될 수 없다.

판의 내용이 상당히 달라졌으므로 두 판의 페이지를 모두 표시함.

대상들의 공통성에 대한 설명과 마찬가지로 대상들의 차이에 대한 설명(특히 차이에 대한 차이를 통한 설명)이 연언에 대한 설명과는 구별되지만 그렇다고 해서 대조적 설명과 똑같은 것은 아니다. 설명에 대한 반사실 조건문적 이론은 대조적 설명과 차이에 대한 설명을 명확하게 구분할 수 있는 이론적 자원을 가진다는 장점을 가진다.

대조적 설명에 대해서 논의하는 여러 철학자들이 대조적 설명과 (현실적) 차이에 대한 설명이 다르다는 것을 충분히 인지하지 못하고, (현실적) 차이에 대한 설명의 사례를 대조적 설명의 사례에 포함시키는 잘못을 범하고 있다. 예를 들어, 반 프라센은 대조적 설명을 설명하면서 그 사례로 다음의 예를 제시한다.[109]

> 어머니가, 자신의 아들들 중 가장 사랑하는 아들인 맏아들—공동체의 대들보이며 시장—이 왜 이 끔찍한 질병[마비]에 걸렸는가 질문할 때 우리는 대답한다: 그는 치료되지 않은 잠재된 매독을 가지고 있었기 때문이다. 그러나 동일한 사람에 대해서 그 질문이, 그가 속해 있는 컨트리클럽에 있는 모든 회원들이 치료되지 않은 매독 병력을 가지고 있다는 사실을 논의한 직후에 제기된다면, 답은 없다. 이런 차이의 이유는 전자의 경우에 대조집합이 어머니의 아들들이고 후자의 경우에 컨트리클럽 회원들이라는 것이다.

또한 립튼도 피설명항과 대조항이 양립가능할 수도 있다는 사실에 주목하면서 동일한 사례를 대조적 설명에 대한 자신의 논의들에서 핵심 사례로 사용한다.[110]

---

109 Van Fraassen (1980), p. 128.

110 Lipton (1991), p. 37; Lipton (2004), p. 34.

많이 논의된 매독과 마비의 사례를 고려하자. 매독에 걸린 사람들 중 소수만이 마비에 걸린다. 그러나 우리는 여전히 왜 스미스가 아닌 존스가 마비에 걸렸는지를 [둘 중에서] 존스만이 매독에 걸렸다는 사실을 지적함으로써 설명할 수 있다.

이들 철학자들은 다음과 같은 두 종류의 '왜' 질문을 분명하게 구분하지 못하고 있다.

(23) 왜 스미스가 아닌 존스가 마비에 걸렸는가?
(24) 왜 스미스는 마비에 안 걸리고 존스는 마비에 걸리는 차이가 성립하는가?

이 사례와 관련하여 대조적 '왜' 질문 (23)은 사실 제기하기에 이상한 질문이다. 신이 마비에 걸릴 사람을 한 명 선택해서 그 사람에게 마비라는 벌을 내리고 다른 사람은 봐주는 경우를 가정하고 있지 않다면 말이다. 상식적으로 스미스가 마비에 걸리는 일과 존스가 마비에 걸리는 일은 독립적이다. 그러므로 스미스는 마비에 걸리지 않지만 존스가 마비에 걸리는 현실적 상황을, 존스가 마비에 걸리지 않지만 대신 스미스가 마비에 걸리는 가능한 상황과 대조하여 그 차이를 낳는 것이 무엇인지 질문하는 것은 이상하다. 또는 더 중립적으로 이야기하여, 〈스미스가 마비에 걸렸다〉와 대조하여 왜 그 사태가 아닌 〈존스가 마비에 걸렸다〉라는 사태가 성립하는지 질문하는 것은 이상하다.

이 사례와 관련하여 우리가 자연스럽게 제기하는 질문은 사실은 (현실적) 차이의 까닭을 묻는 단순 '왜' 질문 (24)이다. 현실적으로 스미스는 마비에 걸리지 않았고 존스는 마비에 걸렸다. 두 사람의 어떤 차이 때문에 그런 현실적 차이가 발생하는가? '스미스는 매독에 걸리지 않았고 존스는 매독에 걸렸기 때문에'는 그런 차이에 대한 좋은 설명이 된다. 결국 반 프라센과 립튼 같은 철학자들이 존스/스미스 사례를 대조적 설명의 사례로서 다룰 때 그들은 (현실적) 차이에 대한 단순 설명 사례를 대조적 설명 사례로 다루는 잘못을 범하고 있다. 뒤에서 살펴보겠지만, 특히 립튼의 경우에 존스/스미스 사례를 대조적 설명에 대한 그의 중심 범례로 사용하면서 대조적 설명에 대한 그의 이론 전체가 대조적 설명을 (현실적) 차이에 대한 단순 설명으로 동화시키는 잘못에 근거하고 있다.

4. 대조적 설명에 대한 루이스의 이론과의 비교

설명에 대한 반사실 조건문적 이론은 대조적 설명을 다루도록 확장하는 데에 있어서 자연스럽고 단순하며 직관적으로 그럴듯하다. 이런 측면들은 설명에 대한 인과적 이론들에서 대조적 설명을 다루는 데에 어떤 어려움들이 있는지 살펴봄으로써 더욱 분명하게 드러날 것이다.

인과적 이론가 중에서 우선 루이스의 이론을 살펴보자. 대조적 설명에 대한 루이스 이론의 핵심은 다음 구절에서 잘 드러난다.[111]

> 어떤 설명적 정보가 요구되는지 알려주는 한 가지 방법은 대조적 왜 질문을 사용하는 것을 통해서이다. 때로는 명시적인 '…가 아닌(rather than…)' 어구가 있다. 그러면 요구되는 것은 피설명항 사건의 인과적 역사에 대한 정보 중에서, (명시된) 대안적 사건들 중 하나가 대신 발생했을 경우에 그

---

111 Lewis (1986d) pp. 229-230.

대안적 사건들의 인과적 역사에도 적용되었을 정보를 제외한 것이다. 다시 말해서, 피설명항의 현실적인 인과적 역사와 현실화되지 않은 대안들의 현실화되지 않은 인과적 역사 사이의 차이에 대한 정보가 요구되는 것이다. 내가 왜 1979년에 옥스퍼드나 웁살라나 웰링턴이 아닌 멜버른을 방문했는가? 모내시 대학이 나를 초청했기 때문이다. 그것이 내가 멜버른을 방문한 것의 인과적 역사의 일부이다. 내가 대신 다른 장소들 중의 하나에 대신 갔다면 그것은 내가 거기에 가는 것의 인과적 역사의 일부가 아니었을 것이다. 다음과 같이 대답하는 것은 그른 것일 것이다: 나는 좋은 친구들과 좋은 철학과 시원한 날씨와 좋은 풍경과 기차가 많은 곳에 가기를 좋아하기 때문에, 그런 곳을 좋아하는 것도 내가 멜버른을 방문한 것의 인과적 역사의 일부이다. 그러나 그것은 내가 다른 장소들 중 어느 곳에 방문했더라도 그 방문의 인과적 역사의 일부이기도 했을 것이다.

설명에 대한 루이스의 이론은 인과적 이론이기 때문에 사건에 대한 설명으로 제한되어 있는 이론이다. 대조적 설명에 대한 그의 이론은 다음과 같이 정식화될 수 있을 것이다.

(LC) c가 발생했기 때문에 f가 아닌 e가 발생했다

    iff (i) c가 발생했다

       (ii) e가 발생했다

      (iii) f가 발생하지 않았다

      (iv) c가 e의 인과적 역사의 일부이다

       (v) f가 발생했더라면 c가 f의 인과적 역사의 일부가 아니었을 것이다.

이 중에서 (i)에서 (iii)까지의 조건들은 루이스가 언급하고 있지는 않지만, 당연히 포함될 것이라고 그가 받아들일 만한 조건들이다. 루이스의 이론에서 핵심적인 두 조건은 (iv)와 (v)이다.

루이스의 조건들 (iv)와 (v)에서 사용되는 인과 개념 자체는 다시 반사실 조건문 분석에 의해서 이해되는데, 조건 (v)는 인과적 역사에 대한 반사실 조건문이므로 이중적으로 반사실 조건문을 사용하고 있다. 즉 그는 인과를 정의하기 위한 반사실 조건문과 대조적 설명을 위한 반사실 조건문을 별도로 끌어들이고 있다. 따라서 그의 조건들은 상당히 복잡하다. 그리고 대조적 설명에서 반사실 조건문이 하는 역할은 단순 설명에서 반사실 조건문이 하는 역할과 상당히 다르고 그것의 자연스러운 확장이 아니다.

대조적 설명에 대한 루이스의 이론이 사건에 대한 설명에만 제한되어 있다는 것도 문제이다. 루이스의 이론에서 대조적 설명의 범위는 매우 협소해진다. 예를 들어 '왜 아무것도 존재하지 않는 것이 아니라 무언가가 존재하는가?'라는 오래된 유명한 철학적 '왜' 질문은 루이스의 이론에서 다룰 수 없을 것이다. 피설명항을 사건의 발생에 대한 명제로 제한한다고 하더라도 일반적으로 그 대조항도 꼭 대안적 사건의 발생에 대한 명제여야 하는 것은 아니다. 예를 들어 피설명항이 어떤 사건이 발생했다는 명제이고 대조항이 그 사건이 발생하지 않았다는 명제인 대조적 설명도 충분히 허용될 수 있어야 한다. 대조적 설명에 대한 나의 이론은 보다 일반적이라는 장점을 가진다.

대조적 설명에 대한 루이스의 이론이 사건에 대한 설명에만 제한되어 있기 때문에 그의 이론과의 비교를 용이하게 하기 위해 대조적 설명에 대한 나의 이론도 (앞으로의 비교 과정에서는 나의 이론이 가진 일반성의 장점은 괄호 안에 둔 채) 편의상 사건에 대한 설명에 대한 이론 형태로 보다 제한해서 제시해 보겠다. 다음의 조건은 나의 보다 일반적인 조건인 (TC1)으로부터 따라 나오는 특수한 조건이다. [즉 (TC1)의 P, Q, R 자리에 'c가 발생했다', 'e가 발생했다', 'f가 발생했다'를 대입해서 얻어지는 조건이다.]

> (TC4) c가 발생했기 때문에 f가 아니라 e가 발생했다
>> iff (i) c가 발생했다
>> (ii) e가 발생했다
>> (iii) f가 발생하지 않았다
>> (iv) c가 발생하지 않았더라면 e가 발생하지 않고 f가 발생했을 것이다.

루이스의 이론과의 차이는 루이스가 (LC)의 (iv)와 (v)을 제시하는 반면 나는 (TC4)의 (iv)를 제시하고 있다는 점이다. 대조적 설명에 대한 나의 조건은 단순 설명에 대한 조건으로부터의 단순하고 자연스러운 확장이다. 'c가 발생했기 때문에 e가 발생했다'라는 단순 설명 문장은 e가 발생한 현실적 상황과 e가 발생하지 않은 가능한 상황을 비교하면서, c가 발생하지 않았더라면 전자의 상황이 아닌 후자의 상황이 현실화되었을 것이라고 말하는 문장이다. 그리고 'c가 발생했기 때문에 f가 아니라 e가 발생했다'라는 대조적 설명은 e가 발생한 현실적 상황과 f가 발생한 가능한 상황을 비교하면서 c가 발생하지 않았더라면 전자의 상황이 아닌 후자의 상황이 현실화되었을 것이라고 말하는 문장이다.

반면 루이스의 이론에서는 이 둘의 관계는 더 번잡하다. 'c가 발생했기 때문에 e가 발생했다'라는 단순 설명 문장은 c가 e의 인과적 역사 속에 있다고 말하는 문장이고 'c가 발생했기 때문에 f가 아니라 e가 발생했다'라는 대조적 설명은 c가 e의 인과적 역사 속에 있으면서 f가 발생

했더라면 c가 f의 인과적 역사의 일부가 아니었을 것이라고 말하는 문장이다. 루이스의 이론은 이 두 설명의 관계를 자연스럽고 적절하게 포착하고 있지 못한 것 같다.

대조적 설명은 왜 대조항이 성립하는 상황**보다는** 피설명항이 성립하는 상황이 현실화되었는지에 대한 설명이다. 대조적 설명을 제시할 때 일반적으로 우리는 피설명항이 성립하는 현실적 상황과 대조항이 성립하는 반사실적 상황을 비교한다. 이와 같이 현실적 상황과 반사실적 상황을 비교하기 위해서 우리는 반사실 조건문을 이용해야 한다. 그렇기 때문에 루이스의 이론에서도 나의 이론에서도 대조적 설명의 조건을 규정하는 데에 반사실 조건문이 이용된다. 그리고 단순 설명에서도 피설명항이 성립하는 현실적 상황과 피설명항이 성립하지 않는 반사실적 상황이 비교되어야 하고 이를 위해서도 우리는 반사실 조건문을 이용해야 한다. 그리고 대조적 설명을 위한 반사실 조건문 조건과 단순 설명을 위한 반사실 조건문 조건은 같은 구조를 가지고 있고 하나는 다른 하나의 확장이라고 할 수 있다.

그런데 루이스의 이론과 같은 인과적 이론에서는 단순 설명에 대해서 직접적으로 반사실 조건문 조건을 제시하지 않고 인과에 대해서 반사실 조건문 조건을 제시한 후 단순 설명에 대해서는 인과에 대한 정보 제시라고 규정한다. 그러기에 단순 설명을 대조적 설명으로 확장할 때에 그 둘이 같은 구조를 가지는 것으로 확장하지 못하고 대조적 설명을 인과적 역사에 대한 반사실 조건문 조건으로 즉 별도의 반사실 조건문 조건으로 규정해야 할 필요가 생기게 된다.

두 이론의 보다 구체적인 차이는 나의 이론에서는 설명항 사건이 발생하지 않는 가장 가까운 반사실적 세계로부터 출발해서 그 세계에서 대조항 사건이 발생하는가를 보아야 하는 조건이 제시되고, 루이스의 이론에서는 대조항 사건이 발생하는 가장 가까운 반사실적 세계로부터 출발해서 그 세계에서 대조항 사건의 인과적 역사에 설명항 사건이 포함되어 있지 않은가를 확인해야 하는 조건이 제시된다는 것이다.

이와 같이 다른 두 이론의 조건은 많은 경우에는 동일한 결과를 내놓지만 두 조건이 서로 다른 결과를 내놓는 경우도 있다. 그런 경우에 어느 이론의 판정이 직관에 더 잘 맞는가를 확인함으로써 두 이론 중 어느 것이 더 받아들일 만한가를 따져볼 수 있다.

다음과 같은 상황을 생각해 보자: 김씨가 다이어트 중이다. 그는 레스토랑에서 식사한 후에 디저트 선택지인 과일, 케이크, 초콜릿 무스 중에서 과일을 선택해 먹었다. 그리고 다음의 대조적 설명들이 직관적으로 참인 특정한 상황을 구체적으로 구성해 보자.

(25) 김씨는 다이어트 중이었기 때문에 케이크보다는 과일을 먹었다.

(26) 김씨는 본전 생각이 났기 때문에 아무 디저트도 안 먹기보다는 과일을 먹었다.

김씨는 초콜릿 무스를 가장 좋아하고, 케이크를 그다음으로 좋아하고, 과일을 그다음으로 좋아한다. 다른 한편 초콜릿 무스가 체중 증가에 가장 큰 영향을 미치고, 케이크가 그다음으로 영향을 미치며, 과일이 디저트 선택지 중에서 가장 미미한 영향을 미친다. 그리고 김씨도 이런 사실을 알고 있다. 김씨는 좋아하는 것을 먹고자 하는 자기 욕구를 통제하여, 자기가 더 좋아하는 초콜릿 무스나 케이크가 아니라 다이어트에 가장 유리한 과일을 선택했다. 김씨가 초콜릿 무스를 케이크보다 더 좋아하기는 하지만 그 선호도의 차이는 그렇게 크지 않아서, 다이어트를 하지 않았더라도 (그가 어느 정도 자기 욕구를 통제하는 한) 체중 증가에 아주 큰 영향을 미치는 초콜릿 무스까지 선택하지는 않았을 것이다.

더 구체적으로 다음과 같은 사건들에 대해 그 아래와 같은 세계들이 주어져 있다고 하자.

c(김씨가 다이어트 중임)

d(김씨가 자기 욕구를 통제함)

e(김씨가 과일을 먹음)

f(김씨가 케이크를 먹음)

g(김씨가 초콜릿 무스를 먹음)

h(김씨가 본전 생각을 함)

현실 세계 @: c, d, e, h가 발생했다. f와 g는 발생하지 않았다.

가능 세계 w_1: c, f, h가 발생했다. d, e, g는 발생하지 않았다.

가능 세계 w_2: d, f, h가 발생했다. c, e, g가 발생하지 않았다.

가능 세계 w_3: g와 h가 발생했다. c, d, e, f가 발생하지 않았다.

가능 세계 w_4: c와 d가 발생했다. h, e, f, g가 발생하지 않았다.

그리고 w_1이 d가 발생하지 않은 (현실 세계 @로부터) 가장 가까운 세계라고 하자. 그리고 w_2가 c가 발생하지 않은 (현실 세계 @로부터) 가장 가까운 세계라고 하자. 그리고 w_3가 c가 발생하지 않은 (가능 세계 w_1으로부터) 가장 가까운 세계라고 하자. 그리고 w_4가 h가 발생하지 않은 (현실 세계 @로부터) 가장 가까운 세계라고 하자.

직관적으로 (26)은 (@에서) 참이다. 김씨가 본전 생각을 하는 사건(h)이 발생하지 않았더라면 (즉 w_4가 현실화되었더라면) 김씨는 아무것도 먹지 않았을 것인데, 김씨가 본전 생각을 했기 때문에 현실 세계에서 김씨는

(아무것도 안 먹지는 않고) 과일을 먹었다. 또한 직관적으로 (25)는 (@에서) 참이다. 김씨가 다이어트 중(c)이 아니었더라면 (즉 w_2가 현실화되었더라면) 김씨는 케이크를 먹었을 것인데, 김씨가 다이어트 중이었기 때문에 현실 세계에서 김씨는 (케이크보다는) 과일을 먹었다.

그리고 이런 직관적 판단에 맞게 내가 제시한 진리 조건 (TC4)는 판정을 내린다. 예를 들어 (25)에 대해서 김씨가 다이어트 중이 아닌 가장 가까운 세계에서 김씨가 케이크를 먹었을 것인지 과일을 먹었을 것인지를 따짐으로써, 현실 세계에서 김씨가 케이크보다는 과일을 먹는 것이 그녀가 다이어트 중이라는 것에 의존하는지를 결정한다.

그러나 루이스의 진리 조건 (LC)은 이에 대해서 다른 판정을 내린다. 그의 조건에서는 (25)를 평가하기 위해서 김씨가 케이크를 먹는 가장 가까운 세계를 찾아서 그 세계에서 김씨가 다이어트 중인 것이 그 케이크 먹는 것의 인과적 역사에 포함되는지를 따져야 한다. 김씨가 케이크를 먹는 가장 가까운 세계는 w_1인데 (그 세계에서는 김씨가 다이어트 중이기는 하지만 욕구 통제를 제대로 하지 못한다) 그 세계에서 김씨가 다이어트 중이라는 사건 c는 김씨가 케이크를 먹는 사건 f의 인과적 역사에 포함된다. 왜냐하면 그 세계 w_1에서 f는 c에 반사실 조건문적으로 의존하고 루이스 자신의 인과 이론에 따라서 c는 f의 원인이기 때문이다. w_1에서 f가 c에 반사실 조건문적으로 의존하는 이유는, c가 발생하지 않으면서 w_1에서 가장 가까운 세계인 w_3에서 f가 발생하지 않기 때문이다. (w_3에서는 김씨가 다이어트도 하지 않고 욕구 통제도 하지 않기 때문에 체중 증가에 가장 큰 영향을 미치는 음식인 초콜릿 무스를 선택해서 먹는다.) 그러므로 그의 조건에 따르면 (25)는 거짓이 된다.

루이스의 이론이 잘못된 판정을 내리는 것은 그가 대조적 설명을 규정하기 위해서 잘못된 세계를 찾아가서 그 세계에서 성립하는 것을 가지고 규정하는 잘못된 반사실 조건문을 사용하기 때문이다. (25)를 평가하기 위해서 우리는 김씨가 다이어트 중이 아닌 가장 가까운 세계 즉 w_2를 찾아가야지, 김씨가 케이크를 먹는 가장 가까운 세계 w_1을 찾아 가서는 안 된다.

결국 루이스의 이론과 같은 인과적 이론은 단순 설명에 대해 직접적으로 반사실 조건문 조건을 제시하지 않음으로 해서 대조적 설명으로 확장하면서도 자연스러운 반사실 조건문 조건을 제시하지 못하게 되었다. 그가 제시한 반사실 조건문 조건은 자연스럽지 못할 뿐만 아니라 위에서 보듯 잘못된 결과를 낳는다.

5. 루이스의 이론에 대한 립튼의 잘못된 비판

립튼도 루이스와 마찬가지로 설명에 대한 인과적 이론을 주장하는데, 그는 대조적 설명에 대해서 루이스를 비판하면서 루이스와는 다른 조건을 제시한다.[112] 대조적 설명에 대한 립튼의 조건을 비판적으로 검토하기 전에, 루이스의 이론에 대한 립튼의 비판을 살펴보자. 그는 다음과 같이 루이스의 이론을 비판한다.[113]

그러나 루이스의 이론은 너무 약하다. 그 이론은 설명적이지 못한 원인들을 허용한다. 옥스퍼드와 모내시가 둘 다 그를 초청했지만 그는 어쨌든 모내시로 갔다고 하자. 루이스의 이론에서 우리는 모내시가 그를 초청했다

---

112 Lipton (1991), pp. 32-55; Lipton (2004), pp 30-54.
113 Lipton (1991), p. 42.

는 것을 지적함으로써 이를 설명할 수 있다. 왜냐하면 [옥스퍼드로의 여행이 발생한 반사실적 상황에서도] 그 초청은 옥스퍼드로의 여행에 대한 원인이지는 않았을 것이기 때문이다. 그러나 그가 모내시에서 초청을 받았다는 사실은 이 경우에 그가 왜 옥스퍼드로 가기보다는 모내시로 갔는지를 분명히 설명하지 못한다. 옥스퍼드도 그를 초청했기 때문이다.

루이스에 의하면 실제로는 옥스퍼드가 루이스를 초청하지 않았으므로, 루이스를 초청한 또 다른 대학의 이름으로서 편의상 '옥스퍼드*'라는 이름을 사용하는 것이 혼란을 피하는 데에 편리할 것이다. 모내시와 옥스퍼드*가 둘 다 루이스를 초청했지만 루이스가 모내시의 날씨를 옥스퍼드*의 날씨보다 선호하기 때문에 모내시를 선택했다고 하자. 그리고 모내시의 초청이 없었더라면 루이스가 모내시로 가지 않았을 것이라고 하자. 그러면 루이스의 이론에 의하면, 모내시의 초청이 루이스의 모내시 방문의 원인(중 하나)이고, 모내시의 초청이 루이스의 모내시 방문의 인과적 역사의 일부이다. 즉 대조적 설명에 대한 루이스의 조건 (LC)의 (iv)가 만족된다. 그리고 루이스의 옥스퍼드* 방문이 발생했더라면, 옥스퍼드*의 초청은 그 사건의 인과적 역사의 일부였겠지만 모내시의 초청은 옥스퍼드* 방문의 인과적 역사의 일부가 아니었을 것이다. 즉 대조적 설명에 대한 루이스의 조건 (LC)의 (v)가 만족된다. 그리고 (LC)의 (i), (ii), (iii)이 만족된다는 것은 보다 쉽게 알 수 있다. 따라서 루이스의 이론에 의하면 다음이 성립해야 한다.

(27) 모내시의 (루이스) 초청이 발생했기 때문에 (루이스의) 옥스퍼드* 방문이 아닌 (루이스의) 모내시 방문이 발생했다.

그리고 이는 일견 반직관적인 것으로 보인다. 그리고 립튼은 이 결과가 반직관적이라는 것을 이용해서 루이스의 이론을 비판하는 것이다.

그러나 깊이 반성을 해보면 (27)이 얼핏 생각하는 것처럼 분명히 잘못된 것은 아니라는 것을 깨닫게 된다. (27)은 다음과 같은 명백히 거짓인 문장과는 구별되어야 한다.

(28) 초청한 대학에 가기를 원하는 (루이스의) 의도가 있었기 때문에 (루이스의) 옥스퍼드* 방문이 아닌 (루이스의) 모내시 방문이 발생했다.

초청한 대학에 가기를 원하는 (루이스의) 의도는 (루이스의) 옥스퍼드* 방문보다는 (루이스의) 모내시 방문이 발생하는 데에 기여하지 못했고 왜 후자보다는 전자가 발생했는지를 설명하지 못한다. 초청한 대학에 가기를 원하는 (루이스의) 의도는 루이스를 초청하지 않은 대학인 웁살라 방문보다는 모내시 방문이 왜 발생했는가를 설명하기는 하지만 말이다.

반면 (27)은 청자가 어떤 배경지식을 가지고 있고 무엇을 궁금히 여기는가에 따라서 충분히 설명적일 수 있다. 청자가 다음과 같은 사실을 알고 있다고 하자: 루이스는 초청 여부를 떠나서는 모내시를 옥스퍼드*보다 선호한다. 루이스는 되도록 초청한 대학에 가기를 원한다. 루이스는 모내시를 옥스퍼드*보다 선호하기는 하지만 모내시가 초청하지 않음에도 불구하고 모내시에 가기를 원하지는 않는다. 옥스퍼드*는 루이스를 초청했다. 그러나 청자는 모내시가 루이스를 초청했는지에 대해서는 확실히 알지 못한다. 그리하여 청자는 모내시의 초청 여부를 루이스가 옥스퍼드*를 방문할지 모내시를 방문할지를 결정하는 요인으로서 주목하고 있다. 그런 청자에게 (27)은 좋은 설명으로서 제시될 수 있다. 그리고 청자와 상관없이 그런 상황에서 (27)은 참인 문장이다.

(27)과 같은 문장이 일견 반직관적으로 여겨지는 이유 중의 하나는 대조적 설명을 차이에 대한 (차이에 의한) 설명과 혼동하기 때문이다. 즉 (루이스의) 옥스퍼드* 방문보다는 (루이스의) 모내시 방문이 발생했는지를 설명하라는 요구와 (루이스에 의해) 방문되었는지 여부에 있어서 옥스퍼드*와 모내시의 차이를 그 두 대학이 가진 다른 차이에 의해서 설명하라는 요구와 혼동하기 때문이다. 후자의 설명 요구의 관점에서는 방문 여부에 있어서 두 대학의 차이는 초청 여부에 있어서 두 대학의 차이에 의해서 설명될 수 없고 모내시의 초청을 언급하는 것은 그 때문에 잘못된 설명이 된다. 그러나 전자의 설명 요구의 관점에서는 (루이스의) 옥스퍼드* 방문이 발생하는 상황보다는 (루이스의) 모내시 방문이 발생하는 상황이 왜 선택되었는지가 설명되어야 하고 모내시의 초청도 그중 하나의 요인일 수가 있는 것이다.

이와 유사하게 다음과 같은 사례를 생각해 볼 수 있다. 어느 학급에 있는 학생 수진이 학급의 어느 누구도 능가하는 천재적 두뇌를 가지고 있음에도 불구하고 평소에 시험공부를 거의 하지 않았고, 수진처럼 똑똑하지는 않지만 시험공부를 열심히 하는 다른 학생 병호가 대신 1등을 해왔다. 그런데 이번 시험에서는 수진도 시험공부를 열심히 했고 수진이 1등을 했다. 이 경우에 우리는 다음과 같은 문장을 참으로서 받아들일 수 있다.

(29) 수진이 이번에 시험공부를 열심히 했기 때문에 병호가 아닌 수진이 이번 시험에서 1등을 했다.

비록 병호도 수진처럼 시험공부를 열심히 했고, 그래서 시험공부를 열심히 한 것 여부에 있어서 수진과 병호의 차이가 없다고 하더라도, 수진이 이번에 시험공부를 열심히 한 것은 이번 시험에서 병호보다는 수진이 1등을 한 것을 설명한다. 즉 대조적 설명 문장 (29)는 (현실적) 차이에 의해 (현실적) 차이를 설명하는 문장인 다음 문장과 구별되어야 한다.

(30) 병호와 달리 수진은 이번에 시험공부를 열심히 했기 때문에 병호와 달리 수진은 이번 시험에서 1등을 했다.

(30)은 (29)와 달리 거짓이다. 1등 여부에 있어서 병호와 수진의 차이는 시험공부를 열심히 했는지 여부에 있어서 병호와 수진의 차이에 의해 설명되지 못한다.

또한 다음의 대조적 설명 문장도 참일 것이다.

(31) 수진이 천재적 두뇌를 가지고 있기 때문에 병호가 아닌 수진이 이번 시험에서 1등을 했다.

(31)이 참이라고 해서 (29)가 참이 아닌 것은 아니다. 어떤 맥락에서는 (29)가 더 필요한 정보를 제공하고 다른 어떤 맥락에서는 (31)이 더 필요한 정보를 제공하겠지만, 두 문장은 동등하게 참일 수 있다. 수진이 이번에 시험공부를 열심히 했다는 것도 왜 병호가 1등을 하는 상황보다는 수진이 1등을 하는 상황이 현실화되었는지를 설명하고 수진이 천재적 두뇌를 가지고 있다는 것도 왜 병호가 1등을 하는 상황보다는 수진이 1등을 하는 상황이 현실화되었는지를 설명한다.

그러므로 루이스의 이론이 가진 함축에 대한 립튼의 반론은 잘못되었다. 그러면서도 루이스의 이론이 가진 그 함축이 일견 반직관적이지만 왜 받아들일 만한 것인지에 대해서 보다 분명한 해명은 반사실 조건문적 이론을 통해서 제공된다. 앞 절에서 보았듯 대조적 설명에 대한 루이스의 이론은 잘못되었지만, 립튼은 그 이론에 대해서 잘못된 지점에서 비판을 하고 있다.

6. 대조적 설명에 대한 립튼의 이론과의 비교

이제 대조적 설명에 대한 립튼 자신의 이론을 검토해 보자. 립튼도 루이스와 마찬가지로 단순 설명에 대한 인과적 이론을 전제한 후 대조적 설명에 대한 자신의 이론을 발전시킨다. 그는 밀(J. S. Mill)의 차이법으로부터 힌트를 얻어 '차이 조건(Difference Condition)'이라고 명명한 자신의 조건을 다음과 같이 제시한다.[114]

> 왜 Q가 아니라 P인지를 설명하기 위해서 우리는 P와 ~Q의 인과적 차이를 언급해야 한다. 그 인과적 차이는 P의 한 원인과 ~Q의 경우의 대응되는 사건의 부재로 이루어진다.

여기에서 립튼이 사건들을 가리키기 위해서 'P'나 'Q'와 같은 문장 기호를 사용하는 것은 표기상의 부주의함 이상의 문제를 지닌다. 그는 사건을 가리키는 표현 앞에 부정 연결사와 같은 문장 연산자를 거리낌 없

---

114 Lipton (1991), p. 43; Lipton (2004), p. 42.

이 사용하는데, 사실 사건에 대한 부정은 분명한 의미를 갖지 못한다. 예를 들어 사라예보 암살 사건에 대해서 그 부정인 사건이 의미 있게 정의되기는 어렵다. 〈사라예보 암살 사건이 발생했다〉라는 명제에 대해서 그 부정인 명제 〈사라예보 암살 사건이 발생하지 않았다〉라는 명제는 의미 있게 이야기할 수 있지만 말이다. 그러나 일단 사건의 부정이 의미 있게 이해될 수 있다고 가정하고 립튼식의 표기법도 그대로 사용하기로 하자.

대조적 설명에 대한 립튼의 이론이 루이스의 이론과 가진 중요한 차이는 루이스의 이론에서의 조건이 피설명항의 현실적인 인과적 역사와 대조항의 반사실적 인과적 역사가 비교되는 데 반해 립튼의 이론에서는 피설명항의 인과적 역사와 대조항의 부정의 인과적 역사라는 두 현실적인 인과적 역사가 비교된다는 점에 있다. 즉 루이스의 이론이 두 가능 세계를 비교해서 그 차이를 조건으로 삼는 데 반해서 립튼의 이론은 현실 세계 내의 두 인과적 역사를 비교하는 것이다.

립튼의 이론이 가장 그럴듯하게 적용되는 사례는 4절에서 다룬 반 프라센 사례 같은 사례들이다. 왜 스미스가 아닌 존스가 마비에 걸렸는가? 스미스와 달리 존스가 매독에 걸렸기 때문이다. 존스가 마비에 걸리는 사건의 인과적 역사 속에는 존스의 매독 사건이 그 원인으로 존재한다. 스미스가 마비에 걸리지 않는 사건(그런 부재를 사건으로서 취급할 수 있다고 가정하자)의 인과적 역사 속에는 그에 대응되는 사건이 존재하지 않는다.

여기에서 립튼이 '대응되는 사건(the corresponding event)'이라는 개념을 사용하는 것은 그의 입장에서 중요하다. P 사건의 원인 자체가 ~Q의 인과적 역사에 등장하지 않는 것은 당연하기 때문이다. 위의 예의 경우에 존스가 매독에 걸리는 사건이 스미스가 마비에 걸리지 않는 사건의 인과적 역사에 등장하지 않는 것은 당연하다. 중요한 것은 존스가 매독에 걸리는 사건에 대응되는 사건 즉 스미스가 매독에 걸리는 사건이

스미스가 마비에 걸리지 않는 사건의 인과적 역사에 등장하지 않는다는 것이다.

립튼은 '대응되는 사건'을 다음과 같이 반사실 조건문적으로 규정한다.[115]

> 대응되는 사건은 P의 원인이 P에 대해서 가지는 것과 같은 관계를 [Q가 발생했더라면] Q에 대해서 가졌을(would) 그러한 사건이다.

예를 들어 스미스가 마비에 걸리는 사건(Q)이 발생했더라면 스미스가 매독에 걸리는 사건이 그 원인으로서 발생했을 것이고 그 사건은 존스가 매독에 걸리는 사건(P의 원인)이 존스가 마비에 걸리는 사건(P)에 대해서 가지는 관계와 같은 관계(같은 인과적 구조의 관계)를 가질 것이다. 즉 스미스가 매독에 걸리는 사건이 존스가 매독에 걸리는 사건에 대응되는 사건이 된다.

이와 같은 사례에서 '대응되는 사건'의 개념은 분명해 보이지만 그러나 다른 많은 사례에서 그 개념은 제대로 적용하기가 어렵다. 그런 예들을 살펴보기 전에 우선 립튼의 조건들을 보다 형식적 방식으로 다음과 같이 서술하도록 하자.

(DC) P가 발생했기 때문에 R이 아닌 Q가 발생했다

　　iff (i) P가 발생했다

　　　(ii) Q가 발생했다

　　　(iii) R이 발생하지 않았다

115　Lipton (1991) p. 44; Lipton (2004) pp. 44-46.

(iv) P가 Q의 인과적 역사의 일부이다

(v) 다음과 같은 조건을 만족하는 사건 (즉 '대응되는 사건') X 가 ~R의 인과적 역사의 일부가 아니다: R이 발생했더라 면 X가 R에 대해서 가졌을 (인과적) 관계는 P가 Q에 대 해서 현실적으로 가지는 (인과적) 관계와 같다.

이와 같이 정식화하고 나면 그의 조건이 내가 제시한 조건보다 훨씬 그리고 루이스의 조건보다도 더 복잡하다는 것을 알 수 있다. 또한 나의 이론이나 루이스의 이론에서처럼 그도 반사실 조건문을 이용하지만 그 는 그것을 잘못된 지점에서 이용하고 있다. 립튼의 이론이 지닌 문제점 을 지금부터 더 구체적으로 살펴보기로 하자.

우선 '대응되는 사건'의 개념 때문에 생기는 문제를 제시하겠다. 다음 과 같은 사례를 생각해 보자. 철수가 담배를 피우는 것이 원인이 되어 폐 암에 걸렸다. 영수는 담배를 피우지 않고 폐암에도 걸리지 않았다. 철수 가 담배를 피우지 않았더라면 폐암에 걸리지 않았을 것이다. 이런 상황 에서 직관적으로 우리는 다음과 같이 판단한다: 영수와 달리 철수가 폐 암에 걸린 것은 철수가 담배를 피웠기 때문이다.

또한 영수가 실제로는 폐암에 걸리지 않았지만 만약 폐암에 걸렸더라 면 이는 그가 방사능에 노출된 것 때문이었을 것이라고 가정하자. 영수 는 실제로 방사능에 노출되었지만 방사능 치료를 충분히 받아서 폐암에 걸리지는 않았다. 영수가 폐암에 걸리는 가장 가까운 가능 세계에서 방 사능 노출이 원인이 되어 (방사능 치료는 충분한 것에서 약간 부족해서) 폐암 에 걸리는 세계라고 하자. 이와 같은 추가적 가정이 주어지더라도, 영수 와 달리 철수가 폐암에 걸린 것은 철수가 담배를 피웠기 때문이라는 우 리의 판단은 달라지지 않는다.

그런데 립튼의 조건 (DC)의 (v)는 이 사례와 관련해서 만족되지 않는다. 영수가 폐암에 걸리는 사건 R이 발생했더라면 영수의 방사능 노출 X가 R에 대해서 가졌을 관계가 철수가 담배를 피운 사건 P가 철수가 폐암에 걸리는 사건 Q에 대해서 가지는 것과 같은 인과 관계를 가진다. 그리고 영수의 방사능 노출 X가 영수가 폐암에 걸리지 않는 사건 ~R의 인과적 역사의 일부로서 존재한다.[116] 따라서 (v)가 위배된다. 반면 직관적으로는 영수가 폐암에 걸리는 사건(R)과 달리 철수가 폐암에 걸리는 사건(Q)이 발생한 것은 철수가 담배를 피우는 사건(P)이 발생했기 때문이다.

이런 문제는 루이스의 이론에서처럼 립튼의 이론에서도 대조적 설명의 조건에서 잘못된 반사실 조건문을 사용하고 있다는 것을 드러낸다. 립튼의 이론은 설명항—예를 들어 철수가 담배를 피우는 사건—이 성립하지 않는 가장 가까운 세계를 찾아 그 세계에서 어떠한 것이 성립하는지를 묻는 대신 대조항—예를 들어 영수가 폐암에 걸리는 사건—이 성립하는 가장 가까운 세계를 찾아 그 세계에서 어떠한 것이 성립하는지를 묻고, 이는 위와 같은 잘못된 판정을 낳는 것이다.

립튼 이론의 보다 심각한 문제는 그의 이론이 기본적으로 대조적 설명의 사례에 대해서보다는 차이에 의해서 차이를 설명하는 사례에 맞추어 구성되었다는 점이다. 후자의 전형적인 사례는 반 프라센의 스미스-

---

116 여기에서 영수의 방사능 노출 X가 영수가 폐암에 걸리지 않는 사건 ~R에 기여하는 원인이 아니라는 이유에서 X가 ~R의 인과적 역사의 일부가 아니라고 하는 응답을 립튼이 제시할 수는 없다. 왜냐하면 그럴 경우 마찬가지로 립튼이 논의하는 루이스 변형 사례에서 옥스퍼드*와 모내시가 둘 다 루이스를 초청한 경우에 옥스퍼드*의 초청이 모내시의 초청에 대응되는 사건으로서 루이스가 옥스퍼드*에 가지 않는 사건의 인과적 역사의 일부로 존재하기 때문에 모내시의 초청이 루이스가 옥스퍼드*와 달리 모내시에 간 것을 설명하지 못한다는 판정을 내릴 수가 없게 되기 때문이다. 립튼은 명백히 옥스퍼드*의 초청이 루이스가 옥스퍼드*에 가지 않는 사건의 인과적 역사의 일부로 존재한다는 방식으로 '인과적 역사'의 개념을 의도하고 있다.

존스 사례이다. 스미스는 마비에 안 걸리고 존스는 마비에 걸렸다. 왜 이런 차이가 발생했는가? 그것은 스미스는 매독에 안 걸렸는데 존스는 매독에 걸렸기 때문이다. 이는 현실적으로 성립하는 스미스와 존스의 마비여부의 차이를 스미스와 존스 사이의 다른 차이(매독 여부의 차이)를 통해서 설명하는 것이고, (왜 스미스가 마비에 걸리기보다는 존스가 마비에 걸렸는지) 대조적으로 설명하는 것과는 다르다. (사실 스미스와 존스의 매독이 서로 독립적인 이런 사례와 관련해서 대조적 설명에 대한 요구는 자연스럽게 제기되지도 않는다.) 스미스의 매독 여부에 이어지는 인과적 역사와 존스의 매독 여부에 이어지는 인과적 역사는 별개의 두 인과적 역사이고, 매독 여부에 있어서 두 사람의 차이는 두 인과적 역사의 차이에 의해서 설명될 수 있다는 것이 충분히 그럴듯하다.

그러나 대조적 설명의 많은 사례는 그런 성격을 갖지 않는다. 왜 피터는 집에 머무르기보다는 연극 〈점퍼스〉를 보러 갔는가? 피터가 〈점퍼스〉를 보러 가는 사건으로 이어지는 인과적 역사와 피터가 집에 머무르지 않는 것으로 이어지는 인과적 역사는 별개의 독립적 인과적 역사가 아니다. 따라서 이런 사례에 대해서 립튼의 이론을 적용하는 데에는 무리가 있다. 이 사례에서 우리는 둘 사이의 어떤 현실적 차이를 그 둘로 이어지는 두 인과적 역사의 현실적 차이에 의해서 설명하려고 시도할 수 없다. 이 사례에서 중요한 것은 피터가 〈점퍼스〉를 보러 가는 현실적 상황과 피터가 집에 머무르는 반사실적 상황 사이의 통세계적(cross-world) 차이를 낳는 것이 무엇인가 대답하는 것이다.

(18) 즉 '피터가 기분전환을 필요로 했기 때문에 그는 집에 머물러 있기보다는 〈점퍼스〉를 보러 갔다'가 참이라고 해보자. 내가 옳다면 이는 다음을 의미한다: 피터가 기분전환을 필요로 하지 않았더라면 그는 〈점퍼스〉를 보러 가지 않고 집에 머물러 있었을 것이다. 그리고 이런 반사

실 조건문의 참은 피터가 〈점퍼스〉를 보러 가는 현실적 상황과 피터가 집에 머무르는 반사실적 상황 사이의 통세계적 차이를 낳는 것이 무엇인가 잘 대답해 준다. 그러나 립튼의 이론은 이 사례에 대해서 적절한 결과를 내놓지 못한다. 피터가 기분전환을 필요로 한 것이 〈점퍼스〉를 보러 간 것의 인과적 역사의 일부라고는 할 수 있다. 그런데 피터가 집에 머무르지 않는 것으로 이어지는 인과적 역사 속에서도 피터가 기분전환을 필요로 한 사건이 존재한다. 피터가 기분전환을 필요로 한 사건은 피터가 〈점퍼스〉를 보러 가는 사건으로 이어지는 인과적 역사와 피터가 집에 머무르지 않는 것으로 이어지는 인과적 역사 사이의 차이를 낳지는 않는다.

결국 립튼은 스미스-존스 사례와 같은 사례를 자신의 이론의 패러다임 사례로 놓고 논의하는 과정에서 스미스-존스 사례에 대해서조차도 "대조적 설명"과 "차이에 대한 단순 설명"을 구분하지 못하는 오류를 범하게 되었다고 할 수 있다.

(32) 왜 스미스가 마비에 걸리기보다는 존스가 마비에 걸렸는가?

(33) 왜 스미스는 마비에 안 걸리고 존스는 마비에 걸리는 차이가 발생했는가?

위의 (32)는 "대조적 설명"에 대한 요구이지만 (33)은 "차이에 대한 (단순) 설명"에 대한 요구이다. (32)는 〈스미스가 마비에 걸리는 (그러면서 존스는 마비에 걸리지 않는)〉 가능한 상황 대신 〈존스가 마비에 걸리는 (그러면서 스미스는 마비에 걸리지 않는)〉 현실적 상황이 왜 성립하게 되었는지 설명하라는 요구이다. 반면 (33)은 〈스미스는 마비에 안 걸리고 존스는 마비에 걸리는 차이가 발생하는〉 현실적 상황이 (그 사태가 성립하지 않는

가능한 상황 대신) 왜 성립하게 되었는지 설명하라는 요구이다. 립튼의 이론은 전자의 설명 요구를 후자의 설명 요구로 바꾸어버렸고, 그 후자의 설명 요구에만 제대로 적용되는 이론이다.

더 나아가 립튼도 인지하고 있듯이 '왜 Q인가?'라는 단순 설명 요구는 '왜 ~Q가 아니고 Q인가?'와 같은 형식으로 대조적 설명 요구의 특수한 극단적 경우로 간주될 수 있다.[117] 즉 'P이기 때문에 Q이다'라는 단순 설명은 'P이기 때문에 ~Q가 아니고 Q이다'와 같이 대조적 설명의 극단적 경우로 이해될 수 있다. 그리고 나의 이론은 앞에서 보았듯 이와 같은 단순 설명과 대조적 설명의 관계를 잘 포착한다. 'P이기 때문에 Q이다'의 진리 조건은 'P이기 때문에 R이 아니고 Q이다'의 진리 조건에서 R 자리에 ~Q를 대입한 것과 같기 때문이다. 그러나 립튼 자신도 인정하고 있듯이 립튼의 이론은 'P이기 때문에 ~Q가 아니고 Q이다'에 대해서 제대로 다루지 못한다. 립튼의 이론에 의하면 이 형식의 문장을 위해서는 Q의 인과적 역사와 ~~Q(즉 Q)의 인과적 역사를 비교해서 P가 그 차이에 해당해야 하는데 사실 이는 동일한 인과적 역사이므로 이런 차이가 있는 것은 불가능하다.

결국 설명에 대한 인과적 이론의 관점에서 대조적 설명을 규정하고자 하는 시도는 루이스와 같은 방식을 통해서이건 립튼과 같은 방식을 통해서이건 대조적 설명을 제대로 규정하지 못한다. 반면 설명에 대한 반사실 조건문적 이론의 관점에서는 대조적 설명에 대한 단순하고 자연스러운 확장을 통한 규정이 가능해진다. 이런 사실은 반사실 조건문적 이론이 인과적 이론에 대해서 중요한 비교 우위를 추가적으로 가진다는 것을 드러낸다.

---

117 Lipton (1991), p. 49; Lipton (2004), p. 49.

이상의 논의를 통해서 보았듯이, 설명 문장 즉 '때문에' 문장이 어떤 명제를 표현하는가는 맥락에 의존한다. 대조항 없이 제시된 '때문에' 문장 'P이기 때문에 Q'는 일반적으로 단순 설명 명제를 표현하기 위해서 사용되지만, 대조항이 생략된 것일 수도 있다. 그 경우 대조항은 맥락에 의해서 보충되어야 할 것이다. 즉 'P이기 때문에 Q'라는 문장은 맥락에 따라 단순 설명 명제 〈P이기 때문에 Q〉, 대조적 설명 명제 〈P이기 때문에 R1이 아니라 Q〉, 또 다른 대조적 설명 명제 〈P이기 때문에 R2가 아니라 Q〉 등 여러 명제들 중의 하나를 표현할 수 있다. 'P이기 때문에 Q'가 이 중 어떤 명제를 (그 맥락에서) 표현하는가에 따라 다른 진리 조건을 가지게 된다. 이 장에서 우리는 이들 각각의 명제의 진리 조건이 어떻게 다르고 또 어떻게 서로 관련되는지 살펴보았다.

6장
설명 문장의 적합성과 수용가능성
'때문에' 문장의 화용론과 맥락의존성

1. 설명 문장의 화용론적 맥락의존성: 적합성의 일반적 조건

설명 문장 즉 '때문에' 문장의 맥락의존성(context-dependency)에 대해
서는 앞의 여러 곳에서 언급해 왔지만, 이번 장에서는 그런 논의들을 종
합하면서 특히 '때문에' 문장의 화용론적 맥락의존성에 대해 본격적으
로 논의를 전개하려고 한다. 앞 장에서 살펴본 대조적 설명 문장의 맥락
의존성이 설명 문장이 어떤 대조항을 가지는가에 관련된 맥락의존성이
고 일단 그 대조항이 확정되고 나면 이에 대해서 보완 확장된 반사실 조
건문적인 진리 조건적 의미론을 제시할 수 있었던 데 반해서, 이 장에서
살펴볼 맥락의존성은 언어 사용자가 설명 문장을 발화하거나 수용하는
데에 있어서의 적합성과 수용가능성에 영향을 미치는 화용론적 조건들
과 관련된 맥락의존성이다.

　지금까지도 강조해 왔듯이, '때문에' 문장은 '왜' 질문에 대한 대답이

고 '때문에' 문장을 이해하는 데에는 '왜' 질문을 통해서 드러나는 관심과 '왜' 질문이 제기되는 맥락을 고려하는 것이 중요하다. '때문에' 문장은 세계에서 성립하는 객관적 연관을 서술하고 있지만 또한 맥락 속에서 주어진 특정한 관심과 관련하여 그에 맞는 객관적 연관을 밝히는 문장이다. 그러므로 '때문에' 문장의 맥락의존성을 고려하는 것은 매우 중요하다.

때문/까닭이나 설명에 대해서 많은 사람들이 흔히 하기 쉬운 한 가지 오해는 주어진 피설명항에 대해서 단 하나의 올바른 설명, 단 하나의 올바른 까닭이 존재한다는 생각이다. 왜 그 교통사고가 발생했는가? 운전자가 졸음운전을 해서인가? 도로가 미끄러워서인가? 자동차 브레이크가 너무 낡아서인가? 이것들이 모두 동시에 올바른 까닭일 수 있다. 즉 다음의 '때문에' 문장들이 동시에 참일 수 있다.

(1) 운전자가 졸음운전을 했기 때문에 그 교통사고가 발생했다.
(2) 안개가 짙었기 때문에 그 교통사고가 발생했다.
(3) 자동차 브레이크가 낡았기 때문에 그 교통사고가 발생했다.

즉 실제로 운전자가 졸음운전을 했고 도로가 미끄러웠으며 자동차 브레이크가 너무 낡았고 그 교통사고가 발생했을 뿐만 아니라 다음의 것들이 모두 성립할 수 있다: 운전자가 졸음운전을 하지 않았더라면 다른 점에서 현실과 같았더라도 (즉 안개가 짙었고 자동차 브레이크가 낡았더라도) 운전자가 충분히 기민하게 행동했을 것이고 교통사고가 발생하지 않았을 것이다. 안개가 짙지 않았더라면 다른 점에서 현실과 같았더라도 (즉 운전자가 졸음운전을 하고 자동차 브레이크가 낡았더라도) 마주 오는 차량이 미리 피할 수 있었을 것이고 교통사고가 발생하지 않았을 것이다. 자동차 브레이크가 낡지 않았더라면 다른 점에서 현실과 같았더라도 (즉 운전자가 졸음운전을 하고 안개가 짙었더라도) 자동차 제동거리가 그렇게 길지 않았을 것이고 교통사고가 발생하지 않았을 것이다. (1), (2), (3)의 설명항들은 각각 그 자체로 그 교통사고에 대한 나름의 온전하게 올바른 설명을 제공한다.

이와 같은 많은 올바른 설명들 중에서 어떤 것이 더 적합한 설명인가 하는 것은 맥락에 의해서 결정된다. 일반적으로 어떤 설명 문장이 어떤 맥락에서 받아들이기에 적합하기 위해서는 그 맥락에서 요구되는 정보를 제시하는 문장이어야 한다. 그중에서도 특히 맥락 속에서 어떤 실천적 관심이 지배적인가 하는 것이 어떤 설명이 적합한 설명인가를 중요하게 결정한다. 예를 들어 운전자의 졸음운전은 운전자의 법적 과실에 속하지만 안개가 짙은 상태는 누구의 과실도 아니라고 해보자. 그러면 그 교통사고에 대한 법적 책임을 찾아내고자 하는 관심이 지배적인 맥락에서는 (1)은 적합한 설명이겠지만 (2)는 별로 적합한 설명은 아닐 것이다. 더 나아가

(4) 관성의 법칙이 성립하기 때문에 그 교통사고가 발생했다.

도 참인 문장이지만 그런 법적 책임 추궁의 관심이 지배적인 맥락에서는 너무나 부적합해서 엉뚱하게까지 여겨지는 설명이다.

맥락에서 어떤 정보가 요구되는가 하는 것은 또한 그 맥락 속 수용자가 어떤 정보를 결여하고 있는가에 의존한다. 앞 장에서도 언급했듯이

(5) 진호가 그 사과를 놓았기 때문에 그 사과가 떨어졌다.
(6) 중력 법칙이 성립하기 때문에 그 사과가 떨어졌다.

라는 두 문장 중에서 어느 문장을 발화하거나 수용하는 것이 특정 맥락에서 보다 적절한가 하는 것은 그 맥락에서 수용자의 배경지식에도 의존한다. 수용자가 진호가 그 사과를 놓았다는 사실을 알지만 관련된 자연법칙을 모르면서 '왜 그 사과가 떨어졌는가?'라는 질문을 하는 (또는 할 만한) 맥락에서는 (6)에 대한 정보를 요구하고 있을 가능성이 많고, 수용자가 중력 법칙에 대해서는 잘 알면서 어떤 것이 떨어지는 계기가 되었는지 모르면서 그 질문을 하는 (또는 할 만한) 맥락에서는 (5)에 대한 정보를 요구하고 있을 가능성이 많다. 각각의 경우에 그 맥락에서 요구되는 정보에 해당하는 것을 제공하는 문장이 적합한 설명 문장일 것이다.

사실 이런 조건들은 유독 설명 문장 즉 '때문에' 문장이 아니라 하더라도 정보를 전달하는 어떠한 문장에 대해서도 해당되는 적합성의 화용론적 조건들이다. 이런 조건들을 포섭하는 일반적인 화용론적 조건은 바로 문장은 수용자에게 유용한 정보를 제공할 수 있어야 한다는 것이다. 쓸모없는 정보를 제공하는 문장을 발화하거나 주장하거나 수용하는 것은 대부분의 맥락에서 화용론적으로 부적절하다. 수용자가 이미 알고 있음이 분명한 정보를 담은 문장(또는 더 나아가 모든 청자가 당연히 알고 있음이 분명한 내용의 문장)이나 수용자의 배경지식에 비추어 그의 정보 획득에 큰 도움이 되지 않는 문장은 그 점에서 발화하기에 적합하지 않다.

그런데 이런 당연한 조건을 설명 문장과 관련해서 따로 언급한 이유는 이러한 조건이 설명과 관련해서 특별히 강조될 필요가 있기 때문이다. 나는 이 책에서 〈설명 문장〉이라는 개념과 〈'때문에' 문장〉이라는 개념을 치환 가능하게 사용하면서 이 개념이 적용되는 문장들을 탐구 대상으로 삼고 있지만, 논증적 의미의 '때문에' 문장을 제외하더라도 때로는 그 두 개념은 일치하지 않을 수 있다. 우선 일상 언어에서 '설명'은 '왜' 질문에 대답하는 활동뿐만 아니라 '어떻게' 질문 등 다른 종류의 질문에 대답하는 활동들도 포함하는 넓은 의미로 사용된다. 그리고 '왜' 질문에 대답하는 활동에 국한한다 하더라도, 설명 활동에서 중요한 것은 상대방을 이해시키는 일이다. 상대방의 이해를 증진시키지 못하는 활동은 제대로 된 설명이라고 하기 어렵다. 반면 수용자에게 유용한 정보를 제공해야 한다는 화용론적 조건이 어떠한 서술문에 대해서도 적용될 수 있는 일반적인 조건이라는 의미에서 '때문에' 문장도 그 적용 대상이 되지만, 〈'때문에' 문장〉은 다른 서술문에 비해서 특별히 수용자의 이해를 강조하는 의미론적 내용을 포함하지는 않는다.

'때문에' 문장은 '왜' 질문에 대한 대답으로 적합한 형식의 문장이고, 설명은 '왜' 질문에 대해서 상대방이 이해할 수 있게끔 대답하는 활동이다. 나는 하나의 전문 용어로서의 '설명 문장'이라는 용어를 설명이란 활동을 할 때에 대답으로 사용하기에 적합한 형식의 문장 즉 〈'때문에' 문장〉의 개념으로 사용하고 있다. 그런 의미로 사용할 때에 '설명 문장'이라는 말이 표현하는 개념은 〈'때문에' 문장〉 개념과 같은 내용을 가진다. 즉 그것은 다음과 같은 형식의 문장을 가리키기 위한 개념이다.

(B) P이기 때문에 Q.

그리고 이 책에서 주 탐구 대상으로 삼는 것도 바로 이런 형식의 문장의 의미론과 화용론이다. 그런데 '설명 문장'이라는 말은 다음과 같은 형식의 문장을 가리키기 위해서 사용될 수도 있다.

(E) P라는 것이 Q라는 것을 설명한다.

그런데 설명의 개념에는 상대방을 이해시키는 것이라는 요소가 포함되어 있기 때문에, (E)와 같은 형식의 문장에는 수용자를 이해시킨다는 것이 그 의미론적 내용 속에 포함되어 버릴 가능성이 있다. 즉 P가 왜 Q인지에 대해서 수용자의 이해를 증진시키지 못하는 경우 (E) 문장 자체가 거짓으로 평가될 수 있다. 그럴 경우에 (E) 문장의 진리 조건은 수용자에 대한 주관적인 조건들에 의존하게 될 것이고 그 문장의 진리 조건과 의미를 명료하고 객관적으로 규정하는 것은 훨씬 더 어려운 일일 것이다. 반면 같은 경우에 (B) 문장은 수용자에게 쓸모없는 문장일지언정 그렇다고 해서 거짓으로 되지는 않는다. 그리고 나는 '설명 문장'을 (E) 형식의 문장의 의미로 사용하지 않고 (B) 형식의 문장의 의미로 사용하고 있다. 내가 사용하는 '설명 문장'이라는 용어는 전문 용어일지 몰라도, (B) 형식의 문장들은 일상 언어의 문장들이며, 나는 그런 문장들에 대해서 탐구하고 있는 것이다.

다시 이야기하지만, 수용자에게 유용한 정보를 제공해야 한다는 화용론적 조건은 '때문에' 문장 이외의 다른 서술문들에도 일반적으로 적용될 수 있는 조건이다. '누구(Who)' 문장이란 '누구(Who)' 질문에 대한 대답으로서 적합한 형식이 되는 문장이라고 하자. 인격체를 지시하는 단칭 어구를 주어로 하는 문장들이 대표적으로 그런 문장이라고 할 수 있을 것이다. '누가 케네디를 살해했는가?'라는 질문에 대해서

(7) 케네디의 살해자가 케네디를 살해했다.

라는 '누구' 문장으로 대답했다면, 그 문장은 화용론적으로 매우 부적절한 문장일 것이다. 어떤 수용자를 대상으로 하더라도 그 문장은 수용자에게 유용한 정보를 제공하지 않으며 쓸모없는 문장이기 때문이다. 그러나 그렇다고 해서 이 문장이 참이 아닌 것은 아니다. 단지 이 문장이 참

이라는 것은 의미론적 조건들로 인해 너무 사소하고 바로 그 때문에 이 문장은 '누구' 질문과 관련된 정보 제공에 사용되기에 유용하지 않은 것이다.

마찬가지로 '왜 우주가 팽창하는가?'라는 질문에 대해서 다음과 같은 '때문에' 문장으로 대답했다고 하자.

(8) 우주가 팽창하기 때문에 우주가 팽창한다.

이 문장 역시 어떤 수용자를 대상으로 하더라도 수용자에게 유용한 정보를 제공하지 못하고 그 점에서 아무 쓸모없는 문장이다. 그리고 바로 그 때문에 이 문장은 발화하거나 주장하기에 화용론적으로 부적합하다. 이 문장은 어떠한 설명 활동에 사용되더라도 상대방의 이해를 증진시키는 데에 도움이 되지 않을 것이다.

그러나 그렇다고 해서 이 문장이 참이 아닌 것은 아니다. 앞의 문장 (7)에서처럼 이 문장도 너무 사소하게 참이어서 정보 제공에 사용되기에 유용하지 못할 뿐이다.

이 문장은 다음의 문장과 구별되어야 한다.

(9) 우주가 팽창한다는 것이 우주가 팽창한다는 것을 설명한다.

앞서 보았듯이 (E) 형식의 이런 문장의 진리 조건을 분명하게 제시하기는 어렵지만, 설명 개념에 수용자의 이해를 증진시킨다는 내용이 포함되어 있다는 것을 전제한다면, (9)는 단지 화용론적으로 부적절한 것이 아니라 거짓이라고 평가해야 할 만하다. 반면 (8)은 그런 내용을 의미론적으로 포함하고 있지는 않고 따라서 그 진리 조건에 포함되어야 할 것은 아니다.

　보다 일반적으로

　　(BR) P이기 때문에 P.

형식의 '때문에' 문장을 거짓이라고 보아야 할 이유는 없다. 다만 그런 형식의 문장은 화용론적으로 부적합하고 쓸모없을 뿐이다.

　이와 비슷한 현상은 다양한 영역에서 발생한다. 예를 들어, 다음과 같은 논증은 아무 쓸모 없는 논증이라는 점에서 좋지 못한 논증일 것이다.

$$P$$
$$\overline{}$$
$$P$$

　그러나 그렇다고 해서 이 논증이 타당하지 않은 것은 아니다. 이와 같은 논증은 오히려 너무나 당연하게 타당해서 아무 쓸모가 없다. 이 논증은 결론 P를 정당화하는 데에 도움이 되지는 않지만, 그렇다고 정당화 여부와 타당성 여부가 혼동되어서는 안 된다. 마찬가지로 (BR) 형식의 문장은 좋은 설명을 제공하지는 못하지만, 그렇다고 해서 거짓이 되는 것은 아니다. 이 경우에도 설명력 여부와 ('때문에' 문장의) 참 여부가 혼동되어서는 안 된다.[118]

118　여러 철학자들이 (BR) 형식의 문장을 참일 수 없다고 생각하는데, 이는 본문에서 논의했듯이 그들이 (BR) 형식의 문장을 'P라는 것이 P라는 것을 설명한다' 형식의 문장으로 이해함으로써 그들의 직관이 혼란을 겪은 결과라고 여겨진다. 특히 '때문에'의 논리를 세우는 작업을 한 슈니더(B. Schnieder)의 경우 '때문에'가 비재귀적이라는 정리가 나오게

'때문에' 문장에 대한 반사실 조건문적 이론에 따르면, 위 형식의 문장은 아래 형식의 반사실 조건문에 의해 분석된다.

(BC) ~P였더라면 ~P였을 것이다.

이 반사실 조건문 역시 사소하게 참이고 화용론적으로는 부적합하지만, 표준적 의미론에 입각해서 참 값을 부여받는다. ~P가 참인 현실 세계와 가장 유사한 세계들에서 당연히 ~P가 참일 것이기 때문이다.

'때문에' 문장에 대한 반사실 조건문적 이론의 배후에 깔린 직관을 상기하더라도, (BR)과 같은 문장이 참이어야 한다는 것은 매우 그럴듯하다. 'P이기 때문에 Q이다'는 (P와 Q가 둘 다 실제로 참이면서) Q가 성립하는가 여부가 P가 성립하는가 여부에 달려 있을 때 참이다. 그렇다면 'P이기 때문에 P이다'는 P가 성립하는가 여부가 당연히 P가 성립하는가 여부에 달려 있으므로 (P가 실제로 참이면) 참이어야 한다.

(BR) 형식의 문장을 거짓이라고 해야 한다면, 이는 '때문에' 문장에 대한 반사실 조건문적 이론에 대한 반례가 될 수도 있었겠지만, 다행히 (BR) 형식의 문장을 우리가 발화하거나 주장하기 어려워하는 것에 대한 분명한 화용론적 설명이 존재한다.

끔 공리 체계를 구성한다. 그리고 '때문에'가 비재귀적이라는 것이 바로 (BP) 형식의 문장이 늘 거짓이라는 것에 해당한다. [Schnieder (2011) 참조.] 이는 그의 체계가 반대칭성 공리를 가지고 있기 때문인데, (BP) 형식의 문장이 참이라는 것을 받아들이면 당연히 그런 공리를 채택하지 않을 것이다.

2. 설명 문장의 적합성과 수용가능성의 조건: 첫 번째 조건

이 장에서 지금까지 고려한 화용론적 조건과 맥락의존성의 측면들은 다른 종류의 문장들에서도 일반적으로 나타날 수 있는 특성이라고 할 수 있다. 이제부터는 보다 본격적으로 '때문에' 문장이 가지고 있는 보다 독특한 특유성에 기인하는 화용론적 맥락의존성을 고려하기 위해서 '때문에' 문장 특유의 수용가능성(acceptability) 조건에 대해 체계적으로 살펴보도록 하자.

앞 장에서 살펴본 설명 문장 즉 '때문에' 문장의 맥락의존성이 진리치의 맥락의존성이라면 앞으로 우리가 살펴 볼 설명 문장의 맥락의존성은 수용가능성의 맥락의존성이다. 이제부터 우리는 설명 문장에 대한 수용가능성 조건을 제시하면서 이런 맥락의존성에 대해서 고찰하고자 한다.

진리치에 있어서 일치하는 문장이 수용가능성에 있어서 다를 수 있는 것은 일반적인 현상이다. '그러나'/'하지만'('but') 연결사는 일반적으로 '그리고'/'이고'('and') 연결사와 같은 진리 조건을 가지지만 의미의 모든 측면에서 일치하지는 않는다는 것이 잘 알려져 있다. 그 의미 차이는 수용가능성 조건에 있어서의 차이를 통해서 이해될 수 있다.[119]

　(10) 철수는 한국 사람이지만 부지런하다.

라는 문장은 '철수는 한국 사람이다'와 '철수는 부지런하다'가 둘 다 참이면 참이 되기는 하지만, 어떤 맥락에서는 받아들일만(acceptable)하고

119　Jackson (1987)이 이를 주장가능성(assertibility)에 있어서의 차이로 보는 것[Jackson (1987) pp. 36–37]과 비슷하다.

어떤 맥락에서는 받아들일 만하지 않다. 한국 사람이 부지런한 것에 대해서 의외로 여기는 맥락에서는 '철수는 한국 사람이다'를 말하고 나서 '철수는 부지런하다'를 말하기 전에 마음의 준비를 시키기 위해서 '하지만'을 사용하는 것이 자연스러울 것이다. 그러나 한국 사람이 부지런한 것에 대해서 전혀 의외로 여기지 않거나 오히려 당연하다고 여기는 맥락에서는 '철수는 한국 사람이지만 부지런하다'는 문장은 어색하고 부자연스러우며 받아들일 만하지 않다. 일반적으로 P를 받아들이면서 Q을 받아들이는 것이 어느 정도 의외의 것이어서 Q를 받아들이게 하는 데에 마음의 준비를 필요로 할 때 우리는 'P이지만 Q'를 사용하고 이를 받아들일 만한 것으로 여긴다.

마찬가지로 '때문에' 문장의 진리 조건은 반사실 조건문에 의해서 제시되지만 '때문에' 문장은 그에 상응하는 반사실 조건문이 갖지 않는 추가적인 수용가능성 조건을 가질 수 있다. 그런데 '때문에' 문장의 수용가능성에 있어서의 맥락의존성에 대해서 본격적으로 논의하기 전에 우선 '때문에' 문장의 맥락의존적 적합성(adequacy)에 대해서 이야기할 필요가 있다. 어떤 맥락에서 자연스럽게 제기되는 '왜' 질문에 적합하지 않은 '때문에' 문장들이 있을 수 있다.

아스트리드 린드그렌의 소설 『삐삐 롱스타킹』에 나오는 다음의 구절에 대해서 생각해 보자.

토미가 물었다.
"말이 왜 베란다에 있어?"
토미가 알고 있는 말들은 다들 마구간에서 살았던 것이다.
삐삐가 진지하게 대답했다.
"글쎄. 부엌에 두면 걸리적거리잖아. 그렇다고 이 녀석이 거실을 좋아하는 것도 아니라서 말이야."[120]

이것은 주인공 삐삐의 집에 놀러 온 친구 토미가 베란다에 있는 말을 보고서 질문하고 삐삐가 대답하는 대목이다. 이 이야기 속에서 토미는 '왜 말이 마구간에 있기보다는 베란다에 있는가?'라는 '왜' 질문을 의도하고 있다. 그리고 그런 '왜' 질문이 일상적 맥락에서 자연스럽게 제기되는 '왜' 질문이다. 그러나 삐삐는 그 질문에 대한 대답을 하는 것이 아니라 '왜 말이 부엌이나 거실에 있기보다는 베란다에 있는가?'라는 다른 질문에 적합한 대답을 하고 있다. 즉 삐삐의 대답에 해당하는

(11) 부엌과 거실에 말을 두는 것이 불편하기 때문에 (나는) 말을 부엌이나 거실에 두기보다는 베란다에 둔다.

라는 대조적 설명 문장은 일상의 전형적 맥락에서 자연스럽게 제기될 만한 대조항을 갖는 '왜' 질문 대신 기대 밖의 다른 대조항을 갖는 '왜' 질문에 대답한다는 점에서 엉뚱하고 부적합하다. 그리고 그 때문에 이 소설의 맥락에서 삐삐의 대답이 독자의 웃음을 유발하는 것이다.

우리는 '왜' 질문이 자연스럽게 제기되기 위한 조건을 다음과 같이 제시할 수 있다.[121] '왜 Q인가?'라는 질문과 '왜 R이 아니고 Q인가?'라는 질문은 각각 ~Q와 R이 Q보다 더 정상적이고 기대될 만한 것으로 여겨지는 맥락에서 더 자연스럽게 제기된다. Q가 정상적이고 통상적인 것에서 벗어나는 것일수록 '왜 Q인가?'라는 질문(그리고 '왜 R이 아니고 Q인가?'라

---

120 Lindgren (1945), p. 29.
121 이와 같은 조건을 나는 선우환 (2003b)에서 제시하고 보다 자세히 논의했다.

는 질문)이 더 자연스럽게 제기되기 때문이다. 정상적이고 통상적인 상황인 ~Q(또는 R)인 경우로부터 벗어나서 Q가 성립하게 한 것이 무엇인지에 대해서 설명이 요구되는 것이다. 그리고 그렇게 자연스럽게 제기되는 '왜' 질문에 대한 대답이 될 수 있는 '때문에' 문장이 보다 자연스럽다.

결국 '때문에' 문장이 맥락 속에서 적합하기 위한 한 가지 필요조건으로서 다음과 같은 것들이 성립한다고 할 수 있다. 우선 단순 설명의 경우에는 다음과 같다.

> (ADC1) 'P이기 때문에 Q'가 맥락 C에서 적합하려면, 그 맥락 C에서 ~Q가 Q보다 더 통상적인/정상적인 것으로 간주되어야 한다.

그리고 대조적 설명의 경우에는 다음과 같다.

> (ADC2) 'P이기 때문에 R이 아니라 Q'가 맥락 C에서 적합하려면, 그 맥락 C에서 R이 Q보다 더 통상적인/정상적인 것으로 간주되어야 한다.

이 조건들에서 통상적인/정상적인 것으로 간주되는 것이 무엇인가 하는 것은 엄밀하게 규정될 수 있는 것은 아니다. 통상적인/정상적인 것은 흔히 일반적으로 일어나는 일들로 여겨지고 또 기대할 만한 것으로 간주되는 것이다. 여기에는 정서적이고 심리적인 요소들이 포함되고 규범적인 요소들도 포함된다. 예를 들어 어떤 경우에는 ~Q를 성립시키는 것이 Q를 성립시키는 것보다 더 마땅한 의무로 간주되기 때문에 'P이기 때문에 Q'가 더 받아들일 만할 수 있다. 또 어떤 경우에는 ~Q인 경우가 Q인 경우보다 더 흔히 발생하기 때문에 ~Q인 경우를 기대하기가 더 쉽워서 'P이기 때문에 Q'가 더 받아들일 만할 수 있다. 또한 통상적인/정상적인 것으로 간주되는 것은 정도의 문제이고 그렇게 간주되는 것과 그렇지 않게 간주되는 것 사이에는 뚜렷한 경계선이 없다. 일반적으로 어떤 문장의 적합성 조건이나 수용가능성 조건은 그 문장의 진리 조건에 비해서 덜 엄밀한 방식으로만 제시될 수 있다.

위에서 본 삐삐의 대답 (11)은 (그 이야기 속에서) 참이기는 하겠지만, 그 대조항인 '말을 부엌이나 거실에 둔다'가 정상적이고 통상적이지 않기 때문에 일상적인 맥락 속에서 자연스럽게 느껴지지 않고 엉뚱하고 부적합하게 느껴진다. 그 문장이 보다 통상적으로 여겨지는 상황 서술인 '말을 마구간에 둔다'를 대조항으로 삼는 대조적 설명 문장이었더라면 부적합하게 여겨지지는 않았을 것이다.

또 다른 예로서 흥밋거리로 회자되는 수수께끼들을 몇 가지 고려해 보자.

질문: 나폴레옹은 알프스산맥을 넘으면서 왜 빨간 허리띠를 매었는가?

일상적 맥락에서 우리는 허리띠의 빨간색 상징성 등에 대한 지식을 동원하여 이 질문에 답하려고 시도할 가능성이 높다. 그러나 이 수수께끼에 대한 허를 찌르는 대답은 다음과 같다.

답: (나폴레옹이) 바지가 흘러내리지 않기를 원했기 때문에.

이 수수께끼의 질문을 들으면서 우리는 대개 나폴레옹이 하얀색이나 파란색 등 다른 색의 허리띠를 맨 상황을 대조항으로 하는 대조적 설명이 요구되고 있는 것으로 기대하는데, 나폴레옹이 아무 허리띠도 매지 않은 상황을 대조항으로 하는 기대 밖의 대조적 설명을 제공함으로써 이 대답은 흔히 웃음을 유발한다. 이 대답이 기대 밖의 대답으로서 웃음을 유발하는 이유는 이 질문이 흔히 제기되는 맥락에서 이런 대조항을 갖는 대조적 설명이 참이기는 하지만 엉뚱하고 부적합하기 때문이다.

> 질문: 고양이가 길을 가다 말고 왼쪽을 보고 오른쪽을 보았다. 고양이는 왜 그랬을까?
> 답: 고양이가 왼쪽과 오른쪽을 한꺼번에 볼 수가 없었기 때문에.

이 수수께끼에서도 우리는 대개 질문을 들으면서 고양이가 왼쪽이나 오른쪽을 보지 않고 그냥 길을 가는 상황 R1을 대조항으로 하는 대조적 설명이 요구되고 있는 것으로 기대하는데, 고양이가 왼쪽과 오른쪽을 한꺼번에 보는 상황 R2를 대조항으로 하는 대조적 설명을 제공함으로써 일상적 맥락에서의 기대를 깨뜨린다. 고양이가 왼쪽을 보고 오른쪽을 보는 상황 Q를 설명하는 데에 있어서, 왜 R1이 아닌 Q가 성립하는지 설명하는 것은 보다 어려운 과제이지만, 왜 R2가 아닌 Q가 성립하는지 설명하는 것은 (R2가 불가능하다는 것이 잘 알려져 있기 때문에) 훨씬 쉬운 과제이다. 이런 대답은 그 자체로 참이기는 하지만 일상적 맥락에서 요구하는 정보를 제공하지 않는다는 점에서 엉뚱하고 부적합하게 여겨진다.

그러나 한 가지 주의해야 할 것은 설명 문장이 어떤 맥락에서 적합하지 않다는 것이 꼭 그 문장이 수용가능하지(받아들일 만하지) 않다는 것을 의미하는 것은 아니라는 것이다. 'P이지만 Q' 형식의 문장은 한 맥락 속에서 P를 받아들이면서 Q까지 받아들이는 데에 어느 정도 의외로 여겨지지 않는다면 받아들일 만하지 않겠지만, 'P이지만 Q' 형식의 문장이 수용가능성 조건을 만족시켜서 받아들일 만하다고 하더라도 그 문장이 그 맥락 속에서 요구되는 정보를 전달하지 않기 때문에 부적합하게 여겨질 수가 있다. 마찬가지로 'P이기 때문에 Q' 형식의 문장은 어떤 맥락에서 받아들일 만하기는 하지만 그 맥락에서 요구되는 정보가 아닌 엉뚱한 정보를 전달한다는 점에서 부적합하게 여겨질 수가 있다.

예를 들어 삐삐의 설명 문장 (11)은 비록 토미가 원하는 정보를 전달하는 문장은 아니지만 어떻든 그 문장을 그 자체로서 받아들이는 것이 '때문에'의 의미에 비추어 합리적으로 용인되지 않는 것은 아니다. (11)이 받아들일 만할 수 있는 한 가지 이유는 그 문장 내에 피설명항과 대조항이 명시되어 있고, 이를 통해서 그것은 그 설명 문장에 상응하는 '왜' 질문을 함께 제시하고 있기 때문이다. (11)은 '왜 (삐삐는) 말을 부엌이나 거실에 두기보다는 베란다에 두는가?'라는 대조적 '왜' 질문에 대한 대답임을 분명히 하고 있다. 비록 그것은 토미가 의도한 '왜' 질문에 대한 대답인 것은 아니지만 어떻든 하나의 '왜' 질문에 대한 좋은 대답이다. (11)은 맥락 속에서 요구되는 정보가 무엇인가의 문제를 떠나서 그 자체로는 충분히 받아들일 만한 문장이다.

그렇다면 어떤 경우에 설명 문장이 받아들일 만하지 않은가? 다음과 같은 예를 생각해 보자. 총알이 계속 빗발처럼 날아오는 최전선 격전지에서 대부분의 병사들은 대개 몇 주도 안 되어 전사하고 다시 새로운 보충병들이 투입되어 채워 넣어지고는 한다. 그런데 박 상병은 3년 동안 그 격전지에서 있었으면서 생존했다. 왜 박 상병은 그 격전지에서 3년 동안 생존할 수 있었는가? 이에 대해서 다음과 같은 두 개의 단순 설명 문장이 제시되었다고 하자.

(12) 박 상병은 특수 철모와 방탄복을 착용하고 있었기 때문에 그 격전지에서 3년 동안 생존할 수 있었다.

(13) 박 상병은 물을 마셨기 때문에 그 격전지에서 3년 동안 생존할
수 있었다.

　두 문장이 모두 참이라고 하자. 즉 박 상병이 특수 철모와 방탄복을 착
용하고 있지 않았더라면 그 격전지에서 3년 동안 생존할 수 없었을 것이
다. 그리고 박 상병이 물을 마시지 않았더라면 그 격전지에서 3년 동안
생존할 수 없었을 것이다. 일상적인 맥락에서 평가해 볼 때 (12)는 받아
들일 만한 문장이고 (13)은 받아들일 만하지 않은 문장이다. (13)은 일
상적인 맥락에서 흔히 요구하는 정보를 전달하지 않는다는 점에서 부적
합할 뿐만 아니라, '때문에'의 의미에 비추어 볼 때 (13)을 받아들이는
것이 그 자체로 충분히 합리적이지 않다고 여겨진다. 이는 마치 일상적
인 기대 맥락에서 '철수는 정직하지만 부지런하다'가 '하지만'의 의미에
비추어 합리적으로 받아들일 만하지 않은 것과 유사하다.
　(13)이 받아들일 만하지 않게 여겨지는 이유는 그런 격전지에서 총알
에 맞아 죽는 것은 통상적이고 기대하기 쉬운 상황이지만 물을 안 마셔
서 갈증 때문에 죽는 것은 통상적이고 기대하기 쉬운 상황이 아니기 때
문이다. (그 격전지에서의 식수 공급에는 아무 문제가 없었다는 사실이 잘 공유되
고 있다고 하자.) 일상적 맥락에서 평가할 때 (13)은 왜 박 상병은 그 격전
지에서 3년 동안 생존할 수 있었는지에 대한 받아들일 만한 설명이 아니
다. (13)이 삐삐의 설명 문장 (11)과 달리 부적합할 뿐만 아니라 받아들
일 만하지 않은 이유는 (13)에서 명시된 '왜' 질문 자체(단순 '왜' 질문인)
에 대해서 받아들일 만한 대답을 제공하지 않기 때문이다.
　단순 설명 문장들인 (12)와 (13) 대신 다음의 대조적 설명 문장들을
제시했더라면 다른 이야기를 할 수 있을 것이다.

(14) 박 상병은 특수 철모와 방탄복을 착용하고 있었기 때문에 총알에 맞아 죽기보다는 그 격전지에서 3년 동안 생존할 수 있었다.

(15) 박 상병은 물을 마셨기 때문에 갈증으로 죽기보다는 그 격전지에서 3년 동안 생존할 수 있었다.

이 경우 (15)는 일상적 맥락 속에서 엉뚱한 설명 문장이기는 하지만 그 자체로서 받아들이기에 합리적인 문장이다. 박 상병이 물을 마셨다는 것은 왜 갈증으로 죽는 대조항 상황보다는 3년 동안 생존하는 상황이 성립했는지를 제대로 설명한다. (15)는 '왜 박 상병은 갈증으로 죽지 않고 그 격전지에서 3년 동안 생존했는가?'라는 대조적 '왜' 질문에 대한 좋은 대답이다.

반면 (13)은 단순 설명으로서 제시되었다. (13)은 왜 그 격전지에서 3년 생존하지 않는 상황(~Q)보다는 3년 생존하는 상황(Q)이 발생했는지에 대한 단순 설명을 제공하는 형식을 취하고 있으면서 실제로 그런 설명으로서 받아들일 만하지 않다고 여겨진다. (13)이 그런 단순 설명으로서 받아들일 만하지 않은 이유는 다음과 같은 측면에서 생각해 볼 수 있다. P('박 상병이 물을 마셨다')가 성립하지 않았더라면 Q가 성립하지 않고 ~Q가 성립했을 것이라는 점에서 (13)이 참이기는 하다. 그러나 P가 성립하지 않았더라면 성립했을 ~Q의 상황은 일상적 맥락에서 볼 때 통상적이고 기대할 만한 상황이 아니다. 박 상병이 물을 마시지 않았더라면 그는 갈증으로 죽었을 것이다. 그가 갈증으로 죽는 상황은 그가 격전지에서 생존하지 못하는 상황 중의 하나이다. 그러나 그가 갈증으로 죽는 상황은 그가 격전지에서 생존하지 못하는 상황 중에서 통상적으로 기대할 만한 상황이 아니다. ~Q인 상황 중에서도 그렇게 통상적으로 기대할 만한 상황이 아닌 특이한 상황과 Q가 성립하는 현실 상황을 비교하면서

그 특이한 상황보다는 Q인 상황이 발생하게 한 것이 P라고 하는 것을 이야기하고 있는 것이 (13)이기 때문에 (13)은 왜 ~Q보다는 Q가 발생했는지에 대한 단적인 설명을 제공하고 있지 못한 것으로 여겨진다.

물론 (13)을 (15)에서 대조항이 생략된 형태인 것으로 이해할 수도 있다. 그 경우 (13)은 실은 단순 설명이 아니라 대조항이 생략된 대조적 설명일 것이다. 그렇게 이해할 경우에는 (13)이 부적합하지만 받아들일 수 있는 설명 문장―즉 엉뚱한 '왜' 질문에 대한 대답이지만 그 '왜' 질문에 대해서 충분히 합리적인 대답―으로 분류될 수 있게 될 것이다. 단순 설명 형태의 어떤 설명 문장이 제시되었을 때에 그 문장이 대조항이 생략된 대조적 설명 문장인지 아니면 대조항이 없는 단순 설명 문장인지는 그 경계가 분명하지 않을 수가 있고, 그렇기 때문에 부적합하지만 수용가능한 설명 문장과 부적합할 뿐만 아니라 수용가능하지도 않은 설명 문장 사이의 경계도 분명하지 않을 수 있다. 예를 들어 삐삐의 대답을 위에서는 (11)과 같은 대조적 설명 문장의 생략적 형태로서 이해하고 논의했었지만 사실 그 대답은 다음과 같은 수용가능하지 않은 단순 설명 문장으로서 해석될 수도 있었다: '부엌과 거실에 말을 두는 것이 불편하기 때문에 (나는) 말을 베란다에 둔다.'

이제 단순 설명에 대해서 수용가능성의 맥락의존적 필요조건을 하나 정식화해 보자.

(AC1) 'P이기 때문에 Q'가 맥락 C에서 받아들일 만하려면, ~P가 성립했더라면 성립했을 ~Q인 가능성이 다른 ~Q 가능성들보다 그 맥락 C에서 두드러지게 더 비통상적인/비정상적인/기대하기 어려운 것으로 간주되어서는 안 된다.

이 책의 앞부분에서 논의했듯이 'P이기 때문에 Q'가 참이기 위해서는 ~P가 성립했더라면 ~Q가 성립해야 한다. 즉 ~P가 성립하면서 현실 세계에서 가장 가까운 가능 세계(들)에서 ~Q가 성립해야 한다. 위의 수용 가능성 조건 (AC1)은 ~P가 성립하면서 현실 세계에서 가장 가까운 ~Q 세계(들)가 다른 ~Q 세계들보다 두드러지게 더 비통상적이고 기대하기 어려운 가능성으로 간주되는 세계이어서는 안 된다는 조건이다.

설명 문장 (13) '박 상병은 물을 마셨기 때문에 그 격전지에서 3년 동안 생존할 수 있었다'의 경우, 박 상병이 물을 마시지 않았더라면 성립했을 가능한 상황 즉 박 상병이 갈증으로 죽었을 상황이 그가 그 격전지에서 3년 동안 생존하지 못하는 가능한 상황들 중에서 두드러지게 통상적이지 못한 상황으로 일상적 맥락에서 간주되기 때문에 받아들일 만하지 않게 여겨진다.

나는 수용가능성 조건에 대한 연구의 초기에는 적합가능성 조건 (ADC1), (ADC2)와 같은 다음과 같은 조건들을 필요조건으로 생각했었다.

(AC1′) 'P이기 때문에 Q'가 맥락 C에서 받아들일 만하려면, 그 맥락 C에서 ~Q가 Q보다 더 통상적인/정상적인/기대할 만한 것으로 간주되어야 한다.

(AC2′) 'P이기 때문에 R이 아니라 Q'가 맥락 C에서 받아들일 만하려면, 그 맥락 C에서 R이 Q보다 더 통상적인/정상적인/기대할 만한 것으로 간주되어야 한다.

그러나 이 조건들은 너무 강한 필요조건들이다.

일반적으로 우리는 통상적인 것에서 벗어나는 (기대하지 못했던) 상황에 대해서 왜 그런 상황이 발생했는지에 대해서 그것을 보다 통상적인 (기대하기 쉬운) 상황에 비교해서 설명하기를 요구한다. 따라서 통상적인 상황을 피설명항으로 하는 '왜' 질문은 일반적으로 자연스럽게 제기되지 않는다. 그러나 일단 통상적인 상황을 피설명항으로 하는 설명 문장이 제시되면 통상성의 표준이 달라져 버린다. 즉 그 피설명항이 나름의 설명되어야 할 비통상적 현상으로서 간주된다. 그리고 그에 상응하는 '왜' 질문도 충분히 상상가능하게 된다. 또한 그 설명 문장은 그 '왜' 질문에 대한 좋은 대답으로 간주될 수 있게 된다.

예를 들어 '만유인력 법칙이 성립하기 때문에 지구상의 물체들은 아래로 떨어진다'라는 설명 문장은 '지구상의 물체들은 아래로 떨어진다'라는 통상적 상황을 피설명항으로 함으로써 그것이 성립하지 않는 상황을 최소한 대등하게 비교될 수 있게 한다. 그래서 '왜 지구상의 물체들은 아래로 떨어지는가?'라는 '왜' 질문을 환기시키고 그 질문에 맞는 좋은 답으로서 받아들일 만하게 간주된다.

그러나 (AC1)을 위반하는 것은 이와 같은 방식으로 용인될 수가 없다. 설명 (13)의 경우에 문제는, 피설명항 '(박 상병이) 그 격전지에서 3년 동안 생존할 수 있었다'가 충분히 비통상적이지 못한 점이 아니라 그 피설명항이 성립하는 현실적 상황과 비교되는 상황 즉 박 상병이 갈증으로 죽는 상황이 피설명항이 성립하지 않는 상황들(박 상병이 그 격전지에서 죽는 상황들) 중에서도 두드러지게 비통상적인 상황이라는 점에 있다. 그렇게 두드러지게 비통상적인 상황 대신에 피설명항이 성립하게 된 이유를 제시하는 것은 피설명항 자체에 대한 좋은 설명이 되지 못한다. (13)은 그에 상응하는 '왜' 질문인 '왜 박 상병은 그 격전지에서 3년 동안 생존할 수 있었는가?'에 대한 좋은 대답이 되지 못하는 것이다.

이제 대조적 설명에 대해서도 수용가능성의 필요조건을 상응하는 방식으로 정식화할 수 있다.

(AC2) 'P이기 때문에 R이 아닌 Q'가 맥락 C에서 받아들일 만하려면, ~P가 성립했더라면 성립했을 R인 가능성이 다른 R 가능성들 보다 그 맥락 C에서 두드러지게 더 비통상적인/비정상적인/ 기대하기 어려운 것으로 간주되어서는 안 된다.

이 조건을 위반해서 수용가능하지 않은 대조적 설명 문장의 예를 위의 박 상병 이야기를 보충하여서 구성할 수 있다. 총알이 계속 빗발처럼 날아와 대부분의 병사가 총알에 맞아 죽는 최전선 격전지에서 박 상병이 3년 동안 복무하면서 특수 철모와 방탄복을 착용하여 살아남았고 제대 후에 대학을 졸업했다. 왜 박 상병은 그 격전지에서의 3년 동안의 복무 중에 죽지 않고 대학을 졸업할 수 있었는가? 이에 대해서 다음과 같은 두 개의 대조적 설명 문장이 제시되었다고 하자.

(16) 박 상병은 특수 철모와 방탄복을 착용하고 있었기 때문에 그 격전지에서의 3년 동안의 복무 중에 죽기보다는 대학을 졸업할 수 있었다.

(17) 박 상병은 물을 마셨기 때문에 그 격전지에서의 3년 동안의 복무 중에 죽기보다는 대학을 졸업할 수 있었다.

설명 (16)과 달리 설명 (17)은 받아들일 만하지 않다. 그것은 대조항 즉 '(박 상병이) 그 격전지에서의 3년 동안의 복무 중에 죽는다'(R)가 성립하는 가능 상황들 중에서 박 상병이 물을 마시지 않았더라면(~P였더라면) 성립했을 가능 상황(갈증으로 죽는 상황)이 통상적이지 않고 기대하기 어려운 의외의 상황이기 때문이다. 그리고 이는 (AC2)를 위반하는 것에 해당한다.

이렇게 하여 단순 설명과 대조적 설명 각각에 대해서 그것이 수용가능하기 위한 필요조건 하나씩을 제시했다.

3. 설명 문장의 수용가능성의 조건: 두 번째 조건

설명 문장 즉 '때문에' 문장의 또 다른 수용가능성 조건을 제시하기 위해서 잘 알려진 사례를 먼저 살펴보자. 철수가 성냥을 그었고 성냥에 불이 붙었다. 철수가 성냥을 긋지 않았더라면 성냥에 불이 붙지 않았을 것이다. 또한 철수가 성냥을 그을 때 대기 중에 산소가 있었다. 대기 중에 산소가 없었더라면 성냥에 불이 붙지 않았을 것이다. 또한 성냥이 말라 있었다. 성냥이 말라 있지 않고 젖어 있었더라면 성냥에 불이 붙지 않았을 것이다. 그러므로 '때문에'에 대한 반사실 조건문적 이론에 의하면 다음의 문장들이 참이다.

(18) 철수가 성냥을 그었기 때문에 성냥에 불이 붙었다.
(19) 대기 중에 산소가 있었기 때문에 성냥에 불이 붙었다.
(20) 성냥이 말라 있었기 때문에 성냥에 불이 붙었다.

같은 피설명항을 가진 '때문에' 문장이 여럿이라는 것 자체는 아무 문제가 아니다. 같은 피설명항에 대해서 여러 개의 '때문에' 문장이 동등하게 참일 수 있고 거기에 신비스럽거나 이상한 점은 없다. 같은 현상에 대해서 여러 수준에서의 설명들이 동시에 제시될 수 있는 것이다.

그러나 최소한 위의 사례의 경우에, 우리는 위의 세 '때문에' 문장을 동등하게 받아들일 만하게 여기는 것 같지 않다. 우리는 (18)이 더 받아들일 만하다고 여기고, (19)나 (20)은 받아들일 만하지 않거나 최소한 (18)보다는 덜 받아들일 만하다고 여긴다. 수용가능성에 있어서 왜 이런 차이가 생겨나는가?

우리는 일반적으로 기대되는 것, 통상적인 것, 정상적인 것에서 벗어나는 사실에 대해서 '왜' 질문을 자연스럽게 제기하는 경향이 있고, 그렇게 제기된 '왜' 질문에 대해서 대답하고자 할 때에도 그 피설명항을 기대되는 통상적이고 정상적인 것에서 벗어나는 사실에 의해서 설명하고자 하는 경향이 있다. 보다 통상적인 사실 ~Q로부터 벗어난 비통상적인 사실 Q를 설명하고자 할 때, 다른 통상적인 사실 ~P로부터 벗어난 비통상적인 사실 P를 통해서 설명하고자 하는 경향이 있다. ~Q인 상황과 Q인 상황을 비교해서, 그것 X가 없었더라면 Q인 상황 대신 ~Q인 상황이 되게 했을 그런 사실 X가 여럿 있을 때에 우리는 그중에서도 비통상적인 사실을 '때문에'와 연결시킬 만하다고 생각한다.

대기 중에 산소가 있다는 것은 우리 주위에서 거의 늘 만족되는 조건이다. 성냥이 말라 있다는 것도 우리 주위에서 거의 늘 만족되는 조건이다. 대기 중에 산소가 있다는 조건이 만족되지 않았더라면 성냥에 불이 붙는 현상이 발생하지 않았겠지만, 그 조건은 어차피 통상적으로 늘 만족되기에, '그 조건이 만족되었기 **때문에** 성냥에 불이 붙었'고 말하거나 받아들이는 것을 우리는 꺼린다. 반면 철수가 성냥을 긋는 사건은 사시사철 계속 발생하는 사건은 아니다. 철수가 자주 성냥을 긋는다고 하더라도, 철수가 성냥을 긋고 있는 때보다는 성냥을 긋고 있지 않은 때가 시간의 더 많은 부분을 차지할 것이다.

즉 대기 중에 산소가 있다는 것은 통상적인 일이지만, 철수가 성냥을 굿는 것은 철수가 성냥을 긋고 있지 않는 통상적 상태에서 벗어난 비통상적인 일이다. 그렇기 때문에 우리는 (18)은 받아들일 만하다고 여기고, (19)나 (20)은 그것에 비해 덜 받아들일 만하다고 여긴다.

이런 관찰에 의거해서 우리는 단순 설명의 경우에 다음과 같은 수용 가능성 조건을 제시할 수 있다.

> (AC3) 'P이기 때문에 Q'가 맥락 C에서 받아들일 만하려면, 그 맥락 C에서 ~P가 P보다 더 통상적인/정상적인/기대할 만한 것으로 간주되어야 한다. (또는 최소한 P가 ~P보다 더 정상적인 것으로 간주되어서는 안 된다.)

(18)에서는 ~P 즉 '철수가 성냥을 긋지 않는다'가 P 즉 '철수가 성냥을 긋는다'보다 더 통상적이고 P는 그런 통상적인 것으로부터 어느 정도 벗어난 것이므로 이런 조건을 만족시키고, (18)는 받아들일 만하다. (19)에서는 ~P 즉 '대기 중에 산소가 없다'가 P 즉 '대기 중에 산소가 있다'보다 더 통상적인 것이 아니고 P가 통상적인 것에서 벗어나는 것이 아니므로 이런 조건을 만족시키지 않고, (19)는 상대적으로 받아들일 만하지 않다고 여겨진다.

여기에서 한 가지 주의할 것은 이런 화용론적 조건이 진리 조건에 대한 객관적 조건이 아니라는 것이다.[122] 이를테면 '통상적' 여부는 객관적

---

122 '때문에' 문장에 대한 이런 화용론적 조건은 비교되는 상황이 정상적이거나 통상적인 것일 경우에 '왜' 질문이 자연스럽게 제기된다는 선우환 (2003a)의 논의와 연관되어서 이해할 수 있다. 이 조건은 자연스럽게 제기되는 '왜' 질문에 대한 대답이 되는 '때문에' 문장이 받아들일 만하다는 것을 함축하기 때문이다. 맥그레이스(S. McGrath)는 부재 인과의 반직관적 증식을 막기 위해서 정상(normal)의 개념을 인과 개념의 조건에 포함시킨다. [McGrath (2005)] 그러나 규범적 개념인 정상의 개념이 인과 문장의 진리 조건에

인 것이 아니라 각 맥락에서 언어 사용자들의 일반적 기대 등에 상대적인 것이다. 예를 들어 우주 전체로 보면 대기 중에 산소가 없는 것이 더 일반적이고 통상적인 것이겠지만, 보통의 일상적 맥락에서는 대기 중에 산소가 있는 경우가 더 기대할 만한 통상적인 것으로 간주된다.

또한 통상적이거나 정상적인 것은 (언어 사용자들에 의해 생각된) 실제 빈도에 의해 결정되는 것으로 생각되어서도 안 된다. 예를 들어 화학 공장에서 공장 관리자들이 안전 규정을 거의 늘 위반한다고 하자. 그리고 어느 날 유독가스가 누출되었다. 더 나아가 공장 관리자들이 그날 안전 규정을 위반하지 않았더라면 유독가스가 누출되지 않았을 것이라고 하자. 우리는 그런 경우에 다음의 문장을 (참일 뿐만 아니라) 받아들일 만하다고 여길 것이다.

(21) 공장 관리자들이 그날 안전 규정을 위반했기 때문에 유독가스가 누출되었다.

우리가 알고 있는 실제 빈도에 있어서는 공장 관리자들이 안전 규정을 지키는 것이 '통상적'인 것이 아니지만, 우리의 규범적 기대에 비추어 보면 공장 관리자들이 안전 규정을 지키는 것이 '통상적'이고 '정상적'인 것이다. 그 때문에 공장 관리자들이 안전 규정을 위반한 것은 통상적이고 정상적인 것으로부터 벗어난 것이며 이를 통해서 유독가스 누출을

포함된다는 것은 반직관적이다. 이에 김성수 교수는 정상의 개념을 생물학적인 목적론적 기능 개념으로 정의하는 것을 시도하고 그 시도가 성공적이지 못하다는 것을 지적한다[김성수(2013)]. 반면 나는 이 책에서 정상/통상의 개념을 '때문에' 문장의 화용론적 수용가능성 조건에서 사용하고 있기에, 규범적이고 맥락의존적인 개념인 그런 개념이 사용되는 것은 유사한 문제를 가지지 않는다.

설명하는 (21)은 받아들일 만하게 여겨진다.

반면 이웃 주민이 달려와서 가스 누출을 막는 일도 공장 관리자들이 안전 규정을 지키는 일과 비슷한 빈도로 발생하더라도 (두 가지 다 아주 드물게 발생한다고 하더라도) 우리는 (21)과 달리 다음의 문장을 (참이라고 하더라도) 상대적으로 덜 받아들일 만하다고 여길 것이다.

  (22) 이웃 주민이 달려와서 가스 누출을 막는 일을 하지 않았기 때문에 유독가스가 누출되었다.

그것은 이웃 주민이 달려와서 가스 누출을 막는 일은 이웃 주민의 책임이 아니고 이웃 주민에게 규범적으로 기대하는 일이 아니기 때문이다. 우리는 다음의 문장에 대해서는 더욱 받아들이기 어렵다고 여길 것이다.

  (23) 영국 여왕이 가스 누출을 막으러 오지 않았기 때문에 유독가스가 누출되었다.

영국 여왕이 가스 누출을 막으러 왔었더라면 유독가스가 누출되지 않았을 것이라고 하자. 그럴 경우 (23)은 마찬가지로 참일 것이다. 그러나 (우리나라의) 가스 누출을 막는 일을 영국 여왕에게는 더욱더 기대하지 않기 때문에 (23)은 수용가능성의 정도가 더욱더 낮다.

수용가능성에 대한 유사한 조건을 (설명항에 대해서 대조항을 가지는) 대조적 설명에 대해서도 다음과 같이 제시할 수 있다.

  (AC4) 'S가 아니라 P이기 때문에 Q'가 맥락 C에서 받아들일 만하려

면, 그 맥락 C에서 S가 P보다 더 통상적인/정상적인 것으로 간주되어야 한다. (또는 최소한 P가 S보다 더 통상적인/정상적인 것으로 간주되어서는 안 된다.)

앞의 조건 (AC3)은 (AC4)의 보다 특수한 경우로 간주될 수 있다. 즉 (AC4)의 S 자리에 ~P를 대입하게 되면 (AC3)을 얻게 된다.

이제 설명항에 대해서 대조항을 가지는 설명의 사례를 가지고 이 조건이 어떻게 적용되는지 생각해 보자. 어떤 변호사가 환자를 치료하려 시도했고 그 환자 갑수가 죽었다고 하자. 그리고 만약 변호사 대신 의사가 갑수를 치료하려 했다면 갑수가 죽지 않았을 것이라 하자. 그 경우 다음의 문장은 (참일 뿐만 아니라) 받아들일 만하다고 여겨진다.

(24) 의사가 아닌 변호사가 치료하려 했기 때문에 환자 갑수가 죽었다.

또 다른 곳에서는 의사가 환자를 치료하려 시도했고 그 환자 을호가 살았다고 하자. 그리고 만약 의사 대신 변호사가 을호를 치료하려 했다면 을호가 죽었을 것이라고 하자. 그 경우에는 다음의 문장이 (참이라 하더라도) 받아들이기에 보다 어렵게 여겨진다.

(25) 변호사가 아닌 의사가 치료하려 했기 때문에 환자 을호가 살았다.

(25)는 최소한 엉뚱해 보이는 문장이다. (25)가 받아들일 만해지기 위해서는 변호사가 치료하는 상황이 어느 정도 기대할 만한 가능성으로서

고려될 필요가 있다.

(24)가 (25)보다 더 받아들일 만한 것은 (24)에서는 설명항 P 즉 '변호사가 치료하려 한다'보다 그 대조항 S 즉 '의사가 치료하려 한다'가 더 통상적이고 기대할 만한 것으로 간주되기 때문이다. (25)에서는 반대로 설명항이 그 대조항보다 더 기대할 만한 것으로 간주된다. 즉 (24)는 조건 (AC4)를 위배하지 않고 (25)는 그 조건을 위배한다.

이제 보다 일반적인 수준에서 수용가능성 조건을 정식화할 수 있다. 가장 일반적으로 설명항과 피설명항 모두에 대조항을 가지고 있는 설명 문장 형식 'S가 아니라 P이기 때문에 R이 아니라 Q'에 대해서 수용가능성의 첫째 조건과 둘째 조건을 다음과 같이 함께 병치할 수 있다.

> (AC5) 'S가 아니라 P이기 때문에 R이 아니라 Q'가 맥락 C에서 받아들일 만하려면,
>> (i) S가 성립했더라면 성립했을 R인 가능성이 다른 R 가능성들보다 맥락 C에서 두드러지게 더 비통상적인/비정상적인 것으로 간주되어서는 안 된다.
>> (ii) 맥락 C에서 S가 P보다 더 통상적인/정상적인 것으로 간주되어야 한다. (또는 최소한 P가 S보다 더 통상적인/정상적인 것으로 간주되어서는 안 된다.)

S에 ~P를 대입하고 R에 ~Q를 대입하면 (i)이 (AC1)의 조건에 해당하고 (ii)가 (AC3)의 조건에 해당할 것이다. S에만 ~P를 대입하면 그중 (i)이 (AC2)의 조건에 해당하고, R에만 ~Q를 대입하면 그중 (ii)가 (AC4)의 조건에 해당하게 된다. 즉 이 조건이 가장 일반적인 조건이다.

이와 같이 해서 단순 설명과 대조적 설명 각각에 대해서 그 설명항과 피설명항 모두에 대해 통상성/정상성과 관련된 수용가능성 조건들이 필요하다는 것을 보았고, 이에 대한 조건들을 반사실 조건문 이론을 통해서 제공할 수 있다는 것을 알게 되었다. 그리고 이런 조건들은 '때문에' 문장과 관련된 많은 사례들에 대해 설명하고 이해할 수 있게 해준다.

이상으로 우리는 '때문에' 문장이 진리 조건뿐만 아니라 수용가능성 조건을 어떻게 가지는지 살펴보았다. 이는 '때문에'가 진리 조건에만 의해서는 포착되지 않는 추가적인 의미를 지닌다는 것을 의미한다. '때문에'의 진리 조건은 반사실 조건문에 의해서 규정될 수 있지만 그 수용가능성 조건은 '때문에'의 진리 조건을 규정하는 반사실 조건문이 갖는 조건 이상의 것이다. 그러므로 '때문에'의 의미는 반사실 조건문만으로 완전히 이해되는 것은 아니다. 그러나 '때문에' 문장의 수용가능성 조건을 이해하는 데 있어서도 '때문에' 문장이 반사실 조건문적 진리 조건을 가진다는 사실이 유용하게 사용된다. '때문에' 문장은 그 진리 조건에 있어서 기본적으로 두 가능 상황(피설명항이 성립하는 현실적 상황과 그렇지 않은 반사실적 상황)을 비교하는 것에 기반하고, 그런 비교에 있어서 어떤 상황이 보다 통상적이고 기대할 만한 것인가 하는 것이 '때문에' 문장의 수용가능성을 이해하는 데에 중요하기 때문이다.

7장
인과적 설명에 대한 조작가능성 이론
비판적 고찰

1. 인과적 설명에 대한 우드워드의 조작가능성 이론

설명에 대한 반사실 조건문적 이론과 어떤 측면에서 유사성을 가지는
이론이 내가 그 이론을 처음 제시하고 옹호하는 것과 비슷한 시기에
독립적으로 제시되고 발전되었다. 그것은 우드워드(James Woodward)
의 책『일들이 일어나게 하기(Making Things Happen)』에서 제시된 인
과적 설명에 대한 조작가능성 이론(the manipulability theory of causal
explanation)이다.[123] 이 이론은 이후에 영미 학계에서 큰 주목을 받았고
설명에 대한 유력한 이론으로 지위를 부여받았다고 할 수 있다. 이 이론
이 설명에 대한 나의 반사실 조건문적 이론과 어느 정도의 유사성을 가

---

[123] Woodward (2003). 이 책은 설명에 대한 반사실 조건문적 이론을 처음 제시하는 논문
인 선우환 (2001a)과 선우환 (2002)이 게재된 시점 직후에 출판되었다.

지고 있으므로, 나의 이론이 이 이론과 어떤 점에서 차이가 있고 또 어떤 점에서 더 나은지를 밝힐 필요가 있다.[124]

인과적 설명에 대한 우드워드의 조작가능성 이론의 기본 아이디어는 이러하다. 어떤 원인을 통해서 다른 결과를 인과적으로 설명할 수 있다는 것의 핵심은, 그 원인을 어떤 방식으로 조작함으로써 그 결과를 바꿀 수 있다는 것에 있다는 것이다. 예를 들어, 한 사회의 높은 흡연율을 통해서 그 사회의 높은 폐암 발병률을 인과적으로 설명할 수 있다는 것의 핵심에는, 그 사회의 흡연율을 낮춤으로써 그 사회의 폐암 발병률을 낮출 수 있는 등의 조작가능성이 있다는 것이다. 또한 김씨의 과다한 흡연이 김씨의 폐암 발병을 인과적으로 설명할 수 있다는 것도, 김씨의 흡연을 줄임으로써 김씨의 폐암이 발병되지 않을 수도 있을 가능성을 통해서 이해될 수 있다.

그런데 이런 조작가능성의 개념은 반사실 조건문적 조건을 통해서 제

---

124 우드워드(J. Woodward)의 이론은 그 기본 틀과 개념에 있어서 펄(J. Pearl)과 스프라이츠(P. Spirtes), 글뤼머(C. Glymour), 샤인즈(R. Scheines)에 의해서 발전된 구조 방정식 모형들(structural equation models)[Pearl (2000), Spirtes, Glymour, Scheines (2000)]로부터 광범위하고 지대한 영향을 받았다. 나는 펄과 스프라이츠, 글뤼머, 샤인즈의 구조 방정식 모형들을 따로 논의하지는 않을 것인데, 그 이유는 그들의 모형들이 인과(또는 인과적 설명)가 무엇인가에 대한 이론이라기보다 인과적 추론의 인식적 방법론에 대한 이론들이고, 그래서 내가 이 책에서 제시하는 이론과 같은 주제에 대해서 다루지 않고 서로 경쟁 관계에 있지도 않기 때문이다. 그 이론의 아이디어에 근거해서 인과와 인과적 설명 자체에 대해서 정의하고 이론화한 것이 바로 우드워드의 이론이고, 그래서 나는 우드워드의 이론을 대상으로 논의할 것이며, 그 과정에서 펄 등의 이론에 대해서도 간접적으로 논의하는 것이 될 것이다. 우드워드가 사용하는 방식이나 개념은 펄 등의 이론으로부터 비롯된 것이 많은데, 앞으로 나는 우드워드의 이론을 논의하면서, 그의 방식이나 개념에 대한 선구적 문헌을 따로 언급하지는 않을 것이고, 그것들을 모두 우드워드가 제시한 것으로서 논의하고 이에 대해서 비판적으로 논의할 것이다. 사실 나는 펄 등의 이론이 우드워드와 같이 인과와 인과적 설명이 무엇인가에 대한 입장을 뒷받침하는 것으로 사용되지 않는 한, 설명과 인과의 개념에 대한 내 이론을 보완하는 인식적 방법론으로서 그 이론의 많은 부분들이 유용하다고 생각한다.

대로 명시될 수가 있다. 예를 들어, 김씨의 과다 흡연을 통해서 김씨의 폐암을 인과적으로 설명할 때, 두 사건은 이미 발생한 사건들이다. 여기서 김씨의 흡연에 대한 조작은 반사실적 조작으로 이해되어야 할 것이다. 김씨의 흡연을 과다한 방식으로 되지 않게끔 조작했더라면 김씨의 폐암이 발병하지 않았을 것이라는 반사실 조건문이 여기서 중요한 핵심 내용이 될 것이다. 이 점에서 조작가능성 이론은 내가 제시한 반사실 조건문적 이론과 유사한 측면이 있다.

그러나 우드워드의 조작가능성 이론은 나의 반사실 조건문적 이론과는 다른 많은 측면들에서 중요한 차이점이 있고, 그 차이점들이 조작가능성 이론에 대한 부정적인 결과들을 낳는다는 것을 앞으로 이 장에서 보이려고 한다. 우드워드의 조작가능성 이론이 가진 높은 직관적 호소력과 설득력은 주로 반사실 조건문적 이론과 공통적인 핵심 아이디어에서 나오고 조작가능성 이론에 덧붙여지는 수많은 복잡한 이론적 장치들은 이론에 부정적인 함축들을 낳는다.

첫째, 우드워드의 이론은 나의 이론과는 달리 인과에 대한 이론으로부터 출발한다. 그리고 그는 인과에 대한 조작가능성 이론에 기초해서 인과적 설명에 대한 조작가능성 이론을 구축한다. 우드워드는 루이스와 달리 '설명에 대한 인과적 이론'이라는 말을 사용하지는 않지만 그는 자신의 설명 이론의 범위를 인과적 설명에 대한 이론에 국한하면서, 별다른 명시적 언급 없이도 당연한 것처럼, 인과에 대한 자신의 이론을 인과적 설명에 대한 이론에 적용하여 설명 이론을 구성한다.

둘째, 우드워드의 이론은 유형 인과(type causation)에 대한 이론으로부터 출발한다. 그는 유형 인과에 대한 조작가능성 이론에 기초해서 단칭 인과(singular causation)에 대한 조작가능성 이론을 구축하고, 그것을 다시 단칭 인과적 설명에 대한 이론에 적용한다. 이는 나의 이론에서 단칭 인과적 설명에 대해서 곧바로 반사실 조건문적 조건이 성립하는 것과 대조된다.

셋째, 우드워드의 이론은 반사실 조건문적 조건을 포함하기는 하지만 어디까지나 이름 그대로 조작가능성 이론이고, 그 이름에 부합하게 조작 또는 개입(intervention)에 대한 반사실 조건문적 조건이 핵심을 이룬다. 나의 반사실 조건문적 이론에서와 달리 우드워드의 이론에서 이 개입 개념이 중요한 역할을 하고 있다.

앞으로 우드워드의 이론을 보다 자세히 살펴보면서, 우드워드의 이론이 가진 이런 특징들이 그의 이론에 어떤 불리한 결과들을 낳는지 보게 될 것이다.

2. 유형 인과에 대한 우드워드의 이론의 문제점들

우드워드는 유형 인과 문장—특히 그중에서도 두 변수를 관계 짓는 인과 문장—을 분석하는 과제를 기초적 과제로 삼고, 단칭 인과 문장이나 단칭 인과 설명 문장에 대한 분석은 이 기초적 분석에 근거한다.[125] 두 변수를 관계 짓는 인과 문장은 'C가 E의 원인이다'와 같은 형식을 가진다고 할 수 있는데, 여기에서 C와 E는 여러 값을 가질 수 있는 변수로 간주된다. 예를 들어 '흡연이 폐암의 원인이다'에서 흡연 변수와 폐암 변수는 흡연 여부와 폐암 여부를 각각 1과 0의 값으로 취하는 변수로 간주될 수도 있지만 보다 일반적으로는 흡연의 양과 폐암의 정도를 다양한 실수 값으로 취하는 변수로 간주될 수 있다. 그리하여 흡연 여부에 대한 조작

---

125 Woodward (2003), pp. 40-42.

이 폐암 여부를 변화시키는 것뿐만 아니라 흡연의 양이 많아지도록 조작함에 따라 폐암의 정도가 얼마나 더 심각해지게끔 변화되는가가 고려 대상이 될 수가 있다. 일상적 의미로는 'C가 E의 원인이다'는 C가 E에 긍정적인 인과적 연관을 가질 때에만 적합할 수 있겠지만, 우드워드는 C 가 E에 긍정적으로건 부정적으로건 인과적 연관을 가질 때에 'C가 E의 원인이다'라는 말을 사용하기 원하고, 그러한 일반적인 유형 인과 문장을 분석의 대상으로 삼는다.

이와 같은 분석의 순서는 그 자체로 문제가 있다. '흡연이 폐암의 원인이다'와 같은 유형 인과 문장은 단칭 인과 문장들을 일반화한 문장으로서 의미가 있다. 그것은 흡연이라는 유형이 폐암이라는 유형에 대해서 원인과 결과의 관계에 있다고 말하는 것이라기보다는, 흡연 유형에 속하는 개별 사건들이 일반적으로 폐암 유형에 속하는 개별 사건들에 대해서 원인과 결과의 관계에 있다고 말하는 문장이다. 이는 마치 '보다 무겁다'가 표현하는 관계가 일차적으로는 개별 사물들 사이에 성립하는 관계인 것과 유사하다. '쇠가 나무보다 무겁다'라는 문장은 쇠 유형이 나무 유형보다 더 무겁다고 이야기하는 문장은 아니다. 추상적 유형은 다른 추상적 유형보다 무겁거나 가벼울 수 없다. '쇠가 나무보다 무겁다'라는 문장은 개별 쇠 조각과 개별 나뭇조각 사이에 무게를 비교하는 문장들을 일반화한 문장이다. 즉 그것은 쇠 유형에 속하는 개별 사물들이 일반적으로 나무 유형에 속하는 (같은 부피의) 개별 사물들보다 더 무겁다고 말하는 문장이다. 물론 개별 쇠들과 개별 나무들 사이의 무거움 관계는 각각이 속하는 유형들의 법칙적 특징에 기인하는 것일 수는 있다. 그러나 어떻든 '무겁다'라는 말은 그 의미상 개별 사물들에 우선 직접적으로 적용되는 표현이다.

우드워드가 '흡연이 폐암의 원인이다'와 같은 문장을 보다 기본적인 문장으로 간주할 때에, 이 문장 속의 '원인이다'는 일상적인 의미로 이해될 수는 없다. 그것이 일상적 의미로 이해될 경우 '흡연이 폐암의 원인이다'와 같은 문장은 단칭 인과 문장보다 더 기본적인 것으로 간주될 수가 없기 때문이다. 이 문장은 우드워드 자신이 이해하듯이 흡연 유형과 폐암 유형이 긍정적으로건 부정적으로건 인과적 연관을 가진다는 것으로 이해되어야 한다. 이런 인과적 연관성은 일상적인 의미의 인과 관계를 규정짓기 위한 이론적 개념으로 간주될 수 있다. 그 이론적 개념의 유용성은 일상적인 의미의 인과 관계를 규정짓는 데에 어떤 역할을 하는가에 의해서 평가될 수 있을 뿐이다.

실제로 우드워드는 하나가 아닌 여러 인과적 연관성의 개념을 정의하고 있고 이 중 어느 개념도 일상적인 의미의 인과 개념에 바로 대응되지는 않는다. 어떻든 그는 그것들을 '인과 관계'라고 부르고 있으므로, 논의의 편의상 그의 언어 사용을 따라 나도 당분간 이를 '인과 관계'라고 부르겠다.

우드워드는 인과 관계가 조작에 이용될 수 있는 관계라는 아이디어로부터 출발한다. 흡연이 폐암의 원인이라는 것은 흡연 변수를 조작함으로써 폐암 변수를 변화시킬 수 있다는 것이다. 이런 아이디어를 가장 직접적으로 적용해서 얻어지는 원인 개념을 그는 '총합 원인(total cause)' 개념이라고 부른다. 총합 원인에 대한 정의는 다음과 같다.[126]

> (TC) X가 Y에 대한 총합 원인(total cause)일 필요충분조건은, Y의 값 (또는 Y의 확률 분포)을 변화시킬 그러한 X에 대한 가능한 개입이 있다는 것이다.

---

[126] Woodward (2003) p. 51.

여기서 괄호 안에 있는 'Y의 확률 분포'는 비결정론적인 경우와 관련
된 것인데, 논의를 간편하게 하기 위해서 결정론적인 경우로 국한하면,
그 괄호 안의 조항은 제외될 수 있다. 흡연 여부나 흡연의 양 등에 대해
서 개입을 하여 어떤 변화를 가했을 때에 폐암 유형의 값(폐암 여부, 폐암
의 정도 등)도 변화가 되는 그런 가능한 경우가 있으면, 흡연이 폐암의 총
합 원인이라는 것이다.

우드워드가 보기에, 총합 원인 개념 외에 다른 유형 원인 개념이 요구
되는 것은, 총합 원인 개념은 두 인과의 경로가 서로를 상쇄하는 경우를
포착하지 못하기 때문이다. 이를 설명하기 위해서 먼저 또 다른 원인 개
념인 '직접 원인(direct cause)' 개념에 대한 우드워드의 정의를 먼저 살펴
보는 것이 좋겠다. 직접 원인 개념에 대한 직관적인 아이디어는 한 변수
가 다른 변수를 제3의 변수의 매개 없이 곧바로 야기하는 원인이라는 아
이디어이다. X라는 변수가 Y라는 변수를 그 사이에 다른 매개 변수 없
이 직접적으로 야기할 경우, X는 Y의 직접 원인이다. 그런데 한 변수가
다른 변수의 직접 원인인가 하는 것은 그 두 변수 사이에 다른 변수를
설정하는가에 달려 있다. 즉 두 변수의 직접 인과 여부는 변수들에 대한
표상을 얼마나 섬세하게 하는가에 상대적이다. 그래서 우드워드는 직접
원인의 개념을 어떤 변수 집합을 선택하는가에 상대적인 것으로 제시한
다. '직접 원인'에 대한 정의는 다음과 같다.[127]

> (DC) 변수 집합 V에 대해서 X가 Y의 직접 원인(direct cause)일 필요
> 충분조건은, X와 Y를 제외하고 V에 있는 다른 모든 변수들이
> 개입들에 의해 어떤 값으로 고정되었을 때, Y(또는 Y의 확률 분포)

127 Woodward (2003), p. 55.

를 변화시킬 그러한 X에 대한 가능한 개입이 있다는 것이다.

　두 변수 X와 Y 사이에 매개 변수 Z가 존재해서 X가 Z를 통해서 Y에 인과적 영향을 미치는 경우, Z의 값을 고정시킨 한에서는 X에 대한 개입이 Y를 변화시키지 않을 것이다. 따라서 변수 집합 V 안에 그런 Z가 있으면 (DC)의 조건은 충족되지 않게 된다.

　우드워드는 X가 Y의 직접 원인일 경우 X와 Y 사이에 화살표를 끼워 넣는 다음과 같은 형태의 다이어그램을 사용한다.

$$X \to Y$$

　X와 Y 사이에 매개 변수 Z가 존재해서 X가 Z의 직접 원인이고 Z가 Y의 직접 원인인 경우, 다음과 같은 다이어그램을 그릴 수 있다.

$$X \to Z \to Y$$

　앞에서 이야기했듯, 이 경우 Z의 값을 고정하는 한에서 X에 대한 개입이 Y를 변화시키지 않기에, (DC)에 따르면 X는 Y의 직접 원인인 것은 아니다.

　아래의 다이어그램으로 표현되는 경우에는, X와 Z가 각각 따로따로 Y의 직접 원인이다. 이 경우 Z의 값을 고정시키더라도 X에 대한 개입이 Y를 변화시킬 수 있어서, (DC)에서 X가 Y의 직접 원인이라는 조건을 충족시킨다.

이제 총합 원인 개념은 두 인과의 경로가 서로를 상쇄하는 경우를 포착하지 못한다는 문제에 대해서 살펴볼 단계가 되었다.[128] 세 변수 X, Y, Z가 다음의 다이어그램과 같이 연결되어 있다고 해보자. 즉 X와 Z가 Y의 직접 원인인데 X는 Z의 직접 원인이기도 하다.

또한 세 변수 사이의 관계가 다음과 같은 등식들에 의해서 표현된다고 하자.

(1) $Y = aX + cZ$

(2) $Z = bX$

여기에서 a, b, c는 특정한 상수들이다. (1)과 (2)의 공식은 각각 변수 X와 Z의 값이 바뀜에 따라 Y의 값이 어떻게 바뀌는지와 X의 값이 바뀜에 따라 Z의 값이 어떻게 바뀌는지를 나타낸다. 그런데 $a = -bc$가 성립한다고 해보자. 그러면 Y에 대한 X의 직접 영향과 Y에 대해서 Z를 매개

---

128 Woodward (2003), p. 49 참조.

로 하는 X의 영향은 서로를 상쇄시킬 것이다. 그리하여 (TC)에서의 총합 원인 정의에 따르면, X는 Y의 총합 원인이 아니다. X에 대한 개입을 통해서 Y 값을 변화시킬 수 없기 때문이다. 그런데 X는 Y의 직접 원인이므로, X는 Y의 원인이기는 하다는 것이다. 그러므로 총합 원인 개념은 (유형) 원인의 최종적인 개념으로서는 적당하지 않다는 것이다. 그렇다고 직접 원인 개념이 원인 개념에 적합한 것은 아니다. 직접 원인이 아니면서 원인일 수도 있기 때문이다. 위의 다이어그램에서 X와 Y 사이에 매개 변수 Z′이 있었다면 X는 Y의 직접 원인도 아닌데 그럼에도 불구하고 X는 여전히 Y의 원인일 것이다. X가 Y와 직접 인과의 사슬에 의해서 연결되어 있기 때문이다.

그리하여 우드워드는 직접 원인의 개념을 사용하여 또 다른 원인 개념을 정의하려고 한다. 그는 그 원인 개념을 '기여 원인(contributing cause)' 개념이라고 부른다. 그는 유형 인과에 대한 그의 최종적인 이론에서 직접 원인과 기여 원인을 각각 다음과 같이 정의한다.[129]

(M) 변수 집합 V에 대해서 X가 Y의 (유형 수준의) 직접 원인일 필요충분조건은, 누군가가 V에서 다른 모든 변수들 Z_i를 어떤 값에 고정시킨 채 유지할 때, Y(또는 Y의 확률 분포)를 변화시킬 X에 대한 가능한 개입이 있다는 것이다.

변수 집합 V에 대해서 X가 Y의 (유형 수준의) 기여 원인(contributing cause)일 필요충분조건은 다음과 같다. (i) X에서 Y로의 방향 경로(directed path)가 존재하는데, 이 경로를 구성하는 각 연결은 직접적인 인과적 관계이다. 즉 이 경로에 있는 변수들의 집합 Z_1 …

---

129 Woodward (2003) p. 59.

Z_n에 대하여 X는 Z_1의 직접 원인이고, Z_1은 다시 Z_2의 직접 원인이고, Z_2는 다시 … Z_n의 직접 원인이고, Z_n은 Y의 직접 원인이다. (ii) 이 방향 경로에는 없는 V에서의 다른 모든 변수들이 어떤 값으로 고정될 때 Y를 변화시킬 X에 대한 어떤 개입이 있다.

만약 X로부터 Y까지의 경로가 오직 P뿐이거나, P를 제외한 X로부터 Y까지의 유일한 대안적인 경로가 어떤 매개적 변수들도 포함하지 않는다면(즉 직접적인 경로라면), V의 다른 변수들의 어떤 값들을 대해서 Y의 값을 변화시킬 X에서의 어떤 개입이 있는 한, X는 Y의 기여 원인이다.

우드워드는 '조작가능성 이론(manipulability theory)'의 첫 글자를 따서 이 정식화를 '(M)'이라고 부른다. 이것이 유형 인과에 대한 그의 조작가능성 이론의 최종적 정식화이기 때문이다. 이 정식화에 등장하는 '기여 원인'이 그의 공식적인 (유형) 원인 개념이라고 할 수 있다. (M)의 첫 부분에 있는 직접 원인에 대한 규정은 앞서 (DC)에서의 규정과 기본적으로 같은 내용이다. 기여 원인에 대한 규정이 (M)의 핵심을 이룬다. 여기에서 '방향 경로(directed path)'라는 말은 방향을 가지고 있는 인과 사슬을 의미하는 것이다. 이는 다이어그램에서 화살표들로 연결되어 있는 경로에 해당한다. 직접적 인과가 원인과 결과 사이의 구분을 가진 방향을 가진 관계이기 때문에 직접적 인과의 사슬로 연결된 관계도 방향을 가지게 된다.

기여 원인의 정의를 이해하기 위해서 아래의 다이어그램의 경우를 살펴보자. X가 Z'을 매개로 해서 Y에 영향을 미치는 것과 X가 Z를 매개로 해서 Y에 영향을 미치는 것이 서로 상쇄될 경우 X는 Y의 총합 원인은 아니다. 또한 X는 Y의 직접 원인도 아니다. 그러나 (M)에 따르면 X는 Y의 기여 원인이 된다. X와 Y는 우선 (M)의 (i)을 만족한다. X로부터 Y

로 이어지는 직접 인과의 사슬 즉 방향 경로가 존재하기 때문이다. 또한 (ii)도 만족된다. 이 방향 경로에 없는 변수인 Z를 어떤 값으로 고정시켰을 때 X에 대한 개입을 통해서 Y를 변화시킬 수 있기 때문이다.

이와 같이 우드워드가 인과 개념을 매우 복잡한 방식으로 정의하였는데, 이런 복잡한 정의의 필요성은 사실 인과 개념을 먼저 정의하고 인과 개념을 통해서 설명 개념을 이해하고자 하기 때문에 생겨난다. 인과 개념을 정의하고자 하는 입장에서는 위의 다이어그램과 같은 상황에서 X가 Z′을 매개로 해서 Y에 영향을 미치는 것과 X가 Z를 매개로 해서 Y에 영향을 미치는 것이 서로 상쇄된다고 하더라도 X가 Y에 인과 관계로 연결되어 있다고 할 만하다. 그러나 〈때문에〉 관계를 놓고 보면 그런 상쇄가 성립할 경우, X가 어떤 특정 값을 가지기 때문에 Y가 또 다른 특정 값을 가진다고 하기가 어렵다. X의 양쪽 방향의 영향이 서로 상쇄될 경우, X의 값이 어떠했든지 간에 Y의 값에는 차이가 없었을 것이기 때문이다. 따라서 반사실 조건문을 통해서 곧바로 '때문에' 문장의 의미를 규정하는 나의 이론에서는 이와 같은 복잡한 방식의 정의가 요구되지 않는다.

인과 개념에 대한 우드워드의 정의의 보다 심각한 문제점들은 그의 정의에서 개입 개념이 중심적으로 사용되고 있다는 것에 기인하는 문제들이다. 이 문제들은 단칭 인과에 대한 우드워드의 이론까지 살펴보고 나서 그의 개입 개념을 논의하면서 본격적으로 다루기로 하자.

3. 단칭 인과에 대한 우드워드의 이론의 문제점들

단칭 인과에 대한 이론이야말로 인과 이론이 우리의 일상적 인과 개념과 부합하는지를 따져볼 수 있는 시험대가 된다. 이제 마침내 단칭 인과에 대한 우드워드의 이론이 앞서 살펴본 유형 인과 이론에 기반해서 어떻게 제시되는지 알아보도록 하자. 우드워드는 단칭 인과를 '현실 인과(actual causaion)'라고 부르는데, 그에 의하면 현실 인과 문장은 '변수 X가 x라는 현실 값을 가지는 것이 변수 Y가 y라는 현실 값을 가지는 것의 원인이다'와 같은 형식을 가지는 것으로 이해된다. 예를 들어 '김씨의 폐암 여부에 대한 변수가 참 값을 현실 값으로 가지는 것이 그의 사망 여부에 대한 변수가 참 값을 현실 값으로 가지는 것의 원인이다'와 같은 문장이 그런 형식을 가지는 문장이다. 이는 보다 일상적인 언어로 '김씨의 폐암이 그의 사망의 원인이다'라고 표현할 만한 문장이다.

그는 '현실 원인' 개념을 다음과 같이 정의한다.[130]

(AC)

(AC1) X의 현실 값 = x 그리고 Y의 현실 값 = y.

(AC2) R 위에 있지 않은 Y의 직접 원인들 Z_i가 현실 값에 고정되었을 때, X에 대한 개입이 Y 값을 변화시키는, 그런 X에서 Y로의 경로 R이 적어도 하나 존재한다.

그러면 X = x라는 것이 Y = y라는 것의 현실 원인(actual cause)일 필요충분조건은, (AC1)과 (AC2)의 두 조건이 만족된다는 것이다.

---

130 Woodward (2003), p. 77.

예를 들어 변수들이 다음의 다이어그램으로 나타내어지는 인과적 구조를 가지고 있다고 하자.

X가 현실 값 x를 가지고 Y가 현실 값 y를 가져서 (A1)이 만족된다고 하자. 그러면 X에서 Z_1을 거쳐 Y에 이르는 경로가 (AC2)가 만족되게끔 하는 경로 R에 해당할 수 있으려면 그 경로에 있지 않은 다른 변수들 즉 Z_2와 Z_3가 각각 그 변수들의 현실 값에 고정되었을 때에, X에 대한 개입이 Y 값을 변화시킬 수 있으면 된다. 즉 X가 값 x를 갖지 않도록 개입되었더라면 (그리고 Z_2와 Z_3의 값은 현실 값에 고정되었더라면) Y가 값 y를 갖지 않았을 것이라는 것이다.

우드워드는 잘 알려진 사막 여행자 사례를 가지고서 (AC)를 설명한다.[131] 여행자 T가 사막으로 여행을 떠나려 하는데, 그의 첫 번째 적 A가 T의 물통 속에 청산가리 독약을 넣는다. T의 두 번째 적 B는 T의 물통에 구멍을 뚫고, T가 사막에서 물통의 물을 마시기 전에 물은 구멍으로 모

---

131 Woodward (2003), pp. 77-78. 우드워드는 그 기반이 되는 구조 방정식 모형에서 그러하듯, 참과 거짓 대신 0과 1을 값으로 할당한다. 그러나 0과 1이 포함된 모형이 인과에 대한 적절한 모형이 되기 위해서, 그 형식적 대상들은 참과 거짓으로 해석되어야 한다는 것을 전제한다. 수학적 모형으로서 그 모형을 제시하고자 하는 편의상의 필요성이 없다면, 참 값과 거짓 값을 직접 할당하는 것이 그 직관적 해석에 보다 부합하므로, 그의 논의를 기술하면서 0과 1 대신 참과 거짓 값을 가지고 이야기할 것이다. 이것은 사소한 변경이고, 원한다면 이후의 논의에 나오는 참과 거짓을 0과 1로 바꾸더라도, 논의 내용의 중요한 차이는 없을 것이다.

두 빠져나가고, T는 탈수로 죽는다. 우드워드는 B의 행위가 T의 죽음의 현실 원인이라는 것을 당연시하면서, (AC)가 그런 판정에 부합하는 결과를 낸다고 본다. P를 A가 T의 물통에 독약을 넣는가 여부에 따라서 참 또는 거짓 값을 갖는 변수라고 하자. H는 B가 T의 물통에 구멍을 뚫는가 여부에 따라서 참 또는 거짓 값을 갖는 변수라고 하자. D는 T가 탈수 상태에 있는가 여부에 따라서 참 또는 거짓 값을 갖는 변수라고 하자. C가 T가 독약을 섭취하는가 여부에 따라서 참 또는 거짓 값을 갖는 변수라고 하자. M은 T가 죽는가 여부에 따라서 참 또는 거짓 값을 갖는 변수라고 하자. 이 상황의 구조를 보여주는 다이어그램은 다음과 같다.

그리고 변수들 사이의 인과적 연관 관계를 표현하는 등식들은 다음과 같다.

    (3) C = P * −H

    (4) D = H

    (5) M = C ∨ D

즉 P가 참이고 H가 거짓일 경우에 C는 참 값을 가지고, H의 진리치와 D의 진리치는 일치하며, C가 참이거나 D가 참일 경우에 M이 참 값을 가진다. 변수들의 현실 값들은 다음과 같다: H는 참이고 P는 참이고 C는 거짓이고 D는 참이며 M도 참이다.

(AC)에 따르면, H가 참이라는 것은 M이 참이라는 것의 현실 원인이다. 일단 H와 M이 참이기 때문에 (AC1)이 만족된다. 그리고 H에서 D를 거쳐 M에 이르는 경로를 R이라고 하면, R 위에 있지 않은 M의 직접 원인인 C를 현실 값인 거짓에 고정시키면서 H의 값을 바꾸는 개입을 하여 H를 거짓이게 했더라면 M의 값도 참에서 거짓으로 바뀌었을 것이기 때문에, (AC2)도 만족된다.

반면 (AC)에 따르면, P가 참이라는 것은 M이 참이라는 것의 현실 원인이 아니다. P에서 M에 이르는 경로는 P-C-M 경로 하나뿐인데, 그 경로 위에 있지 않으면서 M의 직접 원인인 D를 현실 값인 참에 고정시키면, P의 값을 바꾸는 개입을 하더라도 M의 값이 바뀌지 않았을 것이다. 따라서 이 경우에는 (AC2)가 충족되지 않는다.

그러나 우드워드의 이론이 적절한 판정을 내리는 것처럼 보이는 것은 사례의 매우 세부적인 설정에 의존한다. 위의 사례를 조금만 바꾸더라도 (AC)의 판정을 완전히 달라질 수 있다. 위의 예에서 A가 T의 물통에 넣는 독약을 청산가리 대신 탈수를 유발하는 약으로 바꾸어보자. 그러면 그 상황은 다음과 같은 다이어그램으로 나타낼 수 있다.

그러면 (AC)에 의하면, H가 참이라는 것이 M이 참이라는 것의 현실 원인이 아닌 것으로 된다. H에서 M에 이르는 경로는 H-D-M 경로와 H-C-D-M 경로 둘이다. 그 두 경로 각각에 대해서 그 경로 위에 있지 않으면서 M의 직접 원인인 변수는 없으므로 (AC2)의 전건 부분은 사소하게 만족된다. 그런데 H의 값을 바꾸는 개입을 하더라도 M의 값이 바뀌지 않았을 것이다. 따라서 (AC2)가 충족되지 않는다.

원래의 상황에서는 B의 행위가 T의 죽음의 원인이었는데 수정된 상황에서는 B의 행위가 T의 죽음의 원인이 아니라고 하는 것은 상당히 반직관적인 귀결이다. T는 실제로는 독약을 섭취하지도 않았는데 그 독약이 작용하는 기전에 따라서 물통에 구멍 뚫은 행위가 T의 죽음의 원인이기도 하고 원인이 아니기도 하다는 귀결이기 때문이다.

우드워드는 (AC)가 적용되는 또 다른 사례에 대해서도 논의한다.[132] 이 사례는 인과의 이행성에 대한 다양한 반례들 중 전형적인 사례 중 하나이다. 원래 홀(Ned Hall)이 제시한 이 사례의 내용은 다음과 같다.[133] 산에서 바위가 굴러서 떨어져 내려오고, 이를 목격한 등산객이 몸을 숙여 피신한다. 그 등산객이 몸을 숙여 피신하지 않았더라면 그는 생존하지 못했을 것이다. 이 상황에서 바위의 추락이 등산객의 피신의 원인이고 등산객의 피신이 그의 생존의 원인이지만 바위의 추락이 그의 생존의 원인인 것은 아니기 때문에, 이 사례는 인과의 이행성에 대한 한 반례이다. F가 바위가 추락하는가 여부에 따라 참 또는 거짓 값을 갖는 변수라고 하자. D는 등산객이 피신하는가 여부에 따라 참 또는 거짓 값을 갖는 변수라고 하자. S는 등산객이 생존하는가 여부에 따라 참 또는 거짓 값을 갖는 변

132 Woodward (2003) pp. 79-81.
133 우드워드는 Hall (2004)의 미출판 버전을 전거로 들지만 출판 버전에서는 그 예를 찾을 수 없다.

수라고 하자. 그러면 다음의 다이어그램이 이 상황을 나타낸다.

$$D$$
$$\nearrow \qquad \searrow$$
$$F \ \longrightarrow \ S$$

그리고 세 변수 사이의 인과적 연관 관계는 다음의 등식들에 의해 나타내어진다.

(6) D = F

(7) S = ¬F ∨ D

즉 F가 참이면 D도 참이고, F가 참이 아니거나 D가 참이면 S가 참이다. 그리고 F, D, S의 현실 값들은 모두 참이다.

(AC)는 등산객의 피신이 그의 생존의 원인이라는 것에 대해서는 별문제 없이 올바른 판정을 내릴 수 있다. D와 S가 참이므로 (AC1)은 만족된다. 그리고 (D-S 경로에 있지 않은 S의 직접 원인인) F를 현실 값에 고정해 놓으면, D의 값에 개입함으로써 S의 값을 바꿀 수가 있다. 그리하여 (AC2)도 만족된다. 바위의 추락이 등산객의 피신의 원인이라는 것도 마찬가지로 (AC)에 의하여 이야기할 수 있다.

이제 문제는 (AC)가 바위의 추락이 등산객의 생존의 원인이 아니라는 올바른 판정을 내릴 수 있는가 여부에 있다. 우드워드는 이를 다음과 같이 설명한다. 바위의 추락이 참이라는 것과 등산객의 생존이 참이라는 것은 (AC2)를 만족시키지 않는다. F로부터 S로의 직접적 경로의 경우를 보면, 그 경로에 있지 않은 D를 현실 값에 고정시켰을 때에 F에 대한 개입이 S의 값을 바꾸지 않으므로 그 경로는 (AC2)를 만족시키는 경로가 되지 못한다. F-D-S의 경로의 경우를 보면, 그 경로에 있지 않은 다른 변수가 없기 때문에 다른 변수를 현실 값에 고정시키는 조작 자체가 없게 된다.

그런데 이런 판정을 내리는 것에는 우드워드 자신이 인정하듯이 F로부터 S로의 (D를 매개로 하지 않은) 직접적 경로에 매개 변수가 없다는 것을 전제로 하는 것이다. 그러나 우리는 그런 변수를 얼마든지 생각해 낼 수 있다. 이를테면 우드워드 스스로 예로 들듯이, F와 S의 사이에 등산객이 피신할 여유도 없는 시점에 (등산객이 원래 있었던 지점에서) 등산객에게 떨어지기 직전의 위치(예를 들어, 등산객의 2미터 위 상공)에 바위가 있는가 여부에 따라 참 또는 거짓이 되는 변수 B를 고려할 수 있다. 그러면 그 상황은 보다 세부적으로 다음과 같은 다이어그램에 의해 나타내어진다.

그러면 (AC1)뿐만 아니라 (AC2)도 만족되어, 바위가 추락한 것이 등산객의 생존의 원인이라는 귀결이 따라 나온다. 왜냐하면 F-D-S 경로에 있지 않은 변수 B를 현실 값에 고정시키면, F에 대한 개입이 S의 값을 바꾸기 때문이다. 바위가 그 위치에서 떨어지고 있다는 현실 사건이 고정된 채, 그 이전 시점에서 바위가 산에서 굴러 추락을 시작하는 사건이 발생하지 않았더라면, 등산객이 피신하는 사건도 발생하지 않았을 것이고, 등산객은 생존하지 못했을 것이기 때문이다. B와 같은 변수를 포함시키는가 여부에 따라서 그런 반직관적인 귀결이 따라 나오는 것을 허용하는 것은 심각한 문제이다.

우드워드는 이와 같은 심각한 문제에 직면해서 변수 B와 같은 중간 변수를 포함시키지 않는 것을 정당화하기 위해서 다음과 같은 논의를 전개한다.[134]

모형화해야 할 상황이 원래 묘사된 구조를 가진다면, B를 표상에 포함시키지 말아야 할 좋은 이유가 있다고 나는 믿는다. ··· 바위의 추락이 [등산객의] 생존을 야기했는지 평가하기 위해서, 우리는 B를 그 현실 값(바위가 등산객의 2미터 위에 있음)에서 동결시키고 나서 F가 현실 값에서 변화되었더라면 (즉 그 바위가 추락하지 않았더라면) S가 변화되었을 것인지를 물어야 한다. 그러나 상황에 대한 원래의 묘사를 고려하면, 이것은 최소한 당혹스러운 반사실 조건문이다. 어떻게 바위가 추락하지 않았으면서 등산객의 머리 2미터 위에 있을 수가 있는가? 우리가 이 반사실 조건문을 조리 있게 고려하려 하면, 우리는 다른 인과 구조를 가진 상황을 상상해야 한다. 예를 들어 바위가 B에 위치할 수 있는 두 가지 다른 방식 즉 추락에 의한 방식(등산객은 바위가 오는 것을 보았으므로 추락은 D에 영향을 미친다)과 D에 영향을 미치지 않는 다른 방식이 있다. 두 번째 가능성을 구체화하기 위해서, 적이 등산객의 뒤에서 등산객에게 바위들을 던지는 것을 상상하자. 그 바위들은 등산객이 피신하게끔 야기하지는 않는데, 등산객이 그 바위들이 오는 것을 보지는 못하기 때문이다. 이제 적이 등산객에게 바위 하나를 던지고 동시에 원래의 원천에서부터 또 다른 바위가 추락한다고 가정하자. 그 또 다른 바위의 추락은 등산객이 몸을 숙여 피신하도록 야기한다. 이 때문에 두 바위 모두 등산객을 맞히지 못하고, 등산객은 생존한다. 두 번째

---

134 Woodward (2003), pp. 80-81.

바위가 원래의 원천에서부터 추락하지 않았더라면, 등산객은 피신하지 않았을 것이고, 그는 적이 던진 바위에 맞았을 것이고, 그는 생존하지 못했을 것이다. 이런 시나리오에서 "바위 하나가 등산객의 2미터 머리 위에 있었고, (두 번째) 바위가 추락하지 않았더라면, 등산객은 생존하지 않았을 것이다"라는 반사실 조건문은 조리가 있고 참이다. 같은 이유에서 이제는 바위의 추락이 등산객의 생존을 야기했다고 말하는 것이 옳아 보인다. 그러나 이 상황은 앞에서 상상했던 원래의 상황과는 매우 다른 인과 구조를 가지는 상황이다. 원래의 상황의 구조에서는 추락 이외에는 바위가 등산객을 가격할 수 있는 방법이 없었다.

우드워드의 이와 같은 논의는 그 정당성을 허물어뜨리는 몇 가지 잘못과 혼동을 범하고 있다. 이 중 특히 두 가지에 대해서 (덜 중요한 문제부터 더 중요한 문제로 나아가는 순서로) 지적하고자 한다. 첫째, F가 거짓이면서 B가 참이라고 하는 전건의 반사실 조건문을 평가하기 위해서 특정한 인과 구조를 가진 상황을 품은 가능 세계를 고려해야 하는 것은 아니다. 현실 세계와 가능한 한 유사하면서 전건을 만족시키는 가능 세계를 고려하면 되는 것이고, 바위가 산에서 추락하는 사건이 발생하지 않았음에도 불구하고 바위가 등산객의 2미터 위 상공에 위치하게 되는 사건이 발생하는 세계는 B 이전의 시점에 다양한 인과적 경로를 밟을 수 있고 그 중 어떤 특정한 세계여야 하는지에 대해서 고민할 문제가 아니다. 바위가 어떻게 등산객의 2미터 위 상공에 위치하게 되었는지에 대해서 결정하려고 할 경우, 그것은 반사실 조건문을 역행적(backtracking)으로 부적절하게 해석하는 것이 된다. F가 거짓이면서 B가 참이기 위해서 등산객의 뒤에서 그에게 바위를 던지는 누군가가 있는 것과 같은 상황이 꼭 요구되는 것은 아니다. 우리가 고려할 반사실적 가능 세계는 현실 세계의 인과 법칙이 모두 예외 없이 준수되어야 하는 세계도 아니고, 반사실 조건문을 평가하기 위해서 우리는 어떻든 현실 세계의 인과 법칙이 어디에서인가 위반되는 가능 세계를 고려해야 한다. 그 반사실적 가능 세계에서는 산 위에 있던 바위가 추락하지는 않고서 등산객의 2미터 위 상공으로 양자 점프를 한 것일 수도 있고, 등산객의 2미터 위 상공에 바위가 새로 생성된 것일 수도 있다. 전건이 논리적으로 불가능한 것이 아닌 한 그 전건이 참인 상황이 어떻게 가능한지 의아해할 필요는 없다.

둘째, 우드워드의 논의의 중심에는 큰 혼동이 존재하는데, 이 둘째 문제가 보다 중대하다. 우드워드는 B 변수를 포함시키지 않는 것을 정당화하기 위해서, F가 거짓이면서 B가 참이기 위해서는 등산객의 뒤에서 그에게 바위를 던지는 누군가가 있는 것과 같은 상황이 요구되고, 원래 묘사된 현실의 상황이 그런 인과 구조의 상황이 아니기 때문에 B 변수가 제외되어야 한다고 주장한다. 그러나 설사 그런 상황이 (앞 단락에서 지적한 문제를 잊어버리고) 고려되어야 한다고 하더라도 그것은 현실적 상황이 아닌 반사실적 가능 세계의 상황으로서 요구될 뿐이다. 'F가 거짓이고 B가 참이다'라는 전건을 가진 반사실 조건문을 평가하기 위해서, 우리는 F가 거짓이면서 B가 참인 반사실적 가능 세계를 고려해야 하겠지만 그 가능 세계가 현실 세계와 혼동되어서는 안 된다. 그런 가능 세계를 고려해야 한다고 해서, 현실 세계가 그런 가능 세계로 바뀌어야 하는 것은 아니다.

만약 우드워드의 논의가 'F가 거짓이고 B가 참이다'라는 전건을 가진 반사실 조건문을 평가하기 위해서는 현실 세계가 처음부터 등산객의 뒤에서 그에게 바위를 던지는 누군가를 포함하고 있어야 한다고 이야기하는 것이라면, 그것은 어불성설이다. 현실 세계에 등산객의 뒤에서 바위를 던지는 사람이 포함되어 있지 않더라도 우리는 얼마든지 'F가 거짓이고 B가 참이다'라는 전건이 참인 가능 세계를 고려할 수 있고 그 가능 세계에서 후건이 참인지를 따질 수 있다. 현실 세계에 등산객의 뒤에서 바위를 던지는 사람이 포함되어 있지 않다면 우리는 단지 현실 세계에 덜 근접한 가능 세계에서 그런 가능 세계를 찾아야 할 뿐이다. 설사 그 전건이 참인 가능 세계에 등산객의 뒤에서 바위를 던지는 사람이 포함되어 있어야 한다고 하더라도(이 점에 대해서도 받아들일 수는 없지만), 그것은 현실 세계에 대한 시나리오가 어떠한지에 대한 문제와는 완전히 별개의 문제이다. B 변수는 원래의 상황에서 현실적으로 존재하는 변수이고, B 변수를 포함시키기 위해서 원래의 현실적 상황과 달라진 새로운 상황이 현실적으로 성립해야 하는 것은 아니다.

이와 같이 현실 인과에 대한 우드워드의 정의 (AC)는 여러 심각한 문제를 안고 있음에도 불구하고, 우드워드는 그런 문제들에 대해서 주목하지는 못하면서 다만 과잉 결정(overdetermination)의 문제만을 다루기 위해서 (AC)에 그에 필요한 수정을 가해서 최종적 정의에 도달한다. '현실 원인' 개념에 대한 그의 최종적 정의 (AC*)는 다음과 같다.[135]

(AC*)

(AC*1) X의 현실 값 = x 그리고 Y의 현실 값 = y.

(AC*2) X에서 Y로의 각 방향 경로 P에 대해, P 위에 있지 않은 Y의 직접 원인들 Z_i를 개입을 통해서 잉여 범위 내의 값들을 가지게끔 고정시킨다. 그다음 각 P와 (Y의 직접 원인들) Z_i에 할당되는 (Z_i의 잉여 범위 내에 있는) 가능한 값들의 각 조합에 대해, X에 대한 개입이 Y 값도 변화시키는, 그런 개입이 있는지 결

---

135 Woodward (2003), p. 84.

정한다. Z_i의 잉여 범위 내에 있는 적어도 하나의 경로와 하나의 값들의 조합에 대해 이 질문에 대한 대답이 긍정적이면, (AC*2)는 만족된다.

X = x라는 것은 Y = y라는 것의 현실 원인(actual cause)일 필요충분조건은, (AC*1)과 (AC*2)의 두 조건이 만족된다는 것이다.

이 최종적 정의에서 중요하게 등장하는 개념이 잉여 범위(the redundancy range)라는 개념이다. 잉여 범위 개념은 원래 히치콕(C. Hitchcock)에 의해 도입된 개념이다.[136] 값들 v_1, v_2 등이 X로부터 Y로의 경로 P에 대해서 변수 V_i의 잉여 범위 안에 있다는 것이 의미하는 바는, X의 현실 값이 주어졌을 때 변수 V_i의 값들을 v_1, v_2 등으로 취함으로써 Y의 현실 값을 변화시키는 그러한 개입이 존재하지 않는다는 것이다.[137] 그리고 (AC)로부터 (AC*)로의 수정의 핵심은, X로부터 Y로의 경로에 있지 않은 변수들을 현실 값에 고정시키는 대신 잉여 범위 내에서 변화시키는 것을 허용하는 것이다.

이 수정을 통해서 (AC*)가 과잉 결정의 문제에 대해서 대응하는 방식은 다음과 같다. 두 변수 A와 B가 C를 대칭적으로 과잉결정한다고 해보자. 즉 A와 B 중 하나라도 참 값을 가지면 C가 참 값을 가지지만 A와 B가 둘 다 거짓 값을 가지면 C가 거짓 값을 가진다고 하자. 그리고 실제로 세 변수가 모두 참 값을 가지게 되었다고 하자. 예를 들어, 두 킬러가 동시에 총을 정확히 쏘는 사건의 발생 여부 각각의 변수를 A와 B라고 하

---

136 Hitchcock (2001) 참조.
137 Woodward (2003) p. 83.

고 피해자의 사망 여부 변수를 C라고 하고, 두 킬러가 총을 정확히 쏘는 사건이 모두 발생하고 피해자도 사망하는 사건이 발생하는 것이 이런 예에 해당한다. 이 경우 A로부터 C로의 경로에 대해서 B의 잉여 범위 안에 참 값과 거짓 값이 있게 된다. A의 현실 값(즉 참 값)이 주어진 한에서 즉 첫 번째 킬러가 총을 정확히 쏘는 사건이 발생한 한에서, 두 번째 킬러가 총을 정확히 쏘는 사건이 발생하건 발생하지 않건 간에 C의 현실 값(즉 참 값) 즉 피해자가 사망했다는 것은 달라지지 않을 것이기 때문이다. 마찬가지 이유로, B로부터 C로의 경로에 대해서 A의 잉여 범위 안에 참 값과 거짓 값이 있게 된다. 따라서 (AC*)에 의해서, A의 참 값이 C의 참 값의 현실 원인인지 따지기 위해서, B를 잉여 범위인 참 값과 거짓 값으로 변화시키는 조합 중에서 A에 대한 개입이 C의 값을 변화시키는 경우가 있는지를 살펴보면 된다. 그리고 B가 거짓 값을 가질 때에, A에 대한 개입이 C의 값을 변화시킬 수 있다. 즉 두 번째 킬러가 총을 정확히 쏘는 사건이 발생하지 않은 가능한 경우에, 첫 번째 킬러가 총을 정확히 쏘는 사건이 발생하지 않게끔 개입하는 것은 피해자의 사망 여부를 변화시킬 것이다. 그리고 이에 따라 A의 현실 값(첫 번째 킬러가 총을 정확히 쏘는 사건이 발생한 것)은 C의 현실 값(피해자가 사망하는 사건이 발생한 것)의 현실 원인이라고 할 수 있게 된다. 마찬가지 논증에 의해서, B의 현실 값(두 번째 킬러가 총을 정확히 쏘는 사건이 발생한 것)도 C의 현실 값의 현실 원인이라는 결론을 이끌어낼 수 있다. 대칭적 과잉 결정의 사례와 관련해서 이런 판정은 직관적으로 받아들일 만하다.

그러나 (AC)로부터 (AC*)로의 이러한 수정은 과잉 결정의 문제에 도움이 될 뿐, (AC)에 대해서 내가 앞서 제기한 문제들에 대해서 도움이 되는 것은 아니다. 더 나아가 (AC*)로 수정하는 것이 선점(preemption)의 사례에 대해서 새로운 문제를 낳는 결과에 이르게 된다. 우드워드는

(AC*)가 대칭적 과잉결정의 경우와 관련해서는 두 원인 후보자가 직관에 부합하게 모두 원인이라는 판정을 내리지만 선점의 경우와 관련해서는 (마찬가지로 직관에 부합하게) 두 원인 후보자 중 하나에 대해서만 원인이라는 판정을 내린다고 이야기한다.[138] 그가 고려하는 선점의 경우는 다음과 같다. 첫 번째 킬러가 총을 정확히 쏘는 사건(A)이 발생하고, 피해자가 사망하는 사건(C)이 발생한다. 백업 킬러인 두 번째 킬러가 총을 정확히 쏘는 사건(B)은 A가 발생하지 않았더라면 발생했겠지만[그리고 이를 통해서 피해자가 사망하는 사건(C)이 발생하게 되었겠지만], 현실적으로는 발생하지 않았다. 그러면 A가 발생한 것은 C가 발생한 것의 원인이 되지만 아예 발생하지 않은 B의 값은 C의 발생의 원인이 되지 않는다. B를 잉여 범위 안에 있는 현실 값(미발생)에 고정시킬 경우 A에 대한 개입을 통해서 C의 발생 여부를 변화시킬 수 있기 때문에, A의 발생은 C의 발생의 원인이 된다. 한편 B를 현실 값(미발생)으로 고정시킬 경우 A를 미발생으로 변화시키는 개입이 C의 발생 여부를 변화시킬 수 있으므로, B로부터 C로의 경로에 대해서 미발생 값은 A의 잉여 범위 안에 포함되지 않게 된다. 따라서 B의 발생이 C의 발생의 원인인지를 따지기 위해서는, A를 (유일한 잉여 범위 값인) 발생 값에 고정시킨 채, B에 대한 개입이 C의 값을 변화시키는 경우가 있는지를 따져보아야 하는데, 첫 번째 킬러가 총을 정확히 쏘는 사건(A)이 발생한 한에서 두 번째 킬러가 총을 정확히 쏘는 사건(B)이 발생하게 하는 개입이 피해자가 사망하는 사건(C)의 발생 여부에 차이를 낳지 않으므로, B의 발생은 C의 발생의 원인이 아니게 된다. 이는 직관에 부합하는 결과이다.

그러나 (AC*)가 이 사례에 대해서 직관적 판정을 내릴 수 있는 것은

---

138 Woodward (2003), pp. 85-86.

이 사례의 특수한 측면 때문이고 우리가 보다 전형적인 선점 사례들을 고려하게 되면 (AC*)가 직관적으로 올바른 판정을 내리지 못한다는 것을 알아차릴 수 있다. 우드워드가 고려한 위의 선점 사례는 두 번째 원인 후보가 아예 발생하지 않는 너무 쉬운 선점 사례이다. 보다 전형적인 선점 사례 중의 하나는 다음과 같은 경우이다. 첫 번째 킬러가 총을 정확히 쏘는 사건(A)과 두 번째 킬러가 총을 정확히 쏘는 사건(B)이 모두 발생하지만, 첫 번째 킬러가 약간 더 먼저 총을 쏘았든지 그의 총알이 더 빨라서이든지 그의 총알이 먼저 날아와 피해자의 심장을 관통하고 피해자의 사망 사건(C)이 발생한 후 두 번째 킬러의 총알은 뒤늦게 도착하는 경우이다.[139] 이 경우 일반적 직관은 A의 발생은 C의 발생의 원인이지만 B의 발생은 C의 발생의 원인이 아니라는 것이다. 반면 우드워드의 조건 (AC*)은 대칭적 과잉 결정의 경우와 마찬가지로 두 원인 후보 A와 B 모두가 C의 원인이라고 판정하게 된다. 이 경우에 특히 B의 발생이 C의 발생의 원인이라는 판정이 반직관적인 것으로 여겨지는데, 그 판정이 어떻게 해서 나오는지 살펴보도록 하자.

우선 B로부터 C로의 경로에 대해서 A의 잉여 범위 안에 발생 값과 미발생 값이 있게 된다. B의 현실 값(즉 발생 값)이 주어진 한에서 즉 두 번째 킬러가 총을 정확히 쏘는 사건이 발생한 한에서, 첫 번째 킬러가 총을 정확히 쏘는 사건이 발생하건 발생하지 않건 간에 C의 현실 값(즉 발생 값) 즉 피해자가 사망했다는 것은 달라지지 않을 것이기 때문이다. 그리하여 (AC*)에 의해서, B의 발생이 C의 발생의 원인인지 따지기 위해서, A를 잉여 범위인 발생 값과 미발생 값으로 변화시키는 조합 중에서 B에

---

139 이 사례는 루이스가 '늦은 선점(late preemption)'이라고 부르는 경우이다. [Lewis (1986b) 참조]. 그러나 이른 선점(early preemption)의 경우에 있어서도, 원인 후보자가 둘 다 현실적으로 발생하는 한, 마찬가지 문제가 발생하게 된다.

대한 개입이 C의 값을 변화시키는 경우가 있는지를 고려하면 된다. 그런데 A가 미발생 값을 가질 때에, B에 대한 개입이 C의 값을 변화시킬 수 있다. 즉 첫 번째 킬러가 총을 정확히 쏘는 사건이 발생하지 않은 경우에, 두 번째 킬러가 총을 정확히 쏘는 사건이 발생하지 않도록 개입했더라면 피해자의 사망 여부가 변화되었을 것이다. 따라서 (AC*)는 B의 현실 값(두 번째 킬러가 총을 정확히 쏘는 사건이 발생한 것)은 C의 현실 값(피해자가 사망하는 사건이 발생한 것)의 원인이라고 결론 내려야 하게 된다.

결국 단칭 인과에 대한 우드워드의 이론은 (AC)를 가지고 이야기하든 (AC*)를 가지고 이야기하든 많은 심각한 문제를 안고 있으며 여러 인과 사례와 관련해서 직관에 부합하는 판정을 내리는 데에 실패한다. 우드워드가 그의 조건들이 직관에 부합하는 판정을 내릴 수 있다고 생각하는 많은 사례들은 그 사례는 특수하고 우연적 요소들에 기인해서 그런 판정을 가능하게 할 뿐이고 그 사례들의 내용을 조금씩만 바꾸더라도 그의 이론이 함축하는 판정들이 달라져 버리게 된다.

4. 우드워드의 개입 개념의 문제점들

우드워드의 이론은 인과와 인과적 설명에 대한 조작가능성 이론이고, 그렇기 때문에 그가 인과 개념―유형 인과 개념과 단칭 인과 개념―을 분석하는 데 개입(intervention)의 개념이 중요한 역할을 하고 있다. 어떤 것이 원인이고 또 다른 어떤 것이 그것의 결과라는 것은 전자의 것에 **개입**하는 조작을 가함으로써 후자의 것을 변화시킬 수 있다는 데에 있다는 것이 조작가능성 이론의 핵심 아이디어이다. 실제로 이 핵심 아이디어를 복잡하게 정식화해서 도달한 앞서 보았던 정의들 즉 유형 인과 개념의 정의 (TC), (DC), (M)과 단칭 인과 개념의 정의 (AC)에서는 모두 개입 개념이 중요하게 사용되고 있다.

그런데 문제는 개입 개념이 그 자체로 인과적 개념이라는 점이다. 예를 들어 (DC)에 의하면 흡연율 X가 폐암 발병률 Y의 (직접) 원인이라는 것은 다른 모든 변수를 고정시키게끔 개입하면서 흡연율 X에 개입함으로써 폐암 발병률 Y를 변화시키는 것이 가능하다는 것으로 이해된다. 흡연율 X에 개입한다는 것은 다름 아니라 흡연율 X를 변화시키게끔 **야기**하는 것을 의미한다.

우드워드는 개입 개념이 인과적 개념이라는 것을 스스로 의식하고 있고 개입 개념을 정의하는 데에 실제로 인과 개념을 사용하고 있다. 그는 개입 개념을 정의하기 위해서 우선 개입 변수 개념을 다음과 같이 정의한다.[140]

I가 Y와 관련해서 X에 대한 개입 변수(intervention variable)일 필요충분조건은 다음의 조건들을 만족한다는 것이다.

(IV)

I1. I가 X를 야기한다.

I2. I는 X를 야기하는 다른 모든 변수들에 대한 스위치로서의 역할을 한다. 즉, I의 특정한 값들에 대해서, X가 그 값들을 가질 때, X는 X를 야기하는 다른 변수들의 값에 의존하지 않게 되고, 대신에 오직 I의 값에만 의존하게 된다.

I3. I에서 Y로의 모든 방향 경로는 X를 통과한다. 즉, I는 Y를 직접적으

140　Woodward (2003), p. 98.

로 야기하지 않으며, X는 아닌 Y의 원인 중 어떠한 것에 대해서도 원인이 아니다. 물론, Y의 원인 중 I-X-Y의 연결 자체의 구성 요소로 들어가 있는 것에 대해서는 예외로 한다. [I가 그 원인이 될 수도 있다.] 즉 그 예외는 다음의 경우들이다: (a) X의 결과들이면서 Y의 원인인 것들 (즉, 인과적으로 X와 Y 사이에 있는 변수들), 그리고 (b) I와 X 사이에 있으며 X와 독립적으로는 Y에 영향을 주지 않는 Y의 원인들.

I4. I는, X를 통과하지 않는 방향 경로에 있으면서 Y를 야기하는 임의의 변수 Z에 대해서 (통계적으로) 독립적이다.

(위에서 "원인"은 항상 "총합 원인"이 아닌 "기여 원인"을 의미한다.)

우드워드는 위에서 정의된 개입 변수의 개념을 사용해서 개입(intervention) 개념을 다음과 같이 정의한다.[141]

(IN) I가 특정한 값 $I = z_i$을 취하는 것은 Y와 관련해서 X에 대한 개입이다 iff I는 Y와 관련해서 X에 대한 개입 변수이며 $I = z_i$는 X의 값의 현실적 원인이다.

즉 개입 변수 개념을 정의하는 데에도 인과 개념(기여 원인 개념)이 사용되고, 개입 변수 개념을 사용해서 개입 개념을 정의하는 데에도 인과 개념(현실적 원인 개념 즉 단칭 인과 개념)이 사용된다.

인과 개념을 정의하기 위해서 개입 개념을 사용하고, 개입 개념을 정의하기 위해서 다시 인과 개념을 사용하는 이런 순환성의 문제에 대해서 우드워드는 놀랍게도 별로 개의치 않는다. 그는 이것이 악순환(vicious

---

141 Woodward (2003), p. 98.

circle)을 이루는 것은 아니라고 주장하면서 다음과 같이 이야기한다.[142]

> 그러나 Y와 관련해서 X에 개입하는 것에 대한 규정이 그 자체로 X와 Y 사
> 이의 인과 관계의 존재나 부재에 대해서 언급한다는 의미에서 (IV)와 (IN)
> 이 악순환을 이루는 것은 아니라는 것을 이해하는 것이 결정적으로 중요
> 하다. Y와 관련된 X에 대한 개입의 개념을 규정하는 데에 요구되는 인과
> 적 정보는 개입 변수 I와 X 사이의 인과 관계에 대한 정보, I와 상관관계에
> 있는 Y의 다른 원인이 존재하는가에 대한 정보, X를 거치지 않으면서 I로
> 부터 Y로 이어지는 인과적 경로가 존재하는가에 대한 정보 등이며, **X와 Y**
> **사이의 인과 관계의 존재나 부재에 대한 정보가 아니다.**

즉 X와 Y 사이의 인과 관계에 대한 정보를 위해서 X와 Y 사이의 인과
관계 자체에 대한 정보가 필요한 것은 아니고 I와 X 사이의 인과 관계에
대한 정보 등 다른 인과적 정보가 필요하다는 것이다. 그러나 과연 이런
이야기가 정의의 순환성의 문제에 얼마나 도움이 되는가? 어떤 두 변수
X와 Y 사이에 인과 관계가 있다는 것이 무엇을 의미하는지 알기 위해서
우리는 개입 개념을 사용해서 인과 개념을 규정한 우드워드의 정의를
들여다본다. 그런데 그 정의를 이해하려면 또 다른 변수 I와 X 사이에 인
과 관계가 있다는 것이 무엇을 의미하는지를 이미 알고 있어야 한다. 이
는 주어진 두 변수 사이에 인과 관계가 있다는 것이 무엇을 의미하는지
를 이미 알고 있어야 한다는 것을 요구하는 것이다.

우드워드가 위의 인용문에서 자기의 이론이 악순환에 직면하지 않는
다고 이야기할 때에, 이는 그가 인과가 무엇인가를 규정하는 문제와 인

---

142 Woodward (2003), pp. 104-105. 강조는 원문.

과적 정보를 추론하는 문제를 혼동하고 있음을 보여주는 것으로 여겨진다. X와 Y 사이의 인과 관계에 대한 정보를 I와 X 사이의 인과 관계에 대한 정보로부터 추론하거나 논증하는 것은 순환적이지 않다. 그것은 논증으로서 순환 논증이 아니다. 물론 그의 이론에 따르면 I와 X 사이의 인과 관계에 대한 정보를 추론해 내기 위해서는 다시 또 다른 개입 변수 I'과 I 사이의 인과 관계에 대한 정보를 요구한다. 그리고 그런 요구는 무한히 후퇴하게 될 것이다. 그러나 어떻든 어떤 인과적 정보를 가지고 있을 때에 그것으로부터 다른 인과적 정보를 추론하는 추론 절차나 방법론은 나름의 쓸모를 가질 수 있다. 그러나 임의의 두 변수 X와 Y 사이에 인과 관계가 있다는 것이 무엇을 의미하는지 정의하는 데에 두 변수 I와 X 사이의 인과 관계의 개념을 사용하는 것은 인과가 무엇인가에 대해서 대답하지 못하는 순환적 정의이고 그 점에서 악순환적이다.

이와 같은 순환적 정의의 문제는 단칭 인과 개념을 정의하는 데에 있어서도 다시 나타난다. 앞서 보았듯 '변수 X가 x라는 현실 값을 가지는 것이 변수 Y가 y라는 현실 값을 가지는 것의 원인이다'와 같은 형식의 문장을 정의하는 데에 있어서 (다른 적절한 변수 값들을 고정시킨 채) Y 값을 변화시키게끔 하는 X에 대한 개입이 존재한다는 조건을 이용한다. 논의를 단순하게 하기 위해서, 다른 적절한 변수 값을 고정시키는 것에 대한 조건은 생략하고 이야기를 진행한다면, 그 조건은 '변수 X가 x라는 현실 값 대신 다른 값을 가지게끔 개입 변수 I가 야기했더라면, 변수 Y가 y라는 현실 값 대신 다른 값을 가졌을 것이다'라는 반사실 조건문에 해당한다. 두 변수가 각각 김씨의 폐암 변수와 김씨의 사망 변수라고 해 보자. 또한 두 변수가 각각 가질 수 있는 값이 발생(occurrence)과 미발생(non-occurrence)이라고 해보자. 그리고 두 변수가 각각 가지는 현실 값이 발생이라고 해보자. 그러면 우드워드의 단칭 인과 이론은

(1) 김씨의 폐암 발생이 김씨의 사망 발생을 야기했다.

라는 문장을

(2) 김씨의 폐암이 발생하지 않는 결과를 야기하는 개입이 발생했더
　　라면, 김씨의 사망이 발생하지 않았을 것이다.

라는 조건(그리고 덧붙여 다른 적절한 변수 값을 고정시키는 것에 대한 조건)에
의해서 분석하는 셈이 된다. 이 분석은 (1)에서의 '야기하다'를 정의하기
위해서 다시 '야기하다' 개념을 사용하는 (2) 조건을 제시한다는 점에서
명백히 순환적이다.
　　인과에 대한 보다 표준적이고 단순한 반사실 조건문 분석은 (1)을

(3) 김씨의 폐암이 발생하지 않았더라면, 김씨의 사망이 발생하지 않
　　았을 것이다.

로 분석한다. 또한 '때문에' 문장을 곧바로 반사실 조건문에 의해서 분석
하는 나의 이론에서는

(4) 김씨의 폐암이 발생했기 때문에 김씨의 사망이 발생했다.

를 조건 (3)에 의해서 분석한다. 이런 이론들에서는 '야기하다'에 대해서
이건 '때문에'에 대해서이건 순환성은 발생하지 않는다. 그런 순환성을
무릅쓰고서 조건 (3) 대신 조건 (2)를 사용하는 것, 즉 '김씨의 폐암이 발
생하지 않았더라면'이라는 전건 대신 '김씨의 폐암이 발생하지 않는 결

과를 야기하는 개입이 발생했더라면'이라는 전건을 사용하는 것에 무슨 이점이 있는가? 순환성의 문제가 아니라고 하더라도, 조건 (3) 대신 조건 (2)를 사용하는 것은 포착해야 할 피정의항의 의미로부터 불필요하게 더 멀어지는 문제를 안는다. 김씨의 사망이 김씨의 폐암이 발생했기 때문인가를 판단하기 위해서 중요한 것은 김씨의 폐암이 어떤 이유로건 발생하지 않았을 가능한 경우에 김씨의 사망 여부에 차이가 생기는가를 따지는 것이지, 김씨의 폐암 여부에 대해서 원인이 되는 또 다른 변수가 달라질 가능한 경우에 김씨의 사망 여부에 차이가 생기는가를 따지는 것이 아니다.

이 두 조건은 실제의 적용에 있어서 거의 비슷하지만 어떤 경우에는 이 두 조건의 함축이 달라지는 경우도 있다. 다음의 인과 문장을 고려해 보자.

(5) 빅뱅이 우주 생성의 원인이다.

이를 표준적이고 단순한 반사실 조건문적 이론의 분석에 따라

(6) 빅뱅이 발생하지 않았더라면, 우주 생성이 발생하지 않았을 것이다.

라고 분석하는 것과 우드워드의 이론에서와 같이

(7) 빅뱅이 발생하지 않는 결과를 야기하는 개입이 발생했더라면, 우주 생성이 발생하지 않았을 것이다.

라고 분석하는 것을 비교해 보자. 빅뱅이 발생하지 않으면서 현실 세계

와 가장 유사한 가능 세계는 빅뱅이 발생하지 않는 결과를 야기하는 개입이 발생하면서 현실 세계와 가장 유사한 가능 세계와 일치하지 않을 수 있다. 후자의 세계가 설사 가능하다고 하더라도 그 세계는 현실과는 훨씬 더 거리가 먼 세계일 것이다. 그렇다면 그 두 가능 세계 중에서 어떤 세계가 (5)를 판단하는 데에 유관한 세계인가? 현실적으로는 빅뱅 발생 여부 변수의 원인이 되는 변수가 아예 존재하지 않을 수도 있다. 빅뱅 사건이 다른 사건을 원인으로 하지 않는 최초의 원인이라고 가정하자. 그런 가정은 충분한 개연성이 있는 가정이고 그렇지 않다 하더라고 논리적으로 가능한 가정이다. 빅뱅이 우주 생성의 원인인지 판단하기 위해서 따져야 할 것은 그 최초의 원인인 빅뱅이 발생하지 않았더라면 우주 생성이 발생했을 것인지 여부이지, 빅뱅에 대해서 원인이 되는 변수의 값이 달라졌더라면 (또는 빅뱅이 발생하지 않게끔 하는 원인이 존재했더라면) 우주 생성이 발생했을 것인지 여부가 아니다.

결국 인과에 대한 우드워드의 조건들은 인과가 무엇인가에 대한 이론으로서는 적합하지 않고, 대신 인과적 정보를 추론하기 위한 인식적 방법론으로서 보다 적합하다.[143] 예를 들어 문장 (1) '김씨의 폐암 발생이 김씨의 사망 발생을 야기했다'의 진리 조건 자체는 반사실 조건문 (3) '김씨의 폐암이 발생하지 않았더라면, 김씨의 사망이 발생하지 않았을 것이다'에 의해 주어지는 것이 더 적합하지만, (3)이 참인지를 실험에 의해서 파악할 때에는 (2) '김씨의 폐암이 발생하지 않는 결과를 야기하는 개입이 발생했더라면, 김씨의 사망이 발생하지 않았을 것이다'가 실제의 실험 결과로부터 더 직접적으로 도출해 낼 수 있는 결론일 것이다. 김씨

---

143   이 본문을 쓰고 나서 우드워드의 보다 최근의 논문[Woodward (2015)]을 접하게 되었는데, 그 논문에서 우드워드도 자신의 이론에 대해서 방법론으로서의 의의를 가지는 것으로 재정립하는 논의를 펼친다.

의 폐암이 발생하지 않는 가능한 경우를 살펴보는 실험 설계는 결국 김씨의 폐암이 발생하지 않는 결과를 야기하는 개입을 발생시키는 방식을 포함할 것이기 때문이다. 물론 실험으로부터 보다 더 직접적으로 도출해 낼 수 있는 중간 결론은 단칭적인 경우보다는 유형 변수 간의 관계일 것이고, 이는 우드워드가 유형 인과를 단칭 인과보다 더 기본적인 것으로 설정하는 이유를 설명해 준다.

그러나 실험은 인과 관계에 대해 인식하는 가장 효과적인 방법이기는 하지만 유일한 방법은 아니다. 예를 들어 우리는 빅뱅이 우주 생성의 원인인지에 대해서 빅뱅의 발생 여부를 조작하는 개입에 의해서가 아니라 빅뱅이 발생하지 않았을 가능한 경우에 어떠했을지에 대한 간접적 증거들을 통해서 파악한다. 그리고 실험적 방법이 인과에 대한 인식 방법으로서 유일하건 하지 않건 간에, 그 방법의 특성이 인과 문장의 진리 조건 속에 포함되어서는 당연히 안 된다. 결국 인과가 무엇인가에 대한 반사실 조건문적 이론에서 개입과 조작에 대한 전건을 사용하는 것은 적절하지 않다.

5. 인과적 설명에 대한 우드워드의 이론의 문제점들

인과적 설명에 대한 우드워드의 이론은 기본적으로 인과에 대한 그의 이론에 바탕을 두고 있다.[144] 설명(설명 일반)에 대한 나의 반사실 조건문

---

144 인과적 설명에 대한 우드워드의 이론에 대해서는 Woodward (2003) Ch. 5, pp. 187-238 참조. 그는 이 장의 서두에서 자신의 이론이 인과적 설명에 국한되고 그래서 그냥 '설명'이라는 말을 쓸 때에도 '인과적 설명'을 의미하는 것으로 이해하라는 주의를 준다. [Woodward (2003) p. 187.]

적 이론이 설명 문장의 연결사 '때문에'의 의미가 반사실 조건문에 의해 규정된다고 하는 것인 데 반해서, 인과적 설명에 대한 우드워드의 반사실 조건문적 이론은 그 이론이 **인과적** 설명에 대한 이론이고 인과 개념이 반사실 조건문에 의해서 규정된다고 하는 것에 기반한다. 즉 인과적 설명은 인과에 대한 정보를 제공하는 것이고 인과가 반사실 조건문적으로 규정되므로, 인과적 설명은 당연히 반사실 조건문적 정보를 제공하는 것이라는 것이다.

그가 인과에 대한 반사실 조건문적 이론을 제시하고 인과적 설명에 대해서도 직접 반사실 조건문적 이론을 제시한다는 점에서, 인과에 대한 반사실 조건문적 이론을 제시하고 설명에 대해서는 인과적 이론을 제시하는 루이스와는 차이가 있지만, 그의 반사실 조건문적 이론은 오직 **인과적** 설명에 대해서만 제시된다. 인과적 설명에 대한 그의 반사실 조건문적 이론은 그것이 적용되는 대상이 **인과적** 설명이기 때문에 성립하는 것으로서 인과에 대한 그의 반사실 조건문적 이론으로부터 파생되는 것인 것이다. 그의 이론에서는 나의 입장에서처럼 설명이나 〈때문에〉 개념이 더 근본적인 것은 아니다.

그의 이론이 인과적 설명에 국한되어 있기 때문에 그의 반사실 조건문적 이론은 나의 반사실 조건문적 이론과는 달리 인과적 설명과 비인과적 설명에서 공통적으로 성립하는 〈때문에〉의 반사실 조건문적 의존의 구조를 이용하는 일반화된 이론의 장점을 누릴 수가 없다. 그가 인과적 설명에 적용하는 반사실 조건문적 성격을 비인과적 설명에까지 확장하는 것은 정당화되지 않는데, 그것은 그의 이론이 인과에 대한 이론에 기반해 있기 때문이다. 그런데 앞에서 우리가 보았듯이 비인과적 '때문에'도 반사실 조건문적 의존의 구조를 가지고 있기 때문에, 우드워드가 인과적 설명의 반사실 조건문적 의존의 구조를 인과에 대한 이론에 기반하는 것은 옳지 못한 이론적 선택을 한 것이다. 우드워드가 가정하고 있는 것과는 달리, 인과적 설명이 반사실 조건문적 의존의 구조를 가지는 것은 그것이 **인과적** 설명이기 때문이 아니라 **설명**이기 때문이다.

인과적 설명의 조건을 공식화하는 부분에서 우드워드는 헴펠의 설명 모형에서처럼 설명을 설명항과 피설명항으로 이루어진 논증과 같은 구조를 가지고 있는 것으로 전제하고서 그 조건을 다음과 같이 정식화한다.[145]

(EXP) M이 어떤 변수 Y가 특정한 값 y를 취하고 있다는 진술로 이루어진 피설명항이라고 가정하자. 그러면 M에 대한 설명항 E는 다음의 (a)와 (b)로 이루어진다. (a) 변수 X의 값에서의 변화(이때 X는 변수 X_i들의 벡터나 n-순서쌍일 수 있음)와 변수 Y의 값에서의 변화를 관계 짓는 일반화 G, 그리고 (b) 변수 X가 특정한 값 x를 취한다는 초기 조건 혹은 경계 조건에 대한 진술.

E가 M과 관련해 (최소한으로) 설명적이기 위한 필요충분조건은 다음과 같다. (i) E와 M은 참이거나 근사적으로 참이다. (ii) G에 따르면, X가 값 x를 취하도록 하는 개입하에서 Y는 값 y를 취한다. (iii) X의 값을 x에서 x′으로 변화시키는 어떤 개입이 있는데(단 x≠x′), G는 이런 개입 하에서 Y가 값 y′을 취할 것임(단 y≠y′)을 올바르게 기술한다.

이 정식화에 의하면, 인과적 설명의 설명항에는 원인에 대한 진술(원인 변수 X가 특정 값을 가짐)뿐만 아니라 원인 변수와 결과 변수를 연결 짓

145 Woodward (2003), p. 203.

는 일반화 G도 포함해야 하며 그 G는 원인 변수 X 값에 대한 개입에 따른 결과 변수 Y 값의 변화와 관련된 적절한 반사실 조건문적 정보를 포함해야 한다. 예를 들어, 김씨의 폐암 발생에 대한 진술과 김씨의 폐암 발생 여부에 대한 개입에 따라 김씨의 사망 여부가 적절히 달라졌을 것이라는 반사실 조건문 정보를 포함하는 일반화 진술이 김씨의 사망 발생을 인과적으로 설명할 수 있다는 것이다.

그러나 우드워드의 이 정식화와는 달리, G와 같은 진술이 설명항에 반드시 포함되어야 하는 것은 아니다. 설명은 '왜' 질문에 대한 대답이다. '왜 김씨가 사망했는가?'라는 질문에 '김씨가 폐암에 걸렸기 때문에 그가 사망했다'라고 대답함으로써 설명하는 것이 부정확하거나 불충분한 설명이라고 보아야 할 이유는 없다. 설명 문장이 참이기 위해서 설명항과 피설명항이 적절한 반사실 조건문적 의존 관계에 있어야 하기는 하지만 그 반사실 조건문적 의존 관계를 기술하는 내용이 설명항 속에 포함되어야 하는 것은 아니다. 즉 '김씨가 폐암에 걸렸다'라는 문장에 반사실 조건문적 의존에 대한 문장을 더 보충해야 그 완성된 문장이 비로소 '김씨가 사망했다'에 '때문에'로 올바르게 연결될 수 있게 되는 것은 아니다. 친절한 설명자가 자신의 '때문에' 문장에 덧붙여서 적절한 반사실 조건문적 의존 관계에 대한 진술을 추가한다고 하더라도 그 내용은 '때문에' 종속절(설명항) 속에 들어가야 할 내용이라기보다는 종속절(설명항)과 주절(피설명항)이 '때문에'에 의해서 올바르게 연결될 수 있다는 것을 보완하는 내용이라고 보아야 할 것이다.

사실 우드워드는 인과적 설명에 대한 논의의 뒷부분에서는 위의 공식적 정식화와는 달리 심지어 보통의 단칭 인과 문장도 설명으로서 간주한다. 그는 다음과 같은 문장을 인과적 설명의 예로 사용한다.[146]

(8) 그 전기 단락이 그 화재를 야기했다.

그리고 인과에 대한 그의 이론에 입각할 때 이 인과 문장이 적절한 반사실 조건문적 의존 관계를 함축하는 내용을 지니고 있다는 것은 당연하다. 따라서 이와 같은 문장을 설명 문장으로서 간주하는 한, 그러한 설명 문장이 반사실 조건문에 의해서 이해되어야 한다는 것은 인과에 대한 그의 반사실 조건문적 이론의 당연한 귀결이다. 그리고 그 경우 인과 문장과 설명 문장의 구분은 흐려질 수 있다.

이와 관련해서 우드워드는, 그 전기 단락(the short circuit)과 그해의 가장 주목할 만한 사건(the most noteworthy event of the year)이 동일하다고 하더라도, (8)과 달리

(9) 그해의 가장 주목할 만한 사건이 그 화재를 야기했다.

라는 문장은 설명으로서 불만족스럽다고 지적한다.[147] (9)는 참인 인과 문장이라고 하더라도, 설명에 요구되는 적절한 방식으로 기술되어 있지 않아 설명으로서 결함이 있다는 것이다. 우드워드에 의하면, (8)은

(10) 전기 단락들은 화재들을 야기한다.

라는 유형 인과적 일반화에 포섭될 수 있는 데 반해, (9)는 그에 상응하는 유형 인과적 일반화에 포섭될 수 없기 때문에 설명으로서 결함이 있

---

146 Woodward (2003) p. 210.
147 Woodward (2003) p. 217.

다는 것이다.[148] 예를 들어

(11) 주목할 만한 사건들은 화재들을 야기한다.

와 같은 유형 인과적 일반화를 우리가 받아들일 수 없기 때문이다. 그래서 (8)과 같은 문장은 (10)과 연결되어서 목적에 따른 수단을 선택하는데에 유용하게 이용될 수 있는 데 반해 (9)와 같은 문장은 그렇지 못하다. 화재를 일으키고자 하면 전기 단락을 발생시키는 것이 효과적인 방법이지만 주목할 만한 사건을 발생시키는 것은 효과적인 방법이 되지못하기 때문이다.

그러나 우드워드의 이러한 논점은 인과와 설명을 구분하는 논점으로서 적절하지 못하다. 우드워드를 따라서 인과 문장이 최소한 어떤 경우에 설명 문장이기도 하다는 것을 가정할 경우, 그 문장의 일반화가능성과 이를 통한 응용력이나 유용성 여부를 가지고 단순한 인과 문장과 설명적인 (인과) 문장을 구분하는 것에는 문제가 있다. (9)와 같은 문장이일반화가능하고 유용한 방식으로 기술되어 있지 않아서 설명 문장으로서 결함을 가지고 있다면 그 문장은 인과 문장으로서도 똑같은 결함을안고 있는 것이다. 그 결함은 특별히 설명으로서의 결함이라고 보기가어렵다. 그리고 그런 결함이 있다고 해서 그 문장이 설명이 아니라고 보기는 어렵다. 그것은 다만 유용성이 떨어지는 설명일 뿐이다.

어떤 문장이 참이지만 적합한 방식으로 기술되어 있지 않아서 유용성이 떨어지는 결함을 가지는 것은 어떤 부류의 문장에서나 있을 수 있는일이다. 예를 들어, 위치 정보에 대한 문장은 '어디' 질문에 대한 대답으

---

148 Woodward (2003), pp. 214-217.

로 간주될 수 있다. 그런 위치 정보 문장들 중 어떤 것은 일반화가능하고 유용한 방식으로 기술되어 있고 어떤 것은 덜 유용한 방식으로 기술되어 있을 수 있다. 덜 유용한 방식으로 기술된 위치 정보 문장은 여전히 위치 정보 문장이지만 다만 그 측면에 있어서 결함을 가지는 것이다.

설명은 '왜' 질문에 대한 대답이라고 할 수 있는데, 그 질문에 맞는 참인 대답인 한 올바른 설명일 수 있다. 내가 보기에 '왜'질문에 적합한 대답은 '때문에' 문장이고 그런 문장이야말로 설명 문장으로서의 적절한 형식을 가지고 있다. 그런 적절한 형식의 참인 설명 문장들 중 어떤 것은 덜 유용한 것들이 있을 수 있다. 그러나 그렇다고 해서 그것이 설명이 아니게 되는 것은 아니다. 아래의 두 문장을 살펴보자.

(12) 그 전기 단락이 발생했기 때문에 그 화재가 발생했다.

(13) 그해의 가장 주목할 만한 사건이 발생했기 때문에 그 화재가 발생했다.

'때문에' 문맥은 지시적으로 투명하지는 않기 때문에 두 기술구 '그 전기 단락'과 '그해의 가장 주목할 만한 사건'의 범위(scope)를 좁게 해석할 경우에 (12)가 참이면서 (13)이 거짓일 수 있다. 그 경우에 (13)은 유용성에 결함이 있어서가 아니라 거짓이기 때문에 올바른 설명이 되지 못한다.

두 기술구의 범위를 넓게 해석할 경우에 두 문장의 진리치는 일치할 것이고, 두 문장은 똑같이 참인 설명일 것이다. 다만 (13)에서 특정 사건을 기술한 방식은 (12)에서 같은 특정 사건을 기술한 방식에 비해서 덜 유용할 수가 있다. 그 기술에 담긴 정보는 (13)이 참게 하는 데에 별 상관이 없는 정보이고 그 때문에 그 정보를 이용해서 그 문장을 일반화하는 데에 도움이 되지 않는 정보이다. 그러나 (13)이 그런 결함을 가지고 있다고 해서 (13)이 올바른 설명이 되지 못하는 것은 전혀 아니다. 우리는 다음과 같이 심지어 기술구 대신 지시 대명사와 같은 직접 지시적인 표현(directly referential expression)을 사용해서 설명 문장을 진술했을 수도 있다.

(14) 그것이 발생했기 때문에 그 화재가 발생했다.

문장 (14)의 '그것'이 기술구적 내용 없이 적절한 특정 사건을 지시하는 데에 성공한다면, 지시된 그 사건이 발생했다는 것을 통해서 그 화재가 발생했다는 것을 설명하는 것은 충분히 올바른 설명일 수 있다. 다만 '그것'에 기술구적 내용이 없기 때문에 (12)와 달리 일반화 가능한 정보를 포함하지 않아서 그 점에서 덜 유용하다고 할 수 있을 것이다. 그런 상대적 결함은 그것이 올바른 설명이 되는 데에 부족하게 만드는 요소는 아니다.

결국 우드워드의 조작가능성 이론은 인과와 설명을 이해하는 데에 있어서 반사실 조건문적 의존 관계의 중요성에 주목한다는 점에서 긍정적인 측면을 가지고 있다고 할 수 있지만, 그의 이론은 개입의 개념에 과도한 중요성을 부여하면서 인과가 무엇인가의 문제에 대해서 엄청나게 복잡한 정의들을 통해서도 제대로 된 분석을 제시하는 데에 실패하고, 인과에 대한 이론에 기반해서 설명에 대한 이론을 구축하고자 하는 과정에서 설명에 대한 적절한 이론에 도달하는 데에도 실패했다고 할 수 있다. 인과적 설명에 있어서 반사실 조건문적 의존 관계가 가지는 중요성은 인과 개념이 아니라 설명적 유관성 즉 '때문에'의 의미에 대한 고찰에 의해서 제대로 드러나게 되고, 그 때에 드러나는 반사실 조건문적 의

존 관계는 개입이나 조작의 개념을 요구하지 않는 보다 단순하고 명백
한 의존 관계이다.

8장
반사실 조건문적 설명 이론에 대한 비판과 응답

1. 들어가는 말

나는 이 책에서 제시하는 설명 이론을 처음 제시한 논문에서 설명 이론의 과제를 설명적 유관성의 조건을 제시하는 것으로 설정하고, 확률적 설명 이론이 이 과제를 달성할 수 없다는 논변을 구성했으며, 이어 대안적 설명 이론으로서 반사실 조건문적 설명 이론을 제안했다.[149] 그 이후의 한 논문에서 고인석 교수는, 그 논문에 담긴 나의 논변과 나의 설명 이론에 대해서 몇 가지 비판을 제기했다.[150]

나는 여기서 고인석 교수의 그 비판들이 나의 입장에 대한 오해들에 기인하거나 반사실 조건문의 의미론이나 그 밖의 사항들에 대해 그가

---

149 선우환 (2001a). 이 설명 이론에 대한 구체적이고 본격적인 구성은 선우환 (2002)과 이 책의 3장에서 이루어졌다. 이 장은 선우환 (2003b)에 기초함.
150 고인석 (2002).

범한 오해 및 오류들에 기인한다는 것을 보이려고 한다. 고인석 교수가 범한 오해들이나 오류들 중 많은 것은, 설명, 반사실 조건문, 이론 변동 등의 주제를 다루면서 우리가 범하기 쉬운 혼동의 일반적인 패턴을 예시하고 있다고 여겨지므로, 그런 오해나 오류를 지적해 논의하는 것은 나의 특정한 논변이나 이론과 상관없이도 그런 주제들에 대해 우리가 다소라도 보다 더 명료하게 사고하기 위한 지침으로서 그 자체로 가치 있는 일이라고 생각한다. 그러나 물론 그런 논의는 나 자신의 입장에 있어 오해받기 쉬운 부분을 보강하고 그것을 더 풍성하고 명료하게 하는 일이기도 하다.

고인석 교수의 비판들에 대한 논의에 들어가기 전에, 우선 그의 비판의 대상이 되는 나의 입장을 다음과 같이 아주 간략히 정리하도록 하겠다.

1) 설명적 유관성의 조건('P이기 때문에 Q이다'가 참일 조건)은 설명적 적합성의 조건('P이기 때문에 Q이다'가 특정한 '왜' 물음에 대한 적합한 대답일 조건)이나 설명적 그럴듯함의 조건('P이기 때문에 Q이다'를 받아들이는 것이 인식적으로 정당화되거나 합리적일 조건)과 구별된다.

2) 확률적 설명 이론이 제시하는 기준은 화자/청자의 배경지식에 의존하는 것일 수밖에 없고, 설명적 유관성의 조건은 (그 진술의 대조집합이 확정되었을 경우) 그 진술의 화자/청자의 배경지식에 의존해서는 안 되므로, 확률적 설명 이론은 설명적 유관성의 조건을 제시할 수 없다.

3) 설명적 유관성의 조건('P이기 때문에 Q이다'가 참일 조건)은 '~P였더라면 ~Q였을 것이다'와 같은 반사실 조건문에 의해 주어질 수 있다.

그러면 이제부터 이런 입장들에 대해서 고인석 교수가 제기하는 비판을 하나씩 검토해 보도록 하자. 그의 비판은 크게 다섯 부분으로 나뉘고, 이에 대해 나도 다섯 부분으로 나누어서 각각의 비판을 검토해 보도록 하겠다.

2. 비인식적 조건으로서의 설명적 유관성의 조건

나는 그 논문에서[151] 'P이기 때문에 Q이다' 형태의 문장이 참일 조건을 '설명적 유관성의 조건'이라 불렀다. 내가 보기에 이 조건을 밝히는 일은 설명 이론의 핵심적 과제(혹은 최소한 그중 하나)이다. 흔히 '설명은 인식적'이라거나 '설명은 우리의 지식에 상대적'이라는 말들이 무엇을 의미하는지에 대해 충분히 명료화되지 않은 채로 그런 말들을 사용하고는 한다. 내가 그 논문에서 하고자 한 것 중 하나는 설명이 화자/청자의 지식에 상대적이라고 할 수 있는 측면이 어떤 면인지를 명료하게 함으로써 설명과 관련된 모든 것이 구분 안 된 채로 무조건 화자/청자의 지식에 상대적인 것처럼 생각하는 일이 발생하지 않도록 하는 것이었다.

이를테면 'P이기 때문에 Q이다'가 특정한 '왜' 물음에 대해 **적합**한 대답일 조건(내가 '설명적 적합성의 조건'이라 부르는)은 명백히 화자/청자의 지식에 상대적이다. 질문자가 이미 알고 있는 (그리고 대답자도 그가 알고 있다는 것을 이미 알고 있는) 정보를 담은 대답은 대개의 경우 질문자의 물음에 대한 적합한 대답이 아니다. 설사 그 대답이 참이라고 하더라도, 질문자가 그 대답에 담긴 정보를 요구하기 위해 질문한 것이 아니라면, 그 대답은 질문에 적합한 대답이 아닐 것이기 때문이다.

---

151 선우환 (2001a). 또한 이 책의 2장.

그러나 이러한 점이 'P이기 때문에 Q이다'가 **참**일 조건이 화자/청자의 지식에 상대적이라는 결론을 자동적으로 함축하지 않는다는 것 또한 분명하다. 'P이기 때문에 Q이다'는 그것이 질문자의 질문에 적합하건 적합하지 않건 참이나 거짓일 수 있다. 그 문장이 참인가의 여부가 특별히 화자/청자의 지식에 상대적이어야 한다는 어떠한 합당한 근거도 찾기 어려운 것 같다.[152] 설명적 유관성의 조건이 비인식적 조건이라고 이야기할 때 내가 의미하는 것은 바로 이러한 것이다.

고인석 교수가 설명은 "인식적 상황에 비추어서 평가될 수 있을 뿐"이라고 하면서 나의 입장을 비판할 때,[153] 그는 내가 설명적 유관성과 설명적 적합성의 구분을 통해 설명에 대한 논의를 명료화하고자 한 노력을 모두 무효화해 버리고, 내가 그 구분을 통해 제거하고자 한 혼란 속으로 다시 뛰어드는 것 같다. 그는 다음과 같이 말한다.[154]

'설명 이론이라면 설명 진술이 참이 되는 **비인식적 조건**을 제시할 수 있어야 한다'는 그의 요구가 기이하게 들리는 것이다. 왜냐하면 어떤 현상을 두고서 구체화되는 '왜' 물음은 그 자체로 당연히 묻는 이의 인식적 상황을 기반으로 할 수밖에 없으며, 설명 즉 '왜' 물음으로 구체화된 요구에 대한 대응 또한 물음을 던진 이의—혹은 과학적 설명의 경우 해당 과학자 집단의—인식적 상황에 비추어서 평가될 수 있을 뿐이기 때문이다.

나는 '왜' 물음이 "묻는 이의 인식적 상황을 기반으로 한다"는 것을 부

---

152 물론 진리 자체가 인식적 개념이라는 특정한 언어철학상의 입장(진리에 대해 비교적 소수파에 속한다고 할 수 있는)을 택하지 않는다면 말이다.

153 고인석 (2002), p. 263.

154 고인석 (2002), p. 263.

정하지 않는다. 나는 또한 '왜' 물음에 대한 대답으로서의 설명이 묻는 이의 "인식적 상황에 비추어서 평가"되어야 한다는 것 또한 부정하지 않는다. 내가 부정하는 것은 그렇게 질문자의 인식적 상황에 비추어서 평가되어야 할 것이 설명 문장의 진위 여부라는 것이다. 질문자의 인식적 상황에 비추어 평가되어야 하는 것은 (나의 용법을 사용해) 설명의 (질문에 대한) 적합성이지 (설명항의 피설명항에 대한) 설명적 유관성이 아니다. 따라서 나의 입장이 고인석 교수가 위의 인용문에서 언급한 것들과 상충한다고 생각했다면 그는 나의 입장을 오해하고 있는 것이다.

고인석 교수가 곧이어 다음과 같은 가상적 대화를 사용해 전개하는 비판도 똑같은 문제를 안고 있다.[155]

> 눈앞의 사과나무에서 잘 익은 사과 하나가 땅바닥으로 툭 떨어졌다.
> 갑: "도대체 사과나무에서 사과는 왜 아래로 떨어지는 건가요?"
> 을: "그것은 지구의 중력 때문입니다. 좀 더 자세히 말하자면 질량을 지닌 물체들 사이에는 서로 잡아당기는 힘이 작용하는데, 그 힘의 크기는 두 질량의 곱에 비례하고 둘 사이의 거리 제곱에 반비례한답니다."
> 갑: "아니, 그걸 누가 모른답니까? 내 말은 왜 지구가 사과를, 다시 말해 질량체와 질량체가 어째서 서로 잡아당기느냐 이 말이지요."
> 을: "......"

고인석 교수는 이 경우에 을의 설명이 "설명으로서 기능했다"고 말할 수 없다고 하고서, 이것을 나의 입장에 대한 반론으로서 제기한다. 그러나 나 역시 을의 설명이 질문자의 인식적 상황에 비추어 볼 때 좋지 않

155 고인석 (2002), pp. 263-264.

은 설명이라고 평가한다. 그리고 고인석 교수와 마찬가지로 을의 설명이 "설명으로서 기능"하지 않았다고 생각한다. 그러나 그것은 "지구의 중력 때문에 사과나무에서 사과가 아래로 떨어진다"라는 설명 문장이 거짓이라는 것을 의미하지는 않는다. 나의 구분에 근거할 때, 한 설명은 참이면서도 특정한 '왜' 질문에 대해 적합하지 않은 대답이라는 이유에서 좋지 않은 설명으로서 평가될 수 있다. 그리고 참인 설명이 꼭 "기능"할 수 있어야 하는 것은 아니다. 어떤 설명이 "기능"한다는 것은 그것이 참이라는 것 외에 정보에 대한 특정한 요구와 관련해 유용성을 가진다는 것까지 포함하기 때문이다. 그리고 이 모든 것은 설명 문장이 참일 조건 자체가 비인식적이라는 것에 대해 어떠한 반론도 구성하지 못한다.

3. 확률적 설명 이론과 비결정론

고인석 교수가 확률적 설명 이론에 대한 나의 반론에 대해 본격적인 재반론을 전개하기 전에, 그는 우선 '확률적 설명 모형'의 범위가 정확히 어떻게 규정되어야 하는지 질문을 하고 일단 '설명항이 확률적 기술을 포함하는 설명의 모형'이라는 대답을 상정한다(p. 265). 내가 그 부분에 대해 해명해야 할 필요성을 고인석 교수가 일깨워 준 점에 대해 크게 환영한다. 다만 고인석 교수가 스스로 제시한 대답은 그 자체로는 명백히 잘못되어 있다. 왜냐하면 어떠한 확률적 설명 이론의 입장에서도 설명항 속에 확률적 기술이 포함되어야 하는 것은 아니기 때문이다. 아마도 고인석 교수가 염두에 두었던 대답은 '설명적 유관성의 조건이 확률적 기술을 포함하게끔 설명적 유관성의 조건을 규정하는 설명 모형' 정도가 될 것 같다. 이렇게 수정했을 때, 고인석 교수가 제시한 대답 역시 일정한 한도 내에서 유용한 대답이라고 생각한다. 그러나 내가 비판의 대상으로 삼은 확률적 설명 이론을 보다 더 정확히 규정하고자 한다면, '설명적 유관성 관계가 성립하는 어떠한 경우에 대한 조건 속에도 확률 부여(혹은 확률적 기술)를 본질적인(essential) 부분으로서 포함하게끔 설명적 유관성 일반의 조건을 규정하는 설명 이론'이라고 할 수 있을 것이다.

내가 비판했던 살먼 이론이나 반 프라센 이론은 모두 이러한 의미에서 확률적 설명 이론이다. 이들의 설명 이론은 확률적 기술을 어떤 특정한 영역의 설명과 관계해서만 설명적 유관성의 조건 속에 포함시키는 것이 아니라, 설명적 유관성이 성립하는 어떠한 경우에 대해서도 사용할 수 있는 일반적 조건 속에 확률적 기술을 그 본질적인 부분으로 포함시킨다. 그러나 확률이 설명적 유관성의 조건 속에 언급됨에도 불구하고 확률적 설명 이론이 아닌 경우도 있을 수 있다. 예를 들어 루이스가 자신의 반사실 조건문적 인과 이론을 비결정론적인 경우에까지 확장하기 위해 그러했던 것처럼,[156] 나 역시 나의 반사실 조건문적 설명 이론을 비결정론적인 경우에까지 확장하기 위해 다음과 같은 확률적 조건을 추가할 수 있다(단, Q가 비결정론적 현상을 진술하는 문장일 경우).

   (C) ~P였더라면, Q가 가졌을 확률이 Q가 현실적으로 가진 확률보다
      낮았을 것이다.

그러나 그렇다고 해서 그 확장된 설명 이론이 곧바로 확률적 설명 이론으로 되는 것은 아니다. 그 설명 이론에서 확률적 기술은 모든 영역의 설명에 대한 설명적 유관성 조건에 본질적으로 필요불가결하게 포함되

---

156 Lewis (1986), 참조.

어야 하는 것은 아니다. 그 이론에서 '때문에'라는 말의 의미는 확률적 개념에 의해 포착되는 것이 아니라, 여전히 반사실 조건문 형식에 의해 포착된다. 결국 내가 비판하는 확률적 설명 이론을 또 다른 방식으로 규정한다면, 그것은 '설명적 유관성 관계에 포함되어야 할 의존의 개념을 조건부 확률 부여에 의해 포착하는 설명 이론'이라고도 할 수 있을 것이다.[157]

이런 의미의 확률적 설명 이론을 염두에 두고서 나의 반론에 대한 고인석 교수의 재반론을 살펴보도록 하자. 나의 반론에서의 한 단계는, 확률적 설명 이론이 제시하는 기준은 화자/청자의 배경지식에 의존하는 것일 수밖에 없다는 것을 보이는 것이었다. 그것을 보이기 위해 나는 확률적 설명 이론에서 사용되는 확률 개념이 무엇인가에 따라 그것에 의해 제시된 기준은 화자/청자의 배경지식에 의존하게 되든가 혹은 설명적 유관성의 **일반적** 조건을 제시하지 못하든가 하게 되어 확률적 설명 이론의 기준으로서 사용될 수 없다는 것이었다.[158]

이 반론에 대해 고인석 교수는 방사성 원소의 붕괴에서와 같이 (양자역학에 의하면) 비결정론적인 현상의 경우에는 확률적 설명 이론이 제시하는 기준 속의 확률이 객관적인 성향으로서의 확률로 이해될 수 있고 따라서 화자/청자의 배경지식에 의존하지 않을 수 있다는 것을 필자의 입장에 대한 그의 비판으로서 제기한다.[159]

나로서는 이것이 나의 반론에 대한 비판으로 제기되었다는 것이 매우 의외이다. 왜냐하면 나는 본래의 논문에서 정확히 객관적 성향으로서 확

---

157   선우환 (2001a)에서 내가 확률적 설명 이론을 처음 도입할 때에도 이미 그것을 이런 의미에서의 이론으로서 도입했다(p. 240 참조).

158   선우환 (2001a), pp. 246-247.

159   고인석 (2002), pp. 265-267.

률이 해석될 경우를 고려했고, 그 경우에는 (화자/청자의 배경지식에 조건이 의존하게 되어서가 아니라) "항상 일반적으로 적용되는 설명적 유관성 조건을 제시할 수 있기를 기대"할 수 없다는[160] 독립적인 이유에서 객관적 성향을 통한 확률 해석이 확률적 설명 이론에서 사용될 수 있는 확률 해석이 아니라고 했기 때문이다. 고인석 교수가 그 구절들을 간과했던 만큼 여기에서 이에 대해 좀 더 해명하는 것이 좋겠다.

앞서 이야기했듯, 나는 심지어 나 자신의 설명 이론에도 비결정론적 현상의 영역과 관련한 한 (성향적으로 해석된) 확률을 포함시키는 데에 아무런 문제를 느끼지 않는다. 그것은 그 확률이 설명적 유관성에 포함되는 의존의 개념을 포착하는 데에 그리고 '때문에'의 의미를 규정짓는 데에 사용되지 않는다는 점에서 그리고 어떠한 영역의 현상과 관련해서도 본질적으로 개입되어야 하는 것으로서 사용되지 않는다는 점에서, 확률적 설명 이론으로 분류되지는 않는다. 성향적으로 해석된 확률 개념은 이와 같이 제한된 방식으로 설명 이론에 사용될 수는 있지만, 설명적 유관성의 일반적 조건(모든 경우에 일반적으로 적용되어야 하는 조건)을 확률로서 제시하는 확률적 설명 이론에 사용될 수는 없다. 왜냐하면 성향적으로 해석된 확률은 존재론적 비결정성을 전제하는 한에서 그리고 그런 비결정성을 지닌 현상들에 한해 적용될 수 있는 확률이기 때문이다.

물론 혹자는 양자역학이 옳다면 **모든** 현상이 궁극적으로 비결정론적이라는 점을 지적하려 할지 모른다. 그러나 설사 그렇다고 하더라도 세계의 모든 현상이 비결정론적이라는 것은 세계에 대한 우연적(contingent) 사실이다.[161] 세계는 결정론적 법칙을 가질 수도 비결정론적

---

160 선우환 (2001a), p. 247.

161 그런 점에서 고인석 (2002, p. 266) 교수가 반 프라센의 다음 말을 인용하고 있다는 것은 아이러니하다: "[오늘날] 지배적인 견해는 세계가 궁극적으로 결정론적인지 혹은 그렇

법칙을 가질 수도 있었다.

'때문에'라는 말의 의미 혹은 그 말을 포함한 문장의 진리 조건이 확률을 통해 규정된다면, 그 확률은 성향적 확률이기보다는 빈도 확률 혹은 주관적 확률이어야 할 것이다. 그리고 그러한 확률을 통해 설명적 유관성의 조건이 규정되었을 경우 그 조건은 화자/청자의 배경지식에 의존할 수밖에 없다는 것을 나는 앞에서 주장했던 것이다.[162]

4. 반사실 조건문적 설명 이론에 대한 반례들?

고인석 교수는 그의 논문에서 나의 반사실 조건문적 설명 이론을 비판하기 위해, 4개의 사례를 필자의 그 이론에 대한 반례로서 제시한다.[163] 그 사례들은 모두 'P이기 때문에 Q이다'와 '~P였더라면 ~Q였을 것이다'의 진리치가 일치하지 않는다는 것을 보여주려고 제시되었다. 만약 그 사례들이 반례들로서 성공적이었더라면, 이 비판은 나의 입장에 대해

지 않은지 하는 문제[자체]가 우연성에 달려 있다."[van Fraassen (1980), p. 105]

162 이런 일반적 논증의 일부분으로서 내가 살먼의 SR 이론에 대해 제기한 반론에 대해, 고인석 교수는 그의 논문 후반부의 한 부분에서 그 반론에 대한 비판적 논의를 전개한다.[고인석 (2002), pp. 276-277] 고인석 교수는 내가 고려한 과학자가 준거집합을 충분히 구획하지 않았다는 점에서 "SR 설명을 충실하게 구현하지" 못했다고 말한다. 그래서 그 과학자가 더 많은 연구 활동을 하면 더 적절한 유관성을 밝혀낼 수 있는 구획을 해낼 것이라고 지적한다. 그러나 SR 설명 이론에 대한 필자의 반론의 핵심은, 그 이론이 설명적 유관성 여부를 그 과학자의 지식 상태에 상대적이게 만든다는 점이었다. 물론 그 과학자가 더 많은 연구 활동을 하면 설명적 유관성 여부에 대해 또 다른 판단을 할 수 있게 될 것이다. 그리고 그 과학자가 연구 활동을 충분히 많이 하게 되면 준거집합의 구획이 단일 사건 단위로까지 세분될 것이고 살먼의 통계적 확률 기준은 더 이상 의미를 갖지 않게 될 것이다.

163 고인석 (2002), pp. 267-272. 이 비판은 고인석 교수가 그의 논문에서 가장 많은 지면을 할애해서 제기하는 비판이다.

아마도 진정으로 효과적인 비판이 되었을 것이다.

그러나 그의 "반례"들은 모두 반사실 조건문의 의미에 대한 오해에서 기인하거나 내가 제시한 설명의 유관성/적합성 구분을 간과하는 것에 기인한다. 각각의 사례를 순서대로 살펴보자.

> (Case 1) A: 성냥이 물에 젖었다. / B: 성냥을 그어댔지만 불이 켜지지 않는다.[164]

고인석 교수는 이 경우에 'A이기 때문에 B이다'는 참이지만, 'A가 아니었더라면 B가 아니었을 것이다' 즉,

> (1) 성냥이 물에 젖지 않았더라면 성냥을 그어대었을 때 불이 켜졌을 것이다.

가 참이 아니라고 본다. 그가 (1)이 참이 아니라고 보는 이유는 성냥을 그었을 때 불이 켜지기 위해 다양한 다른 조건들이 모두 충족되어야 하기 때문이다. 예를 들어 주변의 온도가 섭씨 영하 100도라든가 그곳에 적절한 양의 산소가 없다면 성냥을 그어대더라도 불이 켜지지 않을 것이다.

그러나 그런 이유에서 위의 문장 (1)이 거짓이라고 보는 것은 반사실 조건문의 의미에 대한 오해에 기인한다. 그는 아마도 반사실 조건문의 의미를 엄밀 조건문(strict conditional)과 같은 것으로 생각하는 것 같다. 그러나 (1)은 엄밀 조건문과 달리, 성냥이 물에 젖지 않은 모든 가능

164 고인석 (2002), p. 271.

한 상황에서, 성냥을 그어대었을 때 불이 켜진다는 것을 의미하지 않는다. 반사실 조건문에 대한 표준적 의미론에 따르면,[165] (1)은 성냥이 물에 젖지 않았으면서 현실 세계와 가장 유사한 가능 세계(혹은 가능한 상황)에서, (즉 현실세계처럼 주변의 온도가 실온이고 주변에 적절한 양의 산소가 있는 가능한 상황에서) 성냥을 그어대었을 때 불이 켜진다는 것을 의미한다. 따라서 우리는 고인석 교수가 고려하는 것과 같이 주변의 온도가 섭씨 영하 100도라든가 주변에 적절한 양의 산소가 없는 상황들을 고려해 그 상황에서 반사실 조건문의 후건이 참이 아니라고 해서 그 반사실 조건문 (1)이 거짓이라고 말해서는 안 된다. 그런 가능한 상황들은 (전건이 참인 한에서) 현실세계의 상황과 가능한 한 가장 유사한 상황들이 아니고 불필요한 다른 차이점들을 갖는 상황들이며, 따라서 반사실 조건문의 의미론에서 고려되지 않는 상황들이다.[166] 결국 (1)은 참인 것으로 평가되어야 하고, 그런 한에서 (Case 1)의 A와 B는 같은 진리 조건을 가진다.

(Case 2) A: 성냥이 물에 젖지 않았다. / B: 불이 켜진다.[167]

---

165 Stalnaker (1968)와 Lewis (1973a)에 의해 제시되어 표준적으로 받아들여지는 의미론, 여기서는 보다 복잡한 Lewis (1973a) 대신 더 단순한 Stalnaker (1968)를 사용할 것인데, 그 차이는 여기서의 논지에 영향을 미치지 않는다.

166 물론 고인석 교수는 반사실 조건문에 대한 표준적 의미론에 반대하고자 할지 모른다. 그러나 그가 반사실 조건문에 대해 어떤 의미론을 받아들이건 간에 (1)과 같은 반사실 조건문이 그가 제시한 것과 같은 이유에서 거짓이 되게 하는 의미론을 받아들여서는 안 될 것이다. 왜냐하면 그런 의미론은 반사실 조건문의 의미에 대한 우리의 기본적 직관에 위배될 것이기 때문이다. 예를 들어 '토성이 20세기 말에 붕괴되었더라면, 21세기에는 태양계에 8개의 행성이 남았을 것이다'라는 반사실 조건문은 우리 직관에 입각해 참인 문장이다. 그러나 고인석 교수처럼 이 조건문을 엄밀 조건문처럼 이해하게 되면 이 문장은 거짓이 될 것이다. 왜냐하면 토성이 20세기 말에 붕괴된 모든 가능한 상황들 중에는 다른 행성들도 함께 붕괴한 상황들이나 새로운 행성들이 생성된 상황들도 있을 것이기 때문이다.

167 위의 글, p. 271.

이 경우와 관련해, 고인석 교수는 'A가 아니었더라면 B가 아니었을 것이다'는 참이지만 'A이기 때문에 B이다' 즉,

(2) 성냥이 물에 젖지 않았기 때문에 불이 켜졌다.

는 참이 아니라고 본다. 그는 (2)의 진술에 "참이라는 지위를 부여하는 것은 '때문에'라는 말의 사용과 관련된 우리의 직관과 잘 어울리지 않는다"(p. 721)라고 말한다. 필자는 우리가 정말로 그런 직관을 가지는지 의심스럽게 생각한다. 고인석 교수가 스스로가 그런 직관을 가지고 있다고 여긴다면, 내가 보기에 그것은 (2)와 같은 설명 문장이 대개의 질문 맥락에서 그리고 대개의 질문자의 통상적인 인식적 배경에 비추어 그다지 적합한 대답이 아니라는 것에 기인한다고 여겨진다. 대개의 경우에 질문자는 성냥이 물에 젖지 않았다는 것을 이미 알고 있고, 그 성냥이 그어졌기 때문에 불이 켜진 것인지에 대해 알고자 하는 상황에 있다. 따라서 (2)는 대개의 경우에 (질문에) 적합한 대답은 아니다. 그러나 그렇다고 해서 그것이 (2)를 거짓이 되게 하는 것은 아니다.

우리는 사실 (2)가 적합한 대답의 역할을 하는 예외적인 맥락을 상상해 볼 수도 있다. 예를 들어 어떤 사람이 성냥이 정오에 그어질 것이라는 사실을 이미 알고 있고 거기에다가 그 성냥 주위에 적당한 양의 산소가 있고 등등의 사실을 이미 알고 있다고 하자. 그런데 그는 그 성냥이 물에 젖었을 가능성이 높다고 기대하면서 그것이 과연 물에 젖지 않았는지 혹은 물에 젖었더라도 이미 말랐는지, 여전히 젖어 있는지 등을 알고 있지 못하다. 그러고 나서 정오에 그는 성냥에 불이 켜지는 것을 목격한다. 그는 그 성냥이 물에 젖지 않았기 때문에 불이 켜진 것인지 아니면 그 성냥이 물에 젖었었지만 이미 말랐기 때문에 불이 켜진 것인지 등을

궁금히 여긴다. 그의 인식적 상황을 알고 있는 대화 상대방이 (2)와 같은 대답을 제시한다고 하자. (2)는 그 맥락에서 질문자가 궁금히 여기는 바에 대한 적합한 대답이고 또한 참이기도 한 대답일 것이다.

이렇게 예외적으로 (2)를 적합한 대답이게 하는 맥락에서 (2)가 참이라면, (2)는 통상적인 맥락에서도 비록 부적합한 대답이기는 하지만 여전히 참일 것이다. 어떤 대답이 적합한가의 여부는 그 대답이 어떤 질문에 대한 대답인가에 따라 달라지지만 그 대답이 참인가의 여부는 그 대답이 어떤 질문에 대한 대답인가에 무관하게 일정해야 할 것이기 때문이다.[168]

(Case 3)

A: $s = gt^2/2$, 그리고 지표면 부근에서 중력 가속도는 $9.8m/sec^2$.

B: 100m 높이의 탑 꼭대기에서 자유낙하시킨 돌멩이가 약 5초 뒤 땅바닥에 도달한다.[169]

고인석 교수는 이 경우에 대해, 'A이기 때문에 B이다'가 참이라고 보면서 'A가 아니었더라면 B가 아니었을 것이다'는 참이 아니라고 본다. 그가 그렇게 보는 이유는 "A가 아니었더라도 즉 $s = gt^2/2$라는 관계와 $9.8m/sec^2$이라는 중력 가속도 값 가운데 하나 이상이 거짓이라고 해도

---

168 이러한 사실은 약호(code)가 아닌 방식의 대답들에 대해 일반적으로 성립한다 예를 들어 '이스라엘의 수도는 예루살렘인가?'라는 질문에 대한 약호 대답인 '아니오'는 그 진리치가 어떤 질문에 대한 대답인가에 따라 달라지는데, 그것은 그 약호 대답이 어떤 생략 없는 대답의 약호인가가 질문의 내용에 따라 달라지기 때문이다. 그러나 그런 생략이 없는 대답 —'이스라엘의 수도는 예루살렘이 아니다'와 같은— 은 질문의 내용에 상관없이 참이거나 거짓일 것이다. 이런 문제와 관련해서는 선우환 (2003a) 참조.

169 위의 글, p. 272.

B는 충족될 수 있다"[170]고 보기 때문이다. 예를 들어 만약 $s = gt^2/2$이고 지표면 부근의 중력 가속도가 19.6m/sec^2이라고 해도 B와 같은 결과가 나올 수 있을 것이라는 것이다.

그러나 이렇게 보는 것은 (Case 1)에서와 똑같은 오류를 범하고 있는 것이다. 'A가 아니었더라면 B가 아니었을 것이다'가 참이기 위해서는, A가 아니면서 현실 상황과 거리가 있는 상황들까지를 모두 고려해서 그 상황들 모두에서 B가 아니어야 하는 것이 아니라, A가 아니면서 현실 상황과 가장 유사한 상황에서 B가 아니어야 하는 것이 요구될 뿐이다.

따라서 이 경우에도 반사실 조건문의 의미를 제대로 이해하면 반사실 조건문적 설명 이론에 대한 반례가 성립하지 않는다고 할 수 있다.

(Case 4)
갑: "삼풍백화점 건물은 왜 붕괴했지요?"
을: "그것이 건축되었기 때문이지요."
갑: '싱거운 사람 같으니…'[171]

고인석 교수는 '삼풍백화점이 건축되지 않았더라면 그것은 무너지지 않았을 것이다'는 참인 문장이라고 보면서, 을의 대답은 "좋지 못한" 대답이라고 말한다.[172] 그러나 이 경우에도 우리는 (Case 2)에서와 같이,

---

170　위의 글, p. 272.
171　위의 글, p. 268. 이 사례에 대해서는 고인석 교수가 사례 번호를 달지는 않았으나 편의 상 이를 '(Case 4)'라고 부른다.
172　사실 이 사례는 필요조건 분석이나 반사실 조건문 분석이 인과 관계에 대한 올바른 분석 이 아니라는 논거로서 흔히 제시되는 종류의 예이다[Mackie (1980) 참조]. 이런 사례를 다루는 데 있어서 인과에 대한 반사실 조건문 분석보다 설명에 대한 반사실 조건문이 더 나은 처지에 있다고 생각한다. 이런 사례에 대한 논의로 4장의 논의를 참고하라.

을의 대답이 좋지 못한 대답이라는 것을 인정하면서도 을의 대답이 거짓이라고 받아들일 필요는 없다. 즉 이 대답은 대개의 맥락에서 제기되는 질문에 대해 **적합하지 않은** 대답이라는 이유에서 좋지 못한 대답이라고 이해될 수 있다. 그리고 그것은 그 대답이 **거짓**이라는 것을 의미하지는 않는다.

우리는 '삼풍백화점이 건축되었기 때문에 그것은 무너졌다'가 적합한 대답의 역할을 하는 예외적인 맥락을 상상해 볼 수도 있다. 23세기의 사람들이 무슨 이유에서인지 '삼풍백화점이 건축된다면 그것은 심하게 부실한 구조로 이루어질 것이다'와 '심하게 부실한 구조로 이루어진 건축물은 수년 내에 붕괴할 것이다'와 같은 직설법 조건문(indicative conditional)들이 참이라는 것을 매우 확실하고 당연하게 알고 있다고 하자. 그들은 그러나 삼풍백화점이 실제로 건축되었다는 것은 알지 못하면서 그런 부실 건축물인 삼풍백화점이 실제로 건축될 리 없다고 추측한다. 그러다가 그들 중 한 사람이 낡은 신문더미 속에서 삼풍백화점이 실제로 건축되었고 또한 그것이 붕괴되었다는 점을 발견한다. 그는 그 맥락에서 적합하게 "맙소사, 그런 건축물이 건축되었으니 그것이 붕괴했지"라고 말할 수 있는 것 같다.

내가 이야기하고자 하는 것은 '삼풍백화점이 건축되었기 때문에 그것이 무너졌다'가 적합성을 갖지 않는 대개의 맥락에 있어서도 그것이 거짓이라고 말할 필요는 없다는 것이다. 그것은 단지 맥락에 적합하지 않은 "싱거운" 설명일 뿐이다.

따라서, 우리는 고인석 교수가 반례로서 제시한 사례들 중 어떠한 것도 내가 제시한 반사실 조건문 설명 이론에 대해 심각한 위협이 되지 않는다고 결론 내릴 수 있다. (Case 1)과 (Case 3)와 관련해서는, 반사실 조건문의 의미론에 보다 더 주의를 기울이면, (Case 2)와 (Case 4)와 관런해서는, 참의 문제와 적합성의 문제를 구분하면, 그 사례들이 반사실 조건문 설명 이론에 의해 포용될 수 있다는 것을 이해할 수 있다.

5. 완전한 설명의 개념

고인석 교수가 이른바 '완전한 설명'의 개념과 연관해서 전개하는 논의들은,[173] 그가 그 논의들을 반사실 조건문 설명 이론에 대한 비판으로서 의도했다면, 그것을 크게 오해하고 있다고 할 수 있다. 그는 예를 들어 다음과 같이 말한다.

> 하지만 만약 이 세계가 결정론적인 구조를 지녔다고 가정한다고 해도 피설명항 자리에 오는 문제의 그 사건이 일어날 수밖에 없도록 만든 원인적 요소를 빠짐없이 열거한다는 것은 우리에게 원리적으로 불가능한 일이며, 그런 의미에서의 '완전한 설명'이란 우리가 의미 있게 사용할 수 있는 개념이 아니다.[174]

반사실 조건문 설명 이론을 옹호하는 필자는 고인석 교수가 의미하는 '완전한 설명'의 개념을 받아들이지도 않았고 받아들여야 할 필요도 없다. 사실 그런 의미에서의 '완전한 설명'의 개념은 설명에 대한 충분조건 이론들에 있어서나 요구되는 개념이다. 설명에 대한 충분조건 이론을 받아들일 경우, 예를 들어 성냥을 그었다는 것 하나만으로는 성냥에 불이

---
173 고인석 (2002), pp. 269-270, pp. 273-274.
174 위의 글, p. 270.

붙었다는 것에 대해 충분조건이 되지 못하고 설명이 아니라고 해야 할 위험에 빠진다. 충분조건 이론을 받아들이는 사람들의 통상적인 해결책은, '성냥을 그었다'는 것은 실제로는 "그 사건이 일어날 수밖에 없도록 만든 원인적 요소들을 빠짐없이 열거한" '완전한 설명'의 일부분일 뿐이라고 말하는 것이다. 그리고 충분조건을 이루게끔 확장된 조건만이 완전한 설명이라 할 수 있다는 것이다. 그러나 반사실 조건문적 설명 이론에 있어서는 '성냥을 그었기 때문에'와 같은 설명이 이미 하나의 완전한 설명이며 그것을 완성하기 위해 다른 조건들을 "빠짐없이 열거"할 필요가 없다. 물론 '성냥이 말라 있었기 때문에'와 같은 설명도 또 하나의 "참인" (그러면서 어떤 맥락에서는 적합할 수도 있는) 설명이라 할 수 있을 텐데, 그렇다고 해서 우리가 그런 참인 설명들을 모두 빠짐없이 열거해야 하는 것은 아니다. 각각의 설명들이 모두 나름대로 완결된 설명들이기 때문이다. 우리는 수많은 참인 설명들 중 각각의 맥락에서 요구되는 설명을 골라서 사용할 수 있다. 우리는 그런 설명들의 목록을 완성해야 할 책임을 지니지는 않는다.

고인석 교수가 왜 그의 이른바 '완전한 설명'을 가지기 어렵다는 것이 반사실 조건문적 설명 이론에 대해 비판이 된다고 보았는지는 수수께끼이다. 그가 곧이어 말하는 것으로 보아, 그는 아마도 반사실 조건문적 설명 이론이 '설명'을 '인과'라는 측면에서 규정하는 것이기 때문에, 반사실 조건문적 설명 이론이 '완전한 설명'의 개념을 받아들여야 한다고 생각한 듯하다. 그렇다면 그가 제시하는 근거는 참이 아니고 또 그 근거가 참이라고 하더라도 그것은 그의 결론을 뒷받침하지도 않는다.

'설명'을 '인과'와 같은 것으로 보는 이론이 '완전한 설명'을 요구한다고 하는 것은, 충분조건적 설명 이론과 충분조건적 인과 이론을 받아들일 때에나 성립할 수 있는 이야기이다.[175] 그리고 보다 더 중요하게, 반사실 조건문적 설명 이론은 '설명'을 '인과'라는 측면에서 규정하는 이론이 **아니다**. 그는 "필자[고인석 교수]가 보기에 설명, 더구나 과학적 설명의 개념과 설명의 타당성 여부를 인과 관계에 대한 규정으로부터 출발해서 규정해 보려는 것은 별로 그럴듯하지 못한 생각이다."[176]라고 말하고 있는데, 이러한 구절은 반사실 조건문적 설명 이론이 '설명'을 '인과'에 대한 규정으로부터 출발해 규정하는 이론이라고 보고 있다는 것을 분명하게 보여준다. 그가 이렇게 보는 이유는 아마도 내가 '모든 설명은 인과적 설명이다'라는 전제하에서 루이스의 반사실 조건문적 인과 분석을 '설명'에 적용한 것이라고 추측했기 때문일 것이다.

그러나 나는 그런 전제를 받아들이지 않고 '설명'을 '인과'에 동화시키지도 않는다. 나는 오히려 반사실 조건문적 접근이 '인과'에 대해서보다도 '설명'에 대해서 더 적합하다고 보기 때문에 (즉, '야기하다'에 대한 분석으로서보다 '때문에'에 대한 분석으로서 더 적합하다고 생각하기 때문에) 반사실 조건문적 설명 이론을 받아들이고 있는 것이다. 나는 반사실 조건문적 인과 분석에 대해 제기되는 많은 문제들이 반사실 조건문적 설명 이론에 대해서는 제기되지 않고, 또한 목적론적 설명이나 그 밖의 비인과적 설명들도 마찬가지로 반사실 조건문으로 취급될 수 있다고 생각한다.[177] 따라서 고인석 교수의 비판은 추측에 근거한 오해에 기반을 두고 있다고 할 수 있다.

---

175   그런 두 이론을 받아들일 경우에, '원인'은 존재론적 개념이고 그리하여 충분조건이 되게 하기에 필요한 조건들을 모두 망라한 전체가 되고, '설명'은 화용론적/인식론적 개념이어서 그 충분조건 중 맥락에 적합한 조건을 선택해서 서술한다는 식의 (다소 진부하게 이루어지는) 이야기를 할 수 있게 된다. 그럴 경우 '설명'을 '원인'과 같은 것으로 보기 위해서는, '설명' 역시 충분조건이 되게 하기에 필요한 조건들을 모두 망라해야 할 것이다.

176   위의 글, p. 270.

177   이에 대한 구체적인 논의는 4장을 참조.

고인석 교수는 그의 논문의 뒷부분에서 '완전한 설명'을 또 다른 의미로 사용하면서, 또 다시 허수아비를 공격한다.[178] 그는 이번에는 설명항 자체에 대해 다시 설명을 요구하며 언제까지이고 다시 물음의 대상으로 삼는 것을 '완전한 설명'의 이상(理想)으로 보면서, 나의 입장이 그런 이상을 추구하는 것인 듯 그런 이상이 공허하다는 것을 누누이 상기시킨다. 그는 '어째서 질량을 지닌 것들 사이에는 서로 당기는 힘이 작용하는 것인가?'라는 물음이 뉴턴 역학에 대해 제기되었다가 패러다임의 전이와 함께 그 물음이 사라져버렸다는 예를 들면서, 설명에의 요구가 패러다임적 기반 위에서 일어난다는 것을 지적한다.

그러나 반사실 조건문 설명 이론은, 설명항에 대해 항상 다시 설명을 요구해야 하는가의 문제에 대해 중립적이다. 반사실 조건문 설명 이론은 단지, 각각의 특정한 요구들에 대한 대답으로서 제시된 설명들에 대해 그것들이 참일 경우가 어떤 경우인지를 규정하는 이론이다. 그리고 반사실 조건문 설명 이론을 받아들이는 사람은 설명의 요구가 패러다임적 기반 위에서 일어난다는 등의 이야기에 대해 부정해야 할 아무런 이유가 없다. 사실 반사실 조건문 설명 이론의 옹호자는 패러다임의 전이에 따라 한때 제기되는 것이 적합했던 '왜' 질문이 더 이상 제기되지 않을 수 있다는 것을 얼마든지 받아들일 수 있다. 그리고 그것에 따라 '왜' 질문에 대한 대답으로서 적합했던 설명이 더 이상 (어떠한 '왜' 질문에도) 적합하지 않게 될 수 있다는 것도 받아들일 수 있다.[179]

---

178 고인석 (2002), pp. 273-274.
179 물론 그 설명 문장이 참인가의 여부는 패러다임에 의존하는 문제라고 생각하지는 않는다.

6. 과학 이론의 변동과 올바른 설명

고인석 교수가 나의 논문에 대해서 제기하는 마지막 비판은, 나의 입장
에 설 때 과학 이론이 언제나 수정 가능하고 변동 가능하다는 사실을 수
용하기가 힘들다는 것이다. 그는 다음과 같이 비판을 제시한다:

> 그런데 이렇게 두 사람[김유신 교수와 선우환]이 공유하는 입장이 함축하는
> 바는 '한번 올바른 설명은 영원히 올바른 설명'이라는 결론이다. 올바른 설
> 명인가 그렇지 않은가가 '현재 우리가 최선의 이론이라고 수용하고 있는
> 것'의 관점에서가 아니라 단적으로 '참된 이론(혹은 지식)'의 관점에서 즉
> 영원의 상(相)하에서 결정되며 또 그래야 한다고 말한다면, 과연 우리는
> 자연현상들 그리고 우리 주변의 다양한 사건들에 대한 '올바른 설명'을 얼
> 마나 갖고 있다고 말할 수 있을까?
> 굳이 이른바 비관적 메타 귀납(pessimistic meta-induction)을 끌어들이지
> 않더라도, 그리고 굳이 과학의 역사를 근본적으로 혁명의 역사로 파악하
> 지 않더라도, 과학 이론이 언제나 잠정적인 지위를 지닌다는 것 그리고 수
> 정 가능한 기반 위에 위치한다는 것은 과학에 대한 건전한 철학적 상식에
> 해당한다. 그렇다면 그와 같은 방식으로 명시되지는 않았지만 결국 영원
> 의 상 아래에서의 올바른 설명을 염두에 두고 있는 선우환 교수의 입장보
> 다, 비록 근본적인 과학 변동의 가능성을 적극적으로 고려하진 않았지만
> '주어진 문제와 관련된 맥락 속에서 현재 과학 지식으로 받아들여지고 있
> 는 것'의 토대를 염두에 두고 있는 스크리븐의 시각이 과학적 설명에 대한
> 더 타당한 관점이라고 생각된다.[180]

---

180 위의 글, pp. 277-278.

실제로 나는 "과학 이론이 언제나 잠정적인 지위를 지닌다는 것 그리고 수정 가능한 기반에 위치한다는 것"이라는 상식을 진심으로 받아들인다. 한편으로 나는 고인석 교수가 말한 대로 "한번 올바른 설명은 영원히 올바른 설명"이라는 결론(비록 오해의 소지가 있지만)을 받아들일 준비가 되어 있다. 고인석 교수는 아마도 이 두 믿음이 서로 갈등을 일으킨다고 생각하는 듯하다. 그러나 그것은 전연 그렇지 않다.

과학 이론이 변동한다는 상식은 다음과 같은 논제로 표현될 수 있다.

(A) 한 시점에 (참인 것으로) 받아들여진 과학 이론이 나중 시점에 더 이상 (참인 것으로) 받아들여지지 않는 경우가 많이 있다(혹은 그런 경우가 대부분이다).

이 논제와 충돌하는 논제는 다음이다.

(B) 한 시점에 (참인 것으로) 받아들여진 과학 이론은 어떠한 다른 시점에도 (참인 것으로) 받아들여진다.

그러나 이 논제는 다음의 논제와 구별되어야 한다.

(C) 한 시점에 참인 과학 이론은 어떠한 다른 시점에도 참이다.

(B)와 달리 (C)는 (A)에 의해 반박되거나 개연성이 약화되거나 하지 않는다. (C)를 반박하는 경우가 있다면 그것은 (C)에서 언급된 과학 이론들이 지표적(indexical) 용어나 시제 표현들을 포함하고 있어 각 시점에 서로 다른 명제를 표현하는 경우일 것이다. 그래서 '현재 태양계의 행

성은 9개이다'와 같은 문장은 21세기에는 참이지만 토성이 붕괴하고 난 30세기(그렇게 가정하자)에는 거짓일 수 있다. 그러나 그런 일이 일어나지 않도록 과학 이론을 시제와 지표적 용어 없이 정식화했을 경우, (C)는 언뜻 거창해 보이지만 실은 당연하고 사소하게 성립하는 주장이다. 그것은 단지 그 문장들이 특정한 시점에 상대적이지 않게 참이라는 것을 의미할 뿐이다. 그 논제가 비판되는 어떤 다른 경우가 있다 하더라도 그것은 명백히 (A) 논제에 의해서일 수는 없다.

그리고 나의 입장으로부터 귀결된다고 한 "한번 올바른 설명은 영원히 올바른 설명이다"라는 결론은 다음의 논제를 의미한다.

(D) 한 시점에 참인 설명은 어떠한 다른 시점에도 참이다.

과학 이론에 대해 (C)와 같은 논제를 받아들인다면 설명에 대한 (D)와 같은 논제를 받아들이지 말아야 할 아무런 이유가 없다.

흥미롭게도 고인석 교수는 위의 인용문에서 '현재 우리가 최선의 이론이라고 수용하고 있는 것'의 관점과 '참된 이론'의 관점을 구분하면서, 올바른 (참인) 설명 여부가 후자보다는 전자의 관점에서 결정되어야 한다고 보고 있다. 만약 그 구분을 그가 받아들인다면, 어떤 것이 참인 설명인지 여부가 참인 이론의 관점에서 규정되어야 한다는 것이 왜 잘못이라고 생각하는지 알기 어렵다. 그러고 나서 어떤 것이 '현재 우리가 최선의 설명이라고 수용할 만한 것'인지 여부를 '현재 우리가 최선의 이론이라고 수용할 만한 것'에 의해 결정해야 한다고 말하는 것이 더 적절하지 않은가?

나의 관점에서 볼 때는 고인석 교수의 입장이 오히려 과학 이론이 늘 변동한다는 (A) 논제와 조화를 이루기가 더 어려울 것으로 보인다. (A)

논제가 드러내는 것은 '현재 우리가 최선의 이론이라고 수용하고 있는 이론'도 거짓인 것으로 판명될 가능성이 많다는 사실이다. 그런데 고인석 교수는 어떤 것이 참인 설명인지가 '현재 우리가 최선의 이론이라고 수용하고 있는 이론'에 의해 결정되어야 한다는 것을 시사하고 있다. 거짓인 것으로 드러날 가능성이 많은 이론을 기준으로 해서 참인 설명이 무엇인지가 규정되어야 한다는 것은 받아들이기가 어렵다. 나의 입장에서는, '현재 우리가 최선의 이론이라고 수용하고 있는 이론'조차도 거짓일 수 있다는 바로 그 이유에서, 우리는 어떤 것이 단적으로 참인 설명인지를 현재 우리가 수용하는 최선의 이론의 관점에서 규정할 수 없다고 하는 것이다.

아마도 고인석 교수가 '올바른 설명'이 '현재 우리가 최선의 이론이라고 받아들이고 있는 이론'에 의해 결정되어야 한다고 말할 때, 어쩌면 그는 '올바른 설명이라고 우리가 받아들일 만한 설명'이 그러한 이론에 의해 결정되어야 한다는 것을 의미하는 것인지도 모른다. 만약 그렇다면 그는 나의 입장에 상반되는 어떠한 주장도 하고 있는 것이 아니다. 나는 '올바른 설명이라고 우리가 받아들일 만한 설명'의 개념을 인식론적 개념인 '그럴직한(plausible) 설명'이라고 부르면서 이미 이전 논문에서 도입했었고,[181] 이론의 변동에 따라 한때 그럴직했던 설명이 나중 시점에 더 이상 그럴직하지 않게 되는 경우도 얼마든지 수용할 수 있다.

지금까지의 논의들을 통해 고인석 교수가 제시한 비판들이 어떤 오해들에 기인하고 있는지를 알게 되었고, 최소한 그런 몇 가지 오해를 이해하고 제거함으로써 설명과 반사실 조건문 등의 주제들과 관련해 약간이나마 보다 더 명료한 사고를 위한 길에 들어섰다고 생각한다.

---

[181] 선우환 (2001a).

9장
과정 연결적 인과 이론에 대한 비판

1. 살먼과 다우의 과정 연결적 인과 이론

인과 개념이 살먼과 다우의 과정 연결적 이론에 의해서 이야기되는 것과 같은 방식으로 일원론적으로 이해될 수 있는가? 모든 원인과 결과는 물리적 과정으로 연결되어 있어야 하는가? 나는 앞의 4장에서 살먼과 다우의 과정 연결적 인과 이론에 기반을 둔 설명 이론 또는 '때문에' 문장에 대한 이론이 가진 근본적 문제에 대해서 이야기했다. 그 이론은 분명히 〈때문에〉 개념에 대한 이론으로서는 옳지 못하다. 우리의 일상적인 〈때문에〉 개념이 그런 물리학적 개념들과 이론들을 전제하고 있을 수는 명백히 없기 때문이다. 또한 그것은 일상적인 〈때문에〉 개념이 적용되는 다양하면서도 서로 공통적인 구조를 가지고 있는 사례들에 모두 적용되기에는 너무 협소하다. 그렇다면 살먼과 다우의 과정 연결적 이론은 인과 개념 자체에 대한 이론으로서는 받아들일 만한가? 이 문제와 관련해서 특히 둘 중 더 발전된 형태의 이론인 다우의 이론을 중심으로 보다 본격적으로 살펴보도록 하자.

다우는 다음의 두 개념을 정의하고 그의 인과 이론에서 중요하게 사용한다.[182]

CQ1. 인과적 과정(causal process)은 보존량(conserved quantity)을 소유하는 대상의 세계선(world-line)이다.

CQ2. 인과적 상호작용(causal interaction)은 보존량의 교환을 포함하는 세계선들의 교차(intersection)이다.

보존량(conserved quantity)은 보존법칙에 의해 보존되는 양이다. 현대 물리학에 의하면 질량에너지, 전하, 선형 운동량 등이 그런 보존량의 예들이다.[183] 세계선(world-line)은 한 대상의 역사에 상응하는 시공점들의 집합이다.[184]

인과적 과정(causal process)인 세계선이 인과적 과정이 아닌 세계선과 구분되는 것은 그 과정을 통해서 보존량이 전달된다는 점에 있다.[185] 헤

---

182 Dowe (2001), p. 90, Dowe (2004), p. 190.

183 Dowe (2001), p. 91. 즉 질량에너지 보존법칙, 전하 보존법칙, 선형 운동량 보존법칙 등에 의해 그런 양들의 보존이 성립한다.

184 Dowe (2001), p. 90. 물리학에서 주로 사용하는 개념인 세계선은 대개 민코프스키 (Minkowski)의 시공 다이어그램을 통해서 표상된다.

185 '보존량이 전달된다'라고 표현한 것은 '인과적 과정'의 개념으로 다우보나는 살먼의 기준을 사용한 것이다[Salmon (1994) 참조]. 다우의 경우에는 '보존량이 소유된다'고 하는 표현만으로도 '보존량이 전달된다'라는 더 강한 조건에 의해 포함시키고자 하는 내용을 충분히 담을 수 있다는 것을 옹호하기 위한 논증을 한다[Dowe (2001) pp. 98-101]. 나는 (개인적으로는 다우의 논증보다는 살먼의 반론이 더 설득력이 있다고 생각하지만) 과정 연결적 이론 내에서의 이와 같은 논쟁에 참여할 필요는 없을 것이다. 나는 이 책에서 이 둘 사이의 차이와는 상관없는 보다 근본적인 쟁점에 대해서 다룰 것이기 때문이다.

드라이트를 켠 자동차가 지나가면서 벽에 비치는 빛이 움직여 지나갈 때 그 빛이 움직여 지나가는 궤적은 인과적 과정이 아닌데, 이는 그 궤적을 따라 질량에너지이건 운동량이건 전하이건 보존량이 전달되지 않기 때문이다. 자동차 자체의 움직임의 궤적에 해당하는 세계선이나 자동차의 헤드라이트로부터 벽까지 빛의 움직임의 궤적은 인과적 과정에 해당하는데, 이는 그 궤적을 따라 질량에너지가 전달되기 때문이다.

둘 이상의 과정 즉 세계선이 시공적으로 중첩되는 것이 교차(intersection)이다. 인과적 상호작용(causal interaction)은 둘 이상의 과정이 교차하는 시공점에서 보존량을 주고받는 경우이다. 예를 들어 두 개의 공이 날아가는 궤적 각각에 대응하는 세계선은 인과적 과정인데, 그 두 공이 충돌하는 지점에서 두 인과적 과정이 교차할 뿐 아니라 서로 선형 운동량을 주고받아 인과적 상호작용이 발생한다. 또한 공이 날아가 유리창이 깨지는 경우도 공의 인과적 과정과 유리창의 인과적 과정이 교차하며 인과적 상호작용이 발생하는 예가 된다.

단순한 형태의 과정 연결적 이론은 다음과 같은 입장이다.

(PT) 사건 c가 사건 e의 원인이다 iff c와 e가 인과적 과정들과 인과적 상호작용들의 연속적인 선에 의해 연결되어 있다.

예들 들어, 철수가 공을 던지고 그 공이 날아가 유리창을 깨뜨리고 깨진 유리창 조각이 떨어져 그 아래에 있던 순이가 다쳤다고 하자. 그러면 철수가 공을 던진 사건 c와 공과 유리창이 충돌하여 유리창이 깨지는 인과적 상호작용 d 사이에 공이 날아가는 인과적 과정 p_1이 있고, 공과 유리창이 충돌하여 유리창이 깨지는 인과적 상호작용 d와 순이가 유리 조각에 맞아 다치는 사건 e 사이에는 유리 조각이 떨어지는 인과적 과정

p_2가 있다. 결국 철수가 공을 던진 사건 c와 순이가 다치는 사건 e는 인과적 과정 p_1, 인과적 상호작용 d, 인과적 과정 p_2의 연속적 선으로 연결되어 있기에, c와 e는 인과 관계에 있다는 것이다. 인과적 과정들과 인과적 상호작용들의 연속적인 선 자체를 넓은 의미에서의 '인과적 과정'이라 부를 경우, 보다 간단히 이야기하자면, 사건 c가 사건 e의 원인이기 위한 조건은 c와 e가 인과적 과정에 의해 연결되어 있다는 것이 된다. 간략한 표현을 위해서, 앞으로는 (PT)의 우변 조건을 간단히 'c와 e가 인과적 과정에 의해 연결되어 있다'고 표현할 것이다.

다우는 (PT)의 우변 조건이 인과 관계에 대한 필요조건이라고는 생각하지만 충분조건이라고 생각하지는 않는다. 두 사건이 인과적 과정에 의해 연결되어 있다고 해서 반드시 인과 관계를 가지는 것은 아니라는 것은 명백하다. 파피누(D. Papineau)의 예를 사용해서 말하자면, 아이가 어릴 때 뚱뚱한 것과 그가 성인이 되어서 마른 것은 인과적 과정에 의해서 연결되어 있지만 그 두 사건 사이에 인과 관계가 있는 것은 아니다.[186] 다우는 바로 이런 이유로, (PT)의 조건은 확률을 고려하는 추가적인 반사실 조건문적 조건에 의해서 보충되어야 한다고 본다.[187] 즉 (PT)의 과정 연결적 조건과 확률적인 추가 조건이 인과 관계에 대한 필요충분조건이 된다는 것이 다우의 최종적인 이론 내용이다.

그러나 다우는 (PT)의 우변 조건이 인과 관계에 대한 필요조건이라고 하는 것에 대해서는 의심하지 않는다. 결국 사건 c와 사건 e가 인과적 과정에 의해 연결되어 있을 경우에만 c와 e가 인과 관계에 있을 수 있다는

---

186 Papineau (1989), 참조.

187 Dowe (2001), pp. 146-167 참조. 그가 제시하는 추가적 조건은 chcp(E) 〉ch-cp(E)이다. 즉 c로부터 과정 p로 연결되어 있을 경우의 e의 객관적 확률(chance)이 과정 p로 연결되어 있지 않았을 반사실적 경우의 e의 객관적 확률보다 더 높다는 반사실 조건문 조건이다.

생각이 과정 연결적 인과 이론의 핵심에 있다고 할 수 있다. 과정 연결적 이론에서 받아들여지는 모든 인과적 과정은 물리적 과정이므로, 이는 사건 c와 사건 e가 물리적 과정에 의해 연결되어 있을 경우에만 c와 e가 인과 관계에 있을 수 있다는 것을 함축하기도 한다. 그러므로 우리는 과정 연결적 이론의 핵심 논제를 평가하기 위해서 '인과적 과정'과 같은 그 이론에 특유한 개념을 반드시 사용할 필요는 없다.

(PT′) 사건 c와 사건 e가 물리적 과정에 의해 연결되어 있을 경우에만, c와 e가 인과 관계에 있을 수 있다.

위의 논제를 반박하기만 하면, 과정 연결적 인과 이론의 핵심 논제를 비롯해서 다우의 최종 이론 등이 반박된다고 할 수 있기 때문이다.

2. 과정으로 연결되지 않은 인과의 문제

과정 연결적 인과 이론의 핵심적 논제인 (PT′)에 대한 중요한 반례들이 존재한다. 그것은 바로 누락 인과, 방지, 이중 방지 등의 사례들이다.

(1) 정원사가 물을 주지 않은 것이 그 꽃이 시든 것의 원인 중 하나이다.
(2) 그 성공적인 수술이 그 환자가 죽지 않은 원인 중 하나이다.
(3) 레이더가 작동하지 않은 것이 적기를 탐지하지 못한 원인 중 하나이다.
(4) 테러리스트가 등대를 폭파한 것이 그 선박의 충돌 원인 중 하나이다.

누락 인과(causation by omission)의 경우인 (1)에서 그 정원사가 물을 주지 않은 것은 특정한 시공간에서 발생하는 하나의 사건이 아니라 어떤 유형의 사건이 부재하는 것이다. 즉 원인이 사건 자체라기보다는 사건의 부재이다. 이 경우 두 시공간에 위치한 원인과 결과를 연결하는 물리적 시공간 과정이 존재한다고 보기는 어렵다. 방지(prevention)의 경우인 (2)에서는 그 환자가 죽지 않은 결과가 사건 자체라기보다는 사건의 부재이다. 이 경우에도 두 시공간에 위치한 원인과 결과를 연결하는 물리적 시공간 과정이 존재한다고 보기는 어렵다. 누락에 의한 방지(prevention by omission)의 경우인 (3)에서는 그 레이더가 작동하지 않은 원인과 적기를 탐지하지 못한 결과가 모두 사건이 아니라 사건의 부재이다. 이 경우에도 두 시공간에 위치한 원인과 결과를 연결하는 물리적 시공간 과정이 존재할 수는 없을 것이다. 그리고 (4)가 참이 되는 이유가 다음과 같다고 하자. 어두운 해협을 통과해야 하는 선박이 충돌을 피하기 위해서는 등대의 불빛이 필요했는데, 어떤 테러리스트가 그 등대를 폭파시켰고 그 결과 너무나 어두워진 해협에서 등대가 있는 절벽에 선박이 충돌했다. 이 경우 (4)의 경우는 이중 방지(double prevention) 즉 방지에 의한 방지(prevention by prevention)의 경우에 해당한다. 즉 선박의 충돌을 막아주었을 등대의 점등을 그 테러리스트의 그 등대 폭파가 막은 것이다. 이 경우 그 테러리스트가 등대를 폭파한 원인과 그 선박의 충돌이라는 결과가 모두 구체적 시공간에 위치한 긍정적인 사건들이기는 하지만, 이 경우에도 원인과 결과가 반드시 물리적 시공간 과정에 의해서 연결되어 있다고 할 수는 없다. 그런 시공간적 연결 없이도 그 테러리스트가 등대를 폭파한 것이 그 선박의 충돌 원인 중 하나일 수가 있다. 그러므로 물리적 과정에 의해 연결되어 있지 않으면서도 직관적으로 인과 관계라고 판단할 수 있는 경우들이 존재한다.

이런 반례들에 대한 다우의 대응은 기본적으로 이런 직관에 대해서 의심하는 것이다. 이와 같은 대응을 위한 전략 중 하나는 직관으로부터의 논증이 일반적으로 믿을 만하지 않다고 지적하는 것이다.

> 그러나 이른바 명확한 직관에 단순히 호소하는 논증들에 대해서는 의심을 가지고 다루어야 한다. 코페르니쿠스의 이론이 광범위하게 받아들여지기 전에는 "우리의 명확한 직관은 태양이 떠오른다는 것이다"라고 누군가 말했을 수도 있다.[188]

그러나 두 경우 사이의 유비는 적절하지 않다. 코페르니쿠스의 지동설 이론과 같이 관찰과 실험에 의해 경험적으로 평가해야 할 자연과학 이론에 대해서 태양이 떠오른다는 일상적 직관에 호소해서 반박하는 것은 옳지 못하지만, 인과 개념에 대한 이론과 관련해서 개별 사례들에 대한 우리의 개념적 직관이 중요한 데이터로 사용되어야 한다는 것은 당연하다. '원인'이라는 단어의 의미에 대한 이론은 그 단어의 사용자의 언어적 직관을 무엇보다도 존중해야 한다. 누락 인과, 방지, 이중 방지 등의 개별적 사례들에 대해서 언어 사용자인 우리가 인과 개념을 적용하는 직관을 가진다는 것은 그런 사례들을 인과에서 배제하는 개념적 이론에 대해서 반례를 제공하는 것이다. 이런 반례를 단순히 무시하는 것은 마치 인식론에서 지식에 대한 전통적 분석에 대한 반례를 제공하는 게티어(Gettier)의 사례들을 단순히 무시해 버리고서 지식에 대한 전통적 분석을 고수하는 것과 더 비슷하다.

지동설이나 천동설과 같은 경험적 이론을 평가하는 데에 사용되는 개

---

188   Dowe (2004), p. 190.

별 관찰들에서 오류가 있을 수 있는 것과 마찬가지로, 지식에 대한 분석이나 인과에 대한 분석과 같은 개념적 이론을 평가하는 데에 사용되는 개별 직관들에서도 오류가 있을 수 있다. 따라서 관찰이건 직관이건 그것을 오류불가능하고 신성한 것으로 간주해서는 안 된다. 그러나 어떤 특정한 관찰이나 직관에 오류가 있다는 것을 주장하려면 왜 그런 오류가 생겼는지 설명할 수가 있어야 하고 그런 관찰이나 직관을 오류로 판정하기 위한 다른 관찰이나 직관에 근거한 논증들이 있어야 한다.

그러므로 직관으로부터의 논증 일반에 대해서 의심을 제기하는 대응 전략은 진지하게 고려하거나 검토할 가치가 있는 것은 아니다. 다우 자신도 누락 인과, 방지, 이중 방지 등의 인과에 대한 직관에 맞서기 위해서 그것과 상반되는 다른 직관에 호소하는 논증을 전개한다. 그리고 그런 논증이 보다 진지한 검토를 요구하는 논증이 될 것이다.

다우는 누락 인과, 방지, 이중 방지 등의 인과 사례들이 부정적 사건 (negative event)들이 연루된 사례들로 분류하면서 이런 사례들을 인과로 포함시키는 이론을 '부정 친화적 이론(negative-friendly theory)'이라고 부르고 이런 사례들을 인과에서 배제시키는 이론을 '부정 배제적 이론(negative-excluding theory)'이라고 부른다. 그리고 부정 친화적 이론에 유리한 직관적 사례들도 있지만 부정 배제적 이론에 유리한 직관적 사례들도 있다는 것을 강조한다. 그는 다음과 같은 사례들을 제시한다.[189]

(5) 나는 특정한 밤에 그 음모에 대해 엿들었을 만한 술집에 가지 않음으로써, 그리고 테러리스트들이 어떤 피해도 입히기 전에 영국에 여행하여 그들의 밴을 폭파시키지 않음으로써, 런던에서의 테

---

189 Dowe (2004) p. 191.

러리스트들의 공격을 야기했다.

(6) 나는 비행기를 대여해 남극으로 여행해서 상어의 공격에 개입하지 않음으로써 어떤 펭귄들의 죽음을 야기했다.

(7) 전망대에서 어떤 사람이 경치에 몰두하고 있고, 근처에서 놀고 있는 (그가 알지 못하는) 작은 소녀를 보지 못한다. 그는 소녀가 절벽에서 미끄러지려 하는 것을 보고, 할 수 있는 한 절벽으로 빨리 달려가서 바위들을 가로질러 몸을 던져서 소녀가 막 절벽으로 미끄러지려 하는 때에 아이의 옷에 손가락 하나가 닿았지만, 아이가 죽는 것을 막지는 못했다. 그는 누락에 의해 그녀의 죽음을 야기했다—그가 그렇게 너무 몰두하지 않았더라면, 그는 그녀를 보다 일찍 보았을 것이고 그리고 그녀를 구할 수 있었을 것이다.

(8) 내가 돌멩이를 던지지 않음이 그 창문이 깨지지 않음을 야기했다.

다우는 부정 친화적 이론에서는 (5)-(8)도 모두 참인 것으로 받아들여야 할 것이고 직관적으로는 이것들이 받아들여지기 어렵기 때문에 직관에 호소하는 방식의 논증은 부정 친화적 이론에 대해서도 왜 그런 직관을 가지는지를 설명해야 할 부담을 지게 한다고 주장한다.[190] 그러나 부정적 인과를 허용하는 입장이 부정적 인과의 모든 사례들을 참인 것으로 받아들일 필요는 없다. 이는 긍정적 인과를 허용하는 입장이 긍정적 인과의 모든 사례들을 참인 것으로 받아들일 필요는 없는 것과 마찬가지이다. 부정적 인과를 허용하는 입장은 단지 부정적 인과의 **어떤** 사례가 있다는 입장일 뿐이다.

그렇지만 부정 친화적 이론 중에서 가장 단순하고 특별히 주목할 만한

---

190 Dowe (2004) 같은 곳.

이론은 단순 반사실 조건문적 이론(simple counterfactual theory)이라고 할 만하다. 그리고 그 이론에서는 (1)-(4)뿐만 아니라 직관적으로 받아들일 만하지 않은 어떤 부정적 인과 문장들도 참이라고 받아들여지므로 왜 그런 직관을 가지는지에 대해서 설명할 필요가 있다. 단순 반사실 조건문적 이론에서는 긍정적 인과와 부정적 인과의 모든 사례가 반사실 조건문적 의존(counterfactual dependence)를 통해서 다음과 같이 분석된다.[191]

(I) A가 B의 한 원인이다 iff A가 발생하지 않았더라면 B가 발생하지 않았을 것이다.

(II) A 아님(not-A)이 B의 한 원인이다 iff A가 발생했더라면 B가 발생하지 않았을 것이다.

(III) A가 B 아님(not-B)의 한 원인이다 iff A가 발생하지 않았더라면 B가 발생했을 것이다.

(IV) A 아님(not-A)이 B 아님(not-B)의 한 원인이다 iff A가 발생했더라면 B가 발생했을 것이다.

(I)은 원인과 결과가 모두 긍정적 사건인 경우들로서 다우가 '참된 인과'로 부르는 사례들뿐만 아니라 이중 방지의 사례들도 포함한다. (II)는 누락 인과의 경우에 대한 것이고, (III)은 방지의 경우에 대한 것이며, (IV)는 누락에 의한 방지의 경우에 대한 것이다. 이 이론에서 이 모든 사

---

191 여기에서 'A'가 'B'가 특정 사건에 대한 이름들이라면 'A 아님(not-A)'이 'B 아님(not-B)'과 같은 표현은 엄밀하게는 적절하지 않다. A나 B가 현실적으로 발생하지 않았을 경우 그 특정 사건을 개별화해서 이름을 붙이고 거기에 '아님(not)'과 같은 연결사를 붙일 수는 없기 때문이다. 보다 더 나은 방식은 부정적 인과의 경우에는 사건 유형의 부재로 이해하는 것이다. 그러나 다우가 이와 같은 표현법을 사용하고 있고, 큰 혼란의 우려는 없기에 논의의 편의상 동일한 표현법을 사용해서 논쟁을 하려고 한다.

례들은 피분석항에 동일한 방식으로 대응되는 구조의 단순한 반사실 조건문을 통해서 분석된다.

그리고 이는 물론 'P이기 때문에 Q' 형식의 문장으로 (I)-(IV)의 피분석항들을 이해하면 (즉 그것들 각각을 'A가 발생했기 때문에 B가 발생했다', 'A가 발생하지 않았기 때문에 B가 발생했다', 'A가 발생했기 때문에 B가 발생하지 않았다', 'A가 발생하지 않았기 때문에 B가 발생하지 않았다'로 이해하면), '때문에'에 대한 나의 반사실 조건문적 이론으로부터 도출되는 조건들이다. 나는 'A가 B의 한 원인이다'와 같은 문장이 항상 'A가 발생했기 때문에 B가 발생했다'를 의미하는 것은 아니라고 생각하기 때문에, 인과에 대한 단순 반사실 조건문적 이론을 인과에 대한 일원론적 이론으로서 받아들이지는 않는다. 그러나 'A가 B의 한 원인이다', 'A 아님(not-A)이 B의 한 원인이다' 등의 문장들이 최소한 **때로는** 'A가 발생했기 때문에 B가 발생했다', 'A가 발생하지 않았기 때문에 B가 발생했다' 등을 의미하고, (1)-(4) 등 많은 부정적 인과 문장이 참이라는 우리의 직관은 이를 통해서 설명되어야 한다고 생각한다. 그러나 이 이론은 (8)과 같은 문장도 참인 것으로 받아들여야 하기 때문에, (8)을 받아들일 만하다고 여기는 직관이 있다면 그런 직관에 대해서 설명할 책임을 지닌다. 다우 역시 은연중에 '부정 친화적 이론'으로 단순 반사실 조건문적 이론과 같은 것을 염두에 두고 있기 때문에 그런 설명을 요구하고 있다고 여겨진다.

그런 설명이 어떻게 가능한지를 살펴보기 전에, 다우가 제시한 사례들이 가진 불공평한 측면을 두 가지 지적할 필요가 있다. 첫째, 다우가 제시한 (5)-(8)의 사례 중 (8)을 제외한 나머지는 모두 사건을 관계항으로 하는 인과의 형식이 아니라 행위자를 관계항으로 하는 형식의 문장으로 쓰여 있다. 즉 (5)-(7)은 모두 '나' 또는 '그'를 주어로 하고 있다. 행위자 인과(agent causation)를 자유의지를 기초 지우는 특유한 인과로 보는 독특한 입장이 아니라면 일반적으로 행위자 인과는 사건 인과에 근거해 있다. 즉 사건 인과 문장이 보다 기본적이고 행위자 인과 문장은 사건 인과 문장을 통해서 이해될 수 있다. 그러나 사건 인과 문장을 받아들이더라도 연관된 행위자 인과 문장을 받아들이는 데에는 더 많은 조건이 필요할 수 있다. 단순 반사실 조건문적 이론은 사건 인과에 대한 이론이지 행위자 인과에 대한 이론이 아니다. 예들 들어 특정한 상황에서 단순 반사실 조건문적 이론은

> (9) 내가 특정한 밤에 그 음모에 대해 엿들었을 만한 술집에 가지 않는 것과 테러리스트들이 어떤 피해도 입히기 전에 영국에 여행하여 그들의 밴을 폭파시키지 않은 것이 런던에서의 테러리스트들의 공격의 원인 중 하나이다.

를 참인 것으로 받아들여야 하겠지만, (9)가

> (5) 나는 특정한 밤에 그 음모에 대해 엿들었을 만한 술집에 가지 않음으로써, 그리고 테러리스트들이 어떤 피해도 입히기 전에 영국에 여행하여 그들의 밴을 폭파시키지 않음으로써, 런던에서의 테러리스트들의 공격을 야기했다.

를 함축하는 것은 아니다. 따라서 단순 반사실 조건문적 이론은 (5)와 같은 행위자 인과 문장까지 받아들이도록 요구하지 않는다. 그리고 실제로 (5)는 (9)보다 직관적으로 더 받아들이기 어렵다. (9)는 어떤 사건의 부재에 인과성을 귀속시키지만 (5)는 화자('나')에게 인과성을 귀속시킨다. 내가 런던까지 여행해서 테러리스트의 공격을 사전에 막는 사건의 부재

가 테러리스트의 공격의 원인 중 하나라고 해서, 행위자로서의 내가 그 사건을 야기했다고 하는 것이 따라 나오는 것은 아니다. (6)과 (7)도 그에 상응하는 사건 인과 문장들

> (10) 내가 비행기를 대여해 남극으로 여행해서 상어의 공격에 개입하지 않은 것이 어떤 펭귄들의 죽음의 한 원인이다.
> (11) 전망대에서 어떤 사람이 경치에 몰두하고 있고 근처에서 놀다가 절벽에서 미끄러지려 하는 작은 소녀를 보지 못한 것이 그녀의 죽음의 원인 중 하나이다.

에 비해 직관적으로 더 받아들이기 어렵다. 일반적으로 누군가가 행위자로서 어떤 사건 e를 야기했다고 할 수 있기 위해서는 그 사람이 e의 원인이 되는 어떤 행위를 하거나 최소한 e에 대해서 인과적으로 책임이 있어야 한다. 그 사람이 할 수도 있었을 어떤 행위의 부재가 e에 대한 원인 중 하나라는 것이 그 사람 자체에 e에 대한 인과성을 부여하기에 충분하다고 생각하지는 않는다.

사건 인과 형식의 문장인 (8)-(11)도 직관적으로 받아들이기 어려운 측면이 있는 것은 사실이지만 (5)-(7)만큼 명확하게 직관적으로 받아들이기 어려운 것은 아니다. 단순 반사실 조건문적 이론은 (5)-(7)이 아니라 (8)-(11)에 대한 직관을 설명해야 할 책임을 지니며 이는 다우가 원래 제시했던 설명 요구보다는 비교적 더 다루기 쉬운 요구이다. 우리는 앞으로 (8)-(11)의 사례들을 가지고 논의할 것이다.

둘째, 다우가 제시한 사례들 그리고 그것들을 수정한 (8)-(11)의 사례들은 모두 원인에 해당하는 것이 사건의 부재인 경우들 즉 누락 인과와 누락에 의한 방지의 경우들뿐이다. 여기에 방지와 이중 방지의 사례들

은 포함되어 있지 않다. 이는 우연이 아닌데, 방지와 이중 방지의 사례들의 경우에는 단순 반사실 조건문적 이론에 의해 참일 조건을 만족하면서 (8)–(11)만큼 직관적으로 받아들이기 어려운 사례들을 찾기가 어렵기 때문이다. 방지와 이중 방지의 경우에도 원인과 결과가 물리적 과정에 의해서 연결되어 있지 않을 수 있다는 점에서는 매한가지인데 왜 이들의 경우에는 직관적으로 받아들이기 어려운 경우들을 찾기가 힘든가? 과정 연결적 이론의 입장에서는 이런 직관적 차이를 설명하기가 어렵다. 이는 (8)–(11)의 사례들이 직관적으로 받아들이기 어려운 이유도 원인과 결과가 물리적 과정에 의해서 연결되어 있지 않아서가 아니라 다른 설명을 요구한다는 것을 시사한다.

3. 화용론적 설명

그렇다면 (1)–(4)는 직관적으로 받아들여지는데 (8)–(11)의 사례들이 직관적으로 받아들여지기 어려운 것으로 간주되는 이유는 무엇인가? 이는 다우 자신도 예견하듯이 화용론적 고려(pragmatic consideration)에 의해서 설명할 수 있다. 나는 6장에서 설명 문장의 화용론적 조건들 중에서 적합성 조건과 수용가능성 조건에 대해서 이야기했는데, 그중에서 단순 설명 문장의 수용가능성 조건인 다음의 조건들이 현재 논의에 연관성이 있다.

> (AC1) 'P이기 때문에 Q'가 맥락 C에서 받아들일 만하려면, ~P가 성립했더라면 성립했을 ~Q인 가능성이 다른 ~Q 가능성들보다 그 맥락 C에서 두드러지게 더 비통상적인/비정상적인/기대하

기 어려운 것으로 간주되어서는 안 된다.

(AC3) 'P이기 때문에 Q'가 맥락 C에서 받아들일 만하려면, 그 맥락 C에서 ~P가 P보다 더 통상적인/정상적인/기대할 만한 것으로 간주되어야 한다. (또는 최소한 P가 ~P보다 더 통상적인/정상적인/기대할 만한 것으로 간주되어서는 안 된다.)

내가 보기에 인과에 대한 단순 반사실 조건문적 이론이 인과의 최소한 한 개념에 대해서 올바를 수 있는 것은 그 인과 개념에서는 'c가 e의 한 원인이다' 등의 문장이 'c가 발생했기 때문에 e가 발생했다' 등의 문장을 통해서 이해되기 때문이다. 그런 연결을 전제하면 '때문에' 문장에 대한 위의 화용론적 조건들이 인과 문장에 대해서도 적용될 수가 있다. 특히 [(8)-(11)의 사례들에 해당하는] 누락 인과와 누락에 의한 방지의 경우들에 대해서는 다음과 같은 수용가능성 조건들이 도출된다.

(AC6) 'A 아님이 B의 한 원인이다'가 맥락 C에서 받아들일 만하려면, (i) A가 발생했더라면 성립했을 B가 발생하지 않을 가능성이 B가 발생하지 않을 다른 가능성들보다 그 맥락 C에서 두드러지게 더 비통상적인/비정상적인/기대하기 어려운 것으로 간주되어서는 안 된다. 그리고 (ii) 그 맥락 C에서 A가 발생한다는 것이 A가 발생하지 않는다는 것보다 더 통상적인/정상적인/기대할 만한 것으로 간주되어야 한다. (또는 최소한 A가 발생하지 않는다는 것이 A가 발생한다는 것보다 더 통상적인/정상적인/기대할 만한 것으로 간주되어서는 안 된다.)

(AC7) 'A 아님이 B 아님의 한 원인이다'가 맥락 C에서 받아들일 만하려면, (i) A가 발생했더라면 성립했을 B가 발생할 가능성이

B가 발생할 다른 가능성들보다 그 맥락 C에서 두드러지게 더 비통상적인/비정상적인/기대하기 어려운 것으로 간주되어서는 안 된다. 그리고 (ii) 그 맥락 C에서 A가 발생한다는 것이 A가 발생하지 않는다는 것보다 더 통상적인/정상적인/기대할 만한 것으로 간주되어야 한다. (또는 최소한 A가 발생하지 않는다는 것이 A가 발생한다는 것보다 더 통상적인/정상적인/기대할 만한 것으로 간주되어서는 안 된다.)

이를 통해서 우리는 왜 (8)-(11)이 화용론적으로 받아들일 만하지 않은지를 설명할 수가 있고 (8)-(11)이 거짓이어서가 아니라 화용론적으로 받아들일 만하지 않아서 그것들이 받아들일 만하지 않다는 직관을 가지게 되는 것이라고 그 직관들을 설명할 수가 있다. 예를 들어

(9) 내가 특정한 밤에 그 음모에 대해 엿들었을 만한 술집에 가지 않는 것과 테러리스트들이 어떤 피해도 입히기 전에 영국에 여행하여 그들의 밴을 폭파시키지 않은 것이 런던에서의 테러리스트들의 공격의 원인 중 하나이다.

의 경우에, (AC6)에서 (i)의 조건을 충족시키지 못한다. 내가 특정한 밤에 그 음모에 대해 엿들었을 만한 술집에 가는 사건이 발생하고 테러리스트들이 어떤 피해도 입히기 전에 영국에 여행하여 그들의 밴을 폭파시키는 사건이 발생하였더라면 성립했을 테러리스트 공격이 발생하지 않을 가능성은 테러리스트 공격이 발생하지 않을 다른 가능성들—테러리스트들이 스스로 공격을 취소하는 가능성, 영국 경찰이 테러리스트들의 공격을 막는 가능성 등—보다 우리의 현실적 맥락에서 두드러지게

더 비통상적이고 기대하기 어려운 것으로 간주될 만하다. 우리가 발생하리라고 기대하기도 어렵고 발생해야 할 규범적 요구가 있지도 않은 유형의 사건이 발생하지 않았기 때문에 테러리스트들의 공격이 발생했다고 하더라도, 그 유형의 사건이 발생하지 않았다는 것은 너무나 당연한 것이고 그 당연한 것 때문에 테러리스트들의 공격이 발생했다는 것을 발화하거나 수용하는 것은 기이하고 부적절한 것으로 보인다. 마찬가지로

(10) 내가 비행기를 대여해 남극으로 여행해서 상어의 공격에 개입하지 않은 것이 어떤 펭귄들의 죽음의 원인 중 하나이다.

의 경우에도 (AC6)에서 (i)의 조건을 충족시키지 못한다. 펭귄을 보호해야 할 책임이 있는 것도 아니고, 남극으로부터 멀리 떨어져 살고 있는 내가 비행기를 대여해 남극으로 여행해서 상어의 공격에 개입하지 않은 것은 너무나 당연한 것이고, 내가 비행기를 대여해 남극으로 여행해서 상어의 공격에 개입하는 사건이 발생하지 않았기 때문에 어떤 펭귄들의 죽음이 발생했다는 것은 참이라고 하더라도, 그리고 내가 비행기를 대여해 남극으로 여행해서 상어의 공격에 개입하는 사건이 발생하지 않은 것이 어떤 펭귄들의 죽음의 원인 중 하나라고 하더라도, 그런 당연한 것 때문에 그 펭귄들의 죽음이 발생했다는 것을 발화하거나 수용하는 것은 기이하고 부적절한 일이다. 또한

(11) 전망대에서 어떤 사람이 경치에 몰두하고 있고 근처에서 놀다가 절벽에서 미끄러지려 하는 작은 소녀를 보지 못한 것이 그녀의 죽음의 원인 중 하나이다.

의 경우에도, (AC6)에서의 (i)의 조건을 충분히 잘 충족시키지 못하는 한에 있어서 받아들일 만하지 않게 여겨진다. 사실 (11)을 받아들이기에 [(7)과 달리] 직관적으로 그렇게 어려운 것은 아니다. 그것은 그 사람이 작은 소녀를 조금 더 일찍 보았더라면 성립했을 그녀의 죽음이 발생하지 않는 가능성이 그렇게까지 비통상적이고 당연하지 않은 것은 아니기 때문이다. 다만 그 사람은 그 소녀를 보호할 규범적 책임이 있는 것은 아니기 때문에 그 소녀의 보호자가 그녀를 구해서 그녀의 죽음이 발생하지 않는 가능성에 비해 덜 기대될 만한 것은 사실이다. 그러나 그 차이가 그렇게까지 두드러진 것은 아니어서, (11)은 그만큼 그래도 더 그럴듯하게 여겨진다.

이와 같이 우리는 왜 (8)-(11)이 화용론적으로 받아들일 만하지 않은지를 설명할 수가 있다. 그리고 이를 통해서 그것들이 거짓임이 아님에도 불구하고 받아들이기 어렵게 여기는 직관들을 설명할 수가 있다. 더 나아가 (8)-(11) 내부에 존재하는 그 문장들끼리의 받아들일 만함의 차이까지도 화용론적으로 설명할 수 있다.

4. 화용론적 설명에 대한 다우의 대응의 문제점들

화용론적 설명의 가능성에 대해서는 다우도 고려를 하지만, 그는 화용론적 고려에 호소하는 해결책에 대해서 두 가지 "문제"를 제기한다. 그가 제기하는 첫째 문제는 다음과 같다.[192]

---

192 Dowe (2004) p. 192.

첫째, 기껏해야 이것[화용론적 고려에 호소하는 해결책]은 … 인과에 대한 부정 친화적 이론들을 위해서만 작동할 뿐이다. 그러나 이것은 부정 배제적 이론들을 위해서는 작동하지 않는다.

즉 우리는 왜 어떤 부정적 인과 문장[(8)-(11)]이 참임에도 불구하고 직관적으로 **받아들일 만하지 않게** 여겨지는지를 화용론적으로 설명할 수 있지만, 왜 어떤 부정적 인과 문장[(1)-(4)]이 거짓임에도 불구하고 직관적으로 **받아들일 만하게** 여겨지는지를 화용론적으로 설명할 수는 없다. 인과 문장과 관련된 화용론적 고려들은 발화가능성이나 수용가능성에 대한 추가적 조건을 제시하므로, 거짓인 문장에 대해 그것이 거짓임에도 불구하고 발화가능하다거나 수용가능하다고 설명할 수는 없기 때문이다.

그러나 이런 사실은 오히려 다우의 부정 배제적 이론이 직면하는 문제일 뿐이다. 부정 배제적 이론을 받아들이는 입장에서는 화용론적 고려 호소하는 해결책이 부정 배제적 이론의 직관적 문제를 해결하는 데 도움이 안 되기 때문에 그 해결책을 받아들일 수 없겠지만, 그것은 오히려 직관적 문제를 해결하지 못하는 부정 배제적 이론보다는 그 해결책을 사용해 직관적 문제를 해소할 수 있는 부정 친화적 이론을 받아들일 이유가 되는 것이다. 부정 배제적 이론이 부정적 인과를 포함하는 직관적 사례들을 설명하지 못한다는 문제가 제기되자 다우는 부정 친화적 이론에서도 설명하지 못하는 직관적 사례들이 있다고 대응한 것이었고, 화용론적 고려가 부정 배제적 이론의 반직관적 사례들은 설명하지 않으면서 부정 친화적 이론의 반직관적 사례들은 설명할 수 있다면 이는 단지 다우의 대응이 성공적이지 못하다는 것을 드러내는 것이다.

그가 제기하는 둘째 문제는 다음과 같다.[193]

둘째, 이 해결책[화용론적 고려에 호소하는 해결책]이 세부적으로 어떻게 작동하는지 분명하지 않다. (H)[(8)] 즉 내가 돌멩이를 던지지 않음이 그 창문이 깨지지 않음을 야기하는 경우는 직관적으로 인과의 경우가 아닌데, 이를 내가 돌멩이를 던짐이 그 창문이 깨짐을 야기하는 경우와 비교하여 사례로 들어보자. 인간의 관심에 대한 고려들—예를 들어 부분 원인들, 멀리 있음(remoteness), 태만(negligence), 가치 등을 포함하는—이 이 두 경우를 구별하는 것 같지는 않다. 이것이 그런 설명이 주어질 수 없다는 것을 의미하는 것은 아니다. 그러나 그런 설명을 주는 일은 대답되지 않은 도전으로 남아 있다.

즉 다음의 두 문장의 직관적 차이가 설명되어야 한다.

(8) 내가 돌멩이를 던지지 않음이 그 창문이 깨지지 않음의 한 원인이다.
(12) 내가 돌멩이를 던짐이 그 창문이 깨짐의 한 원인이다.

(8)은 직관적으로 받아들일 만하지 않고 (12)는 직관적으로 받아들일 만하다. (8)이 정말 직관적으로 받아들일 만하지 않은지 의심스럽기는 하지만,[194] (8)이 (12)에 비해서 직관적으로 덜 받아들일 만한 것은 사실

---

193 Dowe (2004), p. 192.

194 (8)의 원래 형태에서는 '야기하다'로 되어 있지만, 이는 '한 원인(a cause)'이 아니라 '(유일한) 그 원인(the cause)'을 함축하는 부당한 뉘앙스를 줄 수 있으므로 표현을 '한 원인이다'로 바꾸었다. 이렇게 바꾸었을 때, (8)이 받아들이기 어렵다는 직관은 특히 약화된다.

이기에 일단 그렇게 전제하기로 하자. 다우의 부정 배제적 이론에 의하면, (8)은 거짓이고 (12)는 참이기에 그런 직관적 차이가 존재한다는 것이다. 그리고 다우에 의하면, 화용론적 고려가 이 차이를 어떻게 설명할 수 있는지는 대답되지 않은 도전으로 남아 있다.

그러나 그 도전에 대해서 대답하는 것은 그렇게 어렵지 않다. (8)은 앞에서 제시한 화용론적 조건 (AC7)에서 (ii)의 조건을 충족시키지 못한다. 즉 일상적 맥락에서 내가 돌멩이를 던지는 사건이 발생하는 것이 그 사건이 발생하지 않는 것보다 더 통상적/정상적인 것으로, 기대할 만한 것으로 간주되지 않는다. 유리창에 아무도 돌멩이를 던지지 않는 것이 보다 일반적이고 통상적인 상황이고, 누군가가 유리창에 돌멩이를 던지는 사건이 발생하는 경우는 훨씬 더 특기할 만한 상황이다. 그렇기 때문에 그런 통상적인 상황에서 벗어나 돌멩이를 던지는 사건이 발생해서 유리창이 깨졌다면 그 둘 사이의 인과적 연관 관계는 발화하기에 적합하고 받아들일 만한 것이다. 그러나 내가 유리창에 돌을 던지지 않더라도 그것은 아무도 유리창에 돌멩이를 던지지 않는 일반적이고 통상적 상황의 일부분일 것이고 그것을 통해서 무언가를 인과적으로 설명하는 문장을 발화하거나 믿음 내용으로 삼는 것은 기이하고 부적합하다. 또한 나는 유리창에 돌멩이를 던져야 할 규범적 요구를 가지거나 기대를 받는 것도 아니다. 내가 유리창에 돌멩이를 던져야 할 당위와 책임을 가지고 있었더라면, 그런 맥락에서는 (8)이 보다 받아들일 만했을 것이다. 그러나 우리에게 친숙한 맥락에서 내가 유리창에 돌멩이를 던지지 않는 것은 여러 가지 측면에서 매우 당연한 것이고, 그런 당연한 사실을 이용해서 무언가를 인과적으로 설명하려 하는 것은 화용론적으로 적절하지 않다.

보다 구체적으로 (AC7)의 (ii)의 조건을 충족하는 맥락을 상상해 보면, 그런 맥락에서는 (8)과 같은 문장이 직관적으로 받아들일 만했을 것임을 알 수 있다. 다음과 같은 상황을 상상해 보자: 어떤 부족 사회에서는 유리창을 깨뜨리기 위해서 만든다. 그 부족 사회의 사람들은 유리창이 깨지는 소리를 너무나 좋아한다. 그들은 그 소리를 듣기 위해서, 매일 오전에 유리창을 생산해서 오후에 그날 생산된 유리창을 모두 광장에 모아놓고 투석 책임자들이 각각 자기가 책임을 맡은 유리창에 돌멩이를 던져 유리창을 깨뜨리는 중요한 의식을 벌인다. 어느 날 오후 100장의 유리창을 모아 놓고 100명의 투석 책임자들이 각각 자기가 책임을 맡은 유리창에 돌멩이를 던져야 하는데, 100명의 투석 책임자 중의 하나인 나는 태만해져서 돌멩이를 던지지 않고 내가 책임을 맡은 유리창은 깨지지 않는다.

이런 상황의 맥락에서 (8)은 직관적으로 훨씬 받아들여질 만하다. (8)이 직관적으로 받아들일 만한가 여부는 화용론적 측면들과 긴밀하게 연관되어 있다. 그것은 원인과 결과 사이에 물리적 과정으로 연결되어 있다는 의미에서의 과정 연결적 인과 문장이 참인가 여부에 상관하는 것이 아니다. 우리가 상상한 상황에서 (12)도 여전히 직관적으로 받아들일 만하기는 한데 그것은 그런 상황에서조차, 돌멩이를 던지지 않고 있는 수많은 순간들이 존재하고 유리창이 깨지지 않고 있는 수많은 순간들이 존재하고 있다는 사실에 의해서 부분적으로 설명될 수 있다. 그런 상상된 상황에서도 돌멩이를 던지는 사건은 여전히 어떤 통상적인 조건으로부터 일탈하는 측면이 있다.

대개의 경우 사건의 발생은 통상적인 조건에서 벗어나는 것이고 사건의 부재는 통상적인 조건에 속하는 것이 일반적이다. 그렇기 때문에 사건의 발생을 통해서 인과적으로 설명하는 화용론적 수용가능성의 조건을 만족하기가 더 쉽고 사건의 부재를 통해서 인과적으로 설명하는 경우 중에서 화용론적 수용가능성의 조건을 위배하는 사례를 찾기가 더 쉽다. 사건의 부재들 중에서 정원사가 정원의 꽃에 물을 주지 않은 것이나 담당 의사가 환자를 돌보지 않은 것 등은 통상적인 조건이나 규범적인 조건에서 벗어나기 때문에 인과적 설명에 동원되기에 적합하지만, 수많은 다른 부재들—영국 여왕이 정원의 꽃에 물을 주지 않은 것이나 내가 남극에 비행기로 날아가 상어의 펭귄 공격을 막지 않은 것 등—은 통상적인 조건이나 규범적인 조건에서 전혀 벗어나지 않기 때문에 이를 이용해 인과적으로 설명하는 것은 적합하지 않다. 정원사가 꽃에 물을 주는 것은 정원사에 대한 통상적이고 규범적인 조건에서 벗어나지는 않지만 인과적 설명에 동원되기에 적합하기는 한데, 이는 꽃에 물을 주지 않고 있는 수많은 다른 경우를 포괄하는 보다 일반적인 조건에서 보았을 때에는 여전히 그 일반적인 조건으로부터 벗어나는 것으로 이해될 수 있기 때문이다. 꽃에 물을 주는 사건이 발생하는 시공간은 어떻든 그런 유형의 사건이 발생하고 있지 않은 수많은 다른 시공간에 비해서 특별하다.

그러나 어떤 경우에는 긍정적 사건이나 상태가 통상적인 조건에 해당하고 그 통상적인 조건이 너무나 일반적이어서 그 긍정적 사건이나 상태를 인과적 설명에 사용하는 것이 부적절한 때도 있다. 그리고 그런 경우에 오히려 사건이나 상태의 부재가 그런 통상적 조건으로부터 벗어나는 것이어서 인과적 설명에 사용되기에 더 적절하기도 하다.

다음과 같은 상황을 상상해 보자. 어떤 부대가 참여한 전투에서 전장에 강력한 핵폭탄이 떨어졌고, 그 부대의 군인들은 (단 한 사람만 제외하고) 모두 핵폭탄의 폭발로 죽었다. 그런데 그 부대의 군인이었던 박 상병만 유일하게 전투 후까지도 생존했다. 그는 어떻게 생존할 수 있었을까? 사실 그는 자기가 속한 부대에서 벗어나서 핵폭탄이 떨어진 지점으로부터 멀리 떨어진 곳에 있었다. 다음의 두 문장을 보자.

(13) 박 상병이 핵폭탄이 떨어진 지점에 있지 않은 것이 그가 그 전투 후까지 생존한 것의 한 원인이다.

(14) 박 상병이 호흡을 유지한 것이 그가 그 전투 후까지 생존한 것의 한 원인이다.

이 중에서 (13)은 직관적으로 더 받아들일 만하고 (14)는 직관적으로 훨씬 덜 받아들일 만하다. 비록 (14)도 참이라고 할 수는 있지만, 위의 맥락에서의 설명적 요구에 (14)로 대답하는 것은 매우 부적절하고 오도적이기 때문이다. 사람이 살아 있는 동안 호흡을 유지하는 것은 일반적으로 너무나 당연한 것이기 때문에 그것을 생존의 한 원인으로 언급하는 것은 많은 경우 부적절하다. 특히 포탄을 맞아 죽는 일이 다반사로 일어나는 전투에 참여한 부대의 부대원이 생존한 것의 원인으로서 호흡 유지를 언급하는 것은 이 맥락에서 우리를 오도한다고 할 수 있다. (13)은 부정적 원인을 언급하는 인과 문장이고, (14)는 긍정적 원인을 언급하는 인과 문장인데, 그중에서 어떤 것이 화용론적으로 더 발화하기에 적당하고 더 받아들일 만한가 하는 것은 원인이 긍정적인가, 부정적인가의 문제와 직접적 연관성을 가지는 것은 아니다. 중요한 것은 어떤 것이 맥락에서 흔히 기대되는 더욱 통상적이거나 규범적인 일반적 조건으로부터 벗어나 있는가 하는 것이다.

다음과 같이 위의 상황을 약간 바꾸어 상상해 보자. 박 상병이 전투에 참여했고 핵폭탄이 떨어진 지점에서는 멀리 떨어져 있었다는 것은 원래의 상황과 같다. 그런데 어떤 이유에서인지 자기 호흡을 스스로 통제할 수 있는 능력을 가진 박 상병은 스스로 호흡을 유지하지 않기로 결심하고서 실제로 호흡을 유지하지 않았고 그는 전투가 끝나기 전 산소 결핍으로 죽었다. 이 상황에서 다음과 같은 인과 문장은 참일 뿐만 아니라 화용론적으로도 수용가능하다.

(15) 박 상병이 호흡을 유지하지 않은 것이 그가 그 전투 후까지 생
존하지 않은 것의 한 원인이다.

(14)와 (15)의 쌍은 서로에 대해서 가지는 구조적 관계는 돌멩이 던짐
과 유리창 깨짐에 대한 문장들 (8)과 (12)의 쌍이 서로에 대해서 가지는
구조적 관계와 같다. (8)과 (12)의 쌍에서는 긍정 인과 문장 (12)가 화용
론적으로 더 수용가능하지만, (14)와 (15)의 쌍에서는 부정적 인과 문장
(15)가 화용론적으로 더 수용가능하다.

더 나아가 다우가 제시한 직관적으로 받아들이기 어려운 부정 인과 문
장의 예들이 모두 사건의 부재가 **원인**으로서 언급되는 형식의 경우들인
것으로도 드러나듯, 일반적으로 사건의 부재가 결과로서 언급되는 형식
의 경우들 즉 방지의 경우들이나 원인과 결과 자체는 긍정적 사건들인
이중 방지의 경우들 중에서는 그런 사례들을 찾기가 어렵다. 이는 인과
문장이 화용론적으로 부적합해지는 경우들이 통상적이거나 규범적인 조
건에서 벗어나지 않는 당연한 것들을 원인으로 언급하는 경우에 나타난
다는 나의 설명에 잘 들어맞는다. 발생할 수도 있었을 수많은 다양한 사
건의 부재들(영국 여왕이 꽃에 물을 주지 않은 것, 외계인이 꽃에 물을 주지 않은
것, 옆집 개가 꽃에 물을 주지 않은 것 등등)이 통상적인 조건에 포괄되어 있고,
이런 사건 부재를 원인으로 언급할 때에는 대개의 친숙한 맥락에서 부적
절하고 기이하게 여겨진다. 결과가 사건의 부재인 경우 즉 방지의 경우
에도 원인과 결과가 물리적 과정에 의해 연결되어 있지 않다는 점에서는
마찬가지인데, 방지의 경우에는 직관적으로 받아들이기 어려운 유사한
경우들을 찾기가 어렵기 때문에, 이런 직관적 차이는 과정 연결적 인과

이론에 의해서 참과 거짓의 차이를 통해서 설명되기는 어렵다.

5. 다우의 '유사 인과' 이론에 대한 비판

과정 연결적 인과 이론의 입장에 서 있는 다우는 두 사건이 물리적 과정으로 연결되어 있는 경우에만 "참된" 인과 관계를 가진다고 생각한다. 그런데 앞서 보았듯이 우리의 일상적 인과 개념은 두 사건이 물리적 과정으로 연결되어 있지 않은 경우에도 적용된다. 누락 인과, 방지, 이중 방지 등의 사례들이 바로 그런 경우들이다. 이런 사례들에 대한 다우의 또 다른 대응 전략은 그 사례들을 '유사 인과(quasi-causation)'라고 부르는 것이다. 그것들은 인과에 유사할 뿐 참된 인과가 아니라는 것이다. 그렇다면 그 사례들은 어떤 점에서 인과와 유사하고 인과와 관련성을 가지는가? 다우에 의하면 누락 인과, 방지, 이중 방지 등의 이른바 유사 인과 사례들에 대한 문장들은 (참된) 인과의 반사실적 가능성에 대한 문장들로 이해될 수 있다. 그리하여 다우는 유사 인과에 대한 반사실 조건문적 이론(counterfactual theory of quasi-causation)을 제시한다. 즉 그는 누락 인과, 방지, 누락에 의한 방지 등에 대해서 인과 개념을 포함하는 반사실 조건문을 통해서 규정하는 조건들을 제시한다.[195]

우선 누락에 의한 방지는 다음과 같이 규정된다.[196] 여기에서 A와 B는 특정한 긍정적(positive) 사건이다.

---

195 Dowe (2001), pp. 216-217, 221-223. Dowe (2004), pp. 192-194. Dowe (2000)에서도 유사한 논의를 펼치면서 '유사 인과'라는 말 대신 '인과*'라는 말을 사용함.

196 Dowe (2001), p. 221. Dowe (2004), p. 192.

(PO) 누락에 의한 방지: A와 B가 둘 다 발생하지 않았고,

(1) A가 발생했더라면 A가 B를 야기했을 것이다

가 성립할 경우에, A 아님은 B 아님을 유사 야기(quai-cause)했다.

예를 들어, '내가 돌멩이를 던지지 않음이 그 창문이 깨지지 않음의 한 원인이다'라는 누락 방지 문장은, '내가 돌멩이를 던지는 사건이 발생했더라면 그 사건이 그 창문이 깨지는 사건을 야기했을 것이다'라는 반사실 조건문이 참일 경우에, 참이 된다.

그리고 방지(prevention)는 다음과 같이 규정된다.[197] 여기에서 A와 B는 특정한 긍정적 사건이고, x는 사건들에 대한 변항이다.

(P) 방지: A는 발생했고, B는 발생하지 않았고,

(P1) x에 기인한 과정과 A 사이에 인과적 상호작용이 있었고,

(P2) A가 발생하지 않았더라면, x가 B를 야기했을 것이다.

를 만족하는 x가 발생했을 경우에, A는 B를 방지했다.

예들 들어, '내가 테러리스트의 차를 폭파시킨 것은 런던에서의 테러리스트의 공격을 방지했다'라는 방지 문장은, 내가 테러리스트의 차를 폭파시키는 사건이 발생했고, 다음과 같은 조건을 만족하는 인과적 과정 (예를 들어 테러리스트가 공격 계획을 수행해 나감)이 존재할 경우에, 참이 된다: 즉 (P1) 내가 테러리스트의 차를 폭파시키는 사건이 그 과정과 인과적 상호작용을 했고, (P2) 내가 테러리스트의 차를 폭파시키는 사건이 발생하지 않았더라면, 그 인과적 과정이 공격을 야기했을 것이다.

---

197 Dowe (2001), p. 221. Dowe (2004), pp. 192-193.

그다음에, 누락에 의한 유사 인과(quasi-causation by omission)는 다음과 같이 규정된다.[198] 여기에서 A와 B는 특정한 긍정적 사건이고, x는 사건들에 대한 변항이고, 방지는 위의 (P)에서처럼 분석된다.

> (O) 누락: B는 발생했고, A는 발생하지 않았고,
>
> (O1) x는 B를 야기했고,
>
> (O2) A가 발생했더라면, x와의 상호작용에 의해 A는 B를 방지했을 것이다.
>
> 를 만족하는 x가 발생했을 경우에, A 아님은 B를 유사 야기했다.

예를 들어, '그 정원사가 물을 주지 않은 것이 그 꽃이 시드는 것을 야기했다'라는 누락 인과 문장은, 그 정원사가 물을 주는 사건이 발생하지 않았고, 그 꽃이 시드는 사건이 발생했으며, 다음과 같은 조건을 만족하는 인과적 과정(예를 들어 그 꽃을 시들게 하는 과정)이 존재할 경우에, 참이된다: 즉 (O1) 그 꽃을 시들게 하는 과정이 그 꽃이 시드는 사건을 야기했고, (O2) 그 정원사가 물을 주는 사건이 발생했더라면, 그 꽃을 시들게하는 과정과의 상호작용에 의해 그 정원사가 물을 주는 사건은 그 꽃이시드는 사건을 방지했을 것이다.

다우의 이와 같은 분석들[199] 즉 이른바 유사 인과에 대한 반사실 조건문적 이론은 여러 측면에서 불만족스럽다. 첫째, 이 분석들은 지나치게복잡하다. 앞에서 인과에 대해서 내가 제시했던 단순한 반사실 조건문적이론을 상기해 보자. (I)에서 (IV)까지의 분석은 모두 'P이기 때문에 Q'

---

198 Dowe (2001), p. 222. Dowe (2004), p. 193.

199 다우 자신이 '분석'이라는 말도 사용한다. 특히 (O)는 방지에 대한 (P)에서의 "분석"을 사용한다. Dowe (2001), p. 222. Dowe (2004), p. 193.

형식의 문장을 'P였더라면 Q' 형식의 문장으로 분석하는 일반적 조건의 사례들이었다. (I)에서 (IV)까지의 분석 중에서, 누락에 의한 방지, 방지, 누락 인과에 대한 다우의 분석들인 (PO), (P), (O)에 대응하는 것들을 순서대로 나열하면 다음과 같다.

(IV) A 아님(not-A)이 B 아님(not-B)의 한 원인이다 iff A가 발생했더라면 B가 발생했을 것이다.

(III) A가 B 아님(not-B)의 한 원인이다 iff A가 발생하지 않았더라면 B가 발생했을 것이다.

(II) A 아님(not-A)이 B의 한 원인이다 iff A가 발생했더라면 B가 발생하지 않았을 것이다.

다우의 분석들 중 상대적으로 가장 단순한 (PO)도 그에 상응하는 (IV)에 비해서는 더 복잡하다. 'A 아님이 B 아님의 원인이다'의 조건으로 'A가 발생했더라면 B가 발생했을 것이다'라는 조건으로 충분하지 'A가 발생했더라면 A가 B를 야기했을 것이다'라는 인과 개념을 포함하는 보다 복잡한 반사실 조건문이 굳이 필요한가? 다우의 반사실 조건문 조건의 후건에 있는 인과 개념은, 이른바 유사 인과 개념이 참된 인과 개념을 통해서 규정되어야 한다는 다우의 요구 사항을 만족하기 위한 것 외에 쓸모가 없다. 다우에게는 그 요구 사항이 매우 중요한데, 왜냐하면 그는 이른바 유사 인과 개념이 인과 개념과 어떤 연관성이 있는지를 보여야 할 책임이 있기 때문이다.

다우의 분석들 중 방지에 대한 분석인 (P)는 훨씬 복잡하다. (III)에서 하듯 'A가 B를 방지했다'의 조건으로 'A가 발생하지 않았더라면 B가 발생했을 것이다'라고 할 경우, 이는 'A가 B를 야기했다'의 조건으로 'A가 발생하지 않았더라면 B가 발생하지 않았을 것이다'라고 하는 것과의 연관성과 평행성을 보여줄 수가 있다. 반면 (P)에서 하듯 'A가 B를 방지했다'의 조건으로 '(P1) x에 기인한 과정과 A 사이에 인과적 상호작용이 있었고, (P2) A가 발생하지 않았더라면, x가 B를 야기했을 것이라는 것을 만족하는 x가 발생했다'라고 할 경우, 방지라는 단순한 개념에 대해 적절하지 않은 복잡성을 가지는 개념으로 잘못 이해하는 것이다. 방지 개념을 사용하는 사람들이 (P)에서 제시된 복잡한 조건을 염두에 두고 있을 것으로 보이지는 않는다.

다우의 분석들 중에서 누락 인과에 대한 분석인 (O)는 심지어 그보다도 더욱 복잡하다. (II)에서 하듯 'A 아님이 B의 원인이다'의 조건으로 'A가 발생했더라면 B가 발생하지 않았을 것이다'라고 하는 것이 그 개념의 핵심을 간명하게 포착하는 데 반해, (O)에서 하듯 그 조건으로 '(O1) x는 B를 야기했고, (O2) A가 발생했더라면, x와의 상호작용에 의해 A는 B를 방지했을 것이라는 것을 만족하는 x가 발생했다'라는 복잡한 조건을 사용하는 것은 단순하게 이해될 수 있는 개념에 대한 부적절하게 번잡한 규정이다. 더구나 (O)에서는 앞에서 복잡하게 분석된 방지 개념이 다시 사용되고 있다. 따라서 그 복잡하게 이해된 방지 개념까지 풀어 쓰면 (O)는 더욱더 복잡한 분석이 되고 만다.

둘째, 다우의 "분석들"은 실제로는 분석들로서의 기본적 형식을 갖추지도 못했다는 점에서 분석들이 아니다. 왜냐하면 그의 조건들은 누락에 의한 방지, 방지, 누락 인과 등등에 대해서 필요충분조건으로서 성립하지도 못하기 때문이다. 다우 자신도 인정하듯이 그의 조건들은 기껏해야 충분조건으로 성립할 뿐이다. 왜 그러한지 방지에 대한 조건 (P)를 예로 들어 설명해 보자. 'A가 B를 방지했다'가 참인 경우는 '(P1) x에 기인한 과정과 A 사이에 인과적 상호작용이 있었고, (P2) A가 발생하지 않았더라면, x가 B를 야기했을 것이라는 것을 만족하는 x가 발생했다'가 성립하는 경우로 국한되지 않는다. (P)의 위의 조건 안에는 인과 개념들이 사용되고 있고, 이 개념들은 다우에 의해서 "참된" 인과 개념들로 의도되고 있다. 그러나 방지의 일상적 개념이 적용되는 것은 그렇게 이해된 (P)가 성립하는 경우에 국한되지 않는다는 것이 명백하다. 예를 들어 위의 (P2) 조건 속의 '야기하다'를 '이중 방지에 의해 야기하다'로 바꾸더라도, 그 조건이 성립한다면 A가 B를 방지하는 경우에 해당할 것이다. 예를 들어, 순이를 죽이려고 그녀의 목을 조르고 있는 연쇄 살인범을 철수가 밀쳐내었고 살인범은 어쩔 수 없이 도망갔다고 하자. 직관적으로, 그 경우에 철수가 연쇄 살인범을 밀쳐낸 것은 순이의 죽음을 방지한 것이다. 철수가 연쇄 살인범을 밀쳐낸 사건이 발생하지 않았더라면, 연쇄 살인범이 순이의 목을 조르는 사건은 순이의 죽음을 야기했을 것이다. 그런데 연쇄 살인범이 순이의 목을 조르는 사건이 순이의 죽음을 야기하는 방식이 꼭 과정 연결적 방식이어야 하는 것은 아니다. 순이의 산소 순환이 순이의 죽음을 방지하는 사건인데, 연쇄 살인범이 순이의 목을 조르는 사건은 그 산소 순환을 막는 사건이다. 그런 상황에서도 우리는 철수의 행동이 순이의 죽음을 방지했다고 말할 것이다.

이중 방지를 "참된" 인과 개념에 의해 분석하고 나서 (P)의 (P1) 부분에 나오는 '야기하다'를 '"참된" 인과 관계에 있거나 이중 방지 관계에 있다'로 대치하더라도 문제는 해결되지 않는다. 왜냐하면 그 조건 속 '이중 방지'가 성립하는 방식 역시 "참된" 인과에 근거할 수도 있고 과정 연결적이지 않은 다른 인과에 근거할 수도 있기 때문이다. "참된" 인과 개념에 의해서 분석하려고 시도하는 한 그 분석이 아무리 복잡해지더라도 그 분석은 끝에 이를 수가 없다.

방지 개념이 반사실 조건문을 통해서 분석될 수 있다는 것은 옳다. 그러나 그 개념이 인과에 대한 반사실 조건문으로 이해될 수 있는 것은 아니다. 그 개념이 반사실 조건문을 통해서 분석될 수 있는 것은 인과 개념 자체가 반사실 조건문을 통해서 이해될 수 있기 때문이다. 'A가 B의 원인이다'가 'A가 발생했기 때문에 B가 발생했다'로 이해될 수 있고, 후자는 다시 'A가 발생하지 않았더라면 B가 발생하지 않았을 것이다'로 이해될 수 있는 것과 마찬가지로, 'A가 B 아님의 원인이다'는 'A가 발생했기 때문에 B가 발생하지 않았다'로 이해될 수 있고, 후자는 다시 'A가 발생하지 않았더라면 B가 발생했을 것이다'로 이해될 수 있다. 'A가 B 아님의 원인이다'는 'A가 B의 원인이다'와 정확히 같은 구조의 반사실 조건문으로 이해되어야 한다. 반사실 조건문적 의존을 통해서 인과 개념을 이해하는 입장에서 'A가 B의 원인이다'와 'A가 B 아님의 원인이다'가 이런 공통적 구조를 가진다는 것을 이야기할 수 있는 데 반해, 인과에 대한 과정 연결 이론가는 'A가 B 아님의 원인이다'를 'A가 B의 원인이다' 형식의 개념을 포함하는 복잡하면서도 끝날 수 없는 반사실 조건문적 조건으로 분석하려고 시도하는 것을 통해서만 그 둘 사이의 연관을 확립해 보려고 시도할 수가 있다.

6. 우리 직관에 대한 다우의 설명의 문제점들

방지, 누락 인과 등 이른바 '유사 인과'에 대해서 다우가 '참된 인과' 개념을 사용해서 적절한 분석을 제시할 수 있다고 가정하더라도, 그것만으로 방지, 누락 인과 등을 '유사 인과'라고 부르는 것이 정당화되는 것은 아니다. 우리는 '그 정원사가 물을 주지 않은 것이 그 꽃이 시든 원인 중 하나이다', '그 성공적 수술이 그 환자가 죽지 않은 원인 중 하나이다', '테러리스트가 등대를 폭파한 것이 그 선박의 충돌의 원인 중 하나이다'와 같은 문장들이 적절한 상황에서 참일 수 있음을 직관적으로 받아들이고, 그런 문장들이 참이라는 것은 과정 연결적 인과 이론에 대한 반례를 구성한다. 종교의 개념에는 유일신 숭배라는 조건이 포함되어 있다고 생각하는 철학자가 유일신을 숭배하지 않는 종교들의 사례가 반례로 제시되었을 때에 그런 종교들을 '유사 종교'라고 부른다고 해서 곧바로 그런 반례의 위협으로부터 벗어날 수 있는 것은 아니다. 우리의 종교 개념은 직관적으로 그런 다신교 등의 사례들에도 적용되므로, 그 철학자는 우리의 종교 개념이 그런 사례에 적용되는 것이 우리의 개념적 직관과 달리 사실은 잘못이라는 것을 보이고 왜 직관이 그렇게 잘못되었는지 설명할 책임을 진다. 마찬가지로, 우리의 인과 개념이 과정 연결적이지 않은 인과 사례들에도 적용되므로, 다우는 이런 사례들에 우리의 인과 개념이 적용되는 것이 우리의 개념적 직관과 달리 사실은 잘못이라는 것을 보이고 왜 직관이 그렇게 잘못되었는지 설명할 책임을 진다.

다우는 이에 대한 두 가지 설명을 제시한다. 첫째, 다우는 부정적 사건이 개입되는 사례인지 긍정적 사건들만 개입되는 사례인지가 인식적으로 불분명한 경우가 많다는 것을 지적한다.[200] 겉으로 보기에 참된 인과인 경우들이 부정적 인과 즉 다우의 관점에서의 유사 인과로 드러나는 경우들이 있을 수 있다는 것이다. '연쇄 살인범이 5분 동안 그녀의 머리를 물속에 집어넣고 잡고 있었던 것이 그녀의 죽음의 원인이다'와 같은 문장은, 그녀의 산소 흡입이 그녀의 죽음을 방지했을 것인데, 그녀의 머리가 물속에 있는 것이 그녀의 산소 흡입을 방지함으로써 참이 된다. 즉 그녀의 산소 흡입이 부재하는 것이 중요한 매개 역할을 수행하고, 원인

200　Dowe (2001), p. 224. Dowe (2004), p. 194.

사건과 결과 사건 사이에 물리적 과정이 연결되어 있지 않다는 점에서, 이 사례는 다우의 입장에서는 유사 인과의 사례이다. 다우는 이런 문장을 참으로 여기는 직관이 인식적 불분명성(epistemic blur)에 기인한다고 보는 것이다.

다우는 또한 '흡연이 폐암을 야기한다'와 같은 문장과 관련해서도, 흡연이 폐암과 관련해서 작동하는 방식에 대해서 우리가 잘 알지 못하지만, 흡연이 인체 내의 자연적 과정이 어떤 세포들에 어떤 특정한 방식으로 영향을 미치는 것을 방지하는 효과를 내는 것일 수 있음을 지적한다. 그리고 이런 인식적 불분명성이 '흡연이 폐암을 야기한다'와 같은 "유사" 인과 문장을 "참된" 인과 문장과 같은 종류의 것들로 보게 만든다는 것이다.

그러나 다우의 이런 설명은 우리의 직관에 대한 좋은 설명은 아니다. 우리의 인식적 한계나 무지 때문에 '연쇄 살인범이 5분 동안 그녀의 머리를 물속에 집어넣고 있었던 것이 그녀의 죽음의 원인이다'나 '흡연이 폐암을 야기한다'와 같은 문장을 참인 것으로 받아들이는 것이라면, (그리고 우리가 과정 연결적 인과 개념을 가지고 있다면) 이 사례들에서 성립하는 실제 메커니즘이 드러나게 되면 우리의 직관적 판단을 수정해야 한다. 그런데 머리를 물속에 집어넣은 것이 죽음을 유발하는 구체적 방식에 대해서 우리가 알게 된다고 해서, '아하! 알고 보니 실제로는, 머리를 물속에 집어넣은 것이 죽음의 원인 중 하나였던 것은 아니었구나!'라고 생각하지는 않을 것이다.

더 나아가, 많은 경우에 구체적 메커니즘에 대한 인식적 불분명성에도 불구하고 우리가 인과 판단을 유보하지 않는다는 사실은 과정 연결적 인과 이론에 대해서 추가적으로 불리한 증거이다. 우리는 인과 판단을 내리는 데 있어서, 원인에서 결과로 이어지는 물리적 과정으로 연결되어 있는지, 아니면 원인이 결과를 막을 사건을 막는 이중 방지의 방식으로 작용했는지 등 구체적 메커니즘에 대해서 개의치 않는다. 예를 들어, 우리는 머리를 물속에 집어넣는 것이 죽음을 유발하는 구체적 메커니즘에 대한 지식이 '그가 그녀의 머리를 물속에 집어넣고 있었던 것이 그녀의 죽음의 원인인가?'라는 질문에 대답하는 데에 필수적이라고 생각하지 않는다. 중요한 것은 그녀의 죽음이 어떤 식으로든 그가 그녀의 머리를 물속에 집어넣고 있었던 일에 의존하는가에 대한 지식이다. 예를 들어, 그녀의 죽음이 그가 그녀의 머리를 물속에 집어넣는 일의 발생 여부와 상관없이 발생했다는 것을 알게 되면 우리는 우리의 원래의 인과 판단에 유보적인 태도를 취할 것이다.

결국 우리가 구체적 메커니즘에 대해서 인식적으로 불분명한 상태에서도 이른바 "유사" 인과와 "참된" 인과를 공통적으로 '인과'로 분류하고, 또한 전자가 과정으로 연결되어 있지 않다는 것이 인식적으로 드러난 상태에서도 이른바 "유사" 인과와 "참된" 인과를 공통적으로 '인과'로 분류한다는 사실은, 다우의 설명이 과정 연결적 인과 이론에 유리한 방식으로 성공적이지 못할 뿐만 아니라 오히려 과정 연결적 인과 이론에 불리한 사실을 드러낸다.

둘째, 다우는 이른바 "유사" 인과와 "참된" 인과가 유사한 실천적 역할을 수행한다는 것을 지적한다. 즉 이른바 "유사" 인과와 "참된" 인과는 실천적으로 동등하다는 것이다.[201] 그는 "유사" 원인도 "유사" 결과라는 목적에 대한 수단으로 이용될 수가 있고, "유사" 원인도 "유사" 결과의 확률을 높이기 때문에 서로에 대해서 증거로 사용될 수가 있고, "유사" 원인도 설명에 이용될 수가 있고, 도덕적 책임을 동반하는 등, "참

---

201 Dowe (2001), p. 224. Dowe (2004), p. 194.

"된" 인과에서의 원인과 결과와 같은 실천적 역할을 수행한다는 것을 이야기한다. 그리고 다우는 "유사" 인과와 "참된" 인과가 이런 실천적 동등성(practical equivalence)을 가지기 때문에 우리가 굳이 "유사" 인과와 "참된" 인과를 구별하려고 애쓰지 않거나 구별하지 못한다고 설명한다.

그러나 다우가 지적한 실천적 동등성에 대한 사실들은 오히려 우리의 인과 개념의 범위가 다우가 이야기하는 이른바 "유사" 인과와 "참된" 인과를 포괄하게끔 걸쳐 있다는 것을 드러낸다. 원인이 결과라는 목적에 수단으로 이용될 수 있다는 것, 원인이 결과의 확률을 높인다는 것, 원인에 도덕적 책임이 결부된다는 것 등은 우리 인과 개념에서 중요한 요소들이다. 누군가의 머리를 물속에 밀어 넣는 것과 누군가의 머리에 총을 쏘는 것은 둘 다 그 사람의 죽음의 원인이 된다. 그 두 사례 중 하나는 "유사" 원인이고 다른 하나는 "참된" 원인이라는 구분은, 우리의 원인 개념을 적용하는 데에 있어서 상대적으로 중요하지 않은 부분에 경계선을 긋는 것이다. 그 두 가지 사례를 다 포괄하는 개념이 중요한 개념이고 그런 개념이 인과 개념이 되기에 걸맞은 것이다. 다우는 "유사" 인과와 "참된" 인과가 실천적 동등성을 가지기 때문에 우리가 "유사" 인과와 "참된" 인과를 구별하려고 굳이 애쓰지 않거나(don't bother to) 구별하지 못한다고 이야기하는데, 인과 개념과 같이 중요한 개념이 우리가 굳이 구별하려고 애쓰지 않거나 구별하지 못할 구분을 경계로 해서 적용된다고 하는 것은 그럴듯하지 못하다. 인과 개념의 적절한 범위는 인과 개념의 중요한 요소들이 성립하는 범위와 밀접하게 연관되어 있어야 하기 때문이다.

7. 맺음말: 최소한 이중 방지는 인과의 사례이다

누락에 의한 인과, 방지, 누락에 의한 방지, 이중 방지를 모두 '부정적 인과'로서 또는 '유사 인과'로서 같은 부류로 취급하면서 이들을 참된 인과가 아니라고 주장하는 다우의 논의를 비판하면서, 지금까지 나도 그 전제를 받아들이고 그것들이 같은 하나의 부류인 것처럼 논의를 했다. 지금까지 이 장에서의 논의는 어떻든 누락에 의한 인과, 방지, 누락에 의한 방지, 이중 방지가 참된 인과가 아니라는 다우의 논증들, 그래서 그것들이 과정 연결적 인과 이론에 대해서 반례가 되지 않는다는 다우의 논증들이 성공적이지 못하다는 것을 지적하는 것이었다.

다우의 논증들이 성공적이지 못하기는 하지만, 그렇다고 해서 나는 누락에 의한 인과, 방지, 누락에 의한 방지가 인과라고 굳이 주장하고자 하지는 않는다. 누락에 의한 인과, 방지, 누락에 의한 방지가 인과라고 여겨지기에 꺼려지는 측면은 그것들이 원인과 결과 사이의 관계가 아니라는 점이다. 그리고 일반적으로 인과는 원인과 결과 사이의 관계라고 여겨진다. 즉 인과는 특정한 사건들을 관계항으로 가지는 관계이다. 그런데 누락에 의한 인과에서는 원인에 해당하는 것이 사건의 부재이고, 방지에서는 결과에 해당하는 것이 사건의 부재이며, 누락에 의한 방지에서는 원인과 결과에 해당하는 것이 모두 사건의 부재이다. 지금까지 나는 사건의 부재를 '부정적 사건'이라고 하면서 마치 존재자인 것처럼 다루는 다우의 논의를 그대로 따르면서 다우에 대한 비판을 전개했다. 그러나 사건의 부재는 어떤 존재자가 아니다. 그것은 어떤 관계의 관계항이 될 수도 없다. 따라서 사건의 부재를 한 관계항으로 하는 인과 관계도 있을 수 없다.

나는 누락에 의한 인과, 방지, 누락에 의한 방지를 '유사 인과'라고 부르는 것에 대해서 다우와는 다른 이유에서 받아들일 수 있고, 또 그것과 관련된 직관을 다우가 행한 방식보다 훨씬 더 잘 설명할 수가 있다. 누락에 의한 인과, 방지, 누락은 관계가 아니라는 점에서 참된 인과는 아니라고 이야기할 수 있다. 그러나 그럼에도 불구하고 그것들은 진짜 사건들을 관계항으로 가지는 참된 인과와 같은 구조를 가진다. 앞에서 내가 제시한 조건들 중 예를 들기 위해서 다음의 두 조건을 상기해 보자.

(I) A가 B의 한 원인이다 iff A가 발생하지 않았더라면 B가 발생하지 않았을 것이다.

(II) A 아님이 B의 한 원인이다 iff A가 발생했더라면 B가 발생하지 않았을 것이다.

나는 'A가 B의 한 원인이다'가 최소한 한 가지 의미에서는 'A가 발생했기 때문에 B가 발생했다'를 뜻한다고 생각하고, 나의 설명 이론에 입각하면 그 의미에서는 (I)이 성립한다는 것이 그로부터 따라 나온다. (이 장에서 나는 그 의미에서의 '인과'에 대해서만 이야기하겠다.) (II)의 피분석항 'A 아님이 B의 한 원인이다'는 두 사건 사이의 관계를 서술하는 문장이 아니기 때문에 엄격히는 인과 문장이 아니지만 'A가 발생하지 않았기 때문에 B가 발생했다'를 뜻하는 것으로 비슷하게 해석될 수 있는 형식의 문장이고, 그럴 경우 마찬가지로 (II)가 성립한다는 것이 따라 나온다. (I)과 (II)의 분석항들은 상응하는 공통된 구조를 가지고 있다. (II)의 조건은 (I)의 조건의 자연스러운 확장으로 이해될 수 있다는 점에서도 연관되어 있고 서로 공통된 구조를 가진다는 점에서도 연관되어 있다. 'A 아님이 B의 한 원인이다'가 엄격하게는 인과 관계를 서술하고 있지 못하기는 하지만, 인과 관계를 서술하는 문장의 자연스러운 확장이라는 점에서 느슨하게는 '인과'라고 불릴 만하고 그렇게 부르는 것이 적당하다는 직관을 충분히 가질 만하다. 'A가 B의 한 원인이다'와 'A 아님이 B의 한 원인이다'가 둘 다 유사한 구조의 '때문에' 문장으로 이해될 수 있기 때문이다.

'정원사가 물을 주지 않은 것'과 같은 표현은 엄격히는 사건을 기술하거나 지시하지 않지만 사건을 기술하거나 지시하는 어구(예를 들어 '정원사가 물을 준 것')와 문법적으로 비슷한 형식을 취하기 때문에 마치 사건을 기술하거나 지시하는 표현인 것처럼 느슨하게 사용되는 것이 충분히 그럴듯하고, 그 표현이 가리키는 어떤 특정 사건이 마치 인과 관계의 관계항인 것처럼 언어적으로 용인될 수 있다. 그 사건은 정원사가 물을 준 사건이 발생할 경우 오직 그 경우에 발생하지 않는 사건처럼 간주될 수 있고, 그렇게 간주된 한에서 (II)와 같은 조건은 (I)과 같은 조건에 포섭되기까지 한다. 그리하여 누락에 의한 "인과"가 엄밀하게 인과 관계가 아님에도 우리가 흔히 그런 경우에 대해서도 인과 관계의 사례라는 직관을 가지는 것은 충분히 이해될 만하다. 이와 비슷한 설명이 누락에 의한 인과의 경우뿐만 아니라 방지의 경우와 누락에 의한 방지의 경우에 대해서도 제시될 수가 있고, 우리는 이 경우들이 두 사건 사이의 관계의 경우들이 아니므로 해서 엄밀하게는 인과 관계가 아니라고 생각할 수가 있다.

그러나 이중 방지의 경우는 이들 경우들과는 다르다. 이중 방지의 경우는 특정한 두 사건을 연결시키는 관계의 경우이기 때문이다. 예를 들어, 어두운 밤에 선박이 바위와의 충돌을 피하기 위해서는 등대의 조명이 필요한 바다에서, 어떤 선박의 항로를 밝히고 있던 등대가 테러리스트에 의해서 폭파되었고, 그리하여 너무 어두워진 바다에서 선박이 바위와 충돌했다고 하자. 이 경우 직관적으로 우리는 다음을 받아들일 만하다.

(4) 테러리스트가 등대를 폭파한 것이 그 선박의 충돌의 원인 중 하나이다.

여기에서는 테러리스트가 등대를 폭파한 것과 그 선박의 충돌은 각각 특정한 사건이고 위의 문장은 그 두 사건 사이의 관계를 서술하는 것으로 이해되는 것에 아무런 문제가 없다. 물론 원인과 결과가 물리적 과정으로 연결되어 있어야 한다는 특정한 인과 이론을 받아들이면 이중 방지의 경우를 참된 인과라고 볼 수는 없을 것인데, 단지 그런 이유에서 이중 방지의 경우는 참된 인과가 아니라고 배제한다면, 이중 방지의 경우를 과정 연결적 인과 이론에 대한 반례로서 제시하고 있는 현재의 맥락에서 선결 문제 요구의 오류를 범하는 것에 불과할 것이다.

단순 반사실 조건문적 인과 이론의 입장에서는 위와 같은 이중 방지의 경우나 물리적 과정에 의해 연결된 경우나 똑같이 다음의 동일한 조건에 의해서 인과로 규정된다.

(I) A가 B의 한 원인이다 iff A가 발생하지 않았더라면 B가 발생하지 않았을 것이다.

이런 입장에서, 이중 방지의 경우는 단지 인과 관계가 성립하기 위한 메커니즘의 차이에 의해 다른 경우와 구별될 뿐이다. 그리고 이는 (4)와 같은 이중 방지의 경우를 인과라고 보는 우리의 직관에 더 잘 들어맞는다. 이중 방지의 관계항들은 모두 특정한 사건들이므로 여기에는 사건의 부재에 대한 기술을 마치 사건을 지시하는 표현인 것처럼 간주하는 느슨한 언어 이해가 개입되는 것도 아니며, 그런 언어 이해를 통해서 우리 직관을 설명할 수 있는 것도 아니다. 이중 방지의 메커니즘에 대한 서술

속에서는 등대의 조명이 부재한다는 것과 같은 내용이 포함되어야 하겠지만, 그것은 등대의 조명의 부재와 같은 것이 관계항으로서 요구된다는 것을 의미하는 것은 아니다. 이중 방지의 관계항들은 그 테러리스트의 등대 폭파나 그 선박의 충돌과 같은 특정한 사건들이다. 이중 방지의 경우는 다우가 생각하는 것과는 달리 부정적 인과로 분류되어야 하는 것이 아니다.

부정적 인과가 참된 인과가 아니라고 하는 것을 주장하기 위한 다우의 논의들은 우리가 앞에서 보았듯이 성공적이지 못한데 (부정적 인과가 참된 인과가 아니라면, 그것은 다우가 개진한 부적절한 논의에 의해서가 아니라, 부정적 인과는 관계 자체가 아니라는 단순한 이유에 의해서 받아들여져야 한다) 이중 방지의 경우에는 다우의 논의들은 아예 시작조차 하지 못한다. 다우는 이중 방지까지 부정적 인과에 포함시킨 후 부정적 인과에 반대하는 논의를 펼치지만, 그의 논의는 이중 방지 이외의 다른 경우들을 대상으로 이루어지고, 그가 드는 사례들도 이중 방지 이외의 사례들이다. 앞에서 보았던 (5)-(8) 사례들[이를 변형시킨 (8)-(11) 사례들]은 모두 원인이나 결과가 사건의 부재인 경우들이다. 그리고 그런 경우들과 관련해서는 그래도 그 문장들을 받아들이고자 하지 않는 반대쪽 직관들이 존재하고, 이를 설명하기 위해서 화용론적 고려를 통한 해결이 필요했고 이에 대한 논의들이 이어졌었다. 그러나 이중 방지의 경우와 관련해서는 유사한 화용론적 해결을 요구하는 사례 자체가 흔하지 않다. 그런 사례를 찾는다 하더라도 다우의 이른바 "참된" 인과의 비슷한 방식의 사례와 비교해서 특별히 더 반직관적이라고 할 이유도 없다. 이중 방지의 경우에 대해서는 그것을 인과로 판단하는 데에 있어서 우리는 보다 안정된 직관을 가지고 있다. 최소한 이중 방지는 분명히 인과이다. 이중 방지는 우리가 인과로 분류하는 경우들의 영역에서 너무나 넓은 범위를 차지하고 있어서 이를 인과로부터 배제하는 것을 받아들이기는 어렵다. 이와 관련해서는 쉐퍼가 매우 설득력 있게 예증을 하고 있다.[202] 심장이 파열되어 죽음이 야기되는 경우, 권총의 방아쇠 당김이 총알의 발사를 야기하는 경우, 두뇌에서의 의도가 총의 방아쇠 당김을 야기하는 경우 등이 그 메커니즘을 살펴보면 모두 이중 방지의 인과 사례들이다.

그리고 다른 부정적 인과의 경우들을 고려할 필요 없이, 이중 방지가 인과라는 것만으로도 과정 연결적 인과 이론에 대한 결정적 반례가 된다. 이중 방지는 명백히 물리적 과정에 의한 연결과는 상관없는 인과 관계이기 때문이다.

나는 지금까지의 논의를 통해서 과정 연결적 인과 이론이 완전히 잘못된 아무 쓸모 없는 이론이라는 것을 주장하는 것은 아니다. 지금까지의 논의는 다만 과정 연결적 인과 개념이 유일한 인과 개념이라는 것을 반박한다. 이중 방지의 경우를 인과로 분류하는 인과 개념을 우리는 분명히 가지고 있고, 그 인과 개념은 충분히 안정된 기반을 가지고 있는 확고한 인과 개념 중의 최소한 하나이다. 그 인과 개념은 한 사건이 발생했기 때문에 다른 사건이 발생할 경우에 (그리고 기본적인 다른 조건이 만족될 경우에) 앞의 사건을 뒤의 사건의 원인 중 하나라고 이야기하는 인과 개념이다.

202   Schaffer (2004) pp. 199-203.

10장
두 종류의 인과 개념

1. 들어가는 말: 두 인과 개념

이 책의 주 탐구 대상인 '때문에'가 문장 연결사인 데 반해서, 인과 표현 '야기하다'나 '원인이다'는 관계 술어이다. 연결사인 '때문에'가 두 문장을 연결하는 데 반해서, 인과 술어는 두 단칭어구를 연결한다. 두 종류의 표현이 나타나는 문장들의 논리적 형식은 다음과 같다.

   (B) P이기 때문에 Q.
   (C) c가 e의 원인이다.

관계 술어인 인과 표현에 상응하는 인과 관계는 관계항으로서 존재자들을 요구한다. 그 관계항들은 무엇인가? 인과의 관계항들은 일반적으로 사건들이라고 여겨진다.[203] 그렇다면 사건들은 어떤 경우에 서로 원인과 결과의 관계에 있다고 할 수 있는가? 다시 말해서, 인과란 무엇인가?

이 질문은 기존의 철학적 논의들에서 수없이 제기되어 왔고 또 수많은 방식으로 대답되어 왔다. 이 간단한 질문에 대한 대답이 쉽지 않다는 것을 철학자들은 점차 깨닫게 되었다. 나는 이 책의 앞부분의 여러 곳에서 그 질문에 대한 주요한 여러 답변들을 논의하면서 그것들이 왜 옳지 못한지에 대해서 논의를 했다. 특히 인과에 대한 루이스의 반사실 조건문적 이론, 우드워드의 조작가능성 이론, 살먼과 다우의 과정 연결적 이론에 대해서 (각각 4장, 7장, 9장에서) 자세한 반론을 전개했다.

나는 지금까지 인과에 대해서 기존에 제시된 이론들을 비판하면서 동시에 인과 개념 대신 〈때문에〉 개념이 우리의 개념 활동에서 더 중심에 있어야 한다는 것을 강조했다. 〈때문에〉 개념은 더 근본적 개념이고 우리의 일상 언어와 일상 개념 체계에서 더 중심적 역할을 한다. 그리고 〈때문에〉 개념은 반사실 조건문을 통해서 보다 단순하고 분명하게 이해될 수 있다. 또한 우리의 일상적 인과 판단들의 많은 부분은 〈때문에〉 개념에 바탕을 두고 있다. 게다가 우리가 합리적 수단의 선택, 책임 소재 파악 등, 일상 속에서 인과 개념을 통해서 포착하거나 이루려고 하는 것들의 상당 부분이 사실은 〈때문에〉 개념을 통해서 제대로 이루어질 수 있기도 하다.

그렇다고 해서 인과 개념을 완전히 폐기해야 한다고 이야기하는 것은 아니다. 인과 개념 역시 중요한 개념이고 그 의미를 밝히는 작업도 매우 중요한 작업이다. 다만 인과 개념은 〈때문에〉 개념보다 번잡하고 복잡하고 지저분한 개념이다. 우리가 단 하나의 인과 개념을 가지고 있는 것도

---

203 사실 인과나 행위자 인과처럼 사실들이나 행위자들을 관계항으로 보는 이론들도 있지만 사건들을 관계항들로 보는 이론들만큼 일반적이지는 않다. 사실 인과 이론에 대해서는 Mellor (1995), (2002)를, 행위자 인과 이론에 대해서는 Chisholm (1966) 참조.

아니다. 그리고 그중에서 최소한 어떤 인과 개념은 근세 이후의 과학적 세계관과 경험적 인식 등의 이론들과 생각들이 복잡하게 탑재되어 있는 경험적 개념이다.

인과 개념에 대한 철학적 탐구의 역사에서 비교적 최근에 우리는 인과 개념과 관련된 서로 충돌하는 매우 상반된 직관들의 다발을 가지고 있다는 것을 분명하게 자각하기 시작했다.[204] 인과 관계가 이행적이라는 강한 직관이 있으면서 또 동시에 인과의 이행성에 대한 명백한 반례들이 존재한다. 인과 관계가 과정에 의해 연결된 것이라는 직관이 있으면서 또 동시에 인과의 과정 연결성에 대한 명백한 반례들이 존재한다. 원인과 결과 사이에 반사실 조건문적 의존 관계가 있어야 한다는 강한 직관이 있으면서 또 동시에 이에 대한 명백한 반례들이 존재한다. 이론에 다양한 주전원과 이심을 추가해서 반례를 다루기 위한 다양한 시도들이 있었지만 그 시도들은 이론을 더 복잡하게 할 뿐 반례들이 제기하는 문제를 근본적으로 해결하지는 못했다.

이런 상황에서 우리가 두 종류의 근본적으로 다른 인과 개념을 가지고 있다는 것에 주목하면 대부분의 문제가 의외로 쉽게 사라지고 그것들을 보다 분명하게 이해할 수 있다는 것을 깨닫게 된다. 우리는 반사실 조건문적 의존 관계를 핵심으로 하는 인과 개념도 가지고 있고 과정 연결 관계를 핵심으로 하는 인과 개념도 가지고 있다. 인과 개념에 대한 철학적 논의에서 제시된 수많은 사례가 이 양쪽 개념을 각각 둘러싸고서 한 개념에 들어맞으면서 다른 개념의 반례가 되거나 그 역을 만족시킨다. 그러므로 우리는 인과 개념 이원론을 받아들일 필요가 있다.

---

204 20세기 끝 무렵에 쏟아진 흥미로운 인과 사례들에 대한 논의가 이런 자각을 낳았고, 이런 논의를 잘 집약한 책이 Collins., Hall and Paul (eds.) (2004)이다.

나는 이런 기본 생각과 관련해서 네드 홀(N. Hall)의 논문에서 제시된 통찰에 빚을 지고 있다.[205] 홀은 그 논문에서 두 종류의 인과 개념을 구분할 것을 제안하고, 그것들을 각각 의존(dependence)과 산출(production)이라고 부른다. 이 중에서 '산출'은 그 자체로 인과적 개념이고, 그중 한 인과에 대해서만 '산출'이라고 부르는 것은 후자의 인과 개념에 대한 홀의 편애를 반영한다. 그러나 두 개념이 모두 인과 개념이라면 '산출'이라는 말은 두 개념 모두에 적합하다. '인과'의 두 의미 모두에서 원인은 결과를 산출한다(낳는다)고 할 수 있다. 명칭에서도 드러나듯이 홀은 두 인과 개념 중에서 후자의 인과 개념을 보다 중심적인 인과 개념이라고 생각하고 전자의 인과 개념을 위한 직관들을 과소평가하는 경향이 있다. 나는 홀의 그런 관점에는 동의하지 않고, 두 개념 각각에 대한 이해 방식과 관련해서도 많은 부분에 동의하지 않는다. 그러나 이후 이 장에서는 홀과의 논쟁의 방식으로 논의를 전개하기보다는 홀의 논의와는 별개로 내가 옳다고 생각하는 방식으로 두 종류의 인과 개념에 대해서 제안하고 논의할 것이다.[206]

2. 〈때문〉 인과 개념

앞 절에서 이야기했듯이 나는 우리가 두 인과 개념을 가진다고 생각하는데, 앞으로 그 두 인과 개념을 각각 '〈때문〉 인과'와 '과정 인과'라고 부를 것이다. 그중 첫 번째 인과 개념에 대해서 먼저 살펴보자. '인과'의

---

205 Hall (2004).
206 홀의 이론과의 유사성과 차이점에 대해서는 필요할 경우 각주에서 언급할 것이다.

한 가지 의미에서 그것은 다음과 같이 분석된다.

(CA) 'c가 e의 원인이다'가 참이다

iff (i) c와 e는 서로 다른 시점에 발생한 별개의(distinct) 사건이
다.

(ii) c가 발생했기 때문에 e가 발생했다.

여기에서 물론 핵심적인 조건은 (ii)이다. 조건 (i)은 그보다는 덜 핵심적 조건이기는 하지만 그래도 다음과 같은 경우들에서 인과로부터 배제되어야 할 것들을 배제하기 위해 필요하다.

첫째, (i)은 (C)와 같은 문장에서 관계 지워지는 관계항들이 사건이라고 하는 것을 조건으로 제시한다. 그래서 대기 중에 산소가 충분한 곳에서 보통의 마른 성냥을 그었고 그 성냥에 불이 붙은 일상적 상황에서,

(1) 성냥을 긋는 그 사건이 발생했기 때문에 성냥에 불이 붙은 그 사건이 발생했다.
(2) 대기 중에 산소가 충분하기 때문에 성냥에 불이 붙은 그 사건이 발생했다.

는 둘 다 참이지만,

(3) 성냥을 긋는 그 사건이 성냥에 불이 붙은 그 사건의 원인이다.
(4) 대기 중에 산소가 충분한 것이 성냥에 불이 붙은 그 사건의 원인이다.

중에서 (3)이 참으로 여겨지는 데 반해서, (4)가 참인지에 대해서는 거부되거나 최소한 의구심이 제기된다. 이는 물론 대기 중에 산소가 충분한 것이 사건으로 여겨지지 않기 때문이다. 사건 존재론에 대한 다양한 철학적 이론들이 있지만, 무엇이 사건이고 사건이 아닌지에 대한 일상적 기준은 대개 모호하고, 그 모호성에 상응하여 인과 개념도 모호하다. 그래서 〈때문에〉에 대한 이론(또는 설명에 대한 이론)에서와 달리 인과에 대한 이론을 보다 명확하게 하기 위해서는 사건에 대한 이론을 보다 명확히 발전시켜야 할 필요성이 대두된다.[207]

둘째, 적절한 상황에서 적절한 조건이 성립하는 경우에 (예를 들어, 최씨가 의도적으로 박씨를 향해 권총을 겨누고 방아쇠를 당겼고 그 권총에서 발사된 총알을 맞은 박씨가 죽은 상황에서, 그리하여 최씨가 권총 방아쇠를 당긴 그 행위가 발생하지 않았더라면 최씨가 박씨를 살해한 그 행위가 발생하지 않았을 것인 경우에)

(5) 최씨가 권총 방아쇠를 당긴 그 행위가 발생했기 때문에 최씨가 박씨를 살해한 그 행위가 발생했다.

가 참이지만,

(6) 최씨가 권총 방아쇠를 당긴 그 행위가 최씨가 박씨를 살해한 그 행위의 원인이다.

---

207 대표적 사건 이론들로서, Davidson (1967), (1969), Kim (1976), Lewis (1986d), Bennett (1988) 참조. 내가 사건에 대해서 보다 받아들일 만하다고 생각하는 이론은 김재권의 이론과 같은 추상적 존재자 사건 이론보다는 데이비드슨이나 루이스의 이론과 같은 구체적 존재자 사건 이론이고, 사건에 대한 이후의 논의는 후자의 사건 이론에 더 조화되는 논의이지만, 특정 이론을 전제하지 않더라도 상식적이고 직관적 수준에서 받아들일 수 있는 관점의 차원에서 전개할 것이다.

가 참인 것으로 여겨지지는 않는데, 이는 최씨가 권총 방아쇠를 당긴 그 행위와 최씨가 박씨를 살해한 그 행위가 사건이라는 점에 있어서 문제가 있어서가 아니라 (일반적으로 행위들은 사건들로 간주되므로) 두 사건이 별개의(distinct) 사건이 아니어서이다. 최씨가 권총 방아쇠를 당겼더라도 박씨가 재빨리 몸을 피했더라면 죽지 않았을 것이고 박씨 살해 사건이 발생하지는 않았을 것이므로, 최씨가 권총 방아쇠를 당긴 그 행위와 최씨가 박씨를 살해한 그 행위가 동일한 사건은 아니지만 그 두 사건은 시공간적으로 겹쳐지기 때문에 별개의 사건은 아니다. 시공간적으로 최씨가 권총 방아쇠를 당긴 그 행위는 최씨가 박씨를 살해한 그 행위의 일부라고 간주될 수 있다. 최씨가 박씨를 살해한 그 사건의 시공간적 범위는 박씨의 죽음이 차지하는 시공간적 범위까지 차지한다는 점에서 더 넓지만 최씨가 권총 방아쇠를 당긴 그 사건의 시공간적 범위까지 걸쳐 있다고 할 만하다. 한편 다음의 경우에는 (7)뿐만 아니라 (8)도 참인 것으로 여겨진다.

> (7) 최씨가 권총 방아쇠를 당긴 그 행위가 발생했기 때문에 박씨의 그 죽음이 발생했다.
> (8) 최씨가 권총 방아쇠를 당긴 그 행위가 박씨의 그 사망의 원인이다.

이는 물론 최씨가 권총 방아쇠를 당긴 그 행위와 박씨의 그 사망이 동일하지 않을 뿐만 아니라 별개의 사건이라고 할 수 있기 때문이다.

그러나 (CA)의 조건 (i)이 만족된다는 것이 당연하게 여겨지는 통상적인 맥락에서는,

> (C) c가 e의 원인이다.

라는 문장은 대략적으로

　(D) c가 발생했기 때문에 e가 발생했다.

라는 문장과 같은 것을 의미하는 것으로 이해된다.[208]

　예를 들어서,

　(9) 사라예보 사건이 일차세계대전의 원인이다.

라는 인과 문장은 (사라예보 사건이 일차세계대전과 서로 다른 시점에 발생한 별개의 사건이라고 하는 것이 당연하게 여겨지는 맥락에서) 최소한 그 한 가지 의미에서

　(10) 사라예보 사건이 발생했기 때문에 일차세계대전이 발생했다.

와 같은 것을 의미하는 것으로 이해될 수 있다. 우리는 (C)가 (D)와 같은 것을 의미한다는 것에 대한 강한 직관을 가지고, 어떤 사람들에게는 (C)가 **단지** 한 가지 의미에서만 (D)로 이해될 수 있다는 이야기가 오히려 놀랍게 여겨질 수도 있다.[209] 어떻든 이런 의미에서의 인과는 '〈때문〉 인과'라고 불릴 만하다. 이런 인과 개념은 두 인과 개념 중에서 특히 깔끔하고 단순하게 분석된다. 〈a가 발생했기 때문에 b가 발생했다〉가 성립

208　그래서 앞으로는 조건 (i)을 생략하고 이야기하자.

209　내 개인적이고 비형식적인 설문의 결과로 볼 때 구체적 사례를 제시하지 않고 추상적 형태로만 (C)와 (D)가 제시되었을 때에 사람들이 (C)와 (D)를 단순히 동의적인 것으로 여기는 것에 대해 당연하게 여기는 경향이 있다.

할 경우 오직 그 경우에 두 사건 a와 b 사이에 〈때문〉 관계가 성립한다고 편의상 말한다면, 이 인과 개념에서 인과 관계는 〈때문〉 관계에 의해 규정된다.

이런 의미에서의 인과 개념은 원인과 결과가 물리적 과정에 의해서 연결되어 있을 것을 요구하지 않는다. 위의 문장 (9)가 (10)으로 이해되었을 때에 그것이 참이기 위해서 사라예보 사건과 일차세계대전이 물리적 과정에 의해서 연결되어 있을 것이 요구되지 않는다. 그 두 사건은 물리적 과정에 의해서 연결되어 있을 수도 있지만 그렇지 않을 수도 있다. 문장 (9)[(10)으로 이해된]가 참이라는 정보는 그 자체로는 이에 대해서는 아무것도 제약하지 않는다.

대표적으로, (9)와 같은 문장은 이중 방지의 방식으로 참일 수도 있다. 예를 들어,

(11) 미국 독립전쟁이 프랑스 대혁명의 (한) 원인이다.

라는 문장이

(12) 미국 독립전쟁이 발생했기 때문에 프랑스 대혁명이 발생했다.

라는 문장과 같은 것을 의미하는 것으로 이해된다고 하자. 이 문장은 그런 의미에서 다음과 같은 역사적 고려를 통해서 참임이 지지될 수 있다. 미국 독립전쟁이 발생해서 이에 대해 프랑스가 대규모 지원을 했기 때문에 프랑스의 재정이 부족해졌고 프랑스의 군주 정부는 프랑스의 경제 위기를 막을 수 있는 충분한 재정을 갖추지 못했기 때문에 프랑스에 경제 위기가 발생해서 이 때문에 프랑스 대혁명이 발생했다.[210] 그런 고려

에 입각해서 미국 독립전쟁이 프랑스 대혁명의 원인 중 하나라는 것을 받아들일 수 있다. 이런 고려에서 미국 독립전쟁이 발생하는 시공간 영역과 프랑스 대혁명이 발생하는 시공간 영역 사이에 에너지 등 보존량의 전이와 같은 물리적 과정으로 연결되어 있을 것이 요구되는 것은 아니다. 위의 고려에 의하면 미국 독립전쟁은 프랑스 대혁명의 발생을 방지할 수 있었을 상태(프랑스의 충분한 재정 상태)를 방지함으로써 프랑스 대혁명의 원인이 되었다. '미국 독립전쟁이 발생했기 때문에 프랑스 대혁명이 발생했'라는 것이 성립하기 위해서 두 시공간 영역 사이를 연결하는 물리적 과정의 존재와 같은 것이 전제될 필요는 명백히 없다.

4장에서 이미 보았듯이, '인과'가 이런 의미로 이해될 경우 인과의 이행성에 대한 잘 알려진 반례들에 대해서 우리는 적절히 설명할 수 있다. '때문에'가 이행적이지 않기 때문에 이를 통해서 이해된 인과 관계도 당연히 이행적이지 않게 된다. 필드의 반례를 다시 고려해 보자.[211] 테러리스트가 대통령을 암살하기 위해서 대통령 관저에 폭탄을 설치했지만 경호원이 그 사실을 알고서 그 폭탄을 해체했고 그리하여 대통령이 그날 밤에 호흡을 할 수 있었다. 테러리스트의 폭탄 설치가 경호원의 폭탄 해체의 원인이고, 경호원의 폭탄 해체가 그날 밤 대통령의 호흡의 원인이지만 테러리스트의 폭탄 설치는 그날 밤 대통령의 호흡의 원인이 아니다. 그러므로 인과의 이행성은 성립하지 않는다.

이 반례에 사용된 인과의 개념이 〈때문〉 인과의 개념이라고 보면 이

---

210 프랑스 대혁명의 원인에 대한 구체적인 역사적 사실들은 논란이 될 수 있는 것들이고, 여기에서는 순전히 예시를 위해서 가정한 사실들이다. 또한 '때문에'가 마치 이행적인 것처럼 논의를 전개했지만 이 역시 편의상의 논의이고, 더 엄밀하게 논의하기 위해서는 더 복잡하고 구체적인 사실들을 언급했어야 할 것이다.

211 4장 참조.

반례가 왜 작동하는지 이해할 수 있다. 앞의 두 인과 문장으로부터 '테러리스트의 폭탄 설치는 그날 밤 대통령의 호흡의 원인이다'가 따라 나오지 않는 것은 아래에서 (13)과 (14)로부터 (15)가 따라 나오지 않는 것에 의해서 이해된다.

(13) 테러리스트의 폭탄 설치가 발생했기 때문에 경호원의 폭탄 해체가 발생했다.

(14) 경호원의 폭탄 해체가 발생했기 때문에 그날 밤 대통령이 호흡하는 일이 발생했다.

(15) 테러리스트의 폭탄 설치가 발생했기 때문에 그날 밤 대통령이 호흡하는 일이 발생했다.

그리고 앞에서도 이미 보았듯이, '때문에'의 이런 비이행성은 '때문에'에 대한 나의 반사실 조건문적 이론을 받아들일 경우에 반사실 조건문이 비이행적이라는 것에 의해서 잘 설명된다. 그렇지만 '때문에'에 대한 반사실 조건문적 이론을 받아들이지 않더라도, '때문에'의 비이행성은 어떻든 명백하게 받아들여야 할 사실이고, '때문에'를 통해서 이해된 인과 개념이 비이행적인 것은 이로부터의 당연한 귀결이다.

인과 관계가 두 사건 사이에 특정 종류의 물리적 과정에 의해서 연결되어 있다는 것으로 이해될 때 이런 비이행성은 이해되기 어렵다. 사건 a와 b가 그 물리적 과정에 의해 연결되어 있고 사건 b와 c가 그 물리적 과정에 의해 연결되어 있다면, 사건 a와 c도 그 물리적 과정에 의해서 연결되어 있어야 할 것이기 때문이다. 따라서 과정 연결적 인과 개념과 별개로 ⟨때문⟩ 인과 개념이 우리의 직관적 사례들을 설명하기 위해 받아들여져야 한다는 것은 분명하다.

우리가 인과를 사건들 사이의 관계로서 이해하는 한, 누락 인과, 방지 등 부정적 인과의 경우들은 엄밀하게는 인과에 포함되지 않을 것이다. 그러나 〈때문〉 인과 개념에 입각할 경우에, 누락 인과, 방지 등 부정적 인과의 경우들이 왜 사건들 사이의 참된 인과의 경우와 유사성을 가지고 있고 그 연장선상에 있는지 잘 드러난다. 아래의 조건들 중 (I)이 〈때문〉 인과 개념에 대한 분석이고, (II)와 (III)은 누락 인과와 방지에 대해서 유사하게 상응하는 방식으로 분석한 것이다.

> (I) c가 e의 원인이다 iff c가 발생했기 때문에 e가 발생했다.
> (II) F 유형의 사건이 발생하지 않음이 e의 원인이다 iff F 유형의 사건이 발생하지 않았기 때문에 e가 발생하지 않았다.
> (III) c가 F 유형의 사건이 발생하지 않음의 원인이다 iff c가 발생했기 때문에 F 유형의 사건이 발생하지 않았다.

그 구조의 유사성과 공통성 때문에, 누락 인과와 방지의 경우들에 대해서도 넓은 의미에서 인과에 포함된다고 하거나 인과 개념과 밀접한 연속성을 가지고 있다고 이야기할 수가 있게 된다. 그래서 우리는

> (16) 정원사가 꽃에 물을 주지 않은 것이 꽃이 시들어버린 사건의 원인이다.
> (17) 정원사가 꽃에 우산을 씌운 행위가 꽃이 젖는 것을 막은 원인이다.

와 같은 문장들을 자연스럽게 발화할 수가 있다. 반면 인과 관계를 물리적 과정에 의해서 연결되어 있다는 것으로 이해하는 관점에서는 사건들 사이의 인과 관계와 부재 인과 사이의 이런 연속성을 설명하기가 어렵다.

지금까지 가능한 한 〈때문에〉에 대한 나의 반사실 조건문적 이론을 전제하지 않은 채 〈때문〉 인과 개념에 대해서 설명했는데, 이는 〈때문에〉에 대한 나의 이론을 받아들이지 않은 상태에서도 인과 개념이 〈때문에〉에 의해 규정되는 한 가져야 할 근본적 특성들(물리적 과정에 의한 연결을 요구하지 않음, 이행적이지 않음 등)을 중립적으로 설명하기 위해서였다. 그러나 어떻든 〈때문〉 인과 개념에 대한 분석에 〈때문에〉에 대한 반사실 조건문적 이론을 추가하게 되면 자연스럽게 〈때문〉 인과에 대한 단순 반사실 조건문적 이론을 이끌어낼 수 있게 된다. 즉 이 이론에 의하면

ⓒ c가 e의 원인이다.

라는 문장은 '원인'이라는 말이 〈때문〉 인과 개념으로 사용되었을 경우 궁극적으로는

ⓔ c가 발생하지 않았더라면 e가 발생하지 않았을 것이다.

라는 반사실 조건문에 의해서 분석되게 된다. 그러나 이는 나의 관점에서는 인과 개념 자체가 곧바로 반사실 조건문에 의해서 분석된다기보다는 〈때문에〉가 반사실 조건문에 의해서 분석된다는 것과 인과 개념이 〈때문에〉 개념에 의해 분석된다는 것에 기인한다.[212] 또한 이런 분석은 인과 개념 중에서 〈때문〉 인과 개념에 국한된다. 그리고 모든 인과 개념이 〈때문에〉 개념을 통해서 이해될 수 있는 것은 아니다.

---

212 홀도 그의 의존 인과를 반사실 조건문적 의존으로 정의하는데, 나와 달리 이는 〈때문에〉와는 상관이 없는 정의이다. Hall (2004), p. 257.

3. 과정 인과 개념

〈때문에〉 개념을 통해서 이해된 인과 개념이 우리의 일상적 직관과 충돌하는 중요한 경우는 과잉 결정과 선점 등 군더더기 인과의 경우이다. 앞에서 보았던 과잉 결정의 사례를 다시 놓고 생각해 보자. 두 킬러 김씨와 이씨가 각각 쏜 총알이 박씨의 심장에 동시에 날아와서 박씨가 심장이 파열해 사망했다. 이 사례에서 김씨가 총을 쏜 사건이 발생하지 않았더라도 (이씨가 총을 쏜 사건 때문에) 박씨의 사망이 발생했을 것이고, 이씨가 총을 쏜 사건이 발생하지 않았더라도 (김씨가 총을 쏜 사건 때문에) 박씨의 사망이 발생했을 것이다. 이 경우에

(17) 김씨가 총을 쏜 사건이 발생했기 때문에 박씨의 사망이 발생했다.

는 참이라고 보기 어렵다. 김씨가 총을 쏜 사건이 발생하지 않았더라도 박씨의 사망은 어차피 발생했을 것이기 때문이다. 그러나

(18) 김씨가 총을 쏜 사건이 박씨의 사망의 원인이다.

에 대해서는 흔히 참이라고 보는 직관을 가지고 있다. (이러한 사실들은 이씨가 총을 쏜 사건에 대해서도 마찬가지이다.) 이런 직관을 가질 때의 인과 개념은 〈때문〉 인과 개념이라고 할 수는 없다. 〈때문〉 인과 개념일 경우 (17)과 (18)의 진리치는 일치해야 하기 때문이다.

선점의 경우에는 〈때문〉 인과 개념과 상충하는 직관이 보다 분명하게 두드러진다. 이에 대해서도 앞서 보았던 사례에 대해서 다시 생각해 보자. 킬러 최씨와 오씨가 모두 박씨의 심장을 향해 총알을 발사했고 최씨

의 총알이 더 일찍 박씨의 심장에 도착해서 그 심장을 파열시켜 박씨의 사망이 발생했다. 이 사례에서도 최씨가 총을 쏜 사건이 발생하지 않았더라도 (오씨의 총알이 약간 늦게 날아와) 박씨의 사망이 발생했을 것이고, 오씨가 총을 쏜 사건이 발생하지 않았더라도 (최씨의 총알이 날아와) 박씨의 사망이 발생했을 것이다. 그래서 이 경우에도

(19) 최씨가 총을 쏜 사건이 발생했기 때문에 박씨의 사망이 발생했다.

는 참이라고 보기 어렵다. 최씨가 총을 쏜 사건이 발생하지 않았더라도 박씨의 사망은 어차피 발생했을 것이기 때문이다. 물론 최씨가 총을 쏜 사건이 발생하지 않았을 경우 박씨의 사망 사건이 약간 늦게 발생할 것이고, 약간 늦게 발생했을 박씨의 사망 사건이 현실에서 발생한 박씨의 사망 사건과 동일하지 않다고 우리가 판단한다면 (19)를 받아들이려는 경향이 있을 수도 있다. 그러나 그런 경우가 아니라면 (19)는 참으로 여겨지지 않는다. 반면

(20) 최씨가 총을 쏜 사건이 박씨의 사망의 원인이다.

에 대해서는 그것을 참이라고 여기는 강한 직관이 존재한다. 이런 직관은 〈때문〉 인과의 개념과는 충돌한다. 따라서 이때에는 (20)이 (19)의 의미로 이해되고 있지 않다는 것이 분명하다.

과잉 결정과 선점의 경우에서 〈때문〉 인과의 개념과 충돌하는 직관을 가질 때에 우리는 두 사건을 연결하는 물리적 과정의 내재적 특성에 의해서 인과에 대한 판단을 하는 경향이 있다. 위의 과잉 결정 사례에서 김

씨가 총을 쏜 사건과 이씨가 총을 쏜 사건이 박씨의 사망 사건의 원인이라고 판단하고, 위의 선점 사례에서 최씨가 총을 쏜 사건이 박씨의 사망 사건의 원인이라고 판단할 때, 우리는 김씨가 총을 쏜 사건(과 이씨가 총을 쏜 사건 각각)이 과잉 결정 사례에서의 박씨의 사망 사건과 연결되어 있는 물리적 과정이 전형적인 경우에 원인과 결과 사이를 연결하는 과정이라는 점, 그리고 최씨가 총을 쏜 사건이 선점 사례에서의 박씨의 사망 사건과 연결되어 있는 물리적 과정도 마찬가지로 전형적인 경우에 원인과 결과 사이를 연결하는 과정이라는 점에 착안하는 경향이 있다. 그리고 그런 과정에 의해 연결되어 있다면 두 사건 사이에서 성립하는 〈때문〉 관계 여부와는 상관없이 두 사건을 원인과 결과 사이의 관계라고 판단하는 경향이 있다.[213]

이러한 판단을 하는 경향의 직관을 가질 때에 우리가 품고 있는 인과 개념을 나는 '과정 인과 개념'이라고 부른다. 이런 인과 개념은 우리의 근본 개념인 〈때문에〉 개념과 (〈때문〉 인과 개념처럼) 밀접하게 연결되지는 않고 그보다는 더 경험적이다. 이 개념에는 근대 과학의 발전 이후의 물리적 세계상이 은연중에 깔려 있다고 할 수 있다. 이 개념은 논리적으로 명료한 개념이 아니기 때문에 깔끔하고 단순하게 정의되기는 어렵다.[214] 이 개념에 대한 이해는 어쩔 수 없이 사변적, 잠정적 제안들과 경험적, 과학적 고려들에 의존할 수밖에 없다.

이 개념에 대한 나의 제안은 다음과 같다. 두 사건이 '과정 인과'의 의

---

213 물론 그 판단에는 루이스의 영향 이론(influence theory)에서 이야기하는 바와 같이 두 사건이 가진 여러 측면들 사이의 반사실 조건문적 의존에 대한 고려도 기여하고 있을 수 있다. 루이스의 영향 이론에 대해서는 Lewis (2000) 참조. 그 반사실 조건문적 의존들은 나의 이론에서는 두 사건이 가진 여러 측면들 사이의 〈때문에〉 관계를 뒷받침한다.

214 홀의 경우, 그의 산출 인과에 대해서 매우 복잡한 방식의 분석을 시도하지만 만족스러운 분석에 도달하지는 못한다. Hall (2004), pp. 258-265.

미에서 인과 관계에 있다는 것은, 그 두 사건이 인과적 과정에 의해서 연결되어 있다는 것으로서 이해된다. 인과적 과정은 그 과정의 물리적인 내재적 특성에 의해 규정된다. 구체적으로 어떤 과정이 인과적 과정인가는 물리과학의 발전에 의해서 경험적으로 발견되어야 한다. 구체적으로 어떤 과정이 인과적 과정인가 하는 것은 현실 세계가 어떠한가에 의존하기 때문이다. 인과적 과정을 찾아내기 위한 선험적 기준은 〈때문에〉개념과 관련이 있다. 즉 현실 세계에서 시공간의 인접한 영역에서의 사건들 사이의 〈때문〉관계가 성립하도록 하게 하는 전형적인 물리적인 내재적 특성들을 가진 과정이 현실 세계에서의 인과적 과정이다. 그 과정은 17세기 데카르트주의자들이 생각했던 것과 같은 접촉에 의한 밀침 (push)들로 연결된 사건들로 이루어진 과정일 수도 있고, 페어(D. Fair)의 인과 이론에서 받아들이는 에너지 흐름 과정일 수도 있고, 살먼과 다우의 과정 연결적 인과 이론(현대 물리학에 기반한)에서 받아들이는 보존량을 전달하는 과정일 수도 있으며,[215] 앞으로의 물리학의 발전에 따라 받아들여지게 될 다른 종류의 과정일 수도 있다.

하나의 물리적 과정 자체는 여러 사건으로 이루어져 있다. 하나의 물리적 과정을 이루는 사건들 중 인접한 사건 a와 b에 대해서, 〈a가 발생하기 때문에 b가 발생한다〉가 성립하는 것이 전형적으로 (예를 들어) a가 b에 보존량을 전달하는 경우라고 한다면, 보존량을 전달하는 사건들로 이루어져 있는 물리적 과정이 인과적 과정의 현실적 실현자가 된다. 그리고 그런 물리적 특성을 가진 과정 즉 인과적 과정으로 연결되어 있는 두 사건은 (과정 인과의 의미에서) 인과 관계에 있다고 판단할 수가 있게 된다.

이런 인과 개념에서는 어떤 내재적 특성을 가진 물리적 과정이 인과

---

215 Fair (1979), Salmon (1994), Dowe (2001) 참조.

적 과정에 해당하는가를 찾는 데에는 〈때문〉 관계가 역할을 하지만, 인과 관계를 가진 두 사건이 꼭 〈때문〉 관계에 있을 필요는 없다. 원인과 결과는 국지적 〈때문〉 관계에 전형적으로 책임이 있는 현실적 실현자 과정에 의해 연결되어 있으면 되고, 그 둘이 직접 〈때문〉 관계를 가질 필요는 없는 것이다.

앞에서 본 과잉 결정과 선점의 경우가 바로 그러한 경우이다. 과잉 결정 사례에서의 김씨가 총을 쏜 사건과 이씨가 총을 쏜 사건이 박씨의 사망 사건의 원인이라고 판단할 때 우리는 김씨가 총을 쏜 사건(과 이씨가 총을 쏜 사건)이 박씨의 사망 사건이 전형적인 인과적 과정(전형적인 경우에 그 과정으로 연결되어 있으면 그것을 이루는 인접 사건들 사이에 〈때문〉 관계가 성립하는 내재적 특성을 가진 과정)으로 연결되어 있다는 것에 주목하고, 그렇게 연결되어 있으면 김씨가 총을 쏜 사건(과 이씨가 총을 쏜 사건)과 박씨의 사망 사건이 〈때문〉 관계에 있지 않음에도 두 사건 사이의 인과 관계를 받아들인다. 마찬가지로 선점 사례에서 최씨가 총을 쏜 사건이 박씨의 사망 사건의 원인이라고 판단할 때 우리는 최씨가 총을 쏜 사건과 박씨의 사망 사건이 전형적인 인과적 과정으로 연결되어 있다는 것에 주목하고, 그렇게 연결되어 있으면 최씨가 총을 쏜 사건과 박씨의 사망 사건이 〈때문〉 관계에 있지 않음에도 두 사건 사이의 인과 관계를 받아들인다. 또한 오씨가 총을 쏜 사건이 박씨의 사망 사건의 원인이 아니라고 판단할 때에는 우리는 오씨가 총을 쏜 사건과 박씨의 사망 사건이 그런 인과적 과정으로 연결되어 있지 않다는 것에 주목하고, 오씨가 총을 쏜 사건과 박씨의 사망 사건이 〈때문〉 관계에 있는가 여부와 상관없이 두 사건 사이의 인과 관계를 부인한다.

과잉 결정과 선점의 경우들 중에서도 방금 우리가 살펴본 사례들은 사건들 사이에 인과적 과정으로 연결되었다는 사실과 그렇게 연결되지 않았다는 사실이 매우 분명하게 드러나는 사례들이다. 총을 쏘는 사건과 희생자가 사망하는 사건 사이를 총알이 날아가는 물리적 과정이 연결하고 있을 경우 그 과정은 매우 전형적인 인과적 과정에 속한다는 것이 분명하지 않을 수 없다. 이런 사례들에서처럼 사건들 사이의 인과적 과정의 연결과 비연결이 매우 분명하고 전형적일 때에 우리는 과정 인과의 개념의 지배를 더 강하게 받아서 판단하는 경향이 있다.

과잉 결정이나 선점의 경우라고 하더라도 인과적 과정이 전형적이지 않거나 분명하지 않은 사례들에서는 〈때문〉 인과 개념의 지배가 더 강해지는 경우도 있다. 예를 들어

(9) 사라예보 사건이 일차세계대전의 원인이다.

라는 인과 문장과 관련해서, 우리가 1914년 유럽의 상황과 조건들에서는 사라예보 사건이 발생하지 않았더라도 일차세계대전이 어차피 (며칠 더 늦어지게 되었을지는 몰라도) 발생하게 되었을 것이라는 것을 알게 되었다고 해보자. 그럴 경우 우리는 (9)의 참에 대한 지지를 철회하게 되는 직관을 가지는 경향이 있다. 그 경우 우리는 사라예보 사건은 일차세계대전을 약간 앞당겼다고 할 수 있을지 몰라도 그 사건이 일차세계대전의 원인이라고 말하기는 어렵다고 여긴다. 그러나 일차세계대전을 어차피 발생하게 했을 다른 상황들과 조건들이 존재한다는 것에 대한 정보가 사라예보 사건과 일차세계대전 사이에 연결되어 있을지 모를 인과적 과정의 유무에 대한 평가를 바꾸는 것은 전혀 아니다. 그런 인과적 과정의 연결 여부에 대해서 별로 신경 쓰지 않으면서, 다른 상황이나 조건이 일차세계대전을 과잉 결정하거나 선점하기 때문에 사라예보 사건이 일차세계대전의 원인이 아니라고 판단할 때에, 우리는 과잉 결정이나 선점

의 경우에서도 〈때문〉 인과 개념에 입각해서 판단하고 있는 것이다.

선점적 방지(preemptive prevention)의 사례들도 일종의 선점 사례임에
도 불구하고 과정 인과 개념보다 〈때문〉 인과 개념이 더 우세를 보이는
흥미로운 현상을 관찰할 수 있다. 맥더모트가 제시한 선점적 방지 사례
는 다음과 같다.[216] 한 사람(마이클 맥더모트가 1인칭으로 부르는 그를 편의상
'마이클'이라고 하자)이 날아오는 공을 잡았는데 마이클이 그 공을 잡지 않
고 그 공이 계속 날아갔더라면 유리창이 있는 방향으로 날아갔을 것이
다. 그러나 그 공을 잡은 마이클과 유리창 사이에는 견고한 벽돌 벽이 세
워져 있었다. 따라서 마이클이 그 공을 잡지 않고 그 공이 계속 날아갔더
라도 그 공은 그 벽돌 벽에 튕겨져 나왔을 것이고 유리창까지 도달하지
는 않았을 것이다. 이 사례에서 마이클이 그 공을 잡은 것은 유리창이 깨
지지 않은 것의 원인인가? 우리는 일반적으로 이에 대해서 부정하는 직
관을 가진다. 마이클이 그 공을 잡지 않았더라도 견고한 벽돌 벽 때문에
유리창은 어차피 깨지지 않았을 것이다. 즉 마이클이 공을 잡았기 때문
에 유리창이 깨지지 않은 것은 아니다. 이 경우가 마이클이 공을 잡는 것
과 벽돌 벽이 서 있는 것은 유리창이 깨지지 않는 것에 대한 선점 (즉 유
리창이 깨지는 것에 대한 선점적 방지) 후보들의 경우인데도 불구하고, 우리
는 방지의 역할을 선점한다고 할 수 있는 마이클이 공을 잡은 사건에 대
해 원인 자격을 부여하기에 꺼린다. 이는 보통의 선점 사례와 달리 선점
사건이 결과 사건과 인과적 과정으로 연결되어 있지 않기 때문이라 할
수 있다. 즉 이런 사례에서는 선점을 하는 사건인 마이클이 공을 잡은 사
건이나 벽돌 벽이 서 있는 상태 모두 유리창이 깨지지 않는 것과 어차피
인과적 과정에 의해서 연결되어 있는 것은 아니기 때문에 〈때문〉 인과

---

216 McDermott (1995), p. 525.

개념이 우세해져서 과정 인과 개념을 적용해 판단하지 않고 〈때문〉 인과 개념을 적용해서 판단하는 경향이 있다.

한편 콜린스(J. Collins)도 선점적 방지의 사례를 제시했는데 그것은 다음과 같다.[217] 한 사람(맥더모트의 예에서와 같이 편의상 '마이클'이라고 하자)이 날아오는 공을 잡았는데 마이클이 그 공을 잡지 않고 그 공이 계속 날아 갔더라면 유리창이 있는 방향으로 날아갔을 것이다. 그러나 그 공을 잡은 마이클과 유리창 사이에는 또 다른 사람(존 콜린스가 1인칭으로 부르는 그를 편의상 '존'이라고 하자)이 그 공을 잡으려고 대기하고 있었다. 이 경우에는 우리는 마이클이 그 공을 잡은 것이 유리창이 깨지지 않은 것의 원인이라고 판단하는 경향이 있다. 맥더모트의 예와 콜린스의 예가 같은 구조를 가지고 있는데 왜 우리는 다른 직관을 가지는가? 마이클의 뒤에 또 다른 사람 존이 있는가 또는 견고한 벽돌 벽이 있는가에 따라서 우리의 판단이 달라지는 이유는 두 사례에서 우리가 암묵적으로 마이클이 공을 잡는 사건이 발생하지 않았더라면 성립했을 반사실적인 가능 세계를 고려하기 때문이라고 생각할 수 있다. 맥더모트의 사례에서는 마이클이 공을 잡는 사건이 발생하지 않은 가능 세계 중 현실 세계와 충분히 가까운 세계들에서는 견고한 벽돌 벽을 통과하지 못한 공이 튕겨져 나와 유리창이 깨지지 않는다. 공이 벽돌 벽을 뚫고 지나가 유리창을 깨뜨리는 가능 세계도 있지만 그런 가능 세계는 현실로부터 거리가 매우 먼 가능성이다. 반면 콜린스의 사례에서는 마이클이 공을 잡는 사건이 발생하지 않은 가능 세계 중에서 존도 공을 잡지 못해서 유리창이 깨지는 가능 세계가 현실과 충분히 가까운 세계들 중에서 있다고 할 수 있다. 물론 현실 세계에서 존이 굉장히 뛰어난 야구 선수이고 마이클이 공을 잡지

---

217 Collins (2000), pp. 223-224.

못했을 경우에 존이 그 공을 잡을 수 있는 정확한 위치에 있었다고 콜린스의 예를 설정할 수 있다. 그러나 그런 설정에도 불구하고 일반적인 사람들은 존이 공을 잡는 것이 벽돌 벽에 공이 튕기는 것만큼 신뢰할 만하고 안정적이라고 여기지 않는 경향이 있고 그런 경향이 그들의 직관에 영향을 미친다고 보는 것이 자연스럽다.

어떻든 맥더모트의 사례와 콜린스의 사례 사이에서 우리의 직관이 뒤바뀌는 이유는 그 사례들에 〈때문〉 인과 개념을 적용하고 있기 때문이라고 할 수 있다. 맥더모트의 사례에서는

(21) 마이클이 공을 잡았기 때문에 유리창이 깨지지 않았다.

에 대해서 부정하는 직관(이는 마이클이 공을 잡는 것과 유리창이 깨지는 것 사이의 반사실 조건문적 의존 관계에 대한 직관에 기반하는데)이 존재하고 그런 직관이

(22) 마이클이 공을 잡은 것이 유리창이 깨지지 않은 것의 원인이다.

를 부정하는 직관의 기반이다. 한편 콜린스의 사례에서는 마이클이 공을 잡지 않는 반사실적 대안 가능성에 대한 보다 유동적인 고려들을 통해서 (21)에 대해서 보다 우호적인 직관을 가지고, 그 때문에 (22)에 대해서도 보다 우호적인 직관을 가지는 경향이 있다.

과정 인과 개념이 우리의 일상적 직관과 충돌하는 대표적인 경우는 이중 방지의 경우이다. 우리는 이중 방지의 사례들을 인과의 사례로 판단하는 직관을 가지고 있고 이는 과정 인과 개념에 의해 포용될 수 없는 직관이다. 앞 장에서 보았던 이중 방지의 사례를 상기하자. 선박과 암초

의 충돌을 피하기 위해서는 등대의 조명이 반드시 필요한 어두운 밤바다에서, 테러리스트가 등대를 폭파했고, 너무 어두워진 바다에서 선박이 암초와 충돌했다. 이 경우 우리는 다음의 인과 문장을 참이라고 받아들이는 직관을 가진다.

(23) 테러리스트가 등대를 폭파한 사건이 선박의 충돌의 원인이다.

이 사례에서 테러리스트의 등대 폭파 사건과 선박의 충돌 사건 사이에는 어떠한 전형적인 인과적 과정의 연결도 없을 수 있다. 그렇기 때문에 과정 인과 개념에 입각해서는 이런 인과 문장을 참이라고 받아들이는 직관을 설명할 수가 없다. 이런 문장을 참이라고 받아들이는 판단을 할 때에 우리는 인과적 과정의 연결 유무에 대해서 신경 쓰지 않으며, 대신 아래의 '때문에' 문장이 참이라는 것에 근거해서 판단한다.

(24) 테러리스트가 등대를 폭파한 사건이 발생했기 때문에 선박의 충돌이 발생했다.

즉 원인과 결과 사이에 〈때문〉 관계가 있다는 것이 중요시된다. 그리고 이 문장은 물론 '때문에' 문장의 반사실 조건문적 이론에 따르면 다음의 문장으로 분석된다.

(25) 테러리스트가 등대를 폭파한 사건이 발생하지 않았더라면 선박의 충돌이 발생하지 않았을 것이다.

이 문장이 참이라는 것에 근거해서 우리는 결국 (23)이 참이라는 것을 받아들이는 것이다. 즉 과정 인과 개념에 비해서 〈때문〉 인과 개념이 더 지배적인 역할을 하는 중요한 맥락과 사례가 존재한다.

결국 서로 충돌하는 수많은 직관과 사례 속에서도 두 인과 개념인 〈때문〉 인과 개념과 과정 인과 개념에 대한 제안은 그 직관과 사례에 질서를 부여하며 그것들을 잘 설명해 준다. 원인과 결과가 〈때문〉 관계를 가져야 한다는 직관, 결과가 원인에 반사실 조건문적으로 의존해야 한다는 직관, 이중 방지를 인과로 판단하는 직관, 인과의 이행성에 대한 반례들을 받아들이는 직관, 사건 사이의 인과와 부재 인과를 연속적으로 파악하는 직관 등이 〈때문〉 인과 개념에 입각해서 잘 설명되고, 원인과 결과 사이에 물리적 과정으로 연결되어 있어야 한다는 직관, 인과 관계가 두 사건 사이의 과정의 내재적 특성에 의해서 판단되어야 한다는 직관, 과잉 결정하는 원인이나 선점하는 원인을 받아들이는 직관, 인과가 이행적이라고 보는 직관 등은 과정 인과 개념에 입각해서 잘 설명된다.[218] 또한 이 두 인과 개념은 〈때문에〉 개념에 의해 직접적, 또는 간접적으로 이해될 수 있다. 그러므로 〈때문에〉 개념에 대한 반사실 조건문적 이론은 두 인과 개념 모두에 대해서 나름의 빛을 던져준다. 그러면서도 〈때문에〉 개념이 두 인과 개념에 관계하는 방식은 매우 다르다.

---

218 서로 상충하는 이 두 직관 다발을 하나의 일원론적 인과 개념으로 설명하고자 하는 시도들은 그 때문에 심각한 어려움을 겪어왔다. 대표적으로 루이스의 여러 시기의 변화 발전되어 온 인과 이론들은 서로 충돌하는 직관들의 이 두 다발들을 화해시키려는 고된 시도들이었다고 할 수 있다. Lewis (1973b), (1986b), (2000) 참조. 그는 〈때문〉 인과의 중심 개념인 반사실 조건문적 의존 개념을 기본 개념으로 사용하면서도 과정 인과 개념의 직관들을 포용하기 위해서, 반사실 조건문적 의존 관계의 조상(ancestral) 관계를 통해서 인과 관계를 정의하기도 하고, 인과 과정의 내재적 특성에 의거해서 유사 의존(quasi-dependence) 개념을 정의하고 이를 통해서 인과를 정의하기도 했다. 두 인과 개념의 직관들을 화해시키기 위한 보다 최근의 시도로는 쉐퍼의 이론[Schaffer (2001)에서 제시됨]을 들 수 있다. 그의 이론에 대한 논의로서 Choi (2007)와 선우환 (2010) 참조.

11장
형이상학적 설명에서의 '때문에' 문장

1. 들어가는 말

우리는 지금까지 이 책에서 주로 일상, 과학, 역사, 법률 등에서 흔히 사용하는 설명들과 그런 설명들에서 나타나는 '때문에'를 대상으로 논의해 왔고 나는 이런 설명들에 나타나는 '때문에'에 대해서 반사실 조건문적 이론을 제시했고 옹호했다. 이런 통상적 담론들에서 사용되는 일상적 설명들, 과학적 설명들, 역사적 설명들은 흔히 인과 관계와 밀접한 관련을 맺는 설명이고(루이스나 살먼이 생각하듯 인과에 의거한 설명들이라고 보든, 내가 생각하듯 인과를 뒷받침하는 설명이라고 보든), 자연법칙과도 밀접한 관련을 맺는 설명이다. 이런 통상적 설명들에서 설명항과 피설명항이 꼭 직접적으로 자연법칙적 연관을 가지는 것은 아니지만, 설명항과 피설명항의 설명적 연관을 이해하는 데에 흔히 자연법칙적 연관이 중요한 역할을 한다.

형이상학 등 철학에서도 설명이 사용되는데, 철학에서 사용되는 설명들은 대개 자연법칙보다도 더 강한 연관에 의거하고 있다고 여겨진다. 자연법칙도 나름의 필연성을 가지고 있다고 여겨지지만, 자연법칙의 필연성 즉 자연적 필연성은 형이상학적 필연성 또는 논리적 필연성보다는 약하다고 여겨진다. 중력 법칙과 같은 자연법칙은 자연적으로 가능한 모든 세계에서 성립하지만, 형이상학적으로 가능한 어떤 세계에서 성립하지는 않는다는 점에서 우연적이다.

최근의 철학계에서 형이상학적 설명의 주제가 많은 관심의 대상으로 부각되고 있는데, 이는 주로 최근에 뜨거운 관심을 받는 개념인 형이상학적 기반(metaphysical ground) 개념과 연관되어서이다. 예를 들어 심리철학에서의 물리주의는 물리적 사실들이 심리적 사실들의 (형이상학적) 기반이 된다는 논제로서 이해될 수 있다. 파인(K. Fine), 로젠(G. Rosen), 쉐퍼(J. Schaffer) 등 기반 개념을 도입하는 철학자들의 대다수는 기반 개념이 다른 개념을 통해서 정의될 수 없는 원초적(primitive) 개념인 것으로 이해한다.[219]

그러면서 그들은 대개 그 개념을 적용하는 사례들을 통해서 직관적으로 그 개념을 해명한다. "물리적 사실들이 심리적 사실들의 기반이다", "미시적 사실들은 거시적 사실들의 기반이다", "정언적 사실들이 성향적 사실들의 기반이다", "자연적 사실들이 의미론적 사실들의 기반이다" 등등의 논제는 논란의 여지가 있고 꼭 모두 참은 아니라고 하더라도

219 Fine (2001), (2012), Rosen (2010), Schaffer (2009). 기반 개념과 관련된 국내 문헌으로는 한성일(2015)이 있다. 한성일 교수는 'ground'를 '근거'라고 번역하지만, '근거'라는 표현이 '논거'나 '증거'와 같은 인식적 의미로 오해될 여지가 한국어에서 더 크다고 판단해('ground'라는 영어 표현도 자주 그런 의미로 쓰이기도 하지만), 나는 'ground'를 '기반'이라고 번역하는 것을 더 선호한다.

상당히 그럴듯한 형이상학적 논제들이다. 기반 개념은 이런 흥미롭고 그럴듯한 철학적 논제들을 정식화하는 데에 필요한 개념이다.

또한 그들 철학자들은 '기반'이라는 말을 이와 유사하거나 연관된 다른 말들로 바꿔 쓰면서 (분석을 제공하는 것은 아니지만) 그 의미에 대한 직관적 파악들을 돕는다. 'P라는 사실이 Q라는 사실의 기반이다'는 'P라는 사실 때문에(in virtue of) Q라는 사실이 얻어진다', 'P이기 때문에 Q', 'Q라는 사실은 P라는 것에 의존한다' 등으로 바꾸어 쓰인다. 즉 물리적 사실들이 심리적 사실들의 기반이라는 것은, 바꿔 말하면, 물리적 사실들에 의해서 심리적 사실들이 성립한다는 것, 물리적 사실들이 성립하기 때문에 심리적 사실들이 성립한다는 것, 심리적 사실들은 물리적 사실들에 의존한다는 것 등으로 이해된다. 이런 바꿔 쓰기에서 '때문에'라는 말이 등장하는 것에서 보듯이, 그들은 (형이상학적) 기반 개념을 형이상학적 설명과 밀접한 연관을 가진 것으로 여긴다. 그들은 때로 우리가 형이상학적 설명에 나타나는 '때문에'라는 말을 직관적으로 이해하고 있는 것에 의존해서 우리에게 기반 개념을 이해시킨다.

형이상학적 설명들에서 흔히 설명항과 피설명항은 자연법칙보다 더 강한 연관에 의해 설명적 연관성을 가지는 것으로 여겨진다. 예를 들어, 미시적 사실들에 의해서 거시적 사실들을 설명할 경우에 미시적 사실들과 거시적 사실들 사이에는 자연적 필연성보다 더 강한 필연성을 가진 연관이 존재하는 것으로 전제된다. 거시적 사실들이 미시적 사실들에 기반할 때, 어떤 미시적 사실들이 성립할 경우 어떤 거시적 사실들이 성립하는가 하는 것은 보다 강한 필연성 즉 형이상학적 필연성을 가지고 있는 문제라고 여겨진다.

이 장에서는 이 책의 앞부분에서 내가 발전시킨 설명과 '때문에'에 대한 반사실 조건문적 이론이 형이상학적 설명과 거기에 나타나는 '때문에'에 대해서도 확장되고 적용될 수 있는지 살펴볼 것이다. 형이상학적 설명에서 나타나는 '때문에'는 일상적 설명, 과학적 설명 등에 나타나는 '때문에'와 달리 〈때문에〉 개념의 핵심을 이루는 사용의 경우들은 아니고, 따라서 일상적, 과학적 설명에서의 '때문에'의 사용과 의미가 〈때문에〉 개념에 대한 우리의 탐구에서 보다 기본적인 패러다임 지위를 차지할 것이다. 형이상학적 경우에서의 '때문에'의 의미는 '때문에'의 패러다임적, 핵심적 의미에 의존하고 그 후자의 의미에 대한 탐구에 비해서는 주변적이다. '때문에'의 핵심적 의미가 형이상학적 설명 등에서의 '때문에'에 대해서도 그대로 적용되는가 여부는 '때문에'의 핵심적 의미가 무엇인가의 문제에 비해서는 비교적 주변적이고 또한 어느 정도 잠정적으로 결론 내릴 수 있는 문제이다. 그러나 그럼에도 불구하고 철학 특히 형이상학 내부에서 이런 용법의 '때문에'가 매우 중요하게 사용되고 있고 이런 '때문에'의 사용과 의미에 대해서 탐구하는 것은 메타철학적 주제로서 매우 중요하다고 할 수 있다.

2. 형이상학적 설명의 문제

기반 개념을 중심으로 한 최근의 논의에서 형이상학적 설명의 가장 유명한 사례 중 하나는 단원소 집합(singleton)에 관한 다음과 같은 예이다.

(1) 소크라테스가 존재하기 때문에 {소크라테스}가 존재한다.

즉 소크라테스의 단원소 집합인 {소크라테스}의 존재는 그 원소인 소크라테스의 존재에 형이상학적으로 의존하고, 소크라테스의 존재가 {소크라테스}의 존재를 설명한다는 것이다. 이 사례는 파인이 본질이 양상을 통해서 정의될 수 없다는 것을 주장하는 논변을 위해서 사용된 대표적 사례이기도 하다. 즉 소크라테스가 존재하면 {소크라테스}가 존재한다는 것도 필연적이고 그 역도 필연적이지만, 소크라테스를 원소로 하는 것은 {소크라테스}에게 본질적이지만 그 역은 성립하지 않으므로 (즉 {소크라테스}의 원소라는 것은 소크라테스에게 본질적이지 않으므로) 본질 개념이 양상 개념에 의해서 포착될 수 없다는 것이다.[220]

형이상학적 설명이 양상적 충분조건 즉 필연화(necessitation)에 의해 이해될 수 있다는 생각이 디폴트로서 설정되고 나면, 위의 사례는 그 디폴트 관점이 형이상학적 설명을 제대로 포착하지 못한다는 것을 보여주기 위해서 사용된다. 왜냐하면 우리는 (1)이 참이라는 것에 대해서는 직관을 가지지만 다음의 설명에 대해서는 거짓이라는 직관을 가지기 때문이다.

(2) {소크라테스}가 존재하기 때문에 소크라테스가 존재한다.

우리는 단원소 집합 {소크라테스}의 존재는 그 원소인 소크라테스의 존재에 의해서 설명될 수 있지만 소크라테스의 존재는 그것을 원소로 하는 단원소 집합 {소크라테스}의 존재에 의해서 설명될 수 없다는 직관을 가진다. 즉 여기에서 설명은 비대칭성을 가진다.

반면

(3) 필연적으로, 소크라테스가 존재하면 {소크라테스}가 존재한다.

---

220 Fine (1994).

(4) 필연적으로, {소크라테스}가 존재하면 소크라테스가 존재한다.

의 두 양상 문장은 대등하게 참이라고 여겨지고, 따라서 (3), (4)에서 제
시된 양상적 충분조건 관계는 (1), (2)에서의 형이상학적 '때문에'의 의
미를 포착하기에 적합하지가 않다.

그렇다면 (1)에서의 '때문에'의 의미는 어떤 식으로 이해될 수 있는
가? 이 문제에 대해서 논의하는 파인 등 주류의 철학자들은 '때문에'의
의미를 원초적인 것으로 받아들일 뿐 다른 개념에 의해서 정의하거나
분석할 수 있는 것으로 여기지 않는다. 특히 파인은 '기반'과 '때문에'를
같은 의미로 이해하면서 그 두 표현을 모두 원초적 표현으로 이해한다.
그리고 (1)이 (3)에 의해서 포착되는 것은 아니지만 최소한 (3)을 함축
하는 것으로 여긴다. 즉 기반 또는 〈때문에〉는 양상적 충분조건에 의해
망라되지는 않지만 그 연관을 포함한다는 것이다.[221]

그러면 형이상학적 설명에서의 '때문에'는 정의될 수 없는 표현으로
만 받아들여야 하는가? 이 물음에 대해서 이 책에서 제시된 이론은 그런
'때문에'에 대해서 정의할 수 있는 방식의 실마리를 제공한다. 이 책에서
내가 지금까지 일상적이거나 과학적인 설명에 나타나는 '때문에'에 대
해서 제시한 반사실 조건문적 분석을 형이상학적 설명에 나타나는 '때
문에'에 대해서도 적용할 수 있다고 생각하는 것은 자연스럽다. 즉 우리
는 지금까지와 마찬가지로 (1)을 다음과 같이 이해할 수 있다.

(5) 소크라테스가 존재하지 않았더라면 {소크라테스}가 존재하지 않
았을 것이다.

---

221 Fine (2012).

우리는 (1)이 참이라는 직관을 가지는 것과 마찬가지로 (5)가 참이라는 직관을 가진다. 그리고 (5)가 참이라는 것은 왜 (1)이 참인지에 대해서 잘 이해하게 해준다. 소크라테스라는 개체가 존재하지 않았더라면 그 개체를 원소로 하는 집합도 존재하지 않았을 것이다. 따라서 그 개체가 존재하기 때문에 그 단원소 집합이 존재한다. 결국 (1)과 같은 형이상학적 설명 문장도 (5)와 같은 반사실 조건문에 의해서 이해될 수 있다. 이를 통해서 우리는 일상적, 과학적 설명 문장에서의 '때문에'와 형이상학적 설명 문장에서의 '때문에'는 같은 것을 의미하는 것으로 이해할 수 있고 '때문에'에 대해서 통합적인 의미를 부여할 수 있다.

그리고 그렇다면 (2)도 마찬가지로 다음의 반사실 조건문과 같은 것을 의미해야 할 것이다.

(6) {소크라테스}가 존재하지 않았더라면 소크라테스가 존재하지 않았을 것이다.

이 반사실 조건문 자체에 대해서 (반사실 조건문에 대한 특정 의미론으로부터의 편견 없이) 마주할 경우에 우리는 이 문장이 거짓이라는 직관을 가진다고 여겨진다. 소크라테스라는 개체를 원소로 하는 집합이 존재하지 않았더라면 그 개체가 존재하지 않았을 것이라는 주장은 직관적으로 받아들일 만하지 않다. 그리고 이는 (2)가 거짓이라는 우리의 직관을 잘 이해할 수 있게 해준다.

그러므로 '때문에'에 대한 반사실 조건문적 분석은 (1)이나 (2)와 같은 형이상학적 설명 문장에 나타나는 '때문에'에 대해서도 잘 적용된다. 그런데 문제는 여기에 우리가 반사실 조건문에 대한 표준적 의미론을 끌어들일 때에 나타난다.

첫째, 역행적 반사실 조건문을 막게끔 마련된 가능 세계들 사이의 근접성에 대한 루이스의 기준은 전건과 후건에서 서술되는 사태들 사이에 시간적 선후가 있는 경우에나 적용될 수 있다. 그 기준은 시간적 선후 차이가 없는 (5), (6)과 같은 반사실 조건문에 있어서의 비대칭성을 이해하는 데에는 도움이 되지 않는다.

둘째, (6)과 같은 반사실 조건문이 거짓이려면, 반사실 조건문에 대한 표준적 의미론에 따르면, {소크라테스}가 존재하지 않는 어떤 최근접 가능 세계에서 소크라테스가 존재해야 한다. 그러나 소크라테스가 존재하면서 {소크라테스}가 존재하지 않는 가능 세계는 존재하지 않는다고 여겨진다. 그러므로 반사실 조건문에 대한 표준적 의미론에 의거할 경우 (6)이 거짓이라는 것이 허용되기가 어렵다.

셋째, 단원소 집합과 연관된 설명 문장은 설명항과 피설명항이 필연적 문장일 경우에도 마찬가지로 제시될 수 있다. (1)과 (2) 대신 다음의 두 문장을 고려해 보자.

(7) 5가 존재하기 때문에 {5}가 존재한다.
(8) {5}가 존재하기 때문에 5가 존재한다.

이 경우에도 마찬가지로 우리는 (7)은 참이고 (8)은 거짓이라는 직관을 가진다. 그리고 '때문에'에 대한 반사실 조건문적 분석에 의하면 (7)과 (8)은 각각 다음을 의미한다.

(9) 5가 존재하지 않았더라면 {5}가 존재하지 않았을 것이다.
(10) {5}가 존재하지 않았더라면 5가 존재하지 않았을 것이다.

이 경우에는 '5가 존재한다'와 '{5}가 존재한다'는 필연적으로 참이기 때문에, (9)와 (10)은 각각 반가능 조건문(counterpossible conditional) 즉 불가능한 문장을 전건으로 하는 반사실 조건문이 된다. 반사실 조건문에 대한 표준적 의미론에 따를 경우, 반가능 조건문은 후건에 무엇이 오건 공허하게(vacuously) 참이 된다. 그러므로 (9)와 (10)은 둘 다 참이어야 한다. 이는 (9)는 참이지만 (10)은 거짓이라는 직관을 반영하지 못한다.

그러므로 형이상학적 설명에 대해서 나의 반사실 조건문적 분석을 적용하기 위해서는 반사실 조건문에 대한 의미론(및 그것에 부수하는 이론)을 손보아 수정할 필요가 있다. 위의 세 문제 중 둘째와 셋째 문제는 밀접하게 연관되어 있어서 함께 고찰되어야 한다. 이제부터 이 문제들을 고찰하면서 반사실 조건문의 의미론(및 그것에 부수하는 이론)에 대한 수정 방안들을 제안할 것이다. 이 중에서 먼저 서로 연관된 둘째와 셋째 문제의 해결 방안에 대해서 살펴보자.

3. 불가능 세계와 형이상학적 양상에 대한 대안적 제안

반사실 조건문에 대한 표준적 의미론에서와 달리 반가능 조건문이 공허하지 않게 참일 수 있다고 생각하는 철학자들─놀란(D. Nolan) 반더 란(D. Vander Laan) 브로가르(B. Brogaard), 살레르노(J. Salerno) 등─은 불가능 세계들을 통한 의미론을 사용해서 반가능 조건문이 공허하지 않게 참일 수 있게 만든다.[222] 즉 불가능한 전건이 참인 가능 세계는 있을 수 없으므로, 불가능한 전건이 참인 불가능 세계 중 현실 세계에 가장 근

---

222 Nolan (1997), Vander Laan (2004), Brogaard and Salerno (2013).

접한 세계(들)를 찾아서 그 세계(들)에서 후건이 참인지 여부에 따라서 반가능 조건문이 참인지 거짓인지를 결정하는 것이 이런 의미론의 기본적 아이디어이다. 그렇게 할 경우 불가능한 전건을 가진 반사실 조건문이 무조건 참이 되지는 않을 것이다. 이와 같은 불가능 세계 의미론(impossible worlds semantics)이 성공적이라면, 이런 의미론은 앞 절에서 제기한 둘째와 셋째 문제를 해결하는 데에 도움이 될 것이다.

그러나 나는 불가능 세계 의미론이 충분히 성공적이지 못하다고 생각하고, 또한 불가능한 세계들을 도입하지 않는 쪽을 더 선호한다. 단적으로 즉 논리적으로 불가능한 세계들에 대해서 이야기할 때 우리는 그 세계들이 정확히 어떤 세계들인지 이해하기가 어렵다. 예를 들어 전체 별들의 개수가 짝수이면서 동시에 홀수인 세계는 도대체 어떤 세계인가? 우리는 그런 세계에 대해서는 상상조차 할 수 없다. 우리는 그 세계에서 '별들의 개수가 짝수이다'라는 문장(또는 명제)과 '별들의 개수가 홀수이다'라는 문장(또는 명제)이 모두 성립한다고 그 세계에 대한 텍스트를 구성할 수는 있다. 그러나 여전히 그 텍스트가 표상하는 세계가 어떤 세계인지, 그 텍스트가 참이었더라면 존재했을 세계가 어떤 세계인지 등에 대해서 상상도 이해도 할 수 없다.

불가능한 세계들을 구체적 세계들로서 도입하는 것이 어렵기 때문에 불가능 세계를 도입하는 철학자들은 일반적으로 불가능 세계를 문장들의 집합이나 명제들의 집합과 같은 추상적 표상체 또는 텍스트—세계들에 대한 대용자(ersatz)—로서 도입한다. 그러나 세계들 사이에 유사성을 비교할 때에 우리가 비교해야 할 것은 표상체들이 아니라 표상되는 세계들이다. 세계들의 대용자로서 표상체들을 도입한다고 하더라도 그 표상체들 사이의 근접성을 판단할 때에 그 기준이 되어야 하는 것은 각각의 표상체가 표상하는 세계들이 서로 얼마나 유사한가 하는 것이다.

내가 이전의 논문에서 논증했듯이, 가능 세계 대용자를 문장들이나 명제들의 집합으로 간주할 경우에 우리는 단순히 집합에 포함되어 있는 문장이나 명제의 개수를 가지고서 그 대용자에 의해서 표상되는 가능 세계들의 유사성을 판단할 수는 없다.[223] 서로 전혀 유사하지 않은 두 세계를 표상하는 두 문장(또는 명제) 집합 간에도 늘 무한히 많은 개수의 문장들(또는 명제들)이 공유될 것이다. 그리하여 그 표상체들 사이의 근접성을 평가하기 위해서 그 표상체들 또는 텍스트들이 참이었더라면 존재했을 가능 세계들에 대해서 비교해야 하고, 그 과정에서 우리는 암묵적으로 반사실 조건문을 사용해야 한다. 불가능 세계에 대한 표상체들 간의 근접성을 평가할 때에는 문제가 보다 더 심각하다. 이 경우에는 그 불가능한 텍스트들이 참이었더라면 존재했을 세계가 논리적으로 일관적으로 생각될 수조차 없다. 논리적으로 의미 있고 정합적인 방식으로 상상될 수조차 없는 불가능 세계들 사이의 유사성을 의미 있게 귀속시키는 것에는 심각한 어려움이 존재한다.

우리가 어떤 경우들에서 불가능한 세계를 조리 있게 상상할 수 있는 것처럼 보이는 것은 그런 경우들에서 우리가 그 세계를 불완전한 방식으로만 상상하기 때문이다. 예를 들어, 페르마의 정리가 거짓인 것으로 드러나는 세계를 우리는 불완전한 방식으로만 상상할 수 있다. 우리는 수학자들이 페르마의 정리가 거짓인 것으로 드러났다고 발표하고 전 세계가 이 결과를 받아들이는 등의 사건들이 일어나는 세계를 상상할 수는 있다. 그러나 페르마의 정리가 정말로 거짓인 세계, 즉 $a^n + b^n = c^n$를 만족시키는 양의 정수들 a, b, c와 3 이상의 정수 n이 존재하는 세계를 우리는 상상할 수 없다. 그런 정수들 a, b, c, n이 어딘가에 있을 것이라는 명제를

---

223 선우환 (2001b).

추정적으로 단지 받아들이는 것은 어렵지 않다. 그러나 그런 세계를 충분히 완전한 방식으로 상상하려면 최소한 그런 정수들 a, b, c, n이 어떤 특정 수들인지를 상상해야 한다. 예를 들어 우리는 (a, b, c, n이 각각 1, 1, 1, 3이라고 특정하면서) $1^3 + 1^3 = 1^3$이 성립하는 불가능한 텍스트를 구성할 수는 있다. 그러면 그 텍스트가 표상하는 세계에서는 2 = 1이 성립하는 것인지 아니면 $1^3 + 1^3 = 1^3$ 임에도 불구하고 (예를 들어 1이 1^3과 달라서) 2 = 1이 성립하지 않는 것인지 결정해야 할 것이다. 그 각각의 경우에 상상을 계속 일관되게 밀고 나가려고 하면 우리는 다시 정합적이고 조리 있는 상상을 하는 데에 어려움을 겪게 된다. 그 세계에서 2 = 1이 성립하는 것으로 상상한다고 하자. 그러면 예를 들어 그 세계에서 우리는 페르마의 정리와 그 부정 중에서 참인 명제들의 개수가 하나라는 것을 받아들일 경우에 우리는 그 개수가 둘이라는 것을 받아들여야 하고 페르마의 정리와 그 부정 모두가 참이라는 것을 받아들여야 한다.[224]

이런 이유들과 그 밖의 이유들로 해서 나는 논리적으로 불가능한 세계들 즉 일관적으로 상상할 수도 없는 단적으로 불가능한 세계들을 끌어들여 그것들의 유사성을 통해서 반사실 조건문의 의미를 부여하려고 하기를 원치 않는다. 그렇다면 우리는 어떻게 해서

   (6) {소크라테스}가 존재하지 않았더라면 소크라테스가 존재하지 않았을 것이다.

와 같은 문장이 거짓이라는 판단을 할 수 있는 것인가? 우리는 (유사성 여

---

224 이 논증의 마지막 문장의 아이디어는 Williamson (2007)의 4장에서 반가능 조건문의 비표준적 의미론에 대해서 반론으로 제시하기 위한 논증의 아이디어와 비슷하다.

부에 대한 판단을 떠나서) 소크라테스를 유일한 원소로 하는 집합이 존재하지 않으면서 소크라테스가 존재하는 세계에 대해서 최소한 일관적으로 상상할 수 있는 것으로 보인다. 이는 소크라테스가 존재하지 않으면서 소크라테스를 유일한 원소로 하는 집합이 존재하지 않는 세계에 대해서 전혀 논리적으로 일관적인 상상을 할 수 없는 것과 대비된다. 물론 우리는 소크라테스가 존재할 경우에 소크라테스를 유일한 원소로 하는 집합이 존재한다는 것을 필연적인 것으로 받아들인다. 그러나 그 필연성이 그 역의 필연성만큼 필연적인 것 같지는 않다. 그 역의 필연성 즉 소크라테스를 원소로 하는 집합이 존재할 경우에 소크라테스가 존재해야 한다는 것은 논리적, 개념적 비일관성을 범하지 않고서는 부인할 수 없는 종류의 강한 필연성이다. 반면 소크라테스와 같은 개체들이 존재하면서 집합들이 존재하지 않는 가능성에 대해서 상상하는 것은 얼마든지 논리적, 개념적 비일관성을 범하지 않으면서 가능하다. 우리는 집합들과 같은 추상적 대상들이 존재하지 않는다는 유명론적 입장이 논리적, 개념적 비일관성을 범한다고는 생각하지 않을 것이다. 집합들이 존재한다는 것이 필연적이라고 하더라도 그것은 논리적, 개념적 필연성보다는 약한 필연성 즉 형이상학적 필연성에 불과하다고 볼 수 있다.

현재 영미 철학계에서 흔히 받아들여지는 통념에 입각할 경우, '형이상학적 필연성에 불과하다'는 위의 말은 상당히 이상한 말이다. 왜냐하면 그 통념에 의하면, 형이상학적 필연성은 논리적 필연성과 일치하고 따라서 형이상학적 필연성은 논리적 필연성과 마찬가지로 가장 강한 필연성이기 때문이다. 그러나 나는 이제 우리가 그 통념에 대해서 반성해야 할 시점에 이르렀다고 생각한다.[225] 왜 형이상학적 필연성이 논리적

---

225 또는 기존의 철학적 통념에서는 논리적 필연성과 형이상학적 필연성을 구분할 경우에

필연성만큼 강한 필연성이라는 것을 어떤 대가를 치르더라도 받아들여야 하는가? 왜 형이상학적 불가능성을 상상하는 것이 논리적 불가능성을 상상하는 것과 같은 수준에서 받아들여져야 하는가? 집합과 수의 존재가 형이상학적으로 필연적이라고 하더라도, 집합이나 수가 존재하지 않는 것을 상상하는 것은 논리적, 개념적으로 비일관적인 것을 상상하는 것과 같은 정도로 불가능한 것을 상상하는 것은 아니다.

우리는 중력 법칙이 성립하지 않았더라면 어떠했을지 서술하는 반사실 조건문에 표준적 가능 세계 의미론의 틀 속에서 진리 조건을 부여하는 것에 특별한 문제를 가지지 않는다. 중력 법칙이 어떤 수준에서 필연적이기는 하지만 이는 자연적 필연성이고, 자연적 필연성은 논리적 필연성보다는 약한 필연성이라는 것이 일반적으로 받아들여진다. 또한 그 반사실 조건문의 '중력 법칙이 성립하지 않는다'는 전건'이 자연적 필연성을 위반한다는 의미에서 불가능하다고 할 수는 있지만 그렇다고 해서 그런 반사실 조건문이 반가능 조건문으로 취급되어야 한다거나 불가능 세계 의미론을 요구한다고는 생각하지 않는다. 그것은 여전히 단적으로는 (즉 논리적으로는) 가능한 조건이기 때문이다. 형이상학적 필연성이 자연적 필연성보다는 강하지만 논리적 필연성보다는 약한 필연성으로 이해되면, 집합이나 수가 존재하지 않는 경우에 대한 반사실 조건문도 같은 의미에서 반가능 조건문으로 취급될 필요가 없고 이에 대해서 표준적 가능 세계 의미론과는 다른 불가능 세계 의미론이 요구될 필요도 없

논리적 필연성을 단지 일종의 인식적 필연성으로 간주하는 경향이 있다. 예를 들어 로젠이 그런 식으로 형이상학적 필연성에 대한 표준적 관점을 기술한다[Rosen (2006) 참조]. 그러나 그는 비표준적 관점이 표준적 관점 이상으로 설득력 있다는 것을 논증함으로써 내가 여기에서 제기하는 것과 유사한 문제를 제기했다. 그의 비표준적 관점에서의 형이상학적 가능성이 내 입장에서의 논리적 가능성에 해당하고, 그의 표준적 관점에서의 형이상학적 가능성이 내 입장에서의 형이상학적 가능성에 해당한다.

다. 형이상학적으로 불가능한 것도 단적으로는 가능한 것이기 때문이다. 그것은 논리적, 개념적으로 일관되게 상상될 수 있는 가능성이다.

내가 여기에서 형이상학적 필연성을 논리적 필연성으로부터 제외시키는 데 있어서, 논리적 필연성의 범위를 너무 좁게 이해하고자 하는 것은 아니다. 내가 '논리적 필연성'이라고 할 때에 그것이 메타논리적으로 정의되는 개념인 '논리적 참'(즉 모든 해석에서의 참)에 국한되는 것은 아니다. 나는 논리적으로 필연적인 명제에 〈눈이 희거나 눈이 희지 않다〉와 같은 논리적 참뿐만 아니라 〈모든 총각은 결혼하지 않았다〉와 같은 개념적 참, 그리고 더 나아가 〈모든 사각형은 둥글지 않다〉와 같이 어떻게 상상된 세계에서이든 참일 수밖에 없는 명제를 모두 포함시킨다. 외재론적 의미론을 받아들일 경우, 우리는 〈물은 H_2O이다〉와 같은 후험적인 논리적 필연성까지도 받아들일 수 있다. '물'이 실제로 (경험적으로 확인되듯) H_2O를 가리키는 고정지시어라면 물이 H_2O가 아닌 세계는 개념적으로 불가능한 세계이다. 물과 피상적으로 유사한 어떤 액체가 XYZ인 세계는 물에 대해서 상상된 세계가 아니기 때문이다. 반면 논리적으로 필연적이지는 않지만 형이상학적으로 필연적인 명제들은 그것들이 거짓인 경우를 논리적, 개념적으로 일관되게 상상할 수 있는 명제들이다.

집합론과 산수 등 수학은 논리적으로 필연적인가 아니면 단지 형이상학적으로 필연적인가? 그것은 수학의 어떤 측면을 이야기하는가에 달려 있다. 〈집합론의 기본적 공리들을 만족하는 종류의 대상들이 존재한다면 그런 대상들이 집합론의 정리를 만족시켜야 한다〉라는 것은 논리적으로 필연적이다. 그러나 집합론의 기본적 공리들을 만족시키는 대상들이 존재한다는 것은 설사 필연적으로 참이라고 하더라도 논리적으로 필연적이지는 않고 형이상학적으로만 필연적이다. 그런 대상들이 존재하지 않는 경우를 우리는 모순 없이 논리적, 개념적으로 일관되게 상상할 수 있다. 마찬가지로 〈페아노의 정리를 만족하는 종류의 대상들의 계열 (오메가 계열을 이루는 대상들의 계열)이 존재할 경우에 그 대상들이 산수의 정리들을 만족시킨다〉라는 것은 논리적으로 필연적이다. 그러나 페아노의 정리를 만족하는 종류의 대상들 즉 자연수들이 존재한다는 것은 논리적으로 필연적이지는 않고, (수학적 플라톤주의가 옳다면) 형이상학적으로 필연적이다.

또한 F인 것들의 개수가 2이고 G인 것들의 개수가 3이면 (그리고 F이면서 G인 것이 없을 경우에) F이면서 G인 것들의 개수는 5이다. 이를 일반화해서 간단하게 '2 + 3 = 5'라고 표현할 수도 있다. 이런 이야기를 2, 3, 5와 같은 플라톤주의적 대상들의 존재에 개입하지 않는 방식으로 이해하는 한 이것은 논리적으로 필연적이다. 그러나 2, 3, 5와 같은 플라톤주의적 대상들이 존재한다는 것은 논리적으로 필연적이지는 않고 (참이라면) 형이상학적으로 필연적이다. 따라서 그런 대상들의 존재에 개입하는 방식으로 이해될 경우 그것은 형이상학적으로 필연적일 수 있을 뿐 논리적으로 필연적이지는 않다. 그리고 페르마의 정리와 같은 어떤 산수 정리들은 (그 정리들의 부정과는 달리) 참이기 위해서 자연수들의 존재가 요구되지는 않으므로 ('그러그러한 대상들이 존재한다면'이라는 조건 없이도) 논리적으로 필연적이라고 할 수 있다.

가능성, 필연성 등의 양상 개념이 의존, 본질 등의 개념들보다 더 근본적이고, 의존, 본질 등의 개념들이 양상 개념에 의해서 이해되어야 한다는 것은 매우 설득력 있는 생각이면서 또한 그동안 철학자들 사이에 널리 받아들여진 정설이었다. 예를 들어 현실의 어떤 대상에 대한 본질의 귀속이, 어떠어떠한 세계들이 가능한지 그리고 그 가능한 세계들 속 어떤 대상들이 현실의 그 대상에 해당하는지 등에 대한 세부적이고 기초적인 판단들에 의해 통제되지 않을 경우에 그리고 그런 귀속이 순전한 맹목적 직관(brute intuition)에 달려 있을 경우에 발생하는 개념적 불명료성과 방법론적 불투명성은 우려의 대상이 될 만하다. 그런데 앞서 보았듯이 파인이 소크라테스를 원소로 하는 것은 {소크라테스}에게 본질적이지만 {소크라테스}의 원소라는 것은 소크라테스에게 본질적이지 않다는 것과 같은 사례들을 사용해서 본질이 양상을 통해서 정의될 수 없다고 주장하는 논변을 전개한 후 양상 개념이 본질 등의 개념들보다 더 근본적이라는 정통의 생각은 심각한 도전을 받게 되었다. 그런데 이런 논변은 양상에 대한 다른 정통의 관점 즉 형이상학적 양상이 논리적 양상과 일치한다는 생각에 의존하고 있다. 바로 그 생각 때문에 소크라테스가 존재하면서 {소크라테스}의 원소가 아닌 경우와 {소크라테스}가 존재하면서 소크라테스를 원소로 하지 않는 경우가 똑같이 대등하게 단적으로 논리적으로 불가능한 경우로 취급된 것이다. 그러나 우리가 소크라테스를 원소로 하는 것은 {소크라테스}에게 본질적이지만 {소크라테스}의 원소라는 것은 소크라테스에게 본질적이지 않다는 비대칭적 직관을 가질 때에, 우리의 본질에 대한 그 비대칭적 직관을 반성해 보면 그 직관은 소크라테스가 존재하면서 {소크라테스}의 원소가 아닌 경우와 {소크라테스}가 존재하면서 소크라테스를 원소로 하지 않는 경우에 대한 비대칭적 양상 직관에 근거한다는 것을 알 수 있다. 우리는 분명 소크라테스가 존재하면서 {소크라테스}의 원소가 아닌 경우에 비해서 {소크라테스}가 존재하면서 소크라테스를 원소로 하지 않는 경우에 대해서 더 강한 불가능성의 직관을 가진다. 소크라테스가 존재하더라도 {소크라테스}라는 집합이 존재하지 않는 경우는 논리적, 개념적으로 일관되게 상상할 수 있고 그 때문에 {소크라테스}라는 집합의 존재(그리고 그 집합에 속함)는 소크라테스에게 본질적 속성이 아니라는 판단을 하게 된다. 반면 소크라테스를 유일한 원소로 하는 집합 즉 {소크라테스}가 존재하는데, 소크라테스가 존재하지 않거나 {소크라테스}가 소크라테스를 원소로 하지 않는 경우에 대해서는 우리는 논리적, 개념적으로 일관되게 상상조차 할 수 없다. 즉 우리는 다음과 같은 양상적 직관을 가진다. {소크라테스}가 존재하지 않으면서 소크라테스가 존재할 수는 있다. 그러나 소크라테스가 존재하지 않으면서 {소크라테스}가 존재하지 않을 수는 없다. 따라서 파인의 논변에 대해서 우리는 양상 개념이 본질 등의 개념들보다 더 근본적이라는 정통의 생각을 포기하는 것보다는 양상에 대한 보다 세부적인 정통의 생각 즉 형이상학적 양상이 논리적 양상과 일치한다는 통념을 포기하는 것이 보다 더 합리적이고 덜 과격한 믿음 수정이라고 할 수 있다.

논리적 가능성과 형이상학적 가능성을 이와 같이 구별하고 나면, 본질, 의존, 수반, 반사실 조건문 등의 개념을 가능성 개념을 사용해서 분석할 때에 논리적으로 가능한 모든 세계들의 범위에서 분석을 할 수 있고 논리적으로 가능한 세계들의 범위 속에는 형이상학적으로 불가능한 세계들도 포함되게 되어 훨씬 미세 정련된(fine-grained) 내포 개념을 가질 수가 있게 된다. 형이상학적으로 불가능한 세계들이 가능 세계들의 범위에서 배제되었을 때에 초내포적(hyperintensional) 문맥을 요구한다고 여겨졌던 경우들이 내포적 문맥으로서 이해될 수 있게 된다.

반가능 조건문의 경우에도 흔히 그런 초내포적 문맥이 요구된다고 여겨지는 사례로서 받아들여진다. 만약 반가능 조건문이 표준적 의미론에서 보듯이 모두 공허하게 참인 것이 아니라 전건과 후건의 내용에 따라 참일 수도 거짓일 수도 있는 것이라면, 반가능 조건문의 전건이 모든 가능 세계에서 거짓이라는 내포 외에 더 미세 정련된 내용을 가져야 할 것이기 때문이다.

그런데 '반가능 조건문'으로 불리는 것들 중에서 어떤 것들은 논리적으로 불가능한 전건을 가지는 조건문이지만 또 어떤 것들은 형이상학적으로 불가능한 전건을 가지는 조건문이다. 논리적으로 불가능한 전건을 가지는 조건문을 '반논리적 조건문(counterlogical conditional)'이라고 하고 형이상학적으로 불가능한 전건을 가지는 조건문을 '반형이상학적 조건문(countermetaphysical conditional)'이라고 하자. 논리적 가능성과 형이상학적 가능성이 일치한다는 통념을 버리게 되면, 반형이상학적 조건문의 경우는 엄밀하게는 반가능 조건문이 아닌 것이 된다. 반형이상학적 조건문의 전건은 어떤 가능 세계에서 참인 문장이기 때문이다. 공허하지 않은 반형이상학적 조건문의 의미를 부여하는 데에 불가능 세계는 요구되지 않는다. 그리고 반논리적 조건문만이 참된 반가능 조건문으로 분류된다.[226]

　형이상학적 설명에서 나타나는 '때문에'에 대해서 반사실 조건문적 분석을 부여했을 때에 그 분석에서 요구되는 반사실 조건문은 반형이상학적 조건문이고 엄밀하게 반가능 조건문은 아니다. 앞에서

　(9) 5가 존재하지 않았더라면 {5}가 존재하지 않았을 것이다.

는 반가능 조건문으로 분류되었었지만, 사실 논리적 가능성과 형이상학적 가능성을 구분하고 나면 (5)는 반형이상학적 조건문일 뿐 반가능 조건문은 아닌 것이다. 5가 존재하지 않는 가능 세계도 모순 없이 논리적으로 일관되게 상상될 수 있기 때문이다. 그리하여 이런 반형이상학적 조

226　그러면 반논리적 조건문이 공허하지 않게 참이 되는 경우는 없는가? 예를 들어 놀란의 사례인 '홉스가 원적 문제를 해결했더라면 남아메리카 산속의 아픈 아이들은 신경 쓰지 않았을 것이다'와 같은 문장[Nolan (1997) p. 594]은 공허하지 않게 참인 반가능적 조건문의 예로 간주된다. 이에 대한 나의 입장은, 공허하지 않은 반논리적 조건문처럼 보이는 이런 문장은 실은 공허한 조건문이거나 아니면 (공허하지 않은) 직설법 조건문이라는 것이다. 이에 대한 자세한 논의는 이 책의 범위를 넘어선다.

건문에 대해서는 표준적 의미론의 틀 속에서 공허하지 않은 방식으로 그 의미를 부여할 수가 있다. 우리는 5가 존재하지 않는 가능 세계들 중 현실 세계에 최근접한 세계에서 {5}가 존재하는지를 따질 수 있다. 당연히 그런 가능 세계에서 5를 원소로 하는 집합 {5}는 존재하지 않을 것이다.

왜 우리는 플라톤주의적 수와 같은 추상적 존재자들이 필연적으로 존재한다고 흔히 생각하는가? 그 이유 중의 하나는 추상적 존재자들의 존재 여부가 구체적 존재자들로 이루어진 세계가 어떠하건 그것에 영향을 받지 않을 것이라는 판단에 기인하는 것이다. 그것은 플라톤주의가 옳아서 수가 존재한다면 구체적 존재자들로 이루어진 세계가 어떠하건 간에 존재할 것이라는 생각이다. 그러나 추상적 존재자들이 존재할 경우에 구체적 존재자들로 이루어진 세계는 세계의 전부가 아니다. 추상적 존재자들도 세계 전체의 일부일 것이기 때문이다. 그렇다면 추상적 존재자들의 존재 여부는 세계 전체가 어떠한가에 달려 있다. 즉 세계가 그 추상적 존재자들을 포함한다면 그 추상적 존재자들이 존재하는 것이고 그렇지 않다면 존재하지 않는 것이다. 그러므로 플라톤주의적 수와 같은 추상적 존재자들이 모든 가능 세계에서 존재한다고 생각해야 할 이유는 없다. 그 추상적 존재자들이 존재하지 않는 세계도 얼마든지 모순 없이 논리적으로 일관되게 상상될 수가 있다.

그리하여 이와 같이 논리적 가능성과 형이상학적 가능성을 분리하고 나면 5가 존재하지 않는 가능 세계나 소크라테스가 존재하면서 {소크라테스}가 존재하지 않는 가능 세계가 허용될 수 있게 되고, 앞서 제기했던 형이상학적 설명의 둘째와 셋째 문제를 해결할 수 있게 된다. 그러면 이제 형이상학적 설명의 첫째 문제와 연관된 논의를 하도록 하자.

4. 반사실 조건문적 의존의 비대칭성에 대한 대안적 제안

반사실 조건문적 의존은 시간적으로 비대칭적이다. 즉 미래는 과거에 반사실 조건문적으로 의존하지만 과거는 미래에 반사실 조건문적으로 의존하지 않는다. 다시 말해서, 과거 사실들이 달라졌더라면 미래 사실들이 달라졌을 것이지만, 미래 사실들이 달라졌더라면 과거 사실들이 달라졌을 것이라는 역의 반사실 조건문적 의존은 성립하지 않는다.

반사실 조건문적 의존의 이러한 시간적 비대칭성은 어떻게 설명될 수 있는가? 이에 대한 가장 대표적인 대답은 루이스에 의해서 제시된 것이다.[227] 그는 자신의 방안을 제시하기 전에, 다음과 같은 방식으로 시간적 비대칭성을 반사실 조건문의 분석 자체에 포함시키는 방안에 대해서도 고려를 한다.[228]

> (C) A가 완전히 t_A 시간 범위에서의 일들에 대한 것일 때 'A였더라면 C였을 것이다'라는 반사실 조건문을 고려하라. 다음과 같은 것들을 만족하는 모든 가능 세계 w를 고려하라.
>
> (1) A가 w에서 참이다
> (2) w는 t_A 조금 전에 시작하는 이행기(transition period) 이전까지는 우리 현실 세계와 모든 시점에서 완전히 똑같다.
> (3) w는 t_A 시점 이후의 모든 시점에서 현실의 자연법칙을 준수한다.
> (4) t_A와 (그에 선행하는) 이행기 동안에, w는 A가 성립하는 것을 허용하기 위한 만큼만 우리 현실 세계와의 차이를 가진다.

---

227 Lewis (1979).
228 Lewis (1979) p. 39.

위의 반사실 조건문이 참이기 위한 필요충분조건은 이러한 모든 가능 세계 w에서 C가 참이라는 것이다.

루이스는 두 가지 이유에서 위와 같이 시간적 비대칭성이 탑재된 분석을 받아들이지 않는다.[229] 첫째, 위와 같은 분석은 반사실 조건문의 전건이 특정 시간에 대한 언급을 포함하고 있는 경우에만 적용된다. 즉 이런 분석은 '캥거루에게 꼬리가 없었더라면, 어떠어떠했을 것이다', '중력이 거리의 세제곱에 반비례했더라면, 어떠어떠했을 것이다'와 같은 형태의 (특정 시간에 대한 언급을 포함하지 않는) 반사실 조건문들에까지 적용되는 일반적 분석이 되지 못한다. 둘째, 위와 같은 분석은 반사실 조건문적 의존의 시간적 비대칭성을 선험적 조건으로 함으로써 지나치게 경직되게 만든다. 예를 들어 시간 여행은 논리적으로 가능하다고 여겨진다. 과거로의 시간 여행을 하는 경우에, 과거 시점에 일어나는 일이 그보다 나중 시점에 일어나는 일에 반사실 조건문적으로 의존해야 하게 될 것이다. 예를 들어 현재 시점에 타임머신을 가동시키지 않았더라면 과거 시점에 그 타임머신이 도착하는 일이 발생하지 않았을 것이다. 그런데 위의 분석에 의하면 이와 같은 반사실 조건문은 그 분석에 의해서 거짓일 수밖에 없다. 시간 여행, 예지, 타키온 등은 최소한 논리적으로는 가능한 것 같고 이런 가능성들을 선험적으로 배제하는 분석은 바람직하지 못하다.

루이스는 그래서 반사실 조건문의 분석 자체는 지금까지 우리가 보아 온 표준적 분석을 (시간적 비대칭성에 대한 조건을 추가하지 않고) 그대로 받아들이면서,[230] 대신 가능 세계들 사이의 근접성 즉 유사성에 대한 (표준

---

229 Lewis (1979) pp. 39-40.

230 이는 이 책 3장에서 보았던 (C2)이다.

적 맥락에서의) 척도를 통해서 반사실 조건문적 의존의 시간적 비대칭성을 설명하고자 한다. 그는 가능 세계들 사이의 근접성에 대한 (표준적 맥락에서의) 척도를 다음과 같은 서열화된 원리들로 제시한다.[231]

(i) 법칙에 대한 크고 광범위하고 다양한 위반을 피하는 것이 첫 번째로 중요하다.

(ii) 개별 사실들에 대한 완벽한 일치(perfect match)가 성립하는 시공간 영역을 최대화하는 것이 두 번째 중요성을 가진다.

(iii) 법칙에 대한 작고 국지적이고 단순한 위반조차 피하는 것이 세 번째 중요성을 가진다.

(iv) 우리와 많은 관련을 가진 문제들에서조차, 개별 사실에 대한 대략적인(approximate) 유사성을 확보하는 것은 거의 또는 전혀 중요하지 않다.

우리는 이미 앞의 3장에서 루이스가 파인의 닉슨 사례에 대응하는 과정에서 반사실 조건문적 의존의 시간적 비대칭성에 대해서 어떻게 논의하는지 개략적으로 살펴보았다. 이를 위의 원리들을 적용해서 다시 살펴

(C2) 'P였더라면 Q였을 것이다'는 참이다 iff (P가 참인 가능 세계가 존재할 경우) P&~Q인 어떠한 가능 세계보다도 현실 세계에 더 근접한 P&Q인 세계가 존재한다.

현재 논의를 위해서는 (C2)와 (C3) 사이의 차이는 중요하지 않으며, 우리는 (C3)를 기준으로 할 것이다.

(C3) 'P였더라면 Q였을 것이다'는 참이다 iff (P가 참인 가능 세계가 존재할 경우) P가 참이면서 현실 세계에 가장 근접한 가능 세계들 모두에서 Q도 참이다.

231 Lewis (1979), pp. 47-48.

보자. 다음의 반사실 조건문을 평가한다고 하자.

    (11) 닉슨이 그 핵미사일 버튼을 눌렀더라면 핵전쟁이 발생했을 것
        이다.

이제 우리는 위의 원리들을 기준으로 해서 '닉슨이 그 핵미사일 버튼을 눌렀다'가 참인 가능 세계들 중에서 어떤 세계가 현실 세계에 가장 근접한가 판단할 것이다. 편의상 현실 세계의 자연법칙들이 결정론적이라고 하자. 앞서 보았듯, 닉슨이 그 버튼을 눌렀다는 사실을 허용하기 위해서는 그리고 그러면서 과거가 현실 세계에서와 달라지지 않게 하기 위해서는 단 한 번의 작은 법칙 위반(예를 들어, 닉슨의 두뇌 상태의 미세한 변화)으로 충분하다. 따라서 (ii)가 (iii)보다 더 중요하다는 서열에 의해서, 과거의 개별 사실들이 현실 세계와 다른 가능 세계보다는 과거가 현실 세계와 완벽한 일치를 이루면서 작은 법칙 위반을 통해서 닉슨이 그 버튼을 누르는 직전 시점부터 현실 세계와 달라지는 가능 세계가 현실 세계에 더 근접하다. 반면 닉슨이 그 버튼을 눌렀음에도 불구하고 미래가 현실 세계에서와 달라지지 않게 하기 위해서는 한 번의 작은 법칙 위반으로 충분하지 않고 상당히 넓은 범위에 걸친 수많은 법칙 위반들을 요구한다. 닉슨이 버튼을 누른 후에 비록 하나의 작은 법칙 위반(그 버튼으로부터 핵미사일 발사 장치로 연결된 전기 회로의 차단 등)을 통해 핵전쟁을 피할 수 있을지 모르지만, 닉슨이 버튼을 누른 사건의 수많은 "흔적들"(버튼에 묻은 닉슨의 지문, 닉슨의 기억, 버튼과 닉슨의 영상을 담은 광파들 등)을 모두 현실 세계와 같은 상태로 되돌리기 위해서는 수많은 법칙 위반들이 필요하다. 이는 위의 원리들 중 최우선 원리인 (i)에서 배제할 것이 요구된 법칙에 대한 크고 광범위하고 다양한 위반을 요구하게 된다. 따

라서 (i)이 (ii)보다 더 중요하다는 서열에 의해서, 미래가 현실 세계와 완벽한 일치를 이루면서 크고 광범위한 법칙 위반들이 있는 가능 세계보다 닉슨이 그 버튼을 누른 시점부터 미래의 개별 사실들이 현실 세계와 달라지는 가능 세계(즉 닉슨이 그 버튼을 누른 시점부터 법칙 위반 없이 현실의 자연법칙에 의해 전개되는 가능 세계)가 현실 세계에 더 근접하다. 따라서 위의 원리들에 의해 주어진 기준에 따르면, 과거가 현실 세계와 완벽한 일치를 이루면서 작은 법칙 위반을 통해서 닉슨이 그 버튼을 누르는 시점 직전 시점부터 현실 세계와 달라져서 그 후부터는 법칙 위반 없이 현실의 자연법칙에 의해 전개되는 가능 세계가 닉슨이 그 버튼을 누른 가능 세계들 중 현실 세계에 가장 근접하게 된다. 그래서 그런 가능 세계에서 핵전쟁이 발생한다면 (그런 세계의 미래가 개별 사실들에 있어서 현실 세계와 크게 다르다고 하더라도) 위의 반사실 조건문 (11)은 참이라는 진리치를 부여받게 된다.

반사실 조건문적 의존의 시간적 비대칭성에 대한 루이스의 이론은 이후 오랜 기간 이 문제에 대한 표준적 설명 방식이어 왔다. 그의 이론은 시간적 비대칭성을 반사실 조건문에 대한 분석 자체에 선험적으로 장착시키지는 않음으로써 과거가 미래에 반사실 조건문적으로 의존하는 시간 여행의 경우를 논리적 가능성으로서 허용하면서도, 가능 세계의 근접성에 대한 맥락의존적, 화용론적 기준과 현실 세계의 특성들 때문에 반사실 조건문적 의존의 시간적 비대칭성이 나타나는 것으로 설명한다. 현실 세계에서 일반적으로 과거로부터 미래로 정보들이 더 많이 흩어져 나가고 이 정보들을 무효화시키는 데에 더 광범위한 법칙 위반이 요구된다는 특성에 루이스의 기준이 결합하면 반사실 조건문적 의존의 시간적 비대칭이 나타나게 되는 것이다.

그러나 그 이후 21세기에 들어와 반사실 조건문적 의존의 시간적 비대칭성에 대한 루이스의 이런 기준과 설명에 대해서 중대한 반론들이 제기되었다. 첫째, 엘가(A. Elga)는 미시물리적 법칙이 시간의 방향에 대해서 대칭성을 가지고 엔트로피 법칙과 같은 통계 역학적 법칙에서 시간의 방향성이 비대칭적으로 나타난다는 현실 세계의 특성을 이용하여 다음과 같은 예를 구성한다.[232] 그레타가 8시에 프라이팬 위에 계란을 깨 넣었고, 5분 후에는 계란이 프라이팬에 요리된 상태로 있게 되었다고 하자. 그러면 다음의 반사실 조건문이 직관적으로 참이다.

(12) 그레타가 계란을 깨지 않았더라면, 8시 5분에 프라이팬에 요리된 계란이 있지 않았을 것이다.

그런데 현실 세계의 시간을 거꾸로 돌린다고 하자. 그 경우에 미시 물리적 법칙의 위반은 없지만 엔트로피가 감소하는 방향으로 진행하는 것이므로 미시 상태에서의 약간의 차이가 거시 상태에서의 큰 차이를 낳게 될 것이다. 특히 8시 5분의 프라이팬의 요리된 계란이 있는 미시 상태를 조금만 바꾸었더라면 8시에 그레타가 계란을 깨지 않는 상태로 미시 물리적 법칙에 의해 전개될 것이다. 그 세계를 다시 원래의 시간 방향대로 진행하게 하자. 그러면 8시 5분 이후에는 현실 세계와 완벽하게 일치하고 8시 5분에 미세한 법칙 위반을 통해서 그 일치 상태에 이르게 되는 가능 세계를 찾을 수 있다. 그 가능 세계는 루이스의 기준에 의해 현실 세계와 가장 근접한 세계이기에 위의 반사실 조건문은 거짓으로 된다. 따라서 루이스의 기준은 반사실 조건문적 의존의 시간적 비대칭성을 설명하는 데에 어려움을 가지게 된다.

232 Elga (2000).

둘째, 툴리(M. Tooley)는 반사실 조건문적 의존의 시간적 비대칭성에 대한 루이스의 기준에 대해서 두 유형의 반례를 구성한다.[233] 여기에서는 그중 한 반례(첫 유형의 반례의 구체적 사례)만을 살펴보자. 그는 우리 세계와는 다른 다음과 같이 성립하는 가능 세계를 고려한다.[234] 우선 그 세계는 물리적인 사건들을 염력으로 야기하는 것이 가능한 세계이다. 그리고 그 세계에서는 무언가를 염력으로 야기되도록 의지하는 작용은 어떠한 물리적 변화도 포함하지 않고 창발적인 감각질을 포함하는 심적 상태로만 구성되어 있다. 더 나아가, 그 감각질 상태는 인과적으로 거의 무력하다. 그 작용의 유일한 결과는 염력으로 인한 의지된 사건의 발생이다. 예를 들어, 의지하는 작용을 한 사람이 그 작용에 대한 기억을 가지지도 않는다.

그 세계에서 닉슨이 핵미사일 버튼이 염력으로 눌리도록 의지하지 않는다고 하자. 직관적으로 볼 때, 그 세계에서 (그 핵미사일 버튼과 핵미사일 발사 장치가 연결되어 있었다는 등의 다른 통상적 조건들이 성립하면) 다음의 반사실 조건문은 참이다.

(13) 닉슨이 그 핵미사일 버튼이 염력으로 눌러지도록 의지했더라면, 핵전쟁이 발생했을 것이다.

그 세계에서 염력 의지 작용은 (의지된 사건이 발생하는 시점까지는) 오직 하나의 결과만을 가질 것이고 그 작용의 결과를 무효화시키는 데에 오직 하나의 작은 국지적인 법칙 위반만이 요구될 것이다. 따라서 비록 닉

---

233 Tooley (2003).
234 Tooley (2003), p. 375.

슨이 염력으로 의지했더라도, 작은 국지적인 법칙 위반이 발생해서 버튼이 눌리지 않는 세계가 루이스의 기준에 따르면 원래의 세계에 가장 근접한 세계가 된다. 그러므로 루이스의 기준에 따르면, 반사실 조건문 (13)은 그 세계에서 거짓이 된다.

그 세계에서는 염력 의지 작용에 의한 인과 과정과 같이 최소한 한동안 분기하지 않는 인과 과정이 존재하고, 이는 우리가 아는 한 현실 세계와는 다른 자연법칙이 성립하는 세계이다. 그러나 그런 세계는 논리적으로 가능한 세계이고, 그런 세계에서 반사실 조건문이 어떤 진리치를 가질 것인가에 대해서 반사실 조건문에 대한 올바른 의미론과 화용론이라면 옳은 대답을 할 수 있어야 한다. 위의 사고실험이 보여주는 것은 한동안 분기하지 않는 인과 과정이 있다는 것이 미래가 과거에 반사실 조건문적으로 의존하는 것이 성립하지 않게 만드는 것은 아니라는 것이다. 따라서 현실 세계에서 다행히 모든 인과 과정이 미래 방향을 향해 많은 결과를 낳는 방식으로 분기한다고 해서, 반사실 조건문적 의존의 시간적 비대칭성을 그 사실에 의존하게 하는 것은 옳지 않다는 결론을 이끌어 낼 수 있다.[235]

이런 이유들과 그 밖의 다른 이유로 해서, 나는 반사실 조건문적 의존의 비대칭성에 대한 대안적 제안을 하고자 한다. 그 제안은 자연법칙에 대한 선행하는 제안에 기반한다. 자연법칙이 일반화된 조건문

---

[235] 툴리의 사례에 대한 서술과 논의를 하면서 툴리 자신의 용어 사용을 따라서 '결과', '인과 과정', '야기하다' 등의 인과적 표현들을 편의상 사용했다. 그러나 그렇다고 해서 내가 (그리고 추정하건대 툴리 자신도) 인과 개념이 반사실 조건문보다 더 기본적 개념이라는 것을 전제하거나 승인하는 것은 아니다. 여기에서 사용한 인과적 표현들은 자연법칙에 연관된 표현들로 바꾸어 쓸 수 있는 종류의 것들이기 때문이다. 예를 들어 '염력 의지 작용이 (t 시점에) 오직 하나의 결과만을 가진다'는 '염력 의지 작용의 발생과 자연법칙으로부터 함축되는 (t 시점의) 사건 발생이 오직 하나이다'로 바꾸어 쓸 수 있다.

(generalized conditional)과 동일시될 수 없다는 것은 잘 알려져 있다. 즉 '모든 x에 대해서, x가 F이면 x는 G이다' 형식의 모든 문장이 법칙을 서술하는 것은 아니다. 그런 형식의 문장 중 많은 것들(예를 들어 '내 주머니에 있는 모든 동전은 홀수년도에 발행된 동전이다'와 같은)은 우연적으로 성립하는 일반화이다. 그런 형식의 문장들 중 어떤 것이 법칙적(lawlike) 문장인가 하는 것은 잘 알려진 어려운 문제이다. 그런데 그런 우연적인 일반화된 조건문을 제외한다고 하더라도 자연법칙이 일반화된 조건문에 의해서 적절하게 표현되는가 하는 것 자체에 의문이 제기될 수 있다. 법칙에 대한 대표적인 주요한 철학적 이론에 따르면, 법칙 문장은 '속성 F가 속성 G를 필연화(necessitate)한다' 형식을 통해서 표현된다. 꼭 그 특정한 이론을 따르지 않더라도, 어떻든 법칙 문장은 그 자체로 결정의 방향성을 가지고 있는 것으로 이해해야 한다는 것이 나의 제안이다. 예를 들어 중력 법칙 $F = G\dfrac{m_1 m_2}{d^2}$ 이 의미하는 것은 무엇인가? 이는 다음과 같은 것을 표현한다고 여겨진다.

(14) 모든 물체 x와 y에 대해서, 질량 m_1을 가진 물체 x와 질량 m_2을 가진 물체 y가 거리 d의 간격으로 있으면, x와 y 사이의 중력의 크기는 (G가 중력상수일 때) $G\dfrac{m_1 m_2}{d^2}$ 이다.

그러나 (14)를 그냥 일반화된 조건문으로 간주하고 여기에 포함된 조건문을 실질 조건문으로 이해할 경우 두 물체의 질량과 거리가 중력을 결정한다는 내용은 엄밀하게는 포함되지 않게 된다. 그러나 중력 법칙이 표현하는 내용은 그 내용까지 포함하는 것으로 이해되어야 한다. 즉 이를 보다 분명히 하면 다음과 같이 표현된다.

(15) 모든 물체 x와 y에 대해서, 질량 m_1을 가진 물체 x와 질량 m_2을 가진 물체 y가 거리 d의 간격으로 있다는 것이 x와 y 사이의 중력의 크기가 (G가 중력상수일 때) $G\dfrac{m_1 m_2}{d^2}$ 라는 것을 결정한다.

그래서 (14)에서의 조건문을 결정 관계 문장으로 이해하면, (14)는 그 대우 문장과 논리적 동치가 되지 않는다. 즉 물체들 사이의 중력에 대한 사실은 그 물체들의 질량과 서로간의 거리에 대한 사실을 결정하지 않는다. 우리가 흔히 하듯이 $F = G\dfrac{m_1 m_2}{d^2}$ 과 같은 수식으로 법칙을 서술하는 경우 법칙의 결정의 방향은 더더욱 표현되지 않는다. 물론 인식적 수단으로는 그 수식은 어떤 방향으로도 사용될 수 있다. 그 수식의 한 변수 값을 모르고 다른 변수 값들을 알면 그 다른 변수 값들을 통해서 나머지 변수 값을 알아낼 수 있다. 예를 들어 두 물체의 질량을 알고 두 물체 사이의 중력을 알면 우리는 두 물체 사이의 거리를 계산할 수 있다. 그러나 두 물체의 질량과 중력이 두 물체 사이의 (원래) 거리를 결정하는 것은 아니다.

뉴턴 역학의 동역학적 법칙들은 한 시점에서의 물체들의 위치와 운동량 벡터값이 주어지면 이후 시점에서의 물체들의 위치와 운동량 벡터값을 결정하는 법칙들로 간주할 수 있다. 예를 들어, 한 시점에 어떤 질량을 가진 물체가 한 위치에서 어느 방향으로 어느 정도의 속도로 운동하고 있었다는 것이 주어지면 (그리고 그 물체에 힘을 미치는 다른 물체가 없다는 것이 주어지면) 그다음 시점에 그 물체가 어떤 위치로 어느 정도의 속도로 이동하고 있다는 것이 결정된다. 즉 t_1 시점의 물체의 위치와 운동량이 더 나중 시점인 t_2 시점의 물체의 위치와 운동량을 결정한다. 물론 인식적으로는 더 나중 시점인 t_2 시점의 물체의 위치와 운동량으로부터 더 앞선 t_1 시점의 물체의 위치와 운동량을 계산하는 것도 가능하다. 그러나 존재론적으로 결정은 한 방향으로만 이루어진다. 일반적으로 우리가 아는 대개의 동역학적 법칙들은 앞선 시점의 상태가 나중 시점의 상태를 어떻게 결정하는가를 서술하는 법칙들이다.

자연법칙의 내용의 일부를 이루는 결정의 개념은 반사실 조건문 개념보다 더 근본적인 것으로 간주되어야 하고, 그 때문에 원초적 개념으로 간주해야 할 수도 있다. 또는 자연법칙성 자체를 가능 세계들로부터 흄적인 수반(Humean supervenience)의 범위에서 규정하는 이론의 연장선에서 법칙의 방향성도 그런 방식의 접근을 시도할 수도 있다. 이에 대한 본격적 모색을 이 책에서 하지는 않겠다. 어떻든 자연법칙의 내용에 결정의 개념을 포함시킴으로써 이루어지는 것은 자연법칙에 방향성이 추가되는 것이다. 즉 자연법칙에 의해 무엇이 무엇을 결정하는가의 방향이 주어진다.

자연법칙에 대한 이와 같은 이해가 주어지고 나면, 반사실 조건문적 의존의 시간적 비대칭성에 대한 대안적 제안을 할 수가 있게 된다. 나의 제안 역시 루이스의 제안처럼 표준적 분석[3장의 (C2)나 (C3)]을 받아들이는 기반 위에서 가능 세계들 사이의 근접성에 대한 기준을 제시하는 방식이다. 내가 제안하는 기준의 핵심 아이디어는 이러하다. 현실 세계(또는 기준 세계)로부터의 근접성을 평가하기 위해 법칙 위반과 개별 사실의 차이 사이에서 선택해야 할 때 그 법칙의 결정 방향을 고려하는 것이다. 더 구체적으로 이야기해서, 'A였더라면 C였을 것이다'라는 반사실 조건문을 평가하기 위한 세계 근접성 기준은 다음과 같은 두 원리로 이루어진다.

(I) A 여부에 대한 사실을 법칙을 통해서 결정하는 사실들을 현실 세계(또는 기준 세계)와 달라지지 않게 유지하는 것이 (법칙을 준수하는

것보다도 더) 최우선 순위이다.

(II) A 여부에 대한 사실에 의해서 법칙을 통해서 결정되는 사실들을 현실 세계(또는 기준 세계)와 달라지지 않게 유지하는 것보다는 현실 세계(또는 기준 세계)의 법칙을 준수하는 것이 더 우선 순위이다.

즉 전건 여부에 대한 사실을 결정하는 사실을 유지시키는 것과 법칙 준수 사이에서 선택할 경우에는 전건 여부에 대한 사실을 결정하는 사실을 유지시키는 것이 현실 세계에 보다 근접하게 하는 것이고, 전건 여부에 대한 사실에 의해 결정되는 사실을 유지시키는 것과 법칙 준수 사이에서 선택할 경우에는 법칙을 준수하는 것이 현실 세계에 보다 근접하게 하는 것이다. 그리하여 전건 여부에 대한 사실을 결정하는 사실에 대해서는 높은 가중치를 부여하고 전건 여부에 의해 결정되는 사실에 대해서는 가장 낮은 가중치를 부여한다.

현실의 동역학적 법칙들이 이전 시점의 상태가 이후 시점의 상태를 어떻게 결정하는지 서술하는 법칙들이기 때문에, 위의 기준을 사용하면 반사실 조건문적 의존의 시간적 비대칭성이 따라 나온다. 예를 들어, 한 물체가 t_1 시점에 어느 위치 a에서 어느 속도로 운동하고 있다는 것이 동역학적 법칙에 의해서 그 물체가 더 나중 시점인 t_2 시점에 다른 어느 위치 b에서 어느 속도로 운동하고 있다는 것을 결정한다고 해보자. 그러면 다음 반사실 조건문이 참일 것이다.

(16) 그 물체가 t_1 시점에 위치 a에 있지 않았더라면 그 물체가 t_2 시점에 위치 b에 있지 않았을 것이다.

그 물체가 t_1 시점에 위치 a에 있지 않았다는 사실이 성립하는 가능 세계들 중에서 그 물체가 t_2 시점에 위치 b에 있는 세계(즉 전건에 의해 결정되는 사실에 있어서 현실 세계와 일치하는 세계)보다는 현실의 자연법칙을 준수해서 그 물체가 t_2 시점에 위치 b에 있지 않은 세계가 현실 세계에 더 근접한 세계일 것이기에, 위의 기준에 의해서 (16)은 참이다. 반면 (16)을 시간적으로 뒤집은 역은 성립하지 않는다. 즉 다음의 반사실 조건문을 고려하자.

(17) 그 물체가 t_2 시점에 위치 b에 있지 않았더라면 그 물체가 t_1 시점에 위치 a에 있지 않았을 것이다.

그 물체가 t_2 시점에 위치 b에 있지 않았다는 사실이 성립하는 가능 세계들 중에서 그 물체가 t_1 시점에 위치 a에 있는 세계(즉 전건을 결정하는 사실에 있어서 현실 세계와 일치하는 세계)가 현실의 자연법칙을 준수해서 그 물체가 t_1 시점에 위치 a에 있지 않은 세계보다 현실 세계에 더 근접한 세계일 것이기에, 위의 기준에 의해서 (17)은 거짓이다. 그러므로 미래는 과거에 반사실 조건문적으로 의존하지만 과거가 미래에 반사실 조건문적으로 의존하지는 않는다.

마찬가지로 위의 기준에 의하면 다음의 반사실 조건문도 (적절한 통상적 전제 조건들이 주어지면) 참일 것이다.

(11) 닉슨이 그 핵미사일 버튼을 눌렀더라면 핵전쟁이 발생했을 것이다.

닉슨이 그 버튼을 누른 것이 핵전쟁의 발생을 결정하게 하는 법칙들이 존재한다면, 닉슨이 그 버튼을 누른 가능 세계들 중에서 법칙 위반을 통해서 핵전쟁이 발생하지 않는 세계보다는 법칙이 준수되고 핵전쟁이 발생하는 세계가 현실 세계에 더 근접할 것이기 때문이다. 반면

>   (18) 닉슨이 그 핵미사일 버튼을 눌렀더라면 닉슨은 어린 시절 정신
>   적으로 불안한 환경에서 성장했을 것이다.

와 같은 역행적 반사실 조건문은 참이 아니다. 이는 누군가가 핵미사일 버튼을 누른다는 것으로부터 그가 어린 시절 정신적으로 불안한 환경에서 성장했다는 것을 합리적으로 추론할 수 있게 해주는 법칙이 존재한다고 하더라도 참이 아닌데, 그 법칙이 어린 시절의 성장 환경에 대한 사실이 나중에 핵미사일 버튼을 누르는 것과 같은 행위를 하는 사실을 결정한다면, 그 법칙을 과거에도 준수하는 것보다는 닉슨은 어린 시절 정신적으로 불안한 환경에서 성장하지 않았다는 사실을 유지하는 세계가 위의 기준에 의하여 현실 세계에 더 근접할 것이기 때문이다.

  그렇지만 나의 제안은 시간적 비대칭성을 분석 자체에 탑재하는 것과는 다르다. 그렇기 때문에 시간적 비대칭성을 그 안에 탑재하는 분석에서처럼 과거가 미래에 반사실 조건문적으로 의존하는 것을 논리적으로 불가능하게 만들지는 않는다. 과거로의 시간 여행이 가능한 세계(또는 시공간 영역)에서라면 최소한 국지적으로라도 미래의 사실이 과거의 사실을 결정하는 자연법칙이 성립해야 할 것이다. 그 세계에서 시간 여행이 가능하려면, 미래 시점에 타임머신을 출발시키는 사실이 과거 시점에 그 타임머신이 도착하는 일이 발생하는 사실을 결정하게끔 해주는 어떤 법칙이 그 세계에 존재해야 할 것이다. 그리고 그런 자연법칙이 존재한다면 그 세계에서는 미래 사실이 이러이러하게 달랐더라면 과거 사실이 이러이러하게 달랐을 것이라는 내용의 반사실 조건문이 위의 기준

에 의해서 참일 수가 있게 된다. 마찬가지로 타키온 등과 관련해서 국지적인 시간 역행이 일어나는 것을 허용하는 물리 법칙이 있다면 그 법칙은 이후 시점의 상태가 이전 시점의 상태를 결정하는 종류의 법칙일 것이다. 그리고 그 법칙의 적용과 관련해서는 이전 시점의 상태가 이후 시점의 상태에 반사실 조건문적으로 의존하는 것을 위의 기준이 허용하게 해줄 것이다.

내가 위에서 제시한 이 기준은 루이스의 기준에 대해서 제기되었던 반론들로부터도 위협을 받지 않는다. 우선 엘가의 반론은, 특정 시점에 대한 전건이 주어졌을 때, 그 이전 시점의 개별적 사실들을 현실 세계와 일치시키면서 전건이 참이게 하기 위해 그 직전 시점에 국지적 법칙 위반을 하게 만들고 이후 시점에서 현실 세계와 달라지게 하는 경우나 그 이후 시점의 개별적 사실들을 현실 세계와 일치시키면서 전건이 참이게 하기 위해 그 직후 시점에 국지적 법칙 위반을 하게 만들고 이전 시점서 현실 세계와 달라지게 하는 경우나 미시 물리적 수준에서 볼 때에 동등하다는 사실에 근거한다. 루이스가 생각했던 것과는 달리, 현실 세계를 지배하는 미시 물리적 법칙들은 미래를 현실과 일치시키기 위해서 광범위한 법칙 위반을 요구하지 않는 성격을 가지고 있다는 것이 그 반론의 핵심이었다. 그러나 나의 기준은 어느 정도 규모의 법칙 위반을 요구하는가에 있어서 미래 방향과 과거 방향 사이에 비대칭성이 있다는 것에 의존하지 않는다. 이 세계에 단 하나의 입자가 있어서 그 입자가 한 방향으로 진행하고 있고 그 진행에 대한 운동 법칙이 있다고 하자. 그 경우 우리는 명백히 루이스가 기대했던 것과 같은 요구되는 법칙 위반에 있어서의 시간적 비대칭성을 기대할 수가 없을 것이다. 그렇다 하더라도 그 입자가 이전에 가졌던 위치와 속도가 그 이후에 가지는 위치와 속도를 결정할 것이고, 나의 기준에 의해서 입자의 이후의 위치와 속도는 입자의 이전의 위치와 속도에 반사실 조건문적으로 의존한 것이다.

툴리의 반론이 루이스의 기준에 위협적인 이유는 툴리의 사고실험 속의 세계에서 염력 의지 작용은 최소한 한동안 분기하는 영향을 미치지 않고 (즉 동시에 여러 사건의 발생을 법칙적으로 결정하지 않고) 단선적으로 의지된 사건의 발생만을 법칙적으로 결정하는 특성을 지니고 있기 때문이다. 그리고 그런 경우에는 요구되는 법칙 위반에 있어서의 시간적 비대칭성이 존재하지 않을 것이고, 루이스의 기준에 따르면 반사실 조건문적 의존의 시간적 비대칭성도 성립하지 않게 될 것이다. 그러나 그런 경우라고 하더라도 의지된 사건 발생이 염력 의지 작용의 발생에 반사실 조건문적으로 의존하고 그 역은 성립하지 않아야 할 것이다. 나의 기준에 따르면, 그 세계에서 염력 의지 작용의 발생이 의지된 사건의 발생을 법칙적으로 결정하고 그 역은 성립하지 않으므로, 의지된 사건의 발생은 염력 의지 작용의 발생에 반사실 조건문적으로 의존하고 그 역은 성립하지 않게 된다.

이와 같이 내가 제시한 기준은 루이스의 기준보다 더 단순하면서도 우리의 직관에 부합하게 반론들을 피할 수 있는 방식으로 반사실 조건문적 의존의 시간적 비대칭성을 설명할 수 있다. 더 나아가 이 기준은 반사실 조건문적 의존과 관련해서 시간적 비대칭성이 아닌 비대칭성도 설명할 수 있는 보다 일반적 기준이라는 점에서 루이스의 기준보다 더 큰 장점을 가진다. 예를 들어 중력 법칙이 고전적으로 흔히 이해되어 온 방식으로 순간적으로 작용하는 법칙(즉 중력파의 진행을 통한 시간 간격을 요구하지 않는 법칙)이라고 가정해 보자. 이는 최소한 논리적으로 가능하다. 그렇다 하더라도, 중력 법칙에서 두 물체의 질량과 거리가 두 물체 사이의 중력을 결정하고 그 역이 성립하는 것이 아니면, 두 물체 사이의 중력에 대한 사실이 두 물체의 질량과 거리에 대한 사실에 반사실 조건문적으로 의존하는 것이지 그 역은 아니다. 즉 두 물체가 다른 질량이나 거리를 가졌더라면 두 물체 사이에 미치는 중력이 달랐을 것이지만 그 역은 아니다.

5. 형이상학적 설명의 문제에 대한 해결책

앞 절에서 내가 제시한 기준과 관련해서 보다 더 중요한 것은 그 기준이 자연법칙에 의한 반사실 조건문적 의존에 국한하지 않고 보다 더 일반적으로 적용될 수 있다는 점이다. 거기에서 제시된 기준 (I)과 (II)에서 사용된 '법칙'이라는 말은 자연법칙만을 언급하는 것으로 국한될 필요가 없다. 사실 나는 기준 (I)과 (II)를 자연법칙과 형이상학적 법칙 모두에 적용될 것을 의도하고 제시했다. 형이상학적 법칙들도 (동역학적 자연법칙들처럼 통시적인 방식으로는 아니지만) 어떤 사실이 다른 사실을 결정하는 내용을 가지고 있고, 우리는 이 경우에도, 그 법칙에 의해서 전건의 사실을 결정하는 사실들의 유지를 최우선 순위에 두면서, 그 법칙에 의해서 전건의 사실에 의해 결정되는 사실들의 유지는 그 법칙 자체의 유지보다 하위 순위에 두는 방식으로 근접성을 평가할 수 있다.

앞에서 나는 다음의 두 반사실 조건문에 대한 직관의 차이에 대해서 언급했었다.

(5) 소크라테스가 존재하지 않았더라면 {소크라테스}가 존재하지 않았을 것이다.

(6) {소크라테스}가 존재하지 않았더라면 소크라테스가 존재하지 않았을 것이다.

우리는 (5)에 대해서는 분명하게 참이라는 직관을 가지지만, (6)에 대해서는 대체로 거짓이라는 직관을 가진다. 내가 제시한 기준 (I)과 (II)는 그 직관의 차이를 다음과 같이 설명할 수 있다.

집합들의 존재에 대한 형이상학적 법칙들이 존재한다. 흔히 집합론의 공리들에 의해서 서술되는 이런 법칙들은 집합 존재자들의 존재에 대해서 이야기하는 법칙들이라는 점에서 논리적 필연성을 가지는 법칙들은 아니고 형이상학적 법칙들이다. 이런 법칙 중에는 다음과 같은 법칙이 있다.[236]

(19) x, y, z…가 존재할 경우에 그리고 오직 그 경우에, x, y, z…를 원소로 그리고 오직 그것들만을 원소로 하는 집합이 존재한다.

이 법칙의 특수한 경우로서 다음의 법칙이 따라 나온다.

(20) x가 존재할 경우에 그리고 오직 그 경우에, x를 원소로 그리고 오직 그것만을 원소로 하는 집합이 존재한다.

그런데 이 형이상학적 법칙은 앞서 자연법칙의 경우에서와 마찬가지로, 단순히 보편화된 쌍조건문으로 이해되는 것이 아니라, x가 존재한다는 것(또는 존재하지 않는다는 것)이 x를 원소로 그리고 오직 그것들만을 원소로 하는 집합, 즉 {x}이 존재한다는 것(또는 존재하지 않는다는 것)을 결정한다는 문장으로 이해되어야 한다. 즉 그 법칙들에 의해서 소크라테스가

---

236 다음에 나오는 (19)와 (20) 각각에 '모든 x, y, z…에 대해서'와 '모든 x에 대해서'라는 보편 양화사가 생략되어 있는 것으로 이해한다.

존재한다는 것은 {소크라테스}가 존재한다는 것을 결정하고 소크라테스가 존재하지 않는다는 것은 {소크라테스}가 존재하지 않는다는 것을 결정한다.

그러면 '소크라테스가 존재하지 않는다'가 성립하는 세계들 중에서 어떤 세계가 현실 세계에 가장 근접한가? 기준 (II)에 의하면, 형이상학적 법칙이 위반되는 세계와 그 법칙을 통해서 결정되는 사실({소크라테스}의 존재에 대한 사실)이 현실과 달라지는 세계 중에서 후자의 세계가 현실 세계에 더 근접하다. 즉 {소크라테스}가 존재하지 않는 세계가 현실 세계에 더 근접하고, 그러므로 (5)가 참이다.

다른 한편으로, '{소크라테스}가 존재하지 않는다'가 성립하는 세계들 중에서는 어떤 세계가 현실 세계에 가장 근접한가? 기준 (I)에 의하면, 형이상학적 법칙이 위반되는 세계와 그 법칙을 통해서 결정하는 사실(소크라테스의 존재에 대한 사실)이 현실과 달라지는 세계 중에서 전자의 세계가 현실 세계에 더 근접하다. 즉 형이상학적 법칙이 위반되더라도 현실 세계와 마찬가지로 소크라테스가 존재하는 세계가 현실 세계에 더 근접하고, 따라서 (6)은 참이 아니다.

우리가 {소크라테스}가 존재하지 않는다고 반사실적으로 가정할 때에, 맥락에 따라서 우리는 {소크라테스}의 존재를 형이상학적으로 결정하는 보다 근본적인 사실 즉 소크라테스의 존재까지도 수정하는 것으로 가정하는 것일 수도 있지만, 역행(backtracking)을 허용하지 않는 표준적이고 일반적인 맥락에서는 소크라테스가 존재하지만 그것을 원소로 하는 집합은 존재하지 않는 경우를 가정하는 것일 수가 있고, (6)이 거짓이라는 직관이 강한 만큼 그렇게 가정하는 맥락이 보다 지배적이라고 생각할 수 있다. 내가 제시한 기준 (I)은 바로 그런 맥락에서 적절하게 적용될 수 있는 기준이다.

그리고 소크라테스가 존재하지만 그것을 원소로 하는 집합은 존재하지 않는 경우는 앞서 보았듯 형이상학적으로는 불가능한 경우이지만 논리적으로 가능한 경우이고, 앞에서의 논의에 의해 형이상학적 가능성과 논리적 가능성을 구분하는 이상, 이 경우가 성립하는 세계가 형이상학적으로 불가능하다는 것은 그 세계가 어떤 맥락에서 오히려 현실 세계에 더 근접할 수 있음에 장애가 되지 않는다. 그것은 마치 루이스의 표준적인 이론에서 자연적으로 불가능한 세계(즉 자연법칙의 위반이 발생하는 세계)가 어떤 경우에 자연적으로 가능한 세계(즉 자연법칙이 전혀 위반되지 않는 세계)보다 현실 세계에 더 근접할 수 있음을 허용하는 데에 문제가 없는 것과 마찬가지이다.

그런데 (5)가 참이라는 것은 실은 보다 강력한 고려에 의해서 보여질 수 있다. 위에서는 (5)가 참이라는 것을 기준 (II)에 의한 것으로서 설명했다. 그러나 사실 기준 (II)를 적용하기 이전에, 소크라테스가 존재하지 않는 세계들 중에서 {소크라테스}가 존재하는 세계가 아예 있을 수 없으므로, 세계들 사이의 근접성 기준을 적용할 필요도 없이, (5)가 참이라는 것이 보여진다. 그리고 소크라테스가 존재하지 않는 세계들 중에서 {소크라테스}가 존재하는 세계가 아예 있을 수 없는 이유는 그런 세계가 논리적으로 불가능하기 때문이다. 소크라테스가 존재하지 않는데 소크라테스를 원소로 하는 집합이 존재하는 세계는 논리적, 개념적으로 일관되게 상상할 수조차 없다. 따라서 사실 (19)와 (20)에서 순수하게 형이상학적 법칙에 해당하는 부분들은 다음과 같은 반쪽 부분들뿐이다.

(21) x, y, z⋯가 존재하면, x, y, z⋯를 원소로 그리고 오직 그것들만을 원소로 하는 집합이 존재한다.

(22) x가 존재하면, x를 원소로 그리고 오직 그것만을 원소로 하는

집합이 존재한다.

그리고 나머지 반쪽 부분들 즉

(23) $x, y, z\cdots$ 중 어느 하나라도 존재하지 않으면, $x, y, z\cdots$를 원소로 그리고 오직 그것들만을 원소로 하는 집합이 존재하지 않는다.

(24) x가 존재하지 않으면, x를 원소로 그리고 오직 그것만을 원소로 하는 집합이 존재하지 않는다.

는 논리적으로 필연적인 내용들이다. 소크라테스가 존재하지 않으면서 소크라테스를 원소로 하는 집합이 존재하는 세계는 이런 논리적으로 필 연적인 원칙에 의해서 아예 가능하지 않은 것으로 배제되는 세계이기 때문에 (5)의 참은 더 강력하게 뒷받침된다.

이상의 논의를 통해서, 소크라테스의 존재와 {소크라테스}의 존재 사 이의 반사실 조건문적 의존의 비대칭성을 해명할 수가 있다. 그리고 이 를 통해서 다음의 두 형이상학적 설명에 사용된 '때문에' 문장의 비대칭 성을 설명할 수가 있게 되었다.

(1) 소크라테스가 존재하기 때문에 {소크라테스}가 존재한다.
(2) {소크라테스}가 존재하기 때문에 소크라테스가 존재한다.

즉 (5)가 참이라는 것이 (1)이 참이라는 것을 해명하고, (6)이 거짓이 라는 것이 (2)가 거짓이라는 것을 해명한다. 이를 통해서 '때문에' 문장 이 반사실 조건문을 통해서 이해될 수 있다는 것이 형이상학적 설명의 맥락에서도 다시 한번 확증된다.

‘때문에’의 의미를 더 이상 분석될 수 없는 원초적인 것으로 간주할 경우에, (1)과 (2) 사이의 비대칭성이 성립하는 것에 대해서 더 이상 설명할 수가 없을 것이다. 그러나 (1)과 (2)를 각각 반사실 조건문으로 분석함으로써 둘 중 하나는 참이고 다른 하나는 거짓이라는 비대칭성을 설명할 수 있게 된다. (1)과 (2) 사이의 비대칭성에 대한 우리의 직관은, 소크라테스가 존재하지 않았더라면 그럼에도 불구하고 {소크라테스}가 존재할 수 있었는가에 대한 물음과 관련된 직관, 그리고 {소크라테스}가 존재하지 않았더라면 그럼에도 불구하고 소크라테스가 존재할 수 있었는가에 관련된 직관에 긴밀하게 연관되어 있다. 우리는 소크라테스가 존재하지 않으면서 {소크라테스}가 존재하는 경우를 정합적으로 유의미하게 상상할 수조차 없지만, {소크라테스}가 존재하지 않았더라면 그럼에도 불구하고 소크라테스가 존재하는 경우를 쉽게 상상할 수 있고 그런 세계가 어떤 점에서 충분히 가까운 세계라고 하는 판단을 할 수 있다. 이렇게 하여 최소한 개체와 그것을 원소로 하는 단원소 집합의 경우와 관련해 형이상학적 설명의 문제를 해결할 수 있게 되었다.

6. 형이상학적 설명의 다른 유형들

지금까지는 개체와 그 개체를 원소로 하는 집합 사이의 설명적 관계를 패러다임 사례로 삼아서 형이상학적 설명에 대해서 논의해 왔다. 이제 이 논의를 기초로 해서 다른 유형의 형이상학적 설명들에 대해서도 그 몇 가지 대표적 사례들과 관련해서 논의를 하도록 하자.

우선 첫째로, 심리철학에서의 최소한의 물리주의(minimal physicalism)가 옳다고 하자. 즉 심적(정신적, mental) 사실들이 물리적 사실들에 수반

(supervene)하거나 또는 기반(grounded)한다고 하자.[237] 그러면 심적 사실들은 물리적 사실들에 존재론적으로 의존한다. 그럴 경우 우리는 물리적 사실들에 의해서 심적 사실들을 설명할 수 있다. 예를 들어 우리는 다음과 같은 설명을 할 수 있다.

(25) 철이가 시점 t에 신경 생리적 상태 N에 있었기 때문에 그는 시점 t에 아픔을 느꼈다.

여기에서 철이가 동시에 가진 두 상태는 서로 인과 관계에 있는 것은 아니다.[238] 심적 상태의 어떤 측면이 물리적 개념이나 종류로 환원될 수 없다는 것을 받아들이면, 그 둘은 물리 법칙에 의해서 연결되어 있지도 않다. 그러나 그 둘은 서로 〈때문에〉의 관계에 있다. 형이상학적 설명의 맥락에서도 〈때문에〉가 반사실 조건문적 의존을 통해서 분석될 수 있음을 받아들이면, (25)에 나타난 〈때문에〉 관계도 다음과 같이 반사실 조건문적 의존으로서 이해될 수 있다.

(26) 철이가 시점 t에 신경 생리적 상태 N에 있지 않았더라면, 그는 시점 t에 아픔을 느끼지 않았을 것이다.

(26)은 (25)의 내용을 잘 포착한다. 우리는 (26)을 받아들이는 정도만

---

[237] 심리철학에서 최소한의 물리주의 논제에 대한 널리 받아들여져 온 정식화는 수반 개념을 사용하는 것이었다. 보다 최근에 수반 개념이 의존 개념으로서 너무 약하다고 생각하는 철학자들은 그 대신 기반 개념을 사용해야 한다고 본다.

[238] 물리주의를 받아들이는 한에 있어서 심신 상호작용적 심신 이원론은 배제된다. 또한 일반적으로 거부되는 이론인 심신 동일론을 배제하면, 철이의 두 상태는 서로 동일한 것도 아니다.

큼 (25)를 받아들일 것이다. 철이가 시점 t에 아픔을 느낀 것이 그가 같은 시점에 어떤 물리적 상태에 있었다는 것에 수반하거나 기반한다면, 이와 관련해서 심적인 것과 물리적인 것 사이를 연결하는 어떤 수준의 형이상학적 법칙이 존재하는 것으로 생각할 수 있다.

수반 개념을 가지고 생각해서, 철이가 시점 t에 아픔을 느낀 것이 그가 t에 어떤 물리적 상태 P에 있었다는 것에 수반한다고 하자. 그 물리적 상태 P는 신경 생리적 상태 N과 일치하지 않을 수 있으며, 보다 더 구체적이고 세부적이며 완결된 내용을 포함하는 방식의 상태여야 한다. 예를 들어 그것은 철이가 신경 생리적 상태 N 중에서도 특정한 상태 N₁에 있고 철이의 다른 신경 생리적 상태가 어떠어떠하고 철이의 신체와 철이의 환경의 다른 물리적 상태들이 저러저러하다는 것일 수 있다. 단 물리적 상태 P는 신경 생리적 상태 N을 논리적으로 함축 또는 포함하는 상태여야 할 것이다. 그러면 철이가 신경 생리적 상태 N₁에 있고 철이의 다른 신경 생리적 상태가 어떠어떠하고 철이의 신체와 철이의 환경의 다른 물리적 상태들이 저러저러하다면 그가 아픔을 느낀다는 것을 함축하는 법칙적 사실이 성립해야 한다. 그 법칙은 반드시 높은 수준의 일반성을 가진 명제로 정식화할 수 있는 형태의 것이 아닐 수도 있다. 그리고 철수의 신경 생리적 상태 N 자체는 철수의 아픔에 법칙적으로 연결되어 있지 않을 수 있다. 그러나 (심신) 수반 개념이 함축하는 바가 물리적 사실에 있어서 완전히 일치하는 (최소한 어떤 범위의) 가능 세계 중에서 심적 사실이 다른 가능 세계가 있을 수 없다는 것이고, 매우 구체적이고 세부적인 내용을 자세히 명시해야 하는 방식으로 그 법칙 명제가 정식화되어야 한다고 하더라도 어떻든 우연적이지 않고 법칙적인 방식으로 물리적인 사실과 심적인 사실이 연결되어야 한다. 심신 수반이 성립한다면 이 법칙적 관계는 물리적 상태 P와 아픔 사이에만 성립하지는 않을 것이다. 철수가 t에 또 다른 세부적이고 완결된 내용의 물리적 상태 P′에 있다는 것이 주어지면 철수가 아픈지 아프지 않은지 또는 어떤 또 다른 심적 상태에 있는지 등이 법칙적으로 결정되어야 한다. 즉 물리적 사실이 충분히 상세하게 망라되는 한에 있어서 어떤 심리적 사실이 성립하는지가 법칙적으로 결정되어야 하는 것이다.

기반 개념을 가지고 생각하더라도 상황이 많이 달라지지 않는다. 기반 개념은 수반 개념이 의존 관계를 정식화하기에 충분하지 못하다는 이유에서 원초적 개념으로 도입된 것이므로, 그 개념을 어떤 식으로 이해하건 그것은 최소한 수반 개념을 함축하는 것이어야 한다. 따라서 수반으로부터 끌어낸 법칙적 관계에 대한 함축들을 기반으로부터도 마찬가지로 끌어낼 수가 있어야 한다.

그러면 적절한 조건이 주어지는 한에서 (26)과 같은 심신 반사실 조건문이 참일 수 있다는 직관에 부합하게, 내가 앞에서 제시한 세계 근접성 기준을 사용해 (26)과 같은 문장이 적절한 조건하에서 참일 수 있음을 설명할 수 있다. 물리적 상태 P는 신경 생리적 상태 N을 논리적으로 함축하므로, 철이가 시점 t에 신경 생리적 상태 N에 있지 않은 가능 세계는 그가 t에 물리적 상태 P에 있지 않은 가능 세계이기도 할 것이다. 철이가 t에 신경 생리적 상태 N에 있지 않으면서 있을 수 있는 가장 근접한 물리적 상태가 P′이라고 하자. 그리고 아픔을 느끼지 않는 심적 상태가 그 물리적 상태 P′에 수반한다고 하자. 즉 누군가가 물리적 상태 P′에 있으면 그가 아픔을 느끼지 않는 심적 상태에 있게 된다는 형이상학적 법칙이 성립한다. 그 법칙은 누군가가 물리적 상태 P′에 있다는 것이 그가 아픔을 느끼지 않는다는 것을 결정한다는 내용의 법칙이다. 그러면 철이가 t에 신경 생리적 상태 N에 있지 않은 가능 세계들 중 현실 세계에 가장 근접한 가능 세계는 철이가 t에 아픔을 느끼지 않는 가능 세계이어야 할 것이다. 그 세계는 철이가 t에 아픔을 느끼지 않는다는 점에서는 현실 세계와 차이가 있지만, 철이가 t에 아픔을 느낀다는 사실이 현실 세계 그대로 유지되는 대신 형이상학적 법칙이 위반되는 세계보다는 현실 세계에 더 근접하다. 앞에서 내가 제시한 기준 (II)에 따르면, 법칙을 통해서 전건 여부에 대한 사실(철이가 t에 신경 생리적 상태 N에 있는가 여부에 대한 사실)에 의해서 결정되는 사실(철이가 t에 아픔을 느낀다는 사실)을 유지하는 것보다는 법칙 자체를 준수하는 것이 근접성에 있어서 더 높은 가중치를 부여받기 때문이다. 따라서 적절한 가정하에서 (26)이 참이라는 것이 보여지고, 이를 통해서 그런 같은 조건에서 (25)가 참이라는 것이 보여진다.

최소한의 물리주의가 옳다면, 심신 설명에는 비대칭성이 성립해야 한다. 즉 (25)에서의 설명항과 피설명항을 뒤바꾸어 얻은 다음과 같은 문장은 참이 아니어야 한다.

(27) 철이가 시점 t에 아픔을 느꼈기 때문에 그는 시점 t에 신경 생리적 상태 N에 있었다.

최소한 공시적으로 볼 때 하위의 물리적 사실이 상위의 심적 사실을 설명하는 것이지 그 역은 아니다. 〈때문에〉에 대한 반사실 조건문적 이론에 따르면 (27)은 다음과 같이 분석된다.

(28) 철이가 시점 t에 아픔을 느끼지 않았더라면, 그는 시점 t에 신경 생리적 상태 N에 있지 않았을 것이다.

(26)을 참이게 한 같은 조건하에서 (28)이 거짓이라는 것을 앞에서 제시한 세계 근접성 기준을 통해서 보여줄 수 있다. 철이가 시점 t에 아픔

을 느끼지 않은 가능 세계 중에서 철이가 시점 t에 신경 생리적 상태 N
에 있다는 것이 현실과 같이 유지되면서 형이상학적 법칙이 위반되는
세계와 형이상학적 법칙이 유지되면서 철이가 시점 t에 신경 생리적 상
태 N에 있지 않은 세계 중에서 전자의 세계가 현실 세계에 더 근접하다.
철이가 시점 t에 신경 생리적 상태 N에 있는가 여부에 대한 사실은 철이
가 시점 t에 아픔을 느끼는가 여부를 결정하는 사실이고, 앞의 기준 (I)
은 그런 사실을 유지시키는 것에 최우선의 가중치를 부여하기 때문이다.
따라서 (28)은 거짓으로 판정된다.

　(28)은 일종의 역행적(backtracking) 반사실 조건문이다. 철이가 시점 t
에 아픔을 느끼지 않은 반사실적 상황을 가정하면서 철이가 시점 t에 아
픔을 느끼는 여부를 결정하는 보다 기본적인 사실인 철이의 시점 t의 물
리적 상태에 대한 사실을 수정하는 방식으로 역행한다. 표준적 맥락에
서 반사실 조건문을 평가할 때에 이런 역행을 하는 세계를 근접 세계로
선택하기보다는 형이상학적 법칙이 위반되는 세계를 근접 세계로 선택
한다. 이는 통시적 반사실 조건문에서의 역행과도 유사하다. 앞에서 예
를 들었던 문장 (18) '닉슨이 그 핵미사일 버튼을 눌렀더라면 닉슨은 어
린 시절 정신적으로 불안한 환경에서 성장했을 것이다'는 전건 사실 여
부를 결정하는 시간적으로 앞선 사실에 대한 수정에로 역행하는 반사실
조건문인데, 이 경우에도 우리는 이 반사실 조건문을 참이게 하는 세계
를 근접 세계로 선택하기보다는 자연법칙이 위반되는 세계를 근접 세계
로 선택한다.[239]

---

239 지금까지의 논의에서 우리는 아픔을 느끼는 것과 같은 심적 상태에 대한 사실이 물리
　적 사실에 형이상학적으로 수반하며 논리적으로 수반하지는 않는다는 것을 전제하고 논
　의했다. 그래서 철이가 시점 t에 신경 생리적 상태 N에 있으면서 아픔을 느끼지 않는 상
　태에 있는 경우를 형이상학적으로는 불가능하지만 논리적으로 가능한 상황으로 보았고

둘째, 윤리학이나 도덕 담론에 등장하는 설명 문장들 즉 '때문에' 문장들 중에도 넓은 의미에서의 형이상학적 설명에 포함될 수 있는 사례들이 있다. 논의의 편의상 어떤 형태의 행위 공리주의(act utilitarianism)가 올바른 규범 윤리 이론이라고 가정하자. 그런 프레임워크에서 다음과 같은 문장을 생각해 보자.

(29) 테레사 수녀의 봉사 행위가 이 세상의 행복의 양을 증가시켰기 때문에 그 행위는 도덕적으로 올바르다.

이 문장의 설명항은 자연적 사실을 서술하고 있고, 피설명항은 도덕

그런 상황을 포함하는 가능 세계에 대해서 이야기할 수 있었다. 아픔을 느끼는 것과 같은 현상적(phenomenal) 의식 상태의 경우에 그것이 물리적 사실에 논리적으로 수반하지 않는다고 보는 것이 설득력이 있다. 예를 들어 잘 알려진 차머스(D. Chalmers)의 좀비 논증과 같은 것이 바로 물리적 사실에 있어서 현실 세계와 일치하면서 현상적 의식에 대한 사실에 있어서 현실 세계와 다른 세계의 상상가능성에 호소하는 것이고, 또한 그 논증은 그런 상상가능성에 의거해서 그런 세계가 논리적으로 가능하다는 것을 보여주는 논증이라고 할 수 있다[Chalmers (1996) 참조]. 그리고 나는 이전의 논문에서 형이상학적 가능성을 논리적 가능성과 구분하면, 이 논증에도 불구하고 형이상학적 수반논제로서의 물리주의 입장을 받아들이는 것이 여전히 가능하다는 제안을 했다[선우환 (2005)]. 그러나 어떤 심적 사실들은 물리적 사실들에 논리적으로 수반한다고 보는 것이 상당히 그럴듯하다. 심적 개념 중 많은 것들에 대해서는 기능적(functional) 환원을 할 수 있다고 여겨지고, 기능적 상태들에 대한 사실들은 물리적 사실들에 논리적으로 수반한다고 생각할 수 있다. 그리고 기능적으로 이해될 수 있는 심적 상태들에 대한 사실이 물리적 사실에 논리적으로 수반한다면, 물리적 사실을 통해서 그런 심적 상태에 대한 사실을 설명하는 것은 지금까지 우리가 살펴본 방식으로는 이해하기가 어렵다. 논리적 수반이 성립할 경우에, 수반 기초가 되는 물리적 사실들이 성립하면서 수반하는 심적 사실이 성립하진 않는 세계는 아예 존재할 수가 없기 때문이다. 다음 장에서 논의하고자 하는 바로부터 따라 나오는 것은 이런 논리적 수반이 성립하는 경우에는 양방향의 '때문에' 문장이 모두 참이라는 것이다. 이는 심적인 것이 설명항에 올 수 있는 가능성을 허용함으로써 심적 인과의 문제 해결에 도움이 될 수가 있다. 이를 심적 인과의 문제 해결에 어떻게 적용할 수 있을지의 논의에 대한 단초로 선우환 (2008) 참조.

적 규범 판단을 하고 있다. 도덕적 규범 판단이 도덕적 사실을 서술한다고 하자. 그러면 이 문장은 자연적 사실에 기반해서 도덕적 사실을 설명하는 문장이다. 일반적으로 도덕적 규범 판단이 자연적 사실을 서술하는 문장으로 환원될 수 있다고 여겨지지는 않는다. 그러나 공리주의가 옳다면, (29)와 같은 설명 문장이 참일 수 있다. 즉 도덕적 사실이 자연적 사실로 환원되지는 않지만 도덕적 사실이 자연적 사실에 의해서 설명될 수는 있다.

〈때문에〉에 대한 반사실 조건문적 이론에 입각하면, 위의 문장은 다음과 같은 문장을 통해서 이해될 수 있다.

(30) 테레사 수녀의 봉사 행위가 이 세상의 행복의 양을 증가시키지 않았더라면 그 행위는 도덕적으로 올바르지 않았을 것이다.

행위의 도덕적 올바름이 그 행위의 결과와 상관없이 성립한다는 규범 윤리 이론의 입장에서는 테레사 수녀의 봉사 행위가 세상의 행복의 양을 증가시키는 결과를 낳았든 그렇지 않았든 그 결과와 상관없이 도덕적으로 올바르다고 보겠지만, 행위 공리주의의 입장에서는, 테레사 수녀의 봉사 행위가 이 세상의 행복의 양을 증가시키지 않았더라면 그 행위는 도덕적으로 올바르다고 할 수 없을 것이고, 따라서 (30)이 참이어야 할 것이다. 결국 (29)가 참이라는 판단은 (30)이 참이라는 판단과 밀접하게 연결되어 있다.

공리주의의 원리들이 거칠게[240] '이 세상의 행복의 양을 증가시키는

---

240 편의상 불행의 양의 증감은 무시하는 등 여러 측면에서 이 원리는 거칠게 대략적으로 정식화되었다.

행위는 도덕적으로 올바르다'와 '이 세상의 행복의 양을 증가시키지 않는 행위는 도덕적으로 올바르지 않다'와 같은 식으로 표현된다고 하자. 이 원리들은 자연적 사실들이 도덕적 사실들을 어떻게 결정하는지 서술하는 내용을 가진 법칙들이라고 할 수 있다. 그 법칙들은 논리적으로 필연적이지는 않고 (참일 경우에) 기껏해야 형이상학적으로 필연적이다. 공리주의의 원리가 설사 참이라고 하더라도 그것이 거짓인 경우를 우리는 얼마든지 논리적, 개념적으로 정합적으로 상상할 수 있다. 공리주의의 원리들은 도덕적 올바름의 개념 자체로부터 따라 나오는 것은 아니다.

도덕적 올바름의 개념 자체로부터 따라 나온다고 할 만한 것은 보편화가능성(universalizability)이나 약수반(weak supervenience)과 같은 것이다. 두 개체가 자연적 속성(환경적 속성까지 포함된)에 있어서 전혀 차이가 없는데도 두 개체 중 한 개체는 도덕적으로 올바르고 다른 개체는 도덕적으로 올바르지 않다고 하는 식으로 자의적으로 도덕적 올바름을 귀속시키는 것은 도덕적 올바름의 개념 자체에 위배된다고 할 만하다. 즉 한 가능 세계 속에 자연적 속성을 완전히 공유하는 두 개체가 도덕적 올바름의 속성을 달리 가지는 경우는 도덕적 올바름의 개념 자체에 의해서 논리적으로 배제되는 것이다. 따라서 도덕적 사실은 자연적 사실에 논리적으로 약수반한다고 할 수 있다. 다시 말해서 자연적 속성을 완전히 공유하는 두 개체가 도덕적 올바름의 속성을 달리 가지는 논리적으로 가능한 세계는 존재하지 않는다.

그러나 도덕적 사실은 자연적 사실에 형이상학적으로만 강수반한다. 즉 서로 다른 두 형이상학적으로 가능한 세계에서 자연적 속성을 완전히 공유하는 두 개체는 도덕적 속성에 있어서도 일치한다. 그러나 형이상학적으로 불가능한 세계의 범위까지 넓혔을 때에는 서로 다른 두 세계에 각각 위치한 두 개체가 서로 자연적 속성을 모두 공유하면서도 도덕적 속성을 공유하지 않을 수 있다. 그래서 공리주의가 성립하는 세계와 다른 규범 윤리가 성립하는 세계가 모두 논리적으로 가능하고, 서로 다른 규범 윤리가 성립하는 그 두 세계 각각에 있는 두 개체는 자연적 속성을 완전히 공유하면서도 도덕적 속성을 공유하지 않을 수 있다. 공리주의가 현실적으로 참이라고 하더라도 그리고 형이상학적으로 필연적이라고 하더라도 우리는 이를테면 의무론적 도덕 원리가 옳은 세계를 논리적으로 일관되게 상상할 수 있다.

공리주의의 원리들이 자연적 사실들이 도덕적 사실들을 결정하는 방식을 서술하는 내용을 가진 법칙들이라는 것에 근거해서, 이 경우에도 (29)와 같은 설명의 비대칭성을 설명할 수 있다. 공리주의의 원리들이 성립한다면, (30)은 참일 것이고 이에 따라 (29)도 참일 것이다. 그러나 (29)의 설명항과 피설명항을 다음과 같이 뒤집은 문장은 참이 아닐 것이다.

(31) 테레사 수녀의 봉사 행위가 도덕적으로 올바르기 때문에 그 행위는 이 세상의 행복의 양을 증가시켰다.

이것이 참이 아니라는 것은 이 문장을 다음과 같은 반사실 조건문으로 분석한 후 그 문장을 평가함으로써 설명할 수 있다.

(32) 테레사 수녀의 봉사 행위가 도덕적으로 올바르지 않았더라면 그 행위는 이 세상의 행복의 양을 증가시키지 않았을 것이다.

이 반사실 조건문은 직관적으로 거짓일 뿐만 아니라, 내가 앞서 제시한 세계 근접성 기준을 적용하여 거짓임을 보일 수 있다. 공리주의의 원리들이 자연적 사실들이 도덕적 사실들을 결정하는 방식을 서술하고 있고, (32)가 도덕적 사실이 현실과 달랐을 가능한 상황을 서술하고 있으므로 그런 전건이 성립하는 가능 세계 중에서 도덕적 사실을 결정하는 자연적 사실은 현실과 마찬가지로 유지되는 세계가 현실에 가장 근접한 가능 세계일 것이다. 따라서 그런 가능 세계에서도 테레사 수녀의 봉사 행위가 이 세상의 행복의 양을 증가시킨다는 현실의 사실에는 변경이 없어야 할 것이다. 그러므로 (32)는 거짓으로 평가된다.

셋째, 형이상학에서는 비교적 최근에 문장이나 명제를 참이게 하는 것 즉 진리 확정자(truthmaker)의 문제가 중요하게 대두되었다.[241] 이는 어떤 문장이나 명제가 참이려면 그 문장이나 명제를 참이게 하는 존재자가 있어야 한다는 직관적인 생각에 의해서 대두된 문제이다. 다음과 같은 문제들이 진리 확정자에 대한 형이상학적 주제에서 중요하게 논의된다. 문장이나 명제를 참이게 하는 관계 즉 진리 확정(truthmaking)은 어떤 관계이어야 하는가? 모든 참인 문장(이나 명제)에 대해서 진리 확정을 하는 존재자 즉 진리 확정자가 존재해야 하는가? 특히 참인 보편 문장(이나 명제)이나 부정 존재 문장(이나 명제)에 대해서 진리 확정자가 존재한다고 볼 수 있는지가 어려운 문제로 대두된다.

예를 들어, '황금 산은 존재하지 않는다'라는 참인 문장을 참이게 하는 존재자가 존재해야 하는가? 그 문장은 단지 황금 산이 존재하지 않기 때문에 참인 것이지 어떤 다른 존재자가 존재하기 때문에 참인 것은 아니라고 하는 것이 자연스러운 생각이다. 물론 부정 존재 사실이나 보편 사

---

241 진리 확정자에 대한 요구에 기초해서 존재론을 전개하는 가장 대표적인 형이상학자는 암스트롱(D. Armstrong)이다. 이 주제에 대한 대표적 논의들을 담은 책으로 다음을 참고할 것. Armstrong (2004), Beebee and Dodd (2005), Lowe and Rami (2009). 또한 Rodriguez-Pereyra (2005) 참조.

실이나 총체성 사실(totality fact)의 존재를 가정함으로써 그런 사실들이 참인 부정 존재 문장이나 보편 문장을 참이게 하는 존재자들이라고 할 수는 있지만, 그런 사실 존재론(fact ontology)을 우리가 꼭 받아들여야 하는가?

그런데 모든 참인 문장(이나 명제)에 대해서 진리 확정을 하는 존재자로서 진리 확정자가 존재해야 한다는 것을 꼭 받아들이지 않으면서도 진리 확정자를 요구하는 직관을 만족시킬 수 있는 방법이 있다. 그런 요구의 배후에 있는 직관은, 참인 문장(이나 명제)이 실재 세계가 어떠어떠하기 때문에 참이라는 직관이다. 예를 들어, '황금 산은 존재하지 않는다'라는 참인 문장은 실제로 황금 산이 존재하지 않기 때문에 참이다. 즉 우리는 실재 세계에 대해서 황금 산이 존재하지 않는다고 서술하고 그것을 통해서 왜 '황금 산은 존재하지 않는다'라는 문장이 참인지를 설명할 수 있다. 그 설명에서 특정한 존재자가 언급되거나 요구되어야 할 필요는 없다. 참이게 하는 관계 즉 진리 확정 관계의 개념을 가지고서 우리 직관을 표현하고자 할 때에 우리는 그 관계의 관계항으로서 다음의 x 자리에 오는 존재자를 요구하고자 하는 생각을 하게 된다.

(33) x는 문장 '황금 산은 존재하지 않는다'를 참이게 한다.

그리고 그런 존재자에 대한 존재론적 개입이 요구될 것이다. 그러나 그 직관을 다음과 같이 표현할 경우 우리는 그런 존재자를 요구하지 않는다.

(34) P이기 때문에 문장 '황금 산은 존재하지 않는다'를 참이다.

문장 연결사 '때문에'의 종속절 자리에 해당하는 P 자리에는 다음과 같이 문장이 오면 된다.

(35) 황금 산이 존재하지 않기 때문에 문장 '황금 산은 존재하지 않는다'가 참이다.

여기에서 '때문에'의 종속절 자리에 오는 문장은 어떤 존재자를 지시하는 지시 어구와는 달리 세계가 어떠한지 서술하는 것뿐이다. 따라서 '때문에'와 같은 연결사는 진리 확정자에 대한 직관을 이해하고 표현하는 데에 중요하다. 참인 문장(이나 명제)에 진리 확정자가 요구된다는 직관의 호소력은 위의 (35)에서와 같이 세계가 어떠한지를 통해서 참인 문장(이나 명제)이 왜 참인지를 설명할 수 있다는 것에 의해서 해소될 수 있다.

그리고 (35)와 같은 문장이 우리 직관에 부합하게 참이라는 것은 〈때문에〉에 대한 반사실 조건문적 이론에도 부합한다. (35)를 반사실 조건문적으로 분석하면 다음의 문장을 얻는다.

(36) 황금 산이 존재했더라면(즉 존재하지 않지 않았더라면), 문장 '황금 산은 존재하지 않는다'가 참이 아니었을 것이다.

그리고 이는 명백히 참이다. 황금 산이 존재하는 현실 세계에 가장 가까운 세계들에서 '황금 산은 존재하지 않는다'라는 문장은 참이 아니라고 할 수 있다.

여기에서 이런 설명이 직관에 부합하게 성공적이려면 그것이 설명적으로 비대칭적이어야 할 것이다. 즉 (35)는 참이지만 다음은 참이 아니어야 할 것이다.

(37) 문장 '황금 산은 존재하지 않는다'가 참이기 때문에 황금 산이 존재하지 않는다.

그리고 이 문장이 참이 아니라는 직관에 대해서도 〈때문에〉에 대한 반사실 조건문적 이론에 입각해서 확인할 수 있다. (37)을 분석하면 다음과 같다.

(38) 문장 '황금 산은 존재하지 않는다'가 참이 아니었더라면, 황금 산이 존재했을(즉 존재하지 않지 않았을) 것이다.

문장 '황금 산은 존재하지 않는다'가 참이 아니면서 현실 세계와 가장 가까운 세계들에는 여러 세계가 있다. 그중에는 문장 '황금 산은 존재하지 않는다'의 의미가 현실 세계와 다른 세계들도 포함된다. 예를 들어, '황금'이 바위를 의미하는 세계도 문장 '황금 산은 존재하지 않는다'가 참이 아닌 세계 중의 하나일 것이다. 한국어의 현실적인 의미론적 규칙들은 황금 산이 존재하지 않을 경우에 '황금 산은 존재하지 않는다'라는 문장이 참이게끔 결정하지만 그 의미론적 규칙들은 우연적이고 달라질 수도 있었다. 의미론적 규칙들과 황금 산이 존재하지 않는다는 것에 의해서 결정되는 것이 문장 '황금 산은 존재하지 않는다'가 참이라는 것인데, 그 결정된 것이 현실 세계에서와 달라질 경우에 그것을 결정하는 황금 산이 존재하지 않는다는 것이 현실로부터 변경되는 세계보다는 의미론적 규칙이 현실로부터 변경되는 세계가 현실 세계에 더 근접하다는 것이 앞에서 내가 제시했던 세계 근접성 기준에 보다 부합한다. 그러므로 문장 '황금 산은 존재하지 않는다'가 참이 아니면서 현실 세계와 가장 근접한 세계에서 황금 산은 여전히 존재하지 않을 것이므로, (38)은 참이 아니다. 더 나아가 그런 기준을 적용하지 않는다고 하더라도 이 경우에 문장 '황금 산은 존재하지 않는다'가 참이 아니면서 현실 세계와 가장 가까운 세계들 중에서 의미론적 규칙이 다른 세계도 포함되어 있다면, (38)은 참이 아니라는 것이 따라 나온다.

그렇다면 문장 대신 명제를 가지고 논의하면 어떻게 될 것인가? 즉 (35) 대신

(39) 황금 산이 존재하지 않기 때문에 명제 〈황금 산은 존재하지 않는다〉가 참이다.

명제들이 존재한다는 형이상학적 이론이 옳다고 가정하자. 그러면 황금 산이 존재할 경우 오직 그 경우에 명제 〈황금 산은 존재하지 않는다〉가 참이라는 것은 형이상학적으로 필연적일 것이다. 이는 특정 언어의 의미론적 규칙에 의존하는 문제는 아니다. 그러나 그런 형이상학적 필연성을 함축하는 형이상학적 원리 역시 논리적으로 필연적인 것은 아니다. 비록 그 원리의 내용의 어떤 부분은 진리 개념에 의해서 필연적이라고 하더라도 그 원리가 어떻든 형이상학적 이론의 존재자에 대한 존재론적 개입을 하고 있는 이상 논리적으로 필연적인 원리일 수는 없다. 황금산이 존재하지 않는다는 것은 그 형이상학적 원리에 의해서 참인 어떤 추상적 존재자의 존재를 결정한다. 따라서 (39)를 다음과 같이 반사실 조건문으로 분석하면,

(40) 황금 산이 존재했더라면 (즉 존재하지 않지 않았더라면), 명제 〈황금 산은 존재하지 않는다〉가 참이 아니었을 것이다.

이 문장은 앞에서의 세계 근접성 기준 (II)에 의해서 직관에 맞게 참으로 판정된다.

반면 (39)의 설명항과 피설명항을 서로 뒤바꾼 다음과 같은 문장을 보자.

(41) 명제 〈황금 산은 존재하지 않는다〉가 참이기 때문에 황금 산이 존재하지 않는다.

이 문장 (41)을 반사실 조건문적으로 분석하면 다음과 같다.

(42) 명제 〈황금 산은 존재하지 않는다〉가 참이 아니었더라면, 황금 산이 존재했을 (즉 존재하지 않지 않았을) 것이다.

앞에서 제시된 세계 근접성 기준 (I)에 의해서 명제 〈황금 산은 존재하지 않는다〉가 참이 아닌 세계들 중에서 그 명제가 참인 것으로서 존재하는 것을 결정하는 데에 사용된 형이상학적 원리가 위배되는 세계가 그것을 결정하는 황금 산이 존재하지 않는다는 것이 변경되는 세계보다 더 현실 세계에 근접하므로, 이 문장은 참이 아니라는 우리의 직관에 부합하는 결과가 나온다. 그리하여 이 경우에도 설명적 비대칭성은 받아들일 수 있다.

이와 같이 해서 우리는 〈때문에〉에 대한 반사실 조건문적 이론이 형이상학적 설명에 나타나는 〈때문에〉의 사례들에도 어떻게 적용될 수 있는지 보았다. 형이상학적 설명에 나타나는 '때문에' 문장을 분석해서 얻어진 반사실 조건문은 일반적으로 반사실 조건문에 대한 표준적 의미론에 입각해 있을 때에 진리 조건을 평가하기가 더 어렵지만 반사실 조건문에 대한 의미론 자체와 그 적용 방식에 대한 반성을 통해서 그 어려움을 극복할 수 있다.

12장
형이상학적 기반 개념과 〈때문에〉 개념

1. 기반 개념과 〈때문에〉 개념에 대한 분석의 가능성

앞 장에서는 최근의 형이상학적 기반(metaphysical ground)에 대한 철학적 논의에서 중요하게 등장하는 형이상학적 설명에서의 〈때문에〉 개념에 대해 본격적 논의를 전개했다. 거기에서는 형이상학적 설명에서의 〈때문에〉 개념 자체에 대한 논의에 집중했는데, 여기에서는 〈때문에〉 개념과 기반 개념 사이의 관계와 차이에 대해서 논의하고자 한다.

앞서 언급했듯이, 파인(K. Fine), 로젠(G. Rosen), 쉐퍼(J. Schaffer), 아우디(P. Audi) 등 기반 개념을 도입하고 옹호하는 주요 철학자들은 기반 개념이 다른 개념을 통해서 정의될 수 없는 원초적(primitive) 개념인 것으로 본다.[242] 그들 기반 이론가들에게 있어서, 기반 개념은 설명(특히 형이

---

[242] Fine (2001), (2012), Rosen (2010), Schaffer (2009), Audi (2012a), (2012b). 파인은

상학적 설명)과 밀접한 연관을 가지고 있다. 그들은 자주 기반 개념이 설명적 개념이라고 이야기하고, 대개 기반 개념을 '때문에'를 통해서 표현되는 개념으로서 간주한다. 예를 들어서 파인은 다음과 같이 말한다.[243]

> 우리는 **기반**(ground)이 설명적 관계(explanatory relation)라고 받아들인다. P라는 참이 다른 참들에 기반해 있으면, 그 [다른] 참들은 [P의] 참을 **설명**(account for)한다. P가 사실이라는 것은 그 다른 참들이 사실이라는 것 **때문에**(in virtue of) 성립한다.

또한 마찬가지로 로젠은 다음과 같이 말한다.[244]

> 형이상학적 기반은 설명적 관계이다. 사실들의 집합 Γ가 사실 A의 기반이면, 기반들[즉 Γ]이 성립하기 때문에(because) 기반하는 사실[즉 A]이 성립한다.

즉 그들은 'P가 Q에 기반한다'를 'Q이기 때문에 P'와 바꿔 쓸 수 있는 표현처럼 사용한다. 다만 그들은 대개 인과적 설명과 기반적 설명을

기반을 명제들 사이의 관계 또는 명제 연산으로 이해하고, 로젠과 아우디는 기반을 사실들 사이의 관계로 이해하며, 쉐퍼는 기반을 보다 일반적인 존재자들 사이의 관계로 이해하는 차이가 있다. 우리의 논의에서는 일반적인 논의를 위해서, 편의상 기반을 명제들 사이의 관계 또는 명제 연산으로 이해하는 파인의 방식을 채택하겠다. 그러나 그 차이가 우리 논의에 영향을 미치지는 않을 것이기 때문에, 앞으로 내가 '명제'라는 말을 쓸 때에 이를 '사실' 등으로 바꾸어 이해해도 괜찮다. 더구나 로젠 자신이 자신의 '사실'을 '러셀적 명제(Russellian proposition)'로 이해해도 좋다는 것을 밝히기도 했다[Rosen (2010), p. 114.]

243　Fine (2001), p. 15. 강조는 원문..

244　Rosen (2017), p. 279.

구분하면서, 〈때문에〉 개념이 인과와 기반 모두를 포괄하는 일반적 개념이거나 또는 '때문에'가 어떤 경우에는 인과 개념을 또는 어떤 경우에는 기반 개념을 표현하는 다의적 또는 맥락 상대적 표현인 것으로 이해하는 경향이 있다.[245] 어떻든 기반 개념은 (비인과적 경우에서의) 〈때문에〉 개념과 동일시되는 것이 일반적이다.[246]

사실 '기반한다'라는 표현보다는 '때문에'라는 표현이 보다 일상적 표현에 해당하기 때문에 철학적 전문 용어에 가까운 '기반한다'라는 표현을 개념 정의 없이 도입하고자 할 때에 그 의미는 자주 '때문에' 또는 그와 유사한 표현('because', 'in virtue of' 등)에 대한 우리의 전(前) 이론적 이해에 의지하여 이해된다. 이를테면, 쉐퍼는 기반 개념이 얼마나 자연스럽고 직관적인 개념인지 보여주기 위한 예 중의 하나로서 유명한 『유티프론』 딜레마 사례를 든다. 즉 "경건한 것은 신들이 그것을 사랑하기 때문에 경건한 것인가? 아니면 그것이 경건하기 때문에 신들이 그것을 사랑하는 것인가?"라는 소크라테스의 질문을 철학을 이전에 접하지 않은 학생들도 이해한다는 것이 기반 개념이 우리에게 얼마나 친숙하고

---

245 Correia and Schnieder (2012b) pp. 22-24 참조. 물론 내가 이 책에서 제시한 논의들에 입각하면 '때문에'가 인과적 의미를 가진다는 생각은 옳지 않다.

246 쉐퍼는 파인, 로젠 등과 달리 설명적 관계와 설명을 뒷받침(back)하는 관계를 구분해서 기반 관계를 설명을 뒷받침하는 관계로 간주한다. Schaffer (2016) 참조. 아우디도 설명과 설명에서 역할을 하는 결정 관계를 구분해서 기반 관계는 후자의 관계라고 한다. Audi (2012a), (2012b) 참조. 그러나 이 구분이 꼭 기반 관계가 설명적 관계가 아니라고 하는 것을 의미하는 것으로 보이지는 않는다. 레이븐(M. J. Raven)과 모린(A.-S. Maurin)은 기반 이론가들 중에서 파인, 로젠 등과 같이 기반이 그 자체로 설명적이라는 입장을 취하는 사람을 '결합주의자(unionist)'라고 하고 쉐퍼와 같이 기반이 설명과 구분되지만 설명을 뒷받침한다는 입장을 취하는 사람을 '분리주의자(separatist)'라고 부르면서 두 입장을 구분한다. Raven (2015), Maurin (2018) 참조. 그러나 그 두 입장 중에서 어떤 경우이든 기반과 설명은 밀접한 연관을 가지게 된다. 그리고 분리주의자들도 흔히 기반을 설명과는 구분하지만 〈때문에〉 개념과 꼭 구분하는 것으로는 보이지 않는다.

자연스러운 것인지 보여주는 하나의 사례라는 것이다.[247] 파인도 기반 개념을 일반적으로 소개하는 논문에서 우선 '때문에'('because', 'in virtue of')를 사용하는 문장을 예로 제시하고 이런 종류의 문장을 통해서 기반 개념을 도입한다.[248] 또한 그는 기반 개념을 위한 문장 연결사 기호 '〈'를 도입한 후에 일상 언어 정식화에서 이에 가장 가까운 표현은 '때문에'('because')라고 이야기한다.[249] 아우디 역시 때문에 '때문에'('in virtue of')를 사용하는 일련의 문장들을 예로 제시하고서[250] 이런 문장들에서 주어지는 설명이 비인과적 설명이라는 이유에서 이 설명들에서 사용되는 결정 관계가 있어야 하고 그런 설명들에서 사용되는 결정 관계를 기반 관계로서 도입하는 논증을 전개한다.[251] 또한 그는 기반 개념을 "기반 관계는 '때문에(in virtue of)'라는 구절의 어떤 사용에 의해서 표현되는 관계이다"라고 하면서 도입하기도 한다.[252] 또한 코레이아(F. Correia)와 슈니더(B. Schnieder)는 기반 주장의 논리적 형식이 관계 문장의 형식이라기보다는 문장 연산자에 의해 두 문장이 연결된 복합 문장 형식이라고 보는 입장인데, 그들은 기반을 표현하는 문장 연산자로 '때문에(because)'를 사용한다.[253]

---

247 Schaffer (2009) p. 375.

248 이 논문에서 기반 개념을 처음 도입하면서 그는 다음과 같이 말한다. "우리는 하나의 때문에(in-virtue) 주장이 [상응하는] 조건문이 형이상학적 필연성을 가지고 성립할 때에 그 문장을 존재론적 또는 형이상학적 기반 진술이라고 부를 수 있다." Fine (2012), pp. 37-38.

249 Fine (2012), p. 46.

250 그것들은 '그 공이 둥글다는 사실 때문에 그 공이 경사로에서 잘 구르는 경향성을 가진다', '영어 화자들에 대한 특정한 사회적, 심리적, 인과적 사실들 때문에 'grass is green' 은 영어에서 풀은 녹색이라는 것을 의미한다' 등의 문장들이다.

251 Audi (2012a), pp. 687-688.

252 Audi (2012b), p. 102.

253 Correia and Schnieder (2012b), p. 11. Schnieder (2017), p. 100.

이들 철학자들은 기반 개념을 다른 개념을 통해서 정의될 수 없는 원초적 개념으로서 받아들이므로 기반 개념을 표현하는 '때문에' 역시 정의되거나 분석될 수 있는 것으로 받아들이지는 않는다.[254] 반면 나는 '때문에'를 반사실 조건문을 통해서 분석될 수 있는 것으로 주장하고 논변을 해왔다. 그들은 '때문에'를 반사실 조건문을 통해서 분석하는 가능성은 고려하지 않으면서 '때문에'가 양상적인 연관으로 정의될 수는 없다는 것을 강조한다. 예를 들어, 파인은

(1) 그 공이 빨갛고 둥글다는 사실은 그 공이 빨갛다는 사실과 그 공이 둥글다는 사실 때문에 성립한다.

와 같은 설명 문장이 (참인 것으로) 주어질 때에, 설명항과 피설명항 사이에

(2) 필연적으로, 그 공이 빨갛고 그 공이 둥글다면, 그 공은 빨갛고 둥글다.

와 같은 양상적 연관이 존재한다는 것을 지적하면서 동시에 (1)은 (2) 이상의 내용을 포함한다는 것을 또한 지적한다.[255] 그것은 '때문에'에 의해 표현된 연관 관계가 없더라도 양상적 연관은 있을 수 있기 때문이라는 것이다. 그렇다는 것을 보여주기 위해서 파인은 다음과 같은 예를 든다.

---

254 그렇기 때문에 기반 이론의 관점에서 '때문에' 문장을 연구하는 철학자 슈니더(B. Schnieder)는 '때문에'를 분석하려는 시도를 하지 않고 그 형식적 특성들만을 제시하려고 한다. Schnieder (2011) 참조.

255 Fine (2012), pp. 37-38.

(3) 눈이 오기 때문에 2 + 2 = 4.

(4) 필연적으로, 눈이 오면, 2 + 2 = 4.

위에서 (3)은 거짓인데도 (4)가 참이다. 따라서 양상적 연관 문장 (4)는 '때문에' 문장 (3)을 분석하기에 적합하지 못하다.

여기에서의 양상적 연관은 충분조건적인 양상 연관이다. 즉 그것은 설명항이 전건이고 피설명항인 후건인 조건문에 필연성 연산자를 덧붙인 문장에 의해서 표현되는 연관이다. 그래서 설명항이 성립한다는 것이 피설명항이 성립한다는 것에 대한 (필연성을 가진) 충분조건이 된다. 이와 같은 충분조건적 연관이 '때문에'의 의미를 적절히 표현하지 못한다는 것은 이 책의 앞부분에서 충분히 보였다.

이 책에서 계속 논증했듯이, '때문에'의 의미를 포착하기에 보다 적합한 양상적 연관은 반사실 조건문적 의존이다. 이는 기반 개념에 대한 논의에서 흔히 나타나는 '때문에' 문장에 대해서도 적용된다. 위의 파인의 예에 있어서도 (3)은 (4)로 분석되기에는 적합하지 않지만 다음의 반사실 조건문으로 분석될 수는 있다.

(5) 눈이 오지 않았더라면 2 + 2 = 4가 아니었을 것이다.

2 + 2 = 4가 성립하는 것은 눈이 오는 것에 반사실 조건문적으로 의존하지 않고, 따라서 위의 반사실 조건문 (5)는 거짓이다. 이는 (3)이 거짓임을 잘 해명해 준다.

이는 파인의 또 다른 예에 대해서도 성립한다. 그는 '때문에'가 양상적으로 분석될 수 없다는 것을 보여 주기 위해서, 다음과 같은 예도 든다.

(6) 그 공이 빨갛고 둥글기 때문에 그 공은 빨갛다.

(7) 필연적으로, 그 공이 빨갛고 둥글다면, 그 공은 빨갛다.

여기에서도 (6)은 거짓인데도 (7)은 참이다. 따라서 양상적 연관 문장은 '때문에' 문장을 분석하기에 적합하지 못하다는 것이다.

그러나 이 경우에도 (6)은 다음의 반사실 조건문으로 분석될 수 있다.

(8) 그 공이 빨갛고 둥근 것이 아니었더라면 그 공은 빨갛지 않았을 것이다.

이 반사실 조건문의 전건이 거짓인 가장 가까운 세계 중에는 그 공이 빨갛지만 둥글지는 않은 세계도 있고 그 세계에서 후건이 거짓이므로, 이 반사실 조건문은 거짓이다. 이 경우에도 (6)이 거짓임을 제대로 보여 주게끔 판정이 나온다.

따라서 기반 이론가들이 '때문에'는 분석될 수 없다는 것을 보이기 위해서 흔히 제시하는 논거들은 '때문에'가 정말로 분석될 수 없다는 것을 보이는 데에 성공적이지 못하고, '때문에'에 대한 분석은 그 이론가들이 흔히 후보로 고려하는 충분조건적 양상 연관 대신 반사실 조건문적 의존을 사용함으로써 보다 만족스럽게 이루어질 수 있다.

2. 결정 개념으로서의 기반 개념과 〈때문에〉 개념

여기에서 더욱 중요한 것은 파인과 같은 철학자들이 기반 및 〈때문에〉 개념을 기본적으로 충분조건적 모형에서 바라본다는 것이다. 즉 그들은 기반 문장이나 '때문에' 문장이 양상적 연관(즉 양상적 충분조건 관계)에 의해서 완전히 포착되지는 않는다고 하면서도 양상적 충분조건 관계를 그 중요한 조건으로 간주한다. 다시 말해서 기반 문장이나 '때문에' 문장이 참이기 위해서는 설명항이 피설명항에 대해서 필연화(necessitation) 관계 즉 양상적 충분조건인 관계를 가져야 한다는 것이다.[256] 로젠은 이를 '함축 원리(Entailment Principle)'라는 이름으로 도입하기도 한다.[257] 그 원리의 약간 특수한 형태를 자연언어로 서술하면 다음과 같다.[258]

(E) P가 Q에 기반하면, 필연적으로, Q이면 P이다.

양상적 충분조건 관계를 기반의 중요한 핵심 조건으로 간주하는 이런 생각은 기반을 일종의 결정(determination) 관계로 보는 생각과 밀접히

---

256 파인은 그 양상적 충분조건 관계의 강도에 따라서 기반 관계를 분류하기도 한다[Fine (2012), p. 38 참조]. 파인 등의 철학자들은 그러면서 설명항이 피설명항에 대한 충분조건이 되지 못하는 반례를 다룰 수 있게끔 완전 기반(full ground)과 부분 기반(partial ground)을 구분한다[Fine (2012), p. 50]. 즉 한정어 없이 온전한 의미에서의 '기반'이라고 할 때에는 설명항이 피설명항에 대한 충분조건임을 함축하는 '완전 기반'을 의미하는 것이고, 이런 완전 기반이 되는 설명항의 부분이 되는 명제들은 '부분 기반'이라는 것이다. 그래서 부분 기반은 (완전) 기반을 통해서 정의된다. A가 그 자체로 또는 어떤 다른 기반과 함께 C의 기반이 될 때, A는 C의 부분 기반이다[Fine (2012), p. 50 참조]. 이런 구분은 인과에 대한 충분조건 이론가들이 그 이론의 반례가 되는 사례들을 다루기 위해서 완전 원인(complete cause)과 부분 원인(partial cause)을 구분했던 것과 유사하다. 인과에 대한 충분조건 이론에서 부분 원인은 온전한 의미에서는 원인이 아니고 그 부분에 불과하듯이, 기반에 대한 이러한 정통 이론에서 부분 기반은 온전한 의미에서의 기반의 부분에 해당한다고 할 수 있다. 따라서 이들의 이론을 다룸에 있어서 이런 온전한 의미에서의 기반에 집중하여 논의하는 것이 좋겠다.

257 Rosen (2010) p. 118. 다른 많은 기반 이론가들이 같은 원리를 받아들인다. Fine (2012), Audi (2012a), Trogdon (2013) 등이 이를 명시적으로 받아들이는 철학자들의 대표적 예들이다.

258 원래의 정식화에서는 기반이 되는 명제(사실)가 여럿인 경우까지 포괄하고 있다.

연결되어 있다. 기반 관계는 기반이 되는 설명항은 피설명항이 성립하지 않을 수 없게끔 다른 여지 없이 결정하는 관계인 것이다. 파인은 그 관계가 "말하자면 전건으로부터 후건으로의 운동(movement)"이라고 표현한다. 그는 "때문에 주장에 대해서 가장 두드러진 것은 이러한 운동 또는 결정의 요소이다"라고 말한다.[259] 아우디는 기반 관계가 "인과 관계처럼 결정의 관계 중의 하나"라고 말하고[260] 기반 관계가 결정 관계라는 것을 반복적으로 강조한다.[261]

이와 같이 기반 개념을 결정 개념으로 이해하는 이들 철학자들이 기반 관계에 있는 사례로서 흔히 드는 것들 중의 하나가 선언(disjunction) 명제가 그 참인 선언지(disjunct)에 기반한다는 것이다. 즉 P가 참이면 그 명제는 P v Q 형식의 명제의 기반이 된다. 이를 파인은 'P ⟨ P v Q'와 'Q ⟨ P v Q'라는 두 도입 규칙으로 제시한다.[262] 로젠도 비슷한 원리로서 다음을 도입한다.[263]

(V) P가 참이면, P ⟨ P v Q

그리고 그 예로서 프레드가 뉴욕에 있다는 것이 참일 경우에, 프레드가 뉴욕에 있거나 로마에 있는 것은 프레드가 뉴욕에 있기 때문이라고

---

259 Fine (2012), p. 38.

260 Audi (2012a), p. 688.

261 Audi (2012b), pp. 101–105.

262 여기에서 'P ⟨ Q'는 'P가 Q의 기반이다' 즉 'Q가 P에 기반해 있다'를 기호화한다. Fine (2012), p. 58.

263 단 통일성을 기하기 위해서 로젠의 기호 표기 방식을 파인의 기호 표기 방식으로 바꾸었다. 로젠의 원래 표기 방식에 따르면 (V)는 다음과 같다: P가 참이면, [P v Q] ← [P]. Rosen (2010), p. 117.

그 예로 든다. 이런 사례는 기반을 결정 관계로서 이해하는 생각에 잘 들어맞는다. P는 P v Q를 결정한다.

그런데 참인 선언지가 선언 명제의 기반이라는 이 원리 또는 규칙에 의하면, 선언 명제의 두 선언지가 모두 참인 경우에 두 선언지 모두가 선언 명제의 기반이 된다. 예를 들어 〈지구가 둥글다〉와 〈태양이 둥글다〉는 둘 다 〈지구가 둥글거나 태양이 둥글다〉의 기반이 된다. 로젠은 두 선언지가 모두 참인 이와 같은 경우에 대해서는 '무해한 형태의 형이상학적 과잉결정'이라고 말한다.[264] 기반을 인과와 유사한 것으로 보고, 인과에 대한 충분조건적/결정적 관념을 받아들이면, 이런 경우가 '무해한 과잉결정'으로 보일 수 있다. 한 결과를 과잉결정하는 것들이 모두 원인이 될 수 있다고 여겨지듯이, 한 피설명항을 과잉결정하는 설명항들이 모두 기반이 될 수 있을 것으로 여겨질 것이기 때문이다. 그러나 기반 개념을 이와 같이 이해했을 때에 이는 우리의 일상적 〈때문에〉 개념과 상충하게 된다. 이 책의 앞부분에서도 논의했듯이 과잉결정하는 것들을 '때문에' 절에 넣게 되면 그렇게 얻어진 '때문에' 문장은 직관적으로 거부된다. 그한 사례인

(9) 지구가 둥글기 때문에 지구가 둥글거나 태양이 둥글다.

는 직관적으로 참이 아니다. 지구가 둥글지 않았더라도 (태양은 여전히 둥글 것이기에) 〈지구가 둥글거나 태양이 둥글다〉라는 선언 명제는 여선히 참이었을 것이라는 것이 이런 직관을 뒷받침한다.

이와 같은 문제는 심지어 과잉결정이 아닌 사례에서도 나타난다. 다음

---

264 Rosen (2010), p. 117.

의 문장을 보자.

(10) 외계인이 존재하기 때문에 외계인이 존재하거나 외계인이 존재
하지 않는다.

외계인이 실제로 존재한다고 하자. 그러면 파인과 로젠 등의 규칙 (V)
에 의하면, 〈외계인이 존재하거나 외계인이 존재하지 않는다〉는 〈외계인
이 존재한다〉에 기반한다. 그리고 〈외계인이 존재한다〉는 〈외계인이 존
재하거나 외계인이 존재하지 않는다〉를 충분하게 결정한다. 그리고 피
설명항의 한쪽 선언지만 참이다. 그러나 직관적으로 (10)은 참이 아니
다. 그런 직관은 외계인이 존재하지 않았더라도 〈외계인이 존재하거나
외계인이 존재하지 않는다〉는 어차피 참이었을 것이라는 판단에 의거한
다. 즉 '때문에' 문장과 관련해서는 반사실 조건문적 의존 조건이 실제로
는 보다 중요하게 작동한다.

위의 경우에 피설명항이 논리적으로 필연적이지만, 피설명항이 필연
적이지 않은 경우에도 마찬가지의 관찰을 할 수 있다. 다음의 '때문에'
문장을 보자.

(11) 김 과장의 첫아기가 아들이기 때문에 김 과장의 첫아기가 아들
이거나 딸이다.

이 경우에도 같은 규칙에 의하면, 〈김 과장의 첫아기가 아들이거나 딸
이다〉는 〈김 과장의 첫아기가 아들이다〉에 기반한다. 그리고 〈김 과장의
첫아기가 아들이거나 딸이다〉는 필연적이지는 않다. 예를 들어, 김 과장
의 첫아기가 제3의 성일 가능성도 있다. 그러나 김 과장의 첫아기가 아

들이 아닌 가장 가까운 세계에서는 그의 첫아기가 딸일 것이다. 그리고 그렇다면 김 과장의 첫아기가 아들이 아니었더라면 그의 첫아기가 딸이 었을 것이다. 그리고 더 나아가서 그렇다면 김 과장의 첫아기가 아들이 아니었더라도 〈김 과장의 첫아기가 아들이거나 딸이다〉는 여전히 참이 었을 것이다. 그리고 그런 이유 때문에 우리는 (11)이 참이 아니라는 직 관을 가진다. 이 경우에도 '때문에' 문장과 관련해서 중요한 역할을 하는 것은 반사실 조건문적 의존 조건이다.

결정 개념으로서의 기반 개념을 받아들이는 철학자들이 기반 관계에 있는 것으로서 제시하는 또 다른 대표적 사례는 존재(existential) 명제가 그 참인 사례(instance)에 기반한다는 것이다. 즉 Fa가 참이면 그 명제는 $(\exists x)Fx$ 형식의 명제의 기반이 된다. 이를 파인은 'B(a) $\langle$ $(\exists x)B(x)$'라는 양화사 도입 규칙으로 제시한다.[265] 또한 로젠도 비슷한 원리를 도입한 다.[266]

($\exists$) B(a)가 참이면, B(a) $\langle$ $(\exists x)B(x)$.

그리고 그는 이에 대해서 다음과 같은 예를 든다.[267]

존스가 무정부주의자들에게 투표했으면 누군가가 무정부주의자들에게 투 표했다. 그리고 우리는 "무엇 때문에 누군가가 무정부주의자들에게 투표

---

265 Fine (2012), p. 59.
266 Rosen (2010), p. 117. 단 통일성을 기하기 위해서 로젠의 기호 표기 방식을 파인의 기 호 표기 방식으로 바꾸었다. 로젠의 원래 표기 방식에 따르면 다음과 같다. ($\exists$) B(a)가 참이면, $[(\exists x)B(x)] \leftarrow [B(a)]$.
267 Rosen (2010), p. 117.

했다는 것이 성립하는가?"라고 묻는다. 이에 대한 좋은 대답은 "존스가 무정부주의자들에게 투표했다는 사실 때문에 누군가가 무정부주의자들에게 투표했다"는 것이다.

이 인용문에서도 로젠과 같은 기반 이론가에 있어서 충분조건적 결정 관계가 기반 개념의 핵심적 요소라는 것이 잘 드러난다. 그러나 결정 관계는 〈때문에〉 개념에 있어서 중심적 요소가 아니다. 〈때문에〉 개념에는 반사실 조건문적 의존이 핵심적인 요소이다. 다음의 '때문에' 문장을 보자.

(12) 존스가 무정부주의자들에게 투표했기 때문에 누군가가 무정부주의자들에게 투표했다.

무정부주의자들에게 투표한 사람들이 존스 외에도 많을 경우, 과연 (12)가 참이라고 할 수 있는가? 논증적, 증거적 의미에서 '때문에'를 사용할 경우에는 그런 상황에서도 (12)를 받아들일 수 있겠지만, 우리가 현재 관심 있는 의미, 즉 설명적, 존재론적 의미에서 '때문에'를 사용할 경우에는 그런 상황에서 (12)를 참인 것으로 받아들이는 것은 직관적이지 않다. 무정부주의자들에게 투표한 사람들이 존스 외에도 많을 경우, 존스가 "내가 무정부주의자들에게 투표했기 때문에 무정부주의자들에게 투표한 사람이 존재한다"고 말한다면 이는 부당하게 오만한 주장일 것이다. 존스가 무정부주의자들에게 투표하지 않았더라도 무정부주의자들에게 투표한 사람들이 여전히 존재했을 것이기 때문이다. 무정부주의자들에게 투표한 사람이 존스 외에 한 두 사람만 있으면 우리는 (12)를 부정하는 데에 다소 망설이게 될 수도 있다. 이는 존스가 무정부주의자들에게 투표하지 않은 가까운 세계들에서 나머지 한두 사람도 무정부주의자들에게 투표하지 않았을 수도 있다고 하는 (완전히 정당화되지는 않는) 생각이 그런 망설임의 이유를 설명할 수 있다. 그러나 무정부주의자들에게 투표한 사람들이 충분히 많은 상황에서 우리는 그런 일말의 망설임조차도 가지지 않을 것이다. 다음과 같은 '때문에' 문장을 생각하면 이러한 점은 더더욱 분명하다.

> (13) 생명체인 내가 지구상에 살고 있기 때문에 지구상에 어떤 생명체가 산다.

파인, 로젠 등의 원리 (ㅌ)에 따르면 (13)의 설명항은 피설명항의 기반이 된다. 그러나 증거적 의미가 아닌 한 (13)은 명백히 거짓이다. 비록 〈생명체인 내가 지구에 산다〉는 〈지구에 어떤 생명체가 산다〉를 결정하기에 충분하지만 이런 결정 관계의 존재는 (13)을 참이게 하지 않는다. (13)이 참이 아니라는 직관은 우리의 암묵적인 반사실 조건문적 기준에 의거한다. 내가 지구에 살고 있지 않았더라도 지구에 어떤 생명체가 산다는 것이 거기에 좌우되지는 않았을 것이다. (13)을 존재적, 설명적 의미의 '때문에' 문장으로 이해할 경우 (13)은 황당할 정도로 오만한 주장이다.

결정 개념으로서의 기반 개념을 받아들이는 철학자들이 기반 관계에 있는 것으로 여기는 또 하나의 대표적 사례는 결정자(determinate)와 결정가능자(determinable) 사이의 관계이다.[268] 그들에 의하면, 어떤 대상이 어떤 결정가능자의 결정자 속성을 가지면, 그 대상이 그 결정자 속성

---

268 Rosen (2010), pp. 126-127. Audi (2012a), p. 689. Schaffer (2016), pp. 69-70. 아래의 구체적 사례는 로젠의 예를 사용함.

을 가진다는 것이 그 대상이 그 결정가능자 속성을 가진다는 것의 기반이다.[269] 로젠과 같은 기반 이론가가 예를 들듯이, 어떤 공이 특정한 색조의 파란색, 예를 들어 하늘색 속성을 가지면, 그 공이 하늘색이라는 것(결정자)이 그 공이 파란색이라는 것(결정가능자)의 기반이라는 것이다. 로젠은 이를 다음과 같은 일반적 원리['결정자-결정가능자 연결 원리(Determinabl-Determinate Link)']로서 제시한다.[270]

(DDL) G가 결정가능자 F의 결정자이고 Fa이면, Ga 〈 Fa.

여기에서도 충분조건적 결정 관계가 기반 개념의 핵심적 요소이기에 이런 원리가 받아들여진다고 할 수 있다.

위의 로젠의 사례에 이를 '때문에' 문장으로 표현하더라도 직관적으로 그럴듯하게 보인다. 즉 '그 공이 하늘색이라는 것이 그 공이 파란색이라는 것의 기반이다'를 '그 공이 하늘색이기 때문에 그 공이 파란색이다'라고 표현하더라도 받아들일 만하게 보인다. 그러나 이는 그 공이 하늘색 색조를 가지지 않았더라면 어떠했을지 암묵적으로 반사실 조건문적 평가를 할 때에 파란색에 속하지 않는 다른 색조들—예를 들어 진홍색이나 오렌지색—을 가졌을 가능성들에 대해서도 상당히 가까운 가능성으로서 생각할 수 있기 때문에 그러하다고 볼 수 있다. 그 공이 하늘색

---

269 결정자 속성은 결정가능자 속성을 보다 구체화한 속성이지만, 종 속성과 유 속성 사이의 관계처럼 결정가능자 속성과 다른 속성(종차 속성과 같은)의 연언으로 결정자 속성을 정의할 수는 없는 관계에 있다. 사각형 속성과 형태 속성, 파랑 속성과 색깔 속성 등이 이런 관계에 있는 속성들의 대표적 예이다.

270 여기서도 통일성을 기하기 위해서 로젠의 기호 표기 방식을 파인의 기호 표기 방식으로 바꾸었다. 로젠의 원래 표기 방식에 따르면 다음과 같다: (DDL) G가 결정가능자 F의 결정자이고 Fa이면, [Fa] ← [Ga]. Rosen (2010), p. 126.

이 아니고 진홍색이었더라면 그 공은 파란색이 아니었을 것이다. 따라서 그 공이 파란색이라는 것은 그 공이 하늘색이라는 것에 어느 정도 반사실 조건문적으로 의존한다.

그러나 (DDL)과 같은 원리는 '때문에' 문장에 적용되었을 때에 일반적으로 성립하는 것이 아니다. 이는 결정자와 결정가능자의 다른 사례를 가지고 생각하면 보다 분명하다. 파란색 속성과 색 속성도 대표적인 결정자와 결정가능자 사이의 관계에 있다. 그런데 어떤 공에 대해서 '왜 그 공은 색을 가지는가?'라는 질문에 '그 공이 파란색이기 때문이다'라고 답하는 것은 좋은 대답으로 보이지 않는다. 그럼에도 불구하고, 기반 개념과 〈때문에〉 개념이 일치한다면, 위의 원리 (DDL)에 의해서 위의 대답에 해당하는 다음의 문장도 참이어야 할 것이다.

(14) 그 공이 파란색이기 때문에 그 공은 색을 가진다.

우리가 이 문장에 대해서 직관적으로 보다 받아들이기 어려운 이유는 그 공이 파란색이 아니었더라도 그 공이 빨간색이나 노란색이나 하얀색 등 다른 색을 가졌을 것이라고 암묵적으로 생각하고 있기 때문이다.[271] 그 공이 아무런 색도 가지지 않았을 가능성은 현실에서 더 멀리 있는 가능성이다. 따라서 그 공은 꼭 파란색이 아니더라도 어차피 색을 가졌을 것이다. 그러한 것을 받아들일 경우에 (14)가 참이라고 받아들이기가 더 어렵게 여겨지는데, 이는 〈때문에〉 개념에 있어서 빈사실 조건문적 의존이 얼마나 중요한가 하는 것을 다시 한번 보여준다. 그리고 그것은 원

---

271 단 (14)에 나타나는 '때문에'를 논증적 의미의 '때문에'로 읽지 않도록 주의해야 한다. 논증적 의미의 '때문에'로 읽을 경우에 (14)는 훨씬 그럴듯해 보인다.

리 (DDL)가 결정 관계로서의 기반 개념에 대해서는 옳을지 모르지만 그것을 〈때문에〉 개념에 적용했을 때에는 옳지 않다는 것을 보여준다. 그리하여 이는 〈때문에〉 개념을 결정 관계로서의 기반 개념과 동일시할 수 없다는 것도 보여준다.

이런 논의를 통해서 드러나듯이, 기반 이론가들이 도입한 기반 개념은 우리의 〈때문에〉 개념을 포착하기에 적합하지 않다. 따라서 그들이 〈때문에〉 개념에 대한 일상적인 이해에 의존해서 기반 개념이 (비록 정의될 수는 없지만) 우리에게 이미 친숙한 개념이라고 호소하려고 할 때에 이러한 시도는 별로 성공적이지 못하다.[272]

그렇다고 해서 내가 기반 개념이 어떠한 직관적 호소력도 가지지 못한다고 주장하고자 하는 것은 아니다. 오래전부터 "거시적인 사실들이 미시적인 사실들에 기초해 있다"라거나 "규범적 사실들은 자연적 사실들에 의해서 결정된다"라고 철학자들이 말할 때에 그들은 이미 기반 개념과 같은 것을 최소한 암묵적으로 염두에 두고 있었다고 말할 수 있다. 20세기 말까지는 그런 결정 또는 기반의 개념이 수반 개념에 의해서 포착될 수 있다는 것이 널리 받아들여졌지만, 순수하게 양상적인 수반 개념은 기반 개념을 포착하기에 부족하다는 것이 최근에는 보다 부각되었

---

[272] 모린(A.-S. Maurin)도 기반 개념을 설명 개념과의 연관을 통해서 기반 개념에 대한 정보 제시와 정당화를 하고자 하는 기반 이론가들에 대해서 비판적 논의를 전개하는데, 그녀의 경우 기반 개념이 세계 속 마음 독립적인 실재적 관계에 대한 형이상학적 개념인데 반해서 설명은 마음 의존적인 이해에 관련된 개념이라는 것에 주로 근거한다. Maurin (2018) 참조. 그러므로 그녀의 비판의 포인트는 여기서의 내 비판의 포인트와는 완전히 다르다. 내가 여기서 관심을 가지는 〈때문에〉 개념은 특별히 더 마음 의존적인 관계에 대한 개념이거나 이해에 관련된 개념이 아니다. 다만 〈때문에〉 개념을 사용한 설명 행위는 마음 의존적인 이해와 밀접한 관련을 가지고 있을 뿐이다. 그리고 나는 그러한 점 때문에 〈때문에〉 개념이 기반 개념과 다르다고 주장하는 것도 아니다.

다.[273] 이런 상황에서 결정 개념으로서의 기반 개념을 원초적 개념으로 받아들여야 한다는 주장은 나름의 호소력을 가진다.

그러나 기반 개념은 〈때문에〉 개념과는 여전히 구분되어야 한다. 그리고 〈때문에〉 개념이 우리의 기본적이고 일상적인 개념인 것과는 달리 기반 개념은 보다 철학적인 전문 개념에 가깝다. 따라서 그런 개념을 원초적 개념으로 받아들이는 것에 대해서 그것이 비의적 형이상학(esoteric metaphysics)을 받아들이는 것이라는 호프베버(T. Hofweber)의 불평과 같은 비판이 제기되는 것도 이해할 수 있는 일이다. 그는 우리 일상적인 개념으로 정의할 수 없는 방식으로 그 학문에 특유한 원초적 개념을 사용하는 학문을 비의적 학문이라고 부른다.[274]

반면 기반 개념과 달리 〈때문에〉 개념은 보다 일상적인 개념일 뿐만 아니라 반사실 조건문을 통해서 분석되어 그 의미론이 부여될 수 있는 개념이다. '때문에'라는 표현은 형이상학적 설명에 사용될 때에도 우리의 기본적이고 일상적인 〈때문에〉 개념을 뜻하도록 여전히 사용될 수 있고 그 개념은 보다 기본적이면서 명료한 개념들을 통해서 이해될 수 있는 것이다.

---

273 수반의 대표적 철학자인 김재권 자신이 순수하게 양상적인 수반 개념의 이런 한계를 이미 주목했다. Kim (1990a), pp. 142-149. 그러나 이 한계가 보다 잘 알려진 것은 파인 등의 논의 이후이다. Fine (2001), pp. 10-11 참조.

274 Hofweber (2016). 기반 개념이 이해할 수 없는 개념이라는 또 다른 비판으로 데일리의 비판[Daly (2012)] 도 참조.

3. 기반 개념과 〈때문에〉 개념은 이행적인가?

기반 개념이 결정 개념으로서 받아들여지는 한, 기반 관계가 이행적 (transitive)이라고 보는 것은 매우 자연스럽다. P가 Q를 결정하고 Q가 R을 결정한다면, P가 R를 결정할 것이다. 따라서 P가 Q의 기반이고 Q가 R의 기반이면, P가 R의 기반이라는 것을 받아들일 만하다. 실제로 대개의 기반 개념 이론가들이 기반 관계의 이행성을 매우 당연한 것으로 받아들인다. 파인은 기반의 논리를 전개하면서 'P가 Q의 기반이다'와 'Q가 R의 기반이다'로부터 'P가 R의 기반이다'를 이끌어내는 추론 규칙을 도입한다.[275] 로젠 역시 기반 개념의 이행성에 대한 원리를 도입한다.[276] 레이븐(M. S. Raven)도 기반의 논리의 원리 중 하나로서 이행성을 제시한다.[277] 휘트컴(D. Whitcomb)의 경우에는, 기반 관계의 이행성과 비재귀성이 〈더 좋음〉 관계의 이행성과 비재귀성이 명백히 참인 것과 마찬가지 방식으로 명백히 참이라고까지 말한다.[278]

만약 〈때문에〉 개념이 기반 개념과 같은 논리적 특성을 가지는 개념이라면 〈때문에〉 개념 역시 이행적이어야 할 것이다. 그리고 실제로 기반 이론의 관점에서 〈때문에〉에 접근하는 철학자인 슈니더(B. Schnieder)는 '때문에'의 논리를 전개하면서 그 논리의 추론 규칙들 중 하나로 다음과 같은 추론 규칙을 "'때문에'의 이행성'이라는 이름으로 받아들인다.[279]

---

275 Fine (2012), p. 56. 또한 Fine (2010)에서도 이에 해당하는 원리를 기본 가정으로 받아들인다.

276 Rosen (2010), p. 116. 다만 그는 이 원리의 명백성에 대해서는 유보를 표명한다.

277 Raven (2012), p. 689. Raven (2015), p. 327.

278 Whitcomb, D.(2011), "Grounding and Omniscience", in *Oxford Studies in Philosophy of Religion* 4, 2절. Schaffer (2012), p. 124에서 재인용.

279 Schnieder (2011), p. 451.

P이기 때문에 Q.

Q이기 때문에 R.

───────────

P이기 때문에 R.

그러나 4장에서 이미 논의했듯이 〈때문에〉 개념은 사실 이행적이지 않다. 즉 위의 추론은 타당하지 않다. 이를 보여주는 일상적인 예로서 우리는 다음과 같은 사례(필드의 사례에 근거한)에 대해서 논의했다. 테러리스트가 대통령 관저에 폭탄을 설치했기 때문에 대통령 경호원이 그 폭탄을 해체했다. 그리고 대통령 경호원이 그 폭탄을 해체했기 때문에 대통령은 살아남았다. 그러나 테러리스트가 대통령 관저에 폭탄을 설치했기 때문에 대통령이 살아남았다는 것은 성립하지 않는다.

그리고 앞서 보았듯이 '때문에' 문장이 반사실 조건문을 통해서 분석되고 나면, 〈때문에〉 개념의 비이행성은 반사실 조건문의 비이행성을 통해서 설명될 수 있다. 비이행적인 '때문에' 문장들의 사례들 중에는 엇갈린 대조항을 가지고 있기 때문에 비이행적인 경우도 있지만, 위의 예에서처럼 대조항(최소한 엇갈린 대조항)을 갖지 않으면서 비이행성을 드러내는 사례들도 있다. 그리고 대조적 설명이 아닌 단순한 설명에서의 '때문에' 문장들의 비이행성은 특히 반사실 조건문의 비이행성을 통해서 가장 잘 설명될 수 있다.

따라서 기반 이론가들은 기반 개념과 〈때문에〉 개념이 다르다는 것을 받아들이든지 기반 개념도 〈때문에〉 개념처럼 비이행적이라는 것을 받아들여야 할 것이다. 기반 개념을 결정 개념으로 이해한다면 기반 개념의 이행성을 포기하는 것에는 부담이 따른다. 그러나 불분명한 기반 개념을 우리가 이미 가지고 있는 일상의 〈때문에〉 개념을 통해서 이해하고자 한다면 그 두 개념이 근본적으로 다르다는 것을 받아들이는 데에도 부담이 있다.

쉐퍼도 처음에는 기반 개념이 이행적이라는 것을 당연하게 받아들였 지만,[280] 이후의 논문에서 기반 개념의 이행성에 대한 반례들을 스스로 제시하고 이들에 대해서 논의한다.[281] 그 반례들을 제시함에 있어서 그 가 사용하는 기반 개념은 완전 기반(full ground)이 아닌 부분 기반(partial ground)의 개념이다. 즉 지금까지 우리가 논의 대상으로 삼아온 온전한 의미에서의 기반 개념이 아니라, 그런 기반의 부분을 이루는 것의 개념 을 사용한다. 부분 기반은 (완전) 기반을 통해서 정의된다. A가 그 자체 로 또는 어떤 다른 기반과 함께 C의 기반이 될 때, A는 C의 부분 기반이 다. 완전 기반 개념이 충분조건적 결정을 함축하는 개념인데, 일상적 〈때 문에〉 개념은 그보다는 필요조건적 의존의 개념이고 그렇기 때문에 완 전 기반으로서 이해된 '때문에'는 일상적 의미에 상충하는 경우가 많아 서 부분 기반의 개념이 일상적인 〈때문에〉 개념에 더 가깝다고 할 수 있 다. 이행성에 대한 반례들도 일상적인 〈때문에〉 개념과 관련해서 나타나 는 것이기 때문에 이에 가까운 개념인 부분 기반의 개념을 사용해서 반 례가 구성된 것으로 볼 수 있다.

쉐퍼가 제시하는 반례 중의 하나는 다음과 같은 것이다.[282] 그는 약간 의 흠집이 있는 불완전한 구 모양인 어떤 물체를 상상하라고 한다. 그리 고 그 물체가 가지고 있는 최대한 정확하고 구체적으로 명시된 형태를

---

280 Schaffer (2009), p. 376.

281 Schaffer (2012).

282 Schaffer (2012) pp. 126-127. 이 예를 제시하면서 쉐퍼는 기반 관계의 관계항으로 사 실들을 사용하지만, 우리 논의의 스타일상의 일관성을 위해서 명제들을 관계항으로 삼 아 예를 서술했다.

가리키기 위해 '형태 S'라는 명칭을 도입한다. 그리고 다음 문장들을 고려한다.

> (15) 〈그 물체에 흠집이 있다〉가 〈그 물체가 형태 S이다〉의 기반이다.
> (16) 〈그 물체가 형태 S이다〉가 〈그 물체가 대체적으로 구 모양이다〉의 기반이다.
> (17) 〈그 물체에 흠집이 있다〉가 〈그 물체가 대체적으로 구 모양이다〉의 기반이다.

위의 문장들 중 (15)와 (16)은 참이지만, (17)은 거짓이다. 쉐퍼 자신이 반사실 조건문을 사용해서 서술하듯이 (15)가 참인 것은, "그 물체의 흠집이 아니었더라면 그 물체는 다른 형태를 가졌을 것이다"라는 것을 통해서 설명된다.[283] (16)이 참이라는 것은, 어떤 것이 특정한 결정적 속성을 가진다는 것이 그것이 연관된 결정가능 속성을 가진다는 것의 기반이 된다는 것을 통해서 설명된다. 그럼에도 불구하고 (17)은 받아들일 만하지 않다. 그 물체가 흠집이 있다는 것은 그 물체가 대체적으로 구 모양인 것에 도움이 되지 않는다. 그 물체에 흠집이 없었더라면 그 물체는 더더욱 완전한 구 모양이었을 것이다. 따라서 이는 기반 관계의 이행성에 대한 반례가 된다.

여기에서 (15)의 기반 개념은 명백히 부분 기반 개념이다. 그 물체가 흠집이 있는 것이 그 물체가 형태 S를 가지는 것을 충분하게 완선히 결정하지는 않기 때문이다. (16)의 기반은 완전 기반이지만, 완전 기반은 부분 기반이기도 하므로 위 문장들의 기반은 모두 부분 기반으로 이해

---

283 Schaffer (2012), p. 126

할 수 있다.

쉐퍼는 기반의 이행성에 대한 이런 반례들에 대해서 기반 관계가 대조항들을 포함하고 있는 것으로 이해함으로써 다룰 수 있다고 해결책을 제시한다.[284] 그는 기반 관계가 2항 관계가 아니라 대조항들을 포함해서 4항 관계라고 제안한다. 그래서 기반을 서술하는 문장의 형식은 'Q라기보다는 P가 S라기보다는 R의 기반이다'라는 형식을 가진다는 것이다. 그래서 그는 위의 반례에 나타나는 문장들 (15)와 (16)을 각각 다음과 같이 대조항들을 가진 기반 문장들로 재서술한다.[285] 다음 문장들에서 형태 S*는 보다 완벽한 구의 형태이고, 형태 S**는 납작한 팬케이크 형태이다.

(18) 〈그 물체에 흠집이 없다〉라기보다는 〈그 물체에 흠집이 있다〉가 〈그 물체가 형태 S*이다〉라기보다는 〈그 물체가 형태 S이다〉의 기반이다.
(19) 〈그 물체가 형태 S**이다〉라기보다는 〈그 물체가 형태 S이다〉가 〈그 물체가 대체적으로 구 모양이 아니다〉라기보다는 〈그 물체가 대체적으로 구 모양이다〉의 기반이다.

여기에서 (18)의 피설명항의 대조항과 (19)의 설명항의 대조항이 일치하지 않기 때문에 이행성 추론을 할 수가 없다는 것이 쉐퍼의 해결의

---

284 Schaffer (2012), pp. 130-138.
285 Schaffer (2012), p. 136. 쉐퍼는 관계항들을 사실들인 것으로 해서 그 형식을 서술하지만 명제들을 관계항으로 삼아 재서술했다. 또한 원문에서는 마치 2항 관계 술어처럼 대조항을 함께 뭉뚱그려 서술했지만 쉐퍼의 취지에 맞게 4항 관계 술어 표현으로 보다 분명히 서술했다.

핵심이다. (19)의 설명항의 대조항을 (18)의 피설명항의 대조항과 일치하게끔 바꾸어서 다음과 같은 문장을 얻게 되면,

(20) 〈그 물체가 형태 S*이다〉라기보다는 〈그 물체가 형태 S이다〉가 〈그 물체가 대체적으로 구 모양이 아니다〉라기보다는 〈그 물체가 대체적으로 구 모양이다〉의 기반이다.

그 문장 (20)은 거짓이다. 쉐퍼가 말하듯이, 그 물체가 형태 S*이기보다는 형태 S라는 것은 그 물체가 대체적으로 구 모양인 것 여부에 아무런 차이를 낳지 않는다.[286]

　나는 쉐퍼의 이와 같은 해결책에 대해서 크게 두 가지 측면의 문제를 지적하고자 한다. 첫째, 대조항을 가진 기반 문장 속 4항 관계 술어를 분석될 수 없는 원초적 표현으로 받아들이는 것은 그럴듯하지 못하다. 2항 관계 술어로서의 '기반이다'를 분석될 수 없는 원초적 표현으로 받아들이는 것도 이미 달갑지 못한 일이지만, 대조항들까지 거느린 보다 복잡한 표현인 4항 관계 술어인 '-라기보다는 -가 -라기보다는 -의 기반이다'라는 표현을 적절한 분석 없이 받아들이는 것은 심하게 부담스럽고 터무니없는 일이다.

　사실 쉐퍼 자신이 4항 관계 술어를 포함하는 문장에 직관적으로 진리치 부여를 할 때에 반사실 조건문적 의존 개념을 암묵적으로 사용하고 있다. 예를 들어, 위에서 (20)이 거짓이라는 판단을 근거 짓기 위해서 쉐퍼가 '그 물체가 형태 S*이기보다는 형태 S라는 것은 그 물체가 대체적으로 구 모양인 것 여부에 아무런 차이를 낳지 않는다'고 한 것은 '그 물

286　Schaffer (2012), p. 136.

체가 형태 S가 아니라 형태 S*였더라도 그 물체가 대체적으로 구 모양인 것 여부가 달라지지 않았을 것이다'라는 반사실 조건문적 기준 적용을 하는 것에 해당하는 것이다. 이런 반사실 조건문적 기준이 문제의 4항 관계 술어를 어떤 경우에 적용할 수 있는지의 유익한 의미론적 기준 역할을 하는 것이고, 우리는 그 복잡한 4항 관계 술어를 의미론적으로 통제하고 조작할 수 있게 되는 것이다.

쉐퍼가 사용하는 기반 개념에 대한 이런 조건은 우리의 일상적 〈때문에〉 개념에 대해서 보다 직관적으로 잘 적용된다. 따라서 이 논의를 계속하기 위해서 일단 반례에 등장하는 기반 문장들을 '때문에' 문장들로 바꿔놓고 이야기하자. 위에서 쉐퍼가 (18)의 설명항과 (19)의 피설명항에 붙여놓은 대조항들은 각각 (18)의 설명항과 (19)의 피설명항의 부정에 해당하는 명제들이고, 그런 대조항들은 (내용을 바꾸지 않는) 불필요한 대조항들이다. 따라서 그 대조항들을 생략하고, 또한 '때문에' 문장들로 바꾸어 다시 서술하면 (18)과 (19)는 각각 다음과 같이 된다.

(20) 그 물체에 흠집이 있기 때문에, 그 물체가 형태 S*이기보다는 형태 S이다.

(21) 그 물체가 형태 S**이기보다는 형태 S이기 때문에, 그 물체가 대체적으로 구 모양이다.

여기에서 (20)의 피설명항의 대조항과 (21)의 설명항의 대조항이 일치하지 않기 때문에 (20)의 피설명항과 (21)의 설명항을 공통된 매개체로 이용해서 이행성 추론을 통해서 다음과 같은 결론을 이끌어낼 수가 없다.

(22) 그 물체에 흠집이 있기 때문에, 그 물체가 대체적으로 구 모양이다.

이러한 설명에서 등장하는 (20)과 (21)과 같은 대조항을 지닌 '때문에' 문장들은 앞의 5장에서 논의했듯이 반사실 조건문적으로 진리 조건이 부여되어 분석될 수 있다. 즉 (20)과 (21)은 각각 다음과 같이 분석된다.

> (21) 그 물체에 흠집이 있지 않았더라면, 그 물체가 형태 S가 아니고 형태 S*였을 것이다.
> (22) 그 물체가 형태 S가 아니고 형태 S**였더라면, 그 물체가 대체적으로 구 모양이지 않았을 것이다.

그 물체에 흠집이 있지 않았더라면 그 물체가 형태 S* 즉 완벽한 구 형태였을 것이기에 (21)은 참이고, 그 물체가 형태 S** 즉 납작한 팬케이크 형태였더라면 그 물체가 대체적으로 구 모양이지 않았을 것이기에 (22)도 참이다. 그리고 이 경우 (21)의 후건과 (22)의 전건이 일치하지 않기 때문에, 반사실 조건문이 이행적이라고 하더라도 (21)과 (22)를 결합해서

> (23) 그 물체에 흠집이 있지 않았더라면, 그 물체가 대체적으로 구 모양이지 않았을 것이다.

를 추론할 수 없었을 것이다.

결국 대조항을 도입하는 데에 있어서 '때문에' 문장을 사용하면서 이를 반사실 조건문으로 분석하는 것이 더 적절하고, 4항 기반 술어를 분석할 수 없는 원초적 표현으로 도입하는 것은 그다지 적절하지 못하다. 쉐퍼의 흠집 있는 불완전한 구체 사례와 같은 사례가 이행성에 대한 그럴듯한 반례가 될 수 있는 것은 암묵적으로 그것이 반사실 조건문으로 분석되는 '때문에' 문장에 적용되고 있기 때문이다. 결정 개념으로 이해

되는 완전 기반 개념은 대조항을 가지는 것으로도 비이행적인 것으로도 이해되기가 어렵고 그 때문에 〈때문에〉 개념과는 분명하게 구별되어야 한다. 쉐퍼의 논의에서 사용되는 부분 기반 개념은 〈때문에〉 개념과 보다 유사하고 그 때문에 대조항과 비이행성을 가지는 것으로 이해될 수 있는 여지가 더 크다.

그러나 부분 기반 개념은 〈때문에〉 개념을 어느 정도 시뮬레이션하기는 하지만 나름의 문제를 가진다. 부분 기반 개념은 반사실 조건문적으로 분석되지 않는 한에 있어서의 불명확성을 가진다. 위에서의 문장 (15) '〈그 물체에 흠집이 있다〉가 〈그 물체가 형태 S이다〉의 기반이다'는 〈그 물체에 흠집이 있다〉와 다른 어떤 참인 명제가 결합해서 〈그 물체가 형태 S이다〉를 충분히 완전하게 결정한다는 점에서 부분 기반 관계를 참되게 서술한다고 여겨진다. 그러나 〈그 물체에 흠집이 있다〉에 정확히 어떤 참인 명제를 결합해야 〈그 물체가 형태 S이다〉를 완전하게 결정할 수 있는지가 분명하지 않다. 그 물체에 대한 형태를 서술하는 정확히 어떤 명제를 〈그 물체에 흠집이 있다〉에 보태야 하는가? 그 추가 명제가 그 물체의 흠집 이외의 부분에 대해서 아무리 정확하게 서술하고 있다고 하더라도 그 물체의 흠집 부분에 대해서까지 정확한 형태를 명시하지 않으면 〈그 물체에 흠집이 있다〉와 그 추가 명제를 결합한 것은 최대한 정확하고 구체적인 형태에 대한 서술을 포함하는 명제 〈그 물체가 형태 S이다〉를 결정하기에 충분하지 않을 것이다. 그렇다고 해서 그 물체의 흠집 부분에 대해서까지도 정확한 형태를 서술하는 명제가 추가된다면 〈그 물체에 흠집이 있다〉라는 명제는 군더더기(redundant)가 될 것이다.

반면 반사실 조건문적으로 분석된 〈때문에〉 개념을 적용할 때 우리는 무엇을 설명항에 보태야 피설명항에 대한 충분조건이 되는지를 찾지 않고 설명항이 성립하지 않았더라도 피설명항이 성립했을 것인지를 판단한다. 즉 설명항은 보충되어야 하는 불완전한 충분조건으로 이해되는 것이 아니라 그 자체로 완결된 필요조건으로 이해되는 것이다. 따라서 설명항 〈그 물체에 흠집이 있다〉에 무슨 명제가 보충되어야 하는지 찾을 필요는 없고 〈그 물체에 흠집이 있다〉가 성립하는 경우와 성립하지 않는 경우에 어떤 차이가 있는지를 따지면 된다.[287]

따라서 대조항을 추가로 도입함으로써 비이행성 문제에 대응하고자 하는 데에 있어서도 분석될 수 없는 원초적 기반 개념에 대조항을 추가하는 것보다는 반사실 조건문적으로 분석되는 〈때문에〉 개념에 대조항을 추가하여 이에 맞게 반사실 조건문적 분석을 확장하는 것이 여러 가지 측면에서 더 바람직하다. 기반 개념 자체는 〈때문에〉 개념과 구별되어서 별개의 개념으로 설정하거나(그 경우 기반 개념은 완전 기반 개념으로서 원초적이고 이행적일 것이다) 아니면 반사실 조건문적으로 분석되는 〈때문에〉 개념과 동일시되어야(그 경우 '기반이다'라는 말은 '때문에'라는 말의 문체상의 변형에 불과할 것이다) 할 것이다.

둘째, 〈때문에〉 개념의 비이행성은 단지 대조항을 가진 '때문에' 문장들에서만 나타나는 것은 아니다. 4장에서 우리는 〈때문에〉 개념의 비이행성 사례들 중에서 대조항 때문에 나타나는 사례(맥더모트의 사례)도 있지만 대조항과 무관하게 나타나는 사례(필드의 사례)도 있다는 것에 대해서 논의했다. 이러한 사례들은 〈때문에〉 개념을 분석하는 데에 이용되는 반사실 조건문의 비이행성을 통해서 설명될 수 있는 사례들이다.

인과와 연관이 있는 설명(흔히 '인과적 설명'이라고 불리는 설명)에서 대조항과 상관없이 비이행성이 나타나는 '때문에' 문장들의 사례는 이미 4장

---

287 쉐퍼 자신이 대조적 기반 개념을 적용하면서 차이를 낳는 것(difference making) 개념을 사용하면서 사실상 암묵적으로 이런 반사실 조건문적 기준을 적용하고 있다. Schaffer (2012), pp. 132-133 참조.

에서 살펴보았고, 여기에서는 기반과 연관이 있는 설명(기반 이론가들이 기반 관계에 의해서 제공된다고 볼 설명)에서 대조항과 상관없이 비이행성이 나타나는 '때문에' 문장들의 사례를 제기하겠다.

특정한 종류의 둥근 돌들이 있다. 그 돌들에 대해서 지름이 d_1 이하인 경우에 '미세'하다고 하고, 지름이 d_2 이상인 경우에 '거대'하다고 하며, 지름이 d_1보다 길고 d_2보다 짧은 길이를 가지고 있을 경우에는 '미세'하지도 '거대'하지도 않는다고 하자. (여기에서 물론 d_2가 d_1보다 더 긴 길이이다.) 기반 이론가들은 그 돌들에 대한 '미세'나 '거대'와 같은 개념 적용 혹은 속성 귀속들에 대한 명제들이 지름의 길이 속성 귀속에 대한 명제들에 기반한다고 볼 것이다. 또한 더 나아가 그 돌들이 미세하거나 거대할 경우 오직 그 경우에만 그 돌들이 '아름답다'는 미적 속성을 가진다고 하자. 기반 이론가들은 미적 속성 등 평가적 속성의 귀속에 대한 명제들이 그 기준이 되는 미세함이나 거대함과 같은 자연적 속성의 귀속에 대한 명제들에 기반한다고 볼 것이다.[288]

이제 특정한 돌이 거대하다고 하자. 그러면 다음의 '때문에' 문장이 참이다.

(24) 그 돌의 지름이 최소한 d_1보다 길기 때문에 그 돌이 거대하다.

그 돌의 지름이 최소한 d_1보다 길다는 것은 그 돌이 거대하다는 것의 충분조건은 아니지만, 그 돌의 지름이 최소한 d_1보다 길지 않았더라면

---

288 이 예에서 사용하는 도입된 개념들 '미세', '거대', '아름답다' 등이 작위적이라는 점은 이 예를 통해서 보여주고자 포인트와 관련해서 중요한 함축을 갖지는 않는다. 중요한 것은 이런 구조의 예를 '때문에' 문장과 관련해서 얼마든지 생각할 수 있다는 것이다. 그리고 나중에 이야기하듯이 '아름답다'라는 개념은 이 예에서 제외된 채 재구성될 수 있다.

그 돌은 거대하지 못했을 것이다. 즉 그 돌의 거대함은 그 돌의 지름이 최소한 d_1보다 길다는 것에 의존한다. 이는 위의 문장 (24)가 참이라는 우리의 직관을 설명한다.

또한 다음의 문장도 참이다.

(25) 그 돌이 거대하기 때문에 그 돌이 아름답다.

그 종류의 돌들이 아름다울 수 있는 두 가지 가능성 중에서 그 돌의 경우는 거대하다는 조건을 만족하는 경우이고, 따라서 그 돌이 아름다운 것은 그 돌이 거대하기 때문이라고 할 수 있다.

그러나 다음의 문장은 참이 아니다.

(26) 그 돌의 지름이 최소한 d_1보다 길기 때문에 그 돌이 아름답다.

그 돌의 지름이 최소한 d_1보다 길지 않았더라면 그 돌은 미세했을 것이고 미세한 돌도 아름답다는 조건을 만족하므로 그 경우에도 그 돌은 아름다웠을 것이다. 즉 그 돌의 지름이 최소한 d_1보다 길지 않았더라도 그 돌은 아름다웠을 것이다. 따라서 이 경우 (26)을 참으로 받아들이기 어렵다.

'때문에' 문장 (24)와 (25)가 참이지만 (26)이 거짓이므로 이는 '때문에' 문장의 이행성에 대한 반대 사례이다. 그리고 이 중 참인 '때문에' 문장들 (24)와 (25)에 의해서 주어지는 설명은 기반 이론가들이 기반 관계에 있다고 할 만한 층위의 명제들 사이의 설명이며 이른바 인과적 설명들은 명백히 아니다.

또한 여기에서 주어지는 설명들은 대조적 설명들이 아니다. 이 '때문에' 문장들은 대조항을 가지는 것으로 해석되기가 어렵기 때문이다. 물론 모든 '때문에' 문장에 의해서 주어지는 설명을 그 설명의 설명항과 피설명항 각각의 부정 명제를 대조항으로 가진 것으로 작위적으로 설정할 수는 있다. 그러나 그런 작위적 대조항을 덧붙임으로써 대조항이 없는 원래의 설명의 내용을 바꾸거나 추가하는 것은 없다. 그리고 그런 작위적 대조항을 덧붙인다고 하더라도 이를 통해서 그 대조항 때문에 비이행성이 발생한다는 설명을 제시할 수는 없다. 위의 (24), (25), (26)을 각각 다음과 같이 작위적 대조항을 가진 '때문에' 문장들로 바꾼다고 해보자.

(27) 그 돌의 지름이 최소한 d_1보다 길지 않기보다 최소한 d_1보다 길기 때문에 그 돌이 거대하지 않기보다 거대하다.

(28) 그 돌이 거대하지 않기보다 거대하기 때문에 그 돌이 아름답지 않기보다 아름답다.

(29) 그 돌의 지름이 최소한 d_1보다 길지 않기보다 최소한 d_1보다 길기 때문에 그 돌이 아름답지 않기보다 아름답다.

이와 같이 한다고 하더라도 (27)의 피설명항의 대조항과 (28)의 설명항의 대조항이 엇갈리지 않고 일치하기 때문에, '때문에' 문장이 이행적이라면 (27)과 (28)로부터 (29)를 추론하는 데에 문제가 없어야 할 것이다. 따라서 이 사례에 대해서 엇갈린 대조항 때문에 비이행성이 발생한다는 쉐퍼식의 설명을 할 수는 없다.

또한 미세하거나 거대할 경우 그리고 오직 그 경우에 돌들에게 귀속되는 '아름답다'는 작위적 표현이 사용되는 것과 관련해서 '아름답다'라는 개념 대신에 선언 명제를 사용하여 그 작위성을 피할 수 있다. 기반 이론가들에 따르면 참인 선언지는 선언 명제의 기반이 된다. 따라서 선언지 명제와 선언 명제 사이의 설명 관계는 기반과 연관이 있는 (비인과적) 설명이다. 우리는 (25)와 (26) 대신 다음의 '때문에' 문장들을 사용해서 반례를 다시 구성할 수도 있다.

(30) 그 돌이 거대하기 때문에 그 돌이 거대하거나 미세하다.

(31) 그 돌의 지름이 최소한 d_1보다 길기 때문에 그 돌이 거대하거나 미세하다.

(24)와 (30)은 참이지만 (31)은 참이 아니다. 그 돌이 거대하지 않았더라면 그 돌은 거대한 범위와 미세한 범위 사이에 있었을 것이고 거대하지도 미세하지도 않았을 것이다. 따라서 (30)은 참이다. 그 돌의 지름이 최소한 d_1보다 길지 않았더라면 즉 그 돌의 지름이 d_1이하였더라면 그 돌은 미세했을 것이다. 그러므로 그 경우에도 그 돌은 거대하거나 미세했을 것이다. 즉 그 돌의 지름이 최소한 d_1보다 길지 않았더라도 그 돌은 거대하거나 미세했을 것이다. 따라서 (31)은 참이 아니다.

'때문에'에 대한 반사실 조건문적 분석을 받아들이면 '때문에' 문장들의 비이행성에 대해서 반사실 조건문의 비이행성을 통해서 설명할 수 있다. (24), (25), (26)을 각각 반사실 조건문으로 다음과 같이 분석해 보자.

(32) 그 돌의 지름이 최소한 d_1보다 길지 않았더라면 그 돌이 거대하지 않았을 것이다.

(33) 그 돌이 거대하지 않았더라면 그 돌이 아름답지 않았을 것이다.

(34) 그 돌의 지름이 최소한 d_1보다 길지 않았더라면 그 돌이 아름답

지 않았을 것이다.

위의 반사실 조건문들의 비이행성은 가능 세계 의미론을 통해서 다음과 같이 잘 해명된다. 현실 세계에서 그 돌은 거대하므로 d_2 이상의 지름을 가진다. 그 돌의 지름이 최소한 d_1보다 길지 않으면서 현실 세계와 가장 가까운 세계 w_1에서는 그 돌의 지름이 d_1 이하이므로 d_2 이하일 것이다. 따라서 그 세계에서 그 돌은 거대하지 않다. 그러므로 (32)는 참이다. 그 돌이 거대하지 않으면서 현실 세계와 가장 가까운 세계 w_2에서는 그 돌이 d_2 이하이지만 d_1보다는 큰 범위에 속한다. 따라서 그 세계에서 그 돌은 거대하지도 미세하지도 않으므로 아름답지 않을 것이다. 그러므로 (33)은 참이다. 그 돌의 지름이 최소한 d_1보다 길지 않으면서 현실 세계와 가장 가까운 세계 w_1에서는 그 돌의 지름이 d_1 이하일 것이다. 따라서 그 세계에서 그 돌은 미세하다. 그렇기에 그 세계에서 그 돌은 아름답기도 하다. 그러므로 (34)는 거짓이다. 결국 그러므로 (32)와 (33)은 참이면서 동시에 (34)는 거짓인 것이다.

여기에서 주목할 것은 w_2가 w_1보다 현실 세계에 더 가깝다는 것이다. 그 돌의 지름이 현실 세계에서는 d_2 이상이므로, 그 돌의 지름이 d_2보다 작지만 d_1보다는 큰 세계 w_2가 그 돌의 지름이 d_2뿐만 아니라 d_1보다도 작은 세계 w_1보다는 현실 세계에 더 가깝기 때문이다. w_1이 w_2보다 현실 세계에서 더 멀리 떨어져 있으므로, 비록 w_2에서는 그 돌이 아름답지 않지만, 그 돌의 지름이 최소한 d_1보다 길지 않은 (현실 세계에) 가장 가까운 세계에서는 그 돌이 아름다울 수 있는 것이고 (34)가 거짓으로 판정될 수 있는 것이다. 이와 같이 '때문에' 문장의 비이행성은 대조항이 없는 경우라고 하더라도 반사실 조건문의 비이행성에 의해서 보다 더 잘 설명될 수 있다.

따라서 기반 이론가가 기반 개념을 일상적인 〈때문에〉 개념과 동일시하면서 일상적인 〈때문에〉 개념에서 나타나는 비이행성이 기반 개념에도 전이될 때 이 비이행성을 설명하고자 한다면 기반 개념을 대조항을 가질 수 있는 개념으로 이해하는 것으로는 충분하지 않다. 기반 이론가는 기반을 원초적 결정 개념으로 간주하지 말고 반사실 조건문적으로 분석될 수 있는 개념으로 간주해야 한다. 또는 기반을 원초적 결정 개념으로 간주하고자 한다면 기반 개념을 일상적 〈때문에〉 개념과 긴밀하게 연관된 설명적 개념으로 간주하는 것을 포기해야 한다.

4. '때문에'는 초내포적인가?

기반 이론가들은 흔히 '때문에'라는 연결사를 기반 개념을 표현하는 어휘 중의 하나라고 보거나 최소한 기반 개념과 밀접한 연관을 가진 언어적 표현이라고 본다. 그리고 그들은 대개 기반 개념이 초내포적(hyperintensional)이라고 보기 때문에, 연결사 '때문에'도 초내포적이라고 하는 것을 당연하게 생각하는 경향이 있다. '때문에'가 '초내포적'이라고 하는 것은 '때문에' 문장의 맥락 속에서 같은 내포를 가지는 다른 표현으로 대체하는 것이 전체 문장의 진리치를 뒤바꿀 수 있다는 것이다. 다시 말해서, '때문에' 문장의 진리치는 그것을 이루는 표현들의 내포들에 의해서 결정되지 않는다는 것이다.

예를 들어, 기반 이론가로서 '때문에'에 대해서 중심적으로 탐구하는 슈니더는 '때문에'가 초내포적이라는 것을 반복적으로 강조한다.[289] 또

---

289 Schnieder (2010), p. 324. Schnieder (2011), pp. 445-446. Schnieder (2015), p. 135.

한 코레이아와 슈니더는 기반이 초내포적이라는 것에 대해서 합의가 있는 것으로 보인다고 말하면서 기반의 초내포성을 정식화하는 한 가지 방식으로 '때문에' 문장의 초내포성을 정식화한다.[290]

나는 앞에서 기반 개념과 〈때문에〉 개념의 중요한 차이들에 대해서 논의했다. 따라서 기반 개념이 초내포적이라고 하는 것을 전제한다고 하더라도, '때문에' 역시 초내포적이라고 하는 것은 그렇게 당연하지 않다. 그리고 어떤 언어적 표현이 초내포적이라고 하는 것은 그만큼 그 언어적 표현의 의미가 가능 세계 의미론에 의해서 명료하게 부여될 수 없다는 것을 의미하기 때문에 그 언어적 표현을 내포적으로 규정할 수 있는 길을 최대한 찾아보는 것이 (혹시 그런 탐색의 끝에서 최종적으로는 포기해야 한다고 하더라도) 바람직하다. 그리고 지금까지의 논의를 통해서 우리는 '때문에'가 초내포적이라고 하는 주장에 맞설 수 있게 해주는 몇 가지 수단을 가지고 있다. 그런 수단들을 통해서 '때문에'의 내포성에 반례가 되는 것처럼 보이는 사례들에 대해서 어떤 대응들을 할 수 있을 것인지 이제부터 논의하도록 하자.

'때문에'의 내포성에 대한 반례로 제시되는 대표적 유형의 사례로서 살펴볼 첫 번째 유형은 다음과 같은 종류의 사례이다.[291] 우선 다음의 문장은 참인 것으로 보인다.

> (35) 필연적으로, 소크라테스가 존재할 경우에 그리고 오직 그 경우에 {소크라테스}가 존재한다.

---

290 Correia and Schnieder (2012b) p. 14.

291 Bliss and Trogdon (2014) §4. 슈니더도 이와 유사한 종류의 사례를 제시한다. Schnieder (2010), p. 324. Schnieder (2011), pp. 445-446. Schnieder (2015), p. 135.

따라서 '소크라테스가 존재한다'와 '{소크라테스}가 존재한다'는 같은 내포를 가진다고 여겨진다. 즉 그 두 문장은 모든 가능 세계에서 같은 진리치를 가진다고 여겨진다. 그러므로 '때문에'가 내포적이라면 다음과 같은 '때문에' 문장 (36)에서 그 두 문장을 뒤바꿔서 얻어진 문장 (37)은 (36)과 같은 진리치를 가져야 할 것으로 보인다.

(36) 소크라테스가 존재하기 때문에 {소크라테스}가 존재한다.
(37) {소크라테스}가 존재하기 때문에 소크라테스가 존재한다.

그런데 직관적으로 (36)은 참이지만 (37)은 거짓이다. 소크라테스가 존재하기 때문에 그 대상을 원소로 하는 집합이 존재하기는 하지만 소크라테스를 원소로 하는 집합이 존재하기 때문에 소크라테스가 존재하는 것은 아니다.

그러나 앞 장에서 논의했듯이, (35)가 어떤 의미에서 참이라고 하더라도 그것이 참에 나타난 필연성 개념은 가장 강한 필연성 개념이 아니다. 이는 형이상학적 필연성 개념이며 이 필연성 개념은 논리적 필연성보다 약한 필연성 개념이다. 양상에 대한 지배적 통념과 달리 형이상학적 양상 개념이 논리적 양상 개념과 구분되어야 한다는 것에 대해서 우리는 앞에서 이미 자세히 논의했다. 그러므로 '소크라테스가 존재한다'와 '{소크라테스}가 존재한다'는 같은 내포적 내용을 가진다고 할 수 없다. 즉 그 두 문장이 모든 가능 세계에서 같은 진리치를 가지는 것이 아니다. 소크라테스가 존재하면서 {소크라테스}가 존재하지 않는 경우를 우리는 얼마든지 일관적으로 상상할 수 있고 이런 경우는 논리적으로 가능하기 때문이다. 그러므로 위의 (36)이 참이면서 (37)은 거짓이라는 것은 '때문에'가 초내포적이라는 것을 보여주지 않는다.

'때문에'의 내포성에 대한 반례로 흔히 여겨지는 두 번째 유형의 사례로 살펴볼 것은 다음과 같은 종류의 사례이다.[292]

(38) 철수가 결혼하지 않은 남자이기 때문에 철수가 총각이다.

(39) 철수가 총각이기 때문에 철수가 결혼하지 않은 남자이다.

여기에서 ('총각'이 '결혼하지 않은 남자'와 같은 의미를 지닐 경우에) '철수가 결혼하지 않은 남자이다'와 '철수가 총각이다'가 같은 내포적 내용을 가진다는 것은 명백하다. 그 두 문장은 모든 가능 세계에서 같은 진리치를 가진다. 그러나 그 두 문장을 서로 뒤바꾼 (38)과 (39) 사이에는 설명적 비대칭성이 존재하는 것 같다. 즉 (38)은 올바른 설명을 제공하는데 (39)는 그렇지 못한 것으로 보인다. 따라서 이는 '때문에'가 초내포적임을 보여주는 것 같다.

이런 설명적 비대칭성에 대한 직관은 '결혼하지 않은 남자'가 '총각'보다 더 기본적인 표현이라는 직관 또는 〈결혼하지 않은 남자〉가 〈총각〉보다 더 기본적인 개념이라는 직관에 의존한다. 우리는 '결혼하지 않은 남자'를 통해서 '총각'을 정의하지 그 역은 아니다. 철수에게 '총각'이라는 표현이 귀속될 수 있는 것은 '총각'이 '결혼하지 않은 남자'를 통해서 정의되고 철수에게 '결혼하지 않은 남자'라는 표현이 귀속될 수 있기 때문이지만, 철수에게 '결혼하지 않은 남자'라는 표현이 귀속될 수 있는 것이 그런 식으로 거꾸로 설명될 수 있는 것은 아니다.

그러나 이런 직관은 사실상 '총각'이나 '결혼하지 않은 남자'와 같은 표

---

[292] Schnieder (2010)에서 이와 같은 사례를 논의한다. 슈니더의 이 논문에서 이 사례는 '때문에'에 대한 해결하기 어려운 퍼즐로서 제시된다.

현 또는 개념에 대한 메타언어적 직관 또는 메타개념적 직관이다. 그리고 그런 직관에 의해서 뒷받침되는 것은 다음과 같은 메타언어적 (또는 메타개념적) 내용들 사이의 설명적 유관성 관계에 있어서의 비대칭성이다.

(40) 철수가 '결혼하지 않은 남자'를 만족시키기 때문에 철수가 '총각'을 만족시킨다.

(41) 철수가 '총각'을 만족시키기 때문에 철수가 '결혼하지 않은 남자'를 만족시킨다.

(42) '철수가 결혼하지 않은 남자이다'가 참이기 때문에 '철수가 총각이다'가 참이다.

(43) '철수가 총각이다'가 참이기 때문에 '철수가 결혼하지 않은 남자이다'가 참이다.

즉 (40)은 참이지만 (41)은 참이 아니다. 또한 (42)는 참이 아니지만 (43)은 참이 아니다.[293] 여기에서의 메타언어적 내용들은 서로 다른 내포

---

293 이런 설명적 비대칭성은 '때문에' 문장에 대한 반사실 조건문적 이론에 의해서 추가적으로 해명될 수 있다. 현실 세계에서 '총각'의 의미가 '결혼하지 않은 남자'의 의미에 의존하는 방식으로 정의된다는 사실이 주어진다고 하자. 그러면 (40)을 반사실 조건문적으로 분석한 문장 '철수가 '결혼하지 않은 남자'를 만족시키지 않았더라면 철수가 '총각'을 만족시키지 않았을 것이다'가 참이고 (41)을 반사실 조건문적으로 분석한 문장 '철수가 '총각'을 만족시키지 않았더라면 철수가 '결혼하지 않은 남자'를 만족시키지 않았을 것이다'가 거짓이 되게 하는 방식의 세계 근접성 배열이 그럴듯하다. 철수가 '결혼하지 않은 남자'를 만족시키지 않는 가장 근접한 세계를 찾을 때에 그 의존 관계에 대한 사실이 훼손당해야 할 이유가 없기 때문에 철수는 '총각'도 만족시키지 않을 것이다. 그러나 철수가 '총각'을 만족시키지 않는 가장 근접한 세계를 찾을 때에는 그 의존 관계가 성립하지 않아 '총각'의 의미가 변경된 세계 역시 고려할 필요가 있다.

적 내용들을 가지고 있다. 예를 들어 (40)에서의 설명항은 '결혼하지 않은 남자'라는 표현에 대한 내용이고 피설명항은 '총각'이라는 표현에 대한 내용이다. 현실 세계에서는 '총각'이라는 언어적 표현이 '결혼하지 않은 남자'와 같은 것을 의미하도록 정의되지만, 다른 가능 세계에서는 다른 의미를 가질 것이다. 따라서 철수가 '결혼하지 않은 남자'를 만족시키지만 '총각'을 만족시키지는 않는 가능 세계들이 있다.

반면 (38)과 (39)를 그런 메타언어적 방식으로 해석하지 않고 액면 그대로 이해하게 되면 (38)과 (39)의 설명항과 피설명항은 같은 내용들을 가지고 있고 따라서 어느 방향으로건 진정한 설명력을 가지고 있지 않다. 그렇다고 해서 (38)과 (39)를 거짓이라고 보아야 할 이유는 없다. 6장에서 논의했듯이, '때문에' 문장이 참이라는 것과 그 문장이 설명력을 가지고 있다는 것은 구별되어야 하기 때문이다. 'P이기 때문에 P' 형식의 문장도 사소하게 참일 수 있다.[294] 다만 그런 문장은 유용하고 실질적인 설명적 정보를 담고 있지 않기 때문에 설명력을 가지고 있지 못하다.[295]

(38)과 (39)의 주절과 종속절은 서로 같은 문장은 아니지만 같은 내용을 가지고 있기 때문에 마찬가지로 실질적인 설명적 정보를 담고 있지 못하고 설명력도 결여한다. 결국 (38)과 (39)가 서로 다른 진리치를 가지는 것으로 보아야 할 필요가 없으므로 이러한 문장 쌍은 '때문에'의 내포성에 대한 반례가 되지 못한다.

---

294 즉 '때문에'는 반재귀적(irreflexive)이지 않다. 기반 이론가들은 일반적으로 기반 관계가 반재귀적이라고 보기 때문에, 이 점에서도 〈때문에〉 관계는 기반 관계와 차이가 있다. 기반 관계의 경우 서로 다른 명제(또는 사실) 사이의 관계이어야 한다는 것이 보다 그럴듯하다.

295 더 엄밀히 이야기하자면 'P이기 때문에 P' 형식의 문장도 최소한의 실질적 정보는 담고 있는데 그것은 P가 참이라는 것이다. 그러나 이는 주절의 내용과 종속절의 내용 사이의 관계에 대한 실질적 정보는 아니기에 여전히 설명적 정보는 담고 있지 못하다.

(38)과 (39)처럼 실질적인 정보를 담지 않은 문장이 발화될 때 화자와 청자는 실질적인 정보를 포함하는 메타언어적 내용이 그 문장의 발화를 통해 전달되는 내용으로 여기는 경향이 있다. 이런 현상은 '때문에'가 나타나지 않는 문장의 경우에도 마찬가지로 존재한다.

(44) 코호트 격리는 특정 장소에 있는 단일 집단의 구성원들을 그 장소에 격리하는 것이다.

라는 문장의 내용은 실질적인 정보를 담고 있지 않다. 그 문장 속 언어적 표현들의 의미와 개념을 모두 이해하고 있는 사람에게 (44)는 어떠한 실질적인 정보도 전달하지 않는다. 그런 실질적인 정보를 담지 않은 문장을 누군가가 굳이 발화할 때, 대화 상황에서 의사소통에 불필요한 문장을 발화하지 않는다는 화용론적 규칙에 따라, 대화 참여자들은 다음과 같은 메타언어적 문장의 내용 속 정보를 전달하기 위해서 그 문장을 발화하고 또 그렇게 발화된 것으로 기대하는 경향이 있다.

(45) '코호트 격리'는 '특정 장소에 있는 단일 집단의 구성원들을 그 장소에 격리하는 것'을 뜻한다.

이 문장의 내용은 '코호트 격리'라는 언어적 표현이 무엇을 의미하는지에 대한 실질적 정보를 담고 있다. '코호트 격리'라는 언어적 표현은 (45)에서는 언급될 뿐 사용되지는 않으므로 이 문장의 언어적 표현의 의미를 모두 이해할 수 있는 사람도 '코호트 격리'라는 언어적 표현의 의미는 원래 알고 있지 못했다가 이 문장의 내용을 통해서 비로소 그 표현의 의미에 대한 실질적 메타언어적 정보를 획득하게 될 수 있다.

마찬가지로 (38)과 (39)처럼 실질적인 정보를 담지 않은 문장이 발화되면 대화 참여자는 그 문장이 (40)과 (41)과 같은 메타언어적인 정보를 전달하기 위해서 그 문장이 발화된 것으로 여기는 것이 화용론적으로 자연스럽다. (40)은 참이고 (41)은 거짓이므로, 대화 참여자는 (38)에 대해서는 수용하고 (39)에 대해서는 거부하는 직관을 가지게 된다. (40)과 (41) 사이의 설명적 비대칭성은 (38)과 (39)가 비대칭적 설명을 제시한다는 직관으로 전이된다고 할 수 있다.

'때문에'의 내포성에 대한 반례로 여겨지는 세 번째 유형의 사례는 다음과 같은 종류의 사례이다.

(46) 눈이 희기 때문에 눈이 희거나 눈이 희지 않다.
(47) 눈이 희기 때문에 개구리가 아닌 개구리는 없다.

'눈이 희거나 눈이 희지 않다'와 '개구리가 아닌 개구리는 없다'는 둘 다 논리적으로 필연적인 문장이고 따라서 둘 다 모든 가능 세계에서 참이다. 그러므로 둘은 같은 내포를 가진다. 그러므로 '때문에'가 내포적이라면, (46)의 '눈이 희거나 눈이 희지 않다'를 '개구리가 아닌 개구리는 없다'로 바꾸어 (47)을 얻더라도 (46)과 (47) 사이에 진리치의 차이가 없어야 한다. 그런데 (46)은 참이고 (47)은 거짓인 것으로 보인다. 이는 '때문에'가 초내포적임을 보여주는 것 같다.

그러나 앞에서 논의했듯이, (46)과 같은 문장은 참이 아니다. 여러 기반 이론가들은 선언지 명제가 선언 명제에 대한 기반이 된다고 보는데,[296] 그런 기반 이론의 기반 개념을 〈때문에〉 개념과 동일시하면 (46)

---

296 Rosen (2010), p. 117, Fine (2012), p. 58.

이 참이 되어야 한다고 생각하기가 쉽다. 그러나 일상적 〈때문에〉 개념을 가지고 반성적으로 생각해 보면 (46)은 참인 것으로 받아들일 수 없다. (46)의 피설명항은 눈이 희지 않았더라도 어차피 참이었을 것이다. 눈이 희다는 것이 피설명항의 참을 결정한다고 할 수 있을지는 모르지만, 피설명항의 참 여부가 눈이 희다는 것 여부에 달려 있는 것은 아니다. 그럴 경우에 피설명항이 참인 것이 눈이 희기 때문이라고 할 수는 없다. (46)과 (47)은 둘 다 거짓이기에 그 두 문장의 사례는 '때문에'의 내포성에 대한 반례가 되지 못한다.

'때문에'의 내포성에 대한 반례로 여겨지는 네 번째 유형의 사례로 살펴볼 사례는 다음과 같은 종류의 사례이다.[297]

(48) 소크라테스가 존재하기 때문에 {소크라테스}가 존재한다.

(49) 소크라테스가 존재하거나 나무 아닌 나무가 존재하기 때문에 {소크라테스}가 존재한다.

'소크라테스가 존재한다'와 '소크라테스가 존재하거나 나무 아닌 나무가 존재한다'는 서로 논리적으로 동치이므로 같은 내포를 가진다. 따라서 '때문에'가 내포적이라면 (48)과 (49)는 같은 진리치를 가져야 할 것이다. 그런데 (48)은 참이고 (49)는 거짓이므로 '때문에'의 내포성에 대한 반례가 된다는 것이 이런 사례를 제시하는 철학자들의 생각이다.

그러나 (49)가 거짓이라는 것은 전혀 분명하지 않다. (49)가 기이하고 심술궂은 문장인 것은 사실이다. (48)을 통해서 훨씬 단순하게 서술할

---

297 Correia and Schnieder (2012b), p. 14에서 기반의 초내포성을 보여주는 사례로 제시되었다. 그들은 기반을 정식화하기 위해서 '때문에' 문장을 사용하였기에, 이 사례를 '때문에'의 초내포성을 보여주는 사례로도 의도했다는 것이 명백하다.

수 있는 내용을 (49)와 같이 불필요하게 복잡하게 서술할 경우에, 화용론적 규칙들은 대화 참여자로 하여금 그 문장을 부적절한 것으로 거부하게 만드는 경향이 있다. 그러나 '소크라테스가 존재하거나 나무 아닌 나무가 존재한다'는 '소크라테스가 존재한다'와 같은 내용을 가지고 있다. (48)이 참임에도 그 종속절에 논리적 모순을 선언지로 추가함으로써 (49)가 거짓이 된다고 주장하려면 논리적 모순을 선언지로 추가함으로써 내용이 바뀐다고 하는 것을 전제해야 한다. 그러나 그것은 단지 내포의 동일성이 내용의 동일성이라는 내포적 의미론을 부정하는 것으로 시작하면서 선결 문제의 오류를 범하는 것에 다름 아니다.

'소크라테스가 존재한다'와 '소크라테스가 존재하거나 나무 아닌 나무가 존재한다'가 같은 진리 조건을 가지고 같은 내포를 가진다는 것이 그 둘이 같은 내용을 가진다는 것을 함축하는가 하는 것은 그 자체로 논란의 대상이 될 수 있고 그 두 문장이 같은 내용을 가진다는 것에 부정적 직관을 가지는 것도 가능하다. 그러나 그런 일반적 논쟁에 덧붙여서 위의 사례는 특별히 '때문에'가 초내포적이라는 것을 보여주지는 않는다. '때문에' 문장에서 특별히 그 한 부분에 논리적 모순을 선언지로 추가하는 것이 그 진리치를 바꾼다는 것이 명백하게 드러나지는 않기 때문이다. 원래의 문장과 논리적 모순을 선언지로 추가한 문장이 같은 내용을 가진다는 것을 받아들이면, '때문에' 문장의 맥락에서도 같은 내용의 명제를 설명항으로 제시하는 것이기에 진리치에 영향을 미치지 않는다는 것을 받아들여야 한다. 원래의 문장과 논리적 모순을 선언지로 추가한 문장이 같은 내용을 가진다는 것을 처음부터 받아들이지 않는다면 이는 특별히 '때문에' 문장의 내포성 여부에 관련된 문제가 아니게 될 것이다.

(48)의 종속절에 논리적 모순을 선언지로 추가함으로써 (49)를 끌어

냈을 때에, 그 논리적 모순 선언지가 불필요하게 설명항에 포함된다는 점이 우리를 불편하게 할 수 있다. 그리고 그런 불필요한 부분 때문에 (49)가 거짓이라고 생각할 수도 있다. 즉 그 불필요한 부분이 왜 {소크라테스}가 존재하는지에 대한 설명의 일부라고 잘못 주장함으로써 그 문장은 거짓이라고 생각할 수 있는 것이다. 그러나 논리적 모순이 선언지로 추가된 것이 종속절 문장에는 불필요한 언어적 표현을 추가한 것이기는 하지만, 그것이 설명항 내용에 다른 내용을 더 추가했다고 단정할 수는 없다. 내포적 의미론에 입각하면 (48)의 설명항과 (49)의 설명항은 동일한 설명항이다. 그러므로 선결 문제 요구를 하지 않고서는 (48)과 (49)가 유독 '때문에'의 내포성에 대한 반례라고 하는 것이 입증되지는 않는다.

이와 같은 여러 사례를 검토함으로써 우리는 '때문에'가 초내포적이라는 여러 철학자의 생각을 그렇게 당연하게 받아들일 수 없고 '때문에'의 내포성에 대한 반례로 흔히 여겨지는 사례들이 실제로는 '때문에'의 초내포성을 보여주지 못한다는 것을 알 수 있다.

5. 기반, 인과, 〈때문에〉

기반 이론의 보다 최근의 발전 과정에서 쉐퍼와 윌슨(A. Wilson)은 기반 관계를 인과 관계와 유사한 것으로 보는 입장에서 그들의 이론을 전개하기 시작했다.[298] 쉐퍼는 인과와의 유비를 통해서 기반에 대한 이론을 전개하면서 인과에 대한 접근을 기반에 대해서도 적용하고 있고, 윌슨은

---

298 Schaffer (2016), Wilson (2018a), Wilson (2018b).

기반 관계를 일종의 인과 관계로 간주하여서 기반을 '형이상학적 인과 (metaphysical causation)'라고 부르기까지 한다.

이들 중 특히 쉐퍼는 인과 관계가 통시간적 설명 즉 이른바 '인과적' 설명에 의해서 대해서 가지는 관계를 기반 관계가 층위들(levels) 사이의 설명 즉 형이상학적 설명에 대해서 가진다고 생각한다.[299] 즉 인과 관계가 세계에 존재하는 실재적 관계이고 통시간적 설명(이른바 '인과적' 설명)은 사실들이나 문장들의 패턴으로서 인과 관계에 의해서 뒷받침(back)되는 것이듯이, 기반 관계도 세계에 존재하는 실재적 관계이고 형이상학적 설명은 그런 패턴으로서 기반 관계에 의해서 뒷받침되는 것이라는 것이다.

그는 여기에서 암묵적으로 인과가 설명보다 우선한다는 이론을 당연한 것으로 전제하고서 이를 기반과 (형이상학적) 설명의 관계에 대해서도 확장하고 있다고 할 수 있다. 그러나 앞의 장들에서 내가 자세히 논의하면서 논변을 전개했듯이 설명에 사용되는 〈때문에〉 개념이 인과 개념보다도 더 근본적이라고 할 수 있다. 설명에 사용되는 〈때문에〉 개념에 의존하지 않고서 세계 속에 실재하는 인과 관계를 그 자체로 발견할 수라도 있는 것처럼 생각하는 것은 옳지 않다. 어떻든 인과 개념을 더 기본적인 것으로 놓고서 이를 통해서 설명이 이해될 수 있다는 생각은 당연시될 수 없다.

쉐퍼와 윌슨은 둘 다 인과 관계에 대한 접근으로 구조 방정식 모형 (structural equation model)을 받아들이면서 이를 기반 관계에 대해서도 적용한다. 인과에 대한 구조 방정식 모형에 대해서는 7장에서 우드워드의 이론 즉 인과적 설명에 대한 그의 조작가능성 이론에 관해서 비판적

---

299 Schaffer (2012), p. 122, Schaffer (2016), pp. 83-90.

으로 논의하면서 간접적으로 논의했다. 우드워드의 이론은 펄(J. Pearl)과 스프라이츠(P. Sprites), 글뤼머(C. Glymour), 샤인즈(R. Scheines)에 의해서 발전된 구조 방정식 모형들[300]에 기초하여 인과와 '인과적' 설명에 대한 분석적 이론을 제시하고자 하는 시도였다. 7장에서 나는 우드워드의 이론이 인과와 설명이 무엇인가에 대한 대답을 제시하는 데에 성공적이지 못하다는 것을 논증했다. 특히 우드워드의 이론은 인과 개념에 대한 순환적이지 않은 분석을 제시하는 데에 실패한다. 펄과 스프라이츠, 글뤼머, 샤인즈의 구조 방정식 모형들은 그 자체로는 인과가 무엇인가에 대한 이론이 아니고 그들은 인과적 추론의 방법론에 대한 이론들이기에 인과 개념을 미리 전제하는 데에 아무런 거리낌도 없다.

쉐퍼와 윌슨이 구조 방정식 모형을 인과에 대한 이론으로 선택하고 이를 기반에 대한 이론으로 확장하는 것에는 사실 중요한 한계가 있다고 할 수 있다. 구조 방정식 모형은 인과가 무엇인가에 대한 이론이 아니기 때문에 이를 기반에 확장한다고 하더라도 기반이 무엇인가에 대해서 대답하는 데에 도움이 되지는 않을 것이다. 구조 방정식 모형은 인과에 대한 어떤 판단을 인과에 대한 다른 판단들로부터 추론하는 방법들에 대한 모형이고 그러하기에 기반에 적용하더라도 이를 통해서 우리가 알 수 있는 것은 기반에 대한 어떤 판단을 기반에 대한 다른 판단들로부터 어떻게 추론하는가의 방법일 뿐이다.

구조 방정식 모형에서 반사실 조건문이 중요하게 사용되기 때문에 쉐퍼와 윌슨이 구조 방정식 모형을 인과와 기반에 대해서 적용하면서 반사실 조건문적 추론들을 중요하게 사용하고 그 결과 인과와 기반에 의

---

300 Pearl (2000), Spirtes, Glymour, Scheines (2000). 구조 방정식 모형의 구체적 내용은 8장의 논의를 참조할 것.

해서 뒷받침되는 설명들에 대한 논의에서도 그런 추론들을 중요하게 사용한다는 것은 그들의 이론이 보다 올바른 트랙에 있게 해주는 측면이다. 설명이 반사실 조건문적으로 분석된다고 보는 나의 입장에서는, 그들의 접근이 바로 그런 점에서 비교적 다양한 범위의 구체적 사례들을 어느 정도 적절히 다룰 수 있게 해주는 것이라고 할 수 있다.

그러나 우드워드의 이론에서처럼 그들의 이론도 구조 방정식 모형을 통해서 접근하는 과정에서 반사실 조건문적 추론들을 불필요한 형식적 장치들이 있는 배경 환경에서 간접적인 방식으로만 사용하면서 진정으로 중요한 문제들을 간과하는 경향이 있다. 또한 우드워드의 이론처럼 그들의 이론의 대답도 수학적 표상 방식들을 어떻게 선택하여 모형을 구성하는가(예를 들어, 특히 어떤 변수들을 설정하는가, 변수들의 가능한 값들의 범위를 어떻게 설정하는가 등)에 좌우되는 문제를 가진다. 그러면서도 우드워드의 이론처럼 그들의 이론도 인과와 기반의 개념을 전제하는 한에서 인과와 기반의 개념에 대한 이론을 제시할 뿐이다.

그들의 접근이 직면하는 중요한 문제 중 하나를 살펴보기 위해서, 그들이 기반 관계에 대해서 (그리고 그러면서 〈때문에〉 관계에 대해서) 구조 방정식 모형을 적용하는 구체적 사례를 놓고서 논의해 보자. 앞에서 논의했던 결정자와 결정가능자 사이의 기반 관계를 예로 들어서 그들이 구조 방정식 모형을 어떻게 적용하는지 살펴보겠다.

윌슨의 경우에 인과 사례에 대한 다음의 단순한 모형을 먼저 고려한다.[301]

변항

C: 수지가 돌을 던지는지

---

301 Wilson (2018) p. 741.

E: 유리창이 깨지는지

구조 방정식

E = C

할당

C = 1, E = 1

여기에서 변항 C는 수지가 돌을 던지면 1 값을 가지고, 수지가 돌을 던지지 않으면 0 값을 가지는 변항이다. 그리고 변항 E는 유리창이 깨지면 1 값을 가지고, 유리창이 깨지지 않으면 0 값을 가지는 변항이다. 구조 방정식 'E = C'는 단순한 등식이 아니라 반사실 조건문의 생략된 표현이다. 즉 이는 '변항 C가 1 값을 가졌더라면 변항 E도 1 값을 가졌을 것이고, 변항 C가 0 값을 가졌더라면 변항 E도 0 값을 가졌을 것이다'를 의미한다. 할당 'C = 1, E = 1'은 변항 C와 변항 E가 현실적으로 1 값을 가진다는 것을 의미한다. 즉 현실 세계에서, 수지가 돌을 던졌고 유리창이 깨졌다는 것이다.

이 경우에 우리는 '때문에' 문장 '수지가 돌을 던졌기 때문에 유리창이 깨졌다'를 참으로 받아들일 수 있고 또한 인과 문장 '수지가 돌을 던진 것이 유리창이 깨진 것의 원인이다'를 참으로 받아들일 수 있다. 여기에서 '변항 C가 1 값을 가졌더라면 변항 E도 1 값을 가졌을 것이다'라는 반사실 조건문은 'C = 1, E = 1'이 참이므로 비교적 사소하게 만족된다. 여기에서 특히 중요한 부분은 '변항 C가 0 값을 가졌더라면 변항 E도 0 값을 가졌을 것이다'라는 반사실 조건문이 만족된다는 것이다. 즉 '수지가 돌을 던지지 않았더라면 유리창이 깨지지 않았을 것이다'라는 반사실 조건문이 참이기 때문에, '수지가 돌을 던졌기 때문에 유리창이 깨졌다'라는 '때문에' 문장은 직관적으로 참이라고 할 수 있다.

윌슨은 위와 같은 구조의 모형이 결정자와 결정가능자 사이의 기반 관계에 대해서도 똑같이 적용된다고 하면서, 단지 그 변항의 내용을 바꾸기만 하는 것으로 제시한다. 즉 그 모형은 다음과 같다.

변항
  C: 그 벽돌이 빨간색인지
  E: 그 벽돌이 색을 가지는지
구조 방정식
  E = C
할당
  C = 1, E = 1

여기에서도 유사하게, 변항 C는 그 벽돌이 빨간색이면 1 값을 가지고, 빨간색이 아니면 0 값을 가지는 변항이다. 그리고 변항 E는 그 벽돌이 색을 가지면 1 값을 가지고, 그 벽돌이 색을 가지지 않으면 0 값을 가지는 변항이다. 구조 방정식 'E = C'도 두 반사실 조건문의 연언 '변항 C가 1 값을 가졌더라면 변항 E도 1 값을 가졌을 것이고, 변항 C가 0 값을 가졌더라면 변항 E도 0 값을 가졌을 것이다'를 마찬가지로 의미한다. 할당 'C = 1, E = 1'도 변항 C와 변항 E가 현실적으로 1 값을 가진다는 것을 의미한다. 즉 현실 세계에서, 그 벽돌이 빨간색이고 그 벽돌이 색을 가진다는 것이다.

그런데 여기에서 문제는, 실제로는 구조 방정식의 내용에 해당하는 연언 '변항 C가 1 값을 가졌더라면 변항 E도 1 값을 가졌을 것이고, 변항 C가 0 값을 가졌더라면 변항 E도 0 값을 가졌을 것이다'의 뒤쪽 연언지 부분의 반사실 조건문이 성립하지 않는다는 것이다. 왜냐하면 '그 벽돌이 빨간색이었더라면 그 벽돌이 색을 가졌을 것이다'는 참이라고 하더라도 '그 벽돌이 빨간색이 아니었더라면 그 벽돌이 색을 가지지 않았을 것이다'는 참이 아니기 때문이다. 그 벽돌이 빨간색이 아니었더라도 검은색이나 노란색 등 다른 색을 가졌을 것이지 아무 색도 가지지 않는 것은 아니었을 것이다. 그 벽돌이 아무 색도 가지지 않는 가능성은 현실과 훨씬 먼 가능성이다.

그리고 앞에서 논의했던 것과 같이, 바로 그런 이유 때문에 '그 벽돌이 빨간색이기 **때문에** 그 벽돌이 색을 가지고 있다'는 직관적으로 참이라고 보기 어렵다. 그 벽돌이 빨간색이라는 것이 그 벽돌이 색을 가지고 있다는 것을 결정한다는 점에서 '그 벽돌이 빨간색이라는 것이 그 벽돌이 색을 가지고 있다는 것의 기반이다'라는 것을 참으로 받아들일 수 있다는 주장을 할 수는 있다. 그러나 그렇다면 기반 사례에 대해서는 던짐-깨어짐 사례와 같은 인과 사례에서처럼 반사실 조건문적 의존 기준이 적절하지 않은 것이 된다. 그리고 〈때문에〉 개념과 기반 개념 사이에 다시 거리를 두어야 할 필요성이 제기된다. 그럼에도 불구하고 윌슨은 위의 두 사례(던짐-깨어짐 사례와 빨간색-색 사례)를 유사한 것으로 보면서, 이를 "하나의 사실이 성립하기 때문에 다른 사실이 성립하는" 사례라고 하면서 위의 모형들을 제시했는데,[302] 이는 명백한 오해이다.

쉐퍼도 위에서의 던짐-깨어짐 사례와 같은 인과 사례에 대해서 마찬가지 방식의 구조적 방정식 모형을 제시한 후에 결정자-결정가능자 기반 사례에 대해서 같은 구조적 방정식 모형이 적용될 수 있다고 논의한다.[303] 그는 그 셔츠가 빨간색의 특정한 색조인 적갈색인 것이 그 셔츠가

---

302 Wilson (2018) *ibid*.
303 Schaffer (2016), pp. 61-63, pp. 69-70.

빨간색인 것의 기반인 사례를 예로 든다. 그는 그 사례에 대해서 다음과 같은 구조적 방정식 모형을 제시한다.[304]

변항 U = {적갈색, 군청색}

변항 V = [빨간색, 파란색]

대응함수 R: U → {1. 0}, V → {1. 0}

구조 방정식 E : V=U

할당 A: U=1

여기에서 결정자 변항인 U는 적갈색과 군청색의 두 색조를 가능한 선택지로 하고, 결정가능자 변항인 V는 빨간색과 파란색의 두 색을 가능한 선택지로 한다. 대응함수 R은 두 변항 U와 V 각각에 대해서 1 또는 0의 값을 대응시킨다. R은 셔츠가 적갈색인 경우 오직 그 경우에 U에 1 값을 부여하고 셔츠가 군청색인 경우 오직 그 경우에 U에 0 값을 부여한다. 또한 R은 셔츠가 빨간색인 경우 오직 그 경우에 V에 1 값을 부여하고 셔츠가 파란색인 경우 오직 그 경우에 V에 0 값을 부여한다. 구조 방정식 E 즉 'V = U'는 '변항 U가 1 값을 가졌더라면 변항 V도 1 값을 가졌을 것이고, 변항 U가 0 값을 가졌더라면 변항 V도 0 값을 가졌을 것이다'를 의미한다. 즉 이는 '셔츠의 색조가 적갈색이었더라면 셔츠의 색이 빨간색이었을 것이고, 셔츠의 색조가 군청색이었더라면 셔츠의 색이 파

---

304 그다음에 나오는 구조 방정식 모형의 표기법 등은 쉐퍼 자신이 제시한 것보다 더 간편한 방식으로 바꾸어 썼지만 그 내용은 같다. 이 구조 방정식 모형에 상응하는 던짐-깨짐 사례에 대한 구조 방정식 모형은 다음과 같다. 변항 U= {돌을 던짐, 돌을 던지지 않음}, 변항 V= [유리창이 깨짐, 유리창이 깨지지 않음], 대응함수 R: U → {1. 0}, V → {1. 0}, 구조 방정식 E : V = U, 할당 A: U = 1.

란색이었을 것이다'에 해당한다. 할당 A 즉 'U = 1'은 변항 U가 현실적으로 1 값을 가진다는 것을 의미한다. 즉 현실 세계에서, 셔츠가 적갈색이라는 것이다.

코슬리키(K. Koslicki)가 적절히 지적하듯이, 결정자-결정가능자 사례에 대한 구조 방정식 모형이 던짐-깨어짐 사례에 대한 구조 방정식 모형과 구조적으로 동형적일 수 있는 것은 쉐퍼가 인위적인 방식으로 모형을 단순화시켰기 때문이다.[305] 쉐퍼가 제시한 모형에서는 셔츠의 색조 선택지가 적갈색과 군청색으로 제한되어 있다. 그렇기 때문에 셔츠의 색조가 적갈색이 아니었더라면 유일하게 남은 색조 선택지는 군청색이다. 그리고 셔츠의 색조가 군청색이면 빨간색이 아니게 된다. 이 때문에 '셔츠의 색조가 적갈색이 아니었더라면 셔츠의 색이 빨간색이 아니었을 것이다'라는 반사실 조건문이 참이게 되는 것이다. 그리하여 '수지가 돌을 던지지 않았더라면 유리창이 깨지지 않을 것이다'와 같은 형식의 조건을 만족하게 되는 것이다.

그러나 이는 셔츠 색조의 가능한 선택지를 인위적으로 제한함으로써 얻어진 결과이다. 셔츠 색조의 가능한 선택지로 예를 들어 빨간색 색조 중 하나인 심홍색을 포함시킨다고 하자. 그러면 셔츠의 색조가 적갈색이 아닌 경우에 셔츠 색조는 심홍색일 가능성이 열려 있게 되고, 그럴 경우에 셔츠의 색은 여전히 빨간색일 것이다. 즉 결정자 속성이 바뀐다고 해서 꼭 결정가능자 속성이 바뀌는 것은 아니다. 이는 〈때문에〉 개념이나 (이를 통해서 이해되는) 인과 개념에 잘 적용되는 반사실 조건문적 접근이 기반 개념 즉 결정 개념과는 잘 부합하지 않는다는 것을 보여준다. 쉐퍼는 위의 사례에 대해서 논의하면서 "셔츠가 적갈색이기 때문에 빨간

---

[305] Koslicki (2016), pp. 106-107.

색인 사례"라고 말하지만,[306] 이 사례에 대해서 모형을 지나치게 단순화하지 않고 실제에 부합하게 모형을 약간만 더 구체화하면 '셔츠가 적갈색이기 때문에 셔츠가 빨간색이다'라는 것이 그렇게 분명하게 보여지지 않는다.

이상의 논의로 드러나듯이, 반사실 조건문적 의존 조건은 기반 개념에 대해서보다는 〈때문에〉 개념에 대해서 잘 적용된다. 그리고 인과 개념이 〈때문에〉 개념을 통해서 이해될 수 있는 한에서 (즉 10장에서 논의한 두 가지 인과 개념 중에서 〈때문〉 인과 개념인 경우에 한에서) 반사실 조건문적 의존 조건을 통해서 잘 이해될 수 있다. 결정 개념에 해당하는 기반 개념은 그런 인과 개념이나 〈때문에〉 개념과는 매우 다른 특성을 가지고 있다. 그 벽돌이 빨간색인 것은 그 벽돌이 색을 가진다는 것을 결정하지만, 그 벽돌이 빨간색이기 때문에 그 벽돌이 색을 가지는 것은 아니다. 그 벽돌이 빨간색인지 여부는 그 벽돌이 색을 가지는가 여부에 차이를 만들지 않는다.

쉐퍼와 윌슨은 왜 인과 관계와 기반 관계가 그렇게 유사하다고 생각하는가? 그것은 무엇보다도 그들이 인과 관계에 대해서 가지는 은연중의 오해 때문이라고 여겨진다. 인과 관계와 기반 관계가 그렇게 유사하려면, 인과 관계 역시 일종의 결정 관계로 여겨져야 할 것이다. 두 결정 관계 중에서 '인과' 관계는 통시간적 결정 관계이고 기반 관계는 층위들 사이의 결정 관계라고 볼 수도 있을 것이다. 또는 '인과' 관계는 자연법칙에 의한 결정 관계이고 기반 관계는 형이상학적 법칙에 의한 결정 관계라고 볼 수도 있을 것이다. 어떻든 그럴 경우 '인과' 관계와 기반 관계는 구조적 동형성을 가질 수 있을 것이다. 그러나 그런 '인과' 관계의 개

---

306 Schaffer (2016), p. 70.

념은 우리의 일상적 인과 개념에 부합하지 않는다.[307] 그런 관계는 인과 관계가 무엇인지 최종적으로 밝히기 위한 구조적 방정식 모형이나 (루이스의) 뉴런 다이어그램에서의 화살표로 표시되는 관계에 해당하는 것이다. 단순한 경우에는 그 화살표에 해당하는 관계가 인과 관계와 일치할 수도 있지만 보다 복잡한 일반적인 경우에는 그렇지 못할 것이다.

그런 결정 관계들을 무엇이라고 부르든 간에 그 관계들이 〈때문에〉와 인과에 대해서 추론하거나 판단하는 데에 있어서 중요한 역할을 하는 기본적 요소들인 것은 분명하다. 앞서 논의했듯이, 무엇보다도 그런 결정 관계들이 반사실 조건문의 진리 조건에 중요한 역할을 할 수 있다. 자연법칙 등의 법칙들에 대한 고려가 반사실 조건문의 진리 조건에서의 가능 세계들 사이의 근접성 평가에 중요하다는 것은 이미 잘 알려져 있다. 앞 장에서 나는 여기에서 더 나아가 그런 법칙들에 의한 결정의 방향 역시 가능 세계들 사이의 근접성 평가에 중요할 수 있다는 제안을 했다. 즉 자연법칙에 의한 결정이나 형이상학적 법칙에 의한 결정은 모두 반사실 조건문의 진리 조건에서 중요하게 고려되어야 할 관계들이다. 그리고 내가 이 책에서 계속 논증해 왔듯이 반사실 조건문이 '때문에' 문장을 분석하는 데에 사용되므로, 결과적으로 그런 결정 관계들이 '때문에' 문장을 분석하는 데에 간접적이지만 기본적 역할을 한다고 볼 수 있다.

원초적 결정 개념으로서의 기반 개념을 받아들인다면 형이상학적 법칙의 결정 방향과는 독립적으로 결정 방향에 대한 개념적 자원을 제공받을 수 있게 될 것이다. 이는 앞에서 형이상학적 법칙의 결정 방향을 통해서 형이상학적 설명에서 사용되는 '때문에' 문장을 분석하는 데에 필

---

[307] 3장에서 본 살먼의 예를 다시 들자면, 완전히 확실하게 작용하는 피임약을 복용하는 것은 임신을 하지 않는 것을 통시간적으로 자연법칙에 의해서 결정하지만 존스가 그 피임약을 복용한 것이 그가 임신하지 않은 것의 원인은 아니다.

요한 반사실 조건문의 진리 조건을 이해했던 것과 별개로 추가적으로 이용될 수 있는 예비 자원이 될 수도 있다. 원초적 개념으로서의 기반 개념에 대한 우려가 존재하지만, 어떻든 최근에 많은 철학자들이 별 걱정 없이 기반 개념을 너그럽게 사용하는 상황이기에, 그런 개념을 이용할 수 있다는 것이 허락된다면 나는 형이상학적 설명에서의 '때문에' 문장의 분석에 사용되었던 반사실 조건문의 진리 조건 규정에 편리하게 이용할 수 있을 것이다.

그러나 어떤 경우이든 기반 개념은 〈때문에〉 개념과 동일시될 수 없고 〈때문에〉 개념이나 설명을 직접적으로 뒷받침하는 것으로 여겨질 수도 없다. 형이상학적 설명은 기반 관계를 따라가는(tracking) 것도 아니다. '때문에' 문장은 자연법칙에 의한 결정이건 형이상학적 법칙에 의한 결정이건 단순히 그런 결정 관계를 보고하는 문장이 아니다. '때문에' 문장의 의미는 반사실 조건문적 의존 조건에 의해서 가장 직접적으로 포착되고, 결정 관계들은 반사실 조건문의 진리 조건 속에서 간접적으로 역할을 할 뿐이다.

13장

결론

　이 책에서의 논증들을 통해서 보여주고자 한 중심 주장은 간단하다. 〈때문에〉 개념 또는 '때문에'의 핵심적 의미가 반사실 조건문적 의존 개념을 통해서 분석될 수 있다는 것이다. 즉 'P이기 때문에 Q' 형식의 문장이 (P와 Q가 참이라는 조건을 제외한) 핵심적 조건인 'P이지 않았더라면 Q이지 않았을 것이다' 형식의 반사실 조건문을 통해서 분석될 수 있다는 것이다.

　〈때문에〉 개념 또는 '때문에'의 의미에 대한 이와 같은 반사실 조건문적 이론은 설명에 대한 새로운 입장에 설 수 있게 해준다. 과학철학의 중요한 주제 가운데 하나인 설명의 문제에 대한 철학적 탐구에서 핵심적인 과제는 설명적 유관성의 관계를 규명하는 것이다. 설명은 '왜' 질문에 대한 대답이기에 설명은 그에 맞는 대답인 '때문에' 문장을 제시하는 일이다. '때문에' 문장의 종속절과 주절은 각각 설명항과 피설명항을 이룬다. 설명항과 피설명항 사이에 설명적 유관성이 존재하는가의 문제는 바로 그에 상응하는 '때문에' 문장이 참인가의 문제와 직결된다. 즉 그 설명 속 설명항이 성립하기 **때문에** 피설명항이 성립할 경우에, 그 설명항은 피설명항에 설명적으로 유관하다. 그렇다면 〈때문에〉의 조건을 규명하는 것이 바로 설명적 유관성의 조건을 규명하는 것이기도 하다. 그러므로 〈때문에〉에 대한 반사실 조건문적 이론은 곧 설명적 유관성에 대한 반사실 조건문적 이론을 가능하게 한다.

설명에 대한 전통적 이론들―그중에서도 특히 연역-법칙적 설명 이론, 귀납-통계적 설명 이론 등의 충분조건적 이론들과 통계적 연관성 이론 등의 확률적 이론들―이 부딪힌 여러 심각한 난점은 그 이론들이 설명적 유관성에 대해서 그리고 함축적으로는 〈때문에〉 개념에 대해서 가진 잘못된 이해에 기인하고 있다. P가 Q에 대해서 법칙적 충분 조건이 된다고 해서, 또는 확률 Prob(Q/P)가 Prob(Q)보다 더 높다고 해서 'P이기 때문에 Q'가 참이 되는 것은 아니다. 그 난점들은 〈때문에〉와 설명적 유관성에 대한 반사실 조건문적 분석에 입각했을 때 효과적으로 해결될 수 있다는 것을 우리는 앞에서 보았다.

이후에 등장한 설명에 대한 인과적 이론들은 무엇보다도 인과 개념이 〈때문에〉 개념보다 더 기본적인 개념인 것으로 보는 잘못된 관점을 함축적으로 포함하고 있기 때문에 여러 난점에 직면한다. 설명을 위해서 제시되는 문장들인 '때문에' 문장들이 인과적 이론들에서 주장하듯 인과적 정보에 대한 서술들로 간주될 수는 없다. 〈때문에〉 개념은 인과 개념보다 더 기본적이다. 〈때문에〉 개념은 인과와 아무 상관이 없는 경우들에 대해서도 사용되고 그런 경우들에서의 〈때문에〉 개념과 이른바 인과적 경우에서의 〈때문에〉 개념은 같은 일의적 개념이다.

설명에 대한 인과적 이론을 받아들이는 철학자들 중 특히 루이스의 경우에 인과에 대한 반사실 조건문적 이론을 제시한 것으로 잘 알려져 있는데, 내가 보기에 인과에 대한 반사실 조건문적 이론이 가진 직관적 설득력은 최소한 어떤 인과 개념이 〈때문에〉 개념에 기초하고 있다는 것에 기인한다. 그리고 반사실 조건문적 의존 조건을 인과 개념에 대해서가 아니라 〈때문에〉 개념에 직접 적용할 때에 훨씬 더 만족스러운 결과를 얻을 수 있다. 인과에 대한 반사실 조건문적 이론이 직면하는 많은 문제들을 〈때문에〉에 대한 반사실 조건문적 이론은 상당히 용이하게 해결하거나 피할 수 있다는 것을 나는 앞에서 자세히 보여주었다. 과잉결정의 문제, 인과적 선점의 문제, 부정 인과의 문제, 이중 방지의 문제, 비이행성의 문제, 김재권의 비인과적 연관 문제들 등이 그런 문제들에 해당한다. 인과 개념에 대한 반사실 조건문적 분석의 패러다임을 유지시키기 위해서 루이스를 비롯한 여러 철학자들이 수많은 복잡한 수정과 보완 장치를 제안해야 했지만, 그에 비해서 〈때문에〉에 대한 반사실 조건문적 분석은 훨씬 우아하고 단순한 분석으로 유지될 수 있다.

결국 반사실 조건문적 분석은 인과 개념보다 〈때문에〉 개념에 대해서 더 적합하다고 할 수 있다. 다만 인과의 한 가지 개념이 〈때문에〉를 통해서 이해될 수 있기에 그런 인과 개념에 한해 반사실 조건문적 분석이 제한적으로만 설득력을 가질 수 있을 뿐이다. 반사실 조건문적 분석이 인과 개념에 대해서 제안되고 발전되던 시기에 〈때문에〉 개념 자체는 철학자들의 주제 대상이 아니었기 때문에, 반사실 조건문적 분석을 〈때문에〉 개념에 대해서 적용하는 이론을 제시하고자 하는 아이디어를 떠올리기 어려웠다고도 생각할 수 있다. 그러나 일단 〈때문에〉 개념을 주제화해서 이 개념에 대한 반사실 조건문적 분석을 제시하고 나면 이 분석은 인과에 대한 반사실 조건문적 분석보다 훨씬 더 명백하고 직관적이다.

설명에 대한 인과적 이론을 받아들이는 또 다른 대표적 철학자들인 살먼과 다우의 경우에는 그 이론을 인과에 대한 과정 연결적 이론과 결합시킨다. 나는 앞에서 그런 인과 이론과 결합되었을 때에 설명에 대한 인과적 이론은 더더욱 받아들일 만하지 않다는 것을 논의했다. '때문에' 문장이 과정 연결로 이해된 인과 관계에 대한 서술로 여겨질 수 없다는 것은 더욱 명백하다. 거기에 루이스식의 인과적 이론에 대해서 제기되는 문제들의 상당수가 더욱 심각한 문제들로 대두된다. 더 나아가 인과에 대한 과정 연결적 이론은 그 자체로도 심각한 어려움이 있다. 특히 부정 인과의 문제와 이중 방지의 문제는 인과에 대한 과정 연결적 이론에 대한 특별한 도전들로 다가온다. 나는 이 도전들에 대한 다우의 대응 전략들도 치명적 문제들을 지니고 있다는 것을 논증했다.

그리하여 〈때문에〉와 설명적 유관성에 대한 최선의 이론은 반사실 조건문적 이론이라는 중간 결론에 이를 수 있게 되었다. 그러나 물론 어떤 설명이 좋은 설명이기 위해서는 설명항과 피설명항 사이에 올바른 설명적 유관성 관계가 성립하는 것만으로는 충분하지 않다. 즉 설명으로서 제시된 '때문에' 문장이 참이라는 것만으로는 충분하지 않다. 설명으로서 제시된 '때문에' 문장이 맥락 속에서 요구되는 적합한 정보를 제공해야 한다는 것도 그 설명이 좋은 설명이기 위한 조건 중의 하나이다. 다시 말해서 그 '때문에' 문장은 대화 맥락 속에서 제기된 '왜' 질문에 적합한 대답이어야 한다.

우리는 앞에서 이런 측면에서의 여러 화용론적 고려사항들에 대해서 살펴보았다. 예를 들어, 특정한 '왜' 질문이 명시적으로 제기되지 않은 맥락에서도 어떤 '왜' 질문이 그 맥락에서 자연스럽게 제기되는지에 대한 고려들을 통해서 어떤 '때문에' 문장이 그 맥락에서 적합한 설명인지에 대한 화용론적 조건들을 제시할 수 있다. 이런 화용론적 조건들을 탐구하면서 '때문에' 문장에 대한 반사실 조건문적 진리 조건이 유익한 배경 의미론이 된다는 것이 드러났다.

〈때문에〉에 대한 반사실 조건문적 이론이 가지는 중요한 장점 중의 하나는 대조항이 없는 '때문에' 문장에 대한 진리 조건으로부터 대조항을 가진 '때문에' 문장에 대한 진리 조건으로 확장해 나가는 데에 있어서 매우 단순하고 체계적일 수 있다는 것이다. 두 종류의 설명 문장 사이의 논리적 관계는 자연스럽고 직관적으로 분명하다. 반면 설명에 대한 인과적 이론의 관점에서 대조항을 가진 설명 문장을 규정하고자 하는 시도는 그런 대표적 시도 방식들인 루이스의 방식을 통해서이건 립튼의 방식을 통해서이건 대조항을 가진 설명 문장을 제대로 규정하지 못한다는 것을 보았다. 이러한 사실은 반사실 조건문적 이론이 다른 설명 이론들에 비해서 중요한 비교 우위를 점한다는 것을 추가적으로 드러낸다.

보다 최근에 등장한 인과와 인과적 설명에 대한 우드워드의 조작가능성 이론은 인과와 설명을 이해하는 데에 있어서 반사실 조건문적 의존 관계의 중요성에 주목한다는 점에서 나의 이론과 유사한 측면을 가지고 있다. 그러나 그의 이론은 개입의 개념에 과도한 중요성을 부여하면서 인과가 무엇인가의 문제에 대해서 극단적으로 복잡한 정의들을 통해서도 제대로 된 분석을 제시하는 데 실패했다. 또한 인과에 대한 이론에 기초해서 설명에 대한 이론을 구축하고자 하는 과정에서 설명에 대한 적절한 이론에 도달하는 데도 실패했다. 인과적 설명에 있어서 반사실 조건문적 의존 관계가 가지는 중요성은 인과 개념이 아니라 설명적 유관성 즉 〈때문에〉 개념에 대한 고찰에 의해서 제대로 드러나게 되고, 그때에 드러나는 반사실 조건문적 의존 관계는 개입이나 조작의 개념을 요구하지 않는 보다 단순하고 명백한 의존 관계이다.

나는 〈때문에〉가 인과보다 더 기본적인 개념이라고 생각하기에 인과 개념이 〈때문에〉 개념을 통해서 어떻게 이해될 수 있는지에 대해서도 논의했다. 〈때문에〉 개념이 그 핵심에 있어서 단순하고 우아한 것에 반해서 인과 개념은 이보다 복잡하고 깔끔치 못한 개념이다. 무엇보다 인과는 서로 다른 두 개념을 포함한다. 하나는 〈때문에〉 개념에 의해서 직접적으로 분석될 수 있는 개념이고 이는 논리적으로 매우 분명한 개념이다. 또 하나는 현실 세계에서의 인과적 과정에 의해서 연결되어 있다는 개념인데 이 인과적 과정을 찾는 선험적 기준은 〈때문에〉 개념과 연관되어 있지만 그 기준을 만족하는 인과적 과정이 무엇인가 하는 것은 우연적이고 경험적인 탐구에 의존한다는 점에서 보다 번잡한 개념이다. 그러나 어떻든 반사실 조건문적 이론을 통해서 이해된 〈때문에〉 개념은 이 두 인과 개념 모두에서 직접적으로 또는 간접적으로 불가결한 역할을 한다.

최근의 형이상학에서 기반(ground) 개념의 옹호자들은 기반 개념이 흔히 형이상학적 설명에 사용되는 〈때문에〉 개념과 밀접한 연관을 가진 것으로 여기면서 기반 개념을 받아들이기 때문에 나는 반사실 조건문적 이론의 관점에서 이에 관련된 탐구를 할 필요성을 느꼈다. 많은 기반 이론가들의 생각과 달리, 기반 관계는 결정 관계라는 점에서 〈때문에〉 개념과 구별되어야 한다. 일반적으로, P가 Q를 결정한다고 해서, 'P이기 때문에 Q'가 참이 되는 것은 아니다. 기반 개념은 〈때문에〉 개념과 다를 뿐만 아니라 '때문에' 문장을 직접적으로 뒷받침하지도 않는다. 결정자와 결정가능자 사이, 존재 예화 명제와 존재 양화 명제 사이, 선언지 명제와 선언 명제 사이에 결정 관계는 존재하지만 그것들 사이에 일반적으로 〈때문에〉 관계가 성립하는 것은 아니다.

우리가 여러 형이상학적 설명을 하면서 사용하는 '그가 신경 생리적 상태 N에 있기 때문에 그는 아픔을 느낀다'나 '눈이 희기 때문에 명제 〈눈이 희다〉가 참이다'와 같은 '때문에' 문장들이 참일 수 있는 것은, 그 문장들에서 설명항이 피설명항을 결정하는 것에 그치는 것이 아니고, 설명항이 성립하지 않았더라면 피설명항이 성립하지 않았을 것이라는 반사실 조건문적 의존 관계가 성립하기 때문이다. 즉 그런 형이상학적 설명들에서도 중요한 것은 기반 관계가 아니라 반사실 조건문적 의존 관계이다.

이와 같은 다양한 논의를 통해서 우리는 〈때문에〉에 대한 반사실 조건문적 이론이 〈때문에〉 개념 자체뿐 아니라 설명, 인과, 기반 등의 개념과 주제를 이해하는 데도 중요한 통찰들을 준다는 것을 알 수 있었다.

학문적 탐구와 일상생활에서 우리는 〈때문에〉 개념을 늘 사용한다. 〈때문에〉 개념을 사용해서 판단을 내리고 추론을 하는 데에 있어서 현실의 사실들에만 집중하지 않고 반사실적 가능 상황에 대해서 사유하는 것이 중요하다.

예를 들어, 군사독재 기간 동안에 한국의 경제 발전이 이루어졌다는 사실에 입각해서 의외로 많은 사람들이 자주 '군사독재 때문에 한국의 경제 발전이 이루어졌다'는 결론으로 너무 쉽게 나아가는 경향이 있다. 정말로 군사독재 **때문에** 한국의 경제 발전이 이루어졌는지 알기 위해서는, 군사독재가 **없었더라면** 한국에서 그러한 경제 발전이 이루어지지 못했을 것인지를 따져 보아야 한다. 이를테면 1961년의 쿠데타 이전에 4월 혁명 이후의 민주 정부에서 이미 기획되었던 경제개발계획은 군사독재가 시작되지 않았더라도 어차피 시행되었을 것이고, 한국전쟁에서 비롯된 경제적 타격으로부터 1960년대에는 점차 회복되어 어차피 아시아의 비슷한 수준의 국가들과 마찬가지의 정상적 경제 발전을 시작할 수 있었을 것이라는 등의 반사실적인 상황에 대한 추론과 판단이 위의 '때문에' 문장의 진위에 대한 보다 합리적인 파악에 중요한 역할을 할 수도 있다.

마찬가지로 한국의 근대화의 많은 부분이 일제강점기 동안에 이루어진 것은 사실이지만, 그렇다고 해서 '일제강점기를 거쳤기 때문에 한국이 근대화를 할 수 있었다'와 같은 주장을 할 수 있는지에 대해서도 비슷한 종류의 검토가 요구된다. 이에 대해서도 한국이 일본에게 지배당하지 않았더라면 근대화를 할 수 없었을 것인지에 대해서 연관된 반사실적 상황을 따져보아야 한다. 한국이 근대화를 위한 정책과 변화를 일제강점기 이전에 이미 시작했고 당시 한국에서 서구와의 접촉에 대한 개방성과 서구식 교육에 대한 열기 등이 높았다는 등에 대한 판단들로부터의 반사실 조건문적 추론들이 위의 '때문에' 문장의 진위 파악에 중요한 역할을 할 수 있다. 역사에서도 가정은 중요하다.

다른 일상적인 예를 들어서, 한 사람이 사망한 후 그가 신종 바이러스에 감염되었음이 드러났는데 그가 사실은 또한 말기 신부전증을 앓고 있었음도 알려졌다고 하자. 그 경우에 그가 신종 바이러스에 감염되었기 **때문에** 사망했다고 할 수 있는지 알기 위해서는, 그가 신종 바이러스에 감염되지 않았더라면 생존할 수 있었을지 아니면 신종 바이러스에 감염되지 않았더라도 말기 신부전증으로 해서 어차피 사망할 상황이었는지 등에 대해서 따져보아야 한다. 만약에 그가 말기 신부전증이 이미 너무 악화된 단계에 있어서 신종 바이러스에 감염되지 않았더라도 사망할 것이기는 했지만 현실에서보다 더 늦게 사망할 상황이었다면, 그가 그렇게 일찍 사망한 것은 신종 바이러스에 감염되었기 때문이지만, 그가 사망한 것은 신종 바이러스에 감염되었기 때문이 아니라고 결론 내릴 수 있을 것이다. 이와 같은 식으로 '때문에' 문장들의 진리치에 대한 판단들에는 반사실 조건문적 추론들이 중요한 역할을 한다.

〈때문에〉와 반사실 조건문적 의존 사이의 긴밀한 연관을 드러내는 수많은 예를 우리는 앞에서 보았다. 야구공이 유리창에 부딪치지 않았더라면 그 유리창이 깨지지 않았을 것이다. 그러므로 그 유리창이 깨진 것은 야구공이 유리창에 부딪쳤기 때문이다. 질소 분자가 유리창에 부딪치지 않았더라도 그 유리창이 깨졌을 것이다. 그러므로 그 유리창이 깨진 것은 질소 분자가 유리창에 부딪쳤기 때문인 것은 아니다. 오늘 아침에 비가 오지 않았더라면 유진이가 버스 정류장에서 책을 읽었을 것이다. 그러므로 오늘 아침에 유진이가 버스 정류장에서 책을 읽지 않은 것은 비가 오고 있었기 때문이다. 김씨가 치료되지 않은 매독을 앓지 않았더라면 김씨에게 척추마비가 생기지 않았을 것이다. 그러므로 김씨에게 척추마비가 생긴 것은 김씨가 치료되지 않은 매독을 앓았기 때문이다. 소금에 주문을 걸지 않았더라도, 소금이 물에 녹았을 것이다. 그러므로 소금이 물에 녹은 것이 소금에 주문을 걸었기 때문인 것은 아니다. 존스가 피임약을 먹지 않았더라도 그는 임신을 하지 않았을 것이다. 그러므로 존스가 피임약을 먹었기 때문에 임신을 하지 않은 것은 아니다. 장대의 높이가 h가 아니었더라면 그림자의 길이가 l이 아니었을 것이다. 그러므로 그림자의 길이가 l인 것은 장대의 높이가 h이기 때문이다. 그림자의 길이가 l이 아니었더라도 장대의 높이가 h였을 것이다. 그러므로 장대의 높이가 h인 것이 그림자의 길이가 l이기 때문인 것은 아니다. 순이가 그 특정한 양육 환경에서 성장하지 않았더라면 그는 높은 지능을 가지지 않았을 것이다. 그러므로 순이가 높은 지능을 가지는 것은 그가 그 특정한 양육 환경에서 성장했기 때문이다. 민수는 그 풍진 예방 접종을 하지 않았더라면 풍진에 감염되지 않았을 것이다. 즉 민수는 그 풍진 예방 접종을 했기 때문에 풍진에 감염되었다. 오스트레일리아 원주민들이 유라시아 대륙과 같은 지리 환경에서 살았더라면 발달된 문명을 이룰 수 있었을 것이다. 그러므로 오스트레일리아 원주민들이 발달된 문명을 이루지 못한 것은 유라시아 대륙과 같은 지리 환경에서 살지 않았기 때문이다. 우리가 몸을 가지고 있지 않았더라면 우리에게 근심이 없었을 것이다. 그러므로 우리에게 근심이 있는 까닭은 우리가 몸을 가지고 있기 때문이다. 그 보험 가입자가 그 교통사고를 당하지 않았더라면 100만 원을 소득으로 가졌을 것이다. 즉 그 보험 가입자가 그 교통사고를 당했기 때문에 100만 원을 소득으로 가지지 못하는 기회비용이 발생했다. 비제와 베르디가 서로 같은 나라 사람이었더라면 서로 같은 언어로 오페라를 썼을 것이다. 즉 비제와 베르디가 서로 다른 나라 사람이기 때문에 서로 다른 언어로 오페라를 썼다. 테러리스트가 등대를 폭파한 사건이 발생하지 않았더라면 선박의 충돌이 발생하지 않았을 것이다. 즉 테러리스트가 등대를 폭파한 사건이 발생했기 때문에 선박의 충돌이 발생했다. 속눈썹이 모래바람을 막아내는 데 유리하지 않다면 낙타는 그런 긴 속눈썹을 갖지 않을 것이다. 즉 긴 속눈썹이 모래바람으로부터 눈을 보호하는 데 유리하기 때문에 낙타는 긴 속눈썹을 가지고 있다. 붕괴할 수 있는 상태 수의 여지가 더 남아 있었더라면 별의 붕괴는 정지하지 않았을 것이다. 즉 붕괴할 수 있는 상태 수의 여지가 더 남아 있지 않았기 때문에 별의 붕괴가 정지했다. 높은 엔트로피에 해당하는 상태들의 수가 더 많지 않았더라면 고립된 계에서 엔트로피는 증가하는 경향성이 성립하지는 않았을 것이다. 즉 높은 엔트로피에 해당하는 상태들의 수가 더 많기 때문에 고립된 계에서 엔트로피는 증가하는 경향성이 성립한다. 진자 a의 길이가 d가 아니었더라면 a의 진동 주기가 2초가 아니었을 것이다. 즉 진자 a의 길이가 d이기 때문에 a의 진동 주기가 2초이다. 축구공이 럭비공보다 더 둥글지 않았더라면 축구공이 럭비공보다 더 질 구르지 않았을 것이다. 즉 축구공은 럭비공보다 더 둥글기 때문에 더 잘 구른다. 월트가 홍역 바이러스를 죽일 수 있는 항체를 보유하고 있지 않았더라면 그는 홍역에서 일찍 회복하지 않았을 것이다. 즉 월트가 홍역 바이러스를 죽일 수 있는 항체를 보유하고 있기 때문에 그는 홍역에서 일찍 회복했다.

월트가 홍역 바이러스를 죽일 수 있는 항체를 보유하고 있지 않았더라면 그는 홍역에 면역력을 가지지 않았을 것이다. 즉 월트가 홍역 바이러스를 죽일 수 있는 항체를 보유하고 있기 때문에 그는 홍역에 면역력을 가졌다. 시점 t에 소크라테스가 죽지 않았더라면, 시점 t에 크산티페가 과부가 되지 않았을 것이다. 즉 시점 t에 소크라테스가 죽었기 때문에, 시점 t에 크산티페가 과부가 되었다. 소영이가 2000년에 태어나지 않았더라면 소영이는 2020년에 스무살이 되지 않았을 것이다. 즉 소영이가 2000년에 태어났기 때문에 소영이는 2020년에 스무살이 되었다. 아마도 레닌이 20세기 초의 러시아에 존재하지 않았더라도 러시아에서 공산주의 혁명이 일어났을 것이다. 즉 아마도 레닌이 20세기 초의 러시아에 존재했기 때문에 러시아에서 공산주의 혁명이 일어난 것은 아니다. 정원사가 꽃에 물을 주었더라면 꽃이 시들지 않았을 것이다. 즉 정원사가 꽃에 물을 주지 않기 때문에 꽃이 시들었다. 테러리스트가 폭탄을 설치하지 않았더라면 경호원이 그 폭탄을 해체하지 않았을 것이다. 즉 테러리스트가 폭탄을 설치했기 때문에 경호원이 그 폭탄을 해체했다. 경호원이 그 폭탄을 해체하지 않았더라면 대통령은 생존하지 않았을 것이다. 즉 경호원이 그 폭탄을 해체했기 때문에 대통령은 생존했다. 테러리스트가 폭탄을 설치하지 않았더라도 대통령은 생존했을 것이다. 즉 테러리스트가 폭탄을 설치했기 때문에 대통령이 생존한 것은 아니다. 김 과장이 그 사건 해결의 적임자가 아니었더라면 김 과장이 아닌 다른 사람이 그날 그 사건 현장에 파견되었을 것이다. 즉 김 과장이 그 사건 해결의 적임자였기 때문에 다른 사람이 아닌 **김 과장이** 그날 그 사건 현장에 파견되었다. 김 과장이 그 사건 해결의 적임자가 아니었더라면 김 과장이 그 사건 현장이 아닌 다른 현장에 파견되었을 것이다. 즉 김 과장이 그 사건 해결의 적임자였기 때문에 김 과장이 그날 다른 현장이 아닌 **그 사건 현장**에 파견되었다. 스티븐이 아닌 다른 사람이 그 도화선에 불을 붙였더라면 폭발이 일어나지 않았을 것이다. 즉 다른 사람이 아닌 **스티븐**이 그 도화선에 불을 붙였기 때문에 폭발이 일어났다. 스티븐이 그 도화선이 아닌 다른 도화선에 불을 붙였더라면 폭발이 일어나지 않았을 것이다. 즉 스티븐이 다른 도화선이 아닌 **그 도화선**에 불을 붙였기 때문에 폭발이 일어났다. 소크라테스가 존재하지 않았더라면 {소크라테스}가 존재하지 않았을 것이다. 즉 소크라테스가 존재하기 때문에 {소크라테스}가 존재한다. 영희가 시점 t에 신경 생리적 상태 N에 있지 않았더라면, 그는 시점 t에 아픔을 느끼지 않았을 것이다. 즉 영희가 시점 t에 신경 생리적 상태 N에 있었기 때문에 그는 시점 t에 아픔을 느꼈다. (공리주의가 옳을 경우에) 테레사 수녀의 봉사 행위가 이 세상의 행복의 양을 증가시키지 않았더라면 그 행위는 도덕적으로 올바르지 않았을 것이다. 즉 (공리주의가 옳을 경우에) 테레사 수녀의 봉사 행위가 이 세상의 행복의 양을 증가시켰기 때문에 그 행위는 도덕적으로 올바르다. 눈이 하얗지 않았더라면 〈눈이 희다〉가 참이 아니었을 것이다. 즉 눈이 하얗기 때문에 〈눈이 희다〉가 참이다. 오늘 눈이 오지 않았더라도 2 + 2 = 4였을 것이다. 즉 오늘 눈이 오기 때문에 2 + 2 = 4인 것은 아니다. 내가 지구상에 살고 있지 않았더라도 지구상에 어떤 생명체가 살았을 것이다. 즉 지구상에 어떤 생명체가 사는 것이 내가 지구상에 살고 있기 때문인 것은 아니다. 그 공이 파란색이 아니었더라도 그 공은 색을 가졌을 것이다. 즉 그 공은 색을 가지는 것이 그 공이 파란색이기 때문인 것은 아니다. 이러한 예들은 다양하고 넓은 범위에 걸쳐 있고, 그 예들 각각은 서로 다른 방식으로 서로 다른 다양한 이론과 주장의 반례 역할을 하는 등의 다양한 역할을 하면서 동시에 〈때문에〉에 대한 반사실 조건문적 이론의 직관적 설득력을 지지하는 역할을 한다. 그리고 이런 예들은 여기에 나열할 수 있는 것보다 훨씬 더 무수히 많다.

앞에서도 언급했듯이, 어쩌면 '때문에'라는 말이 명사적 표현이 아니고 명사화된 편리한 표현도 가지고 있지 않아서 그동안에 〈때문에〉가 철학적 주제로서 간과되는 경향이 있었고 기본적인 개념인 〈때문에〉 대신 그 주변에 있는 개념들인 설명이나 인과나 기반이 철학의 주제가 되는 경향이 있었다고 여겨진다. 〈때문에〉 대신 설명을 탐구의 대상으로 삼을 때, 세계에서 실재적으로 성립하는 관계로서의 〈때문에〉와 그 관계에 대해서 서술하는 설명 행위나 설명 문장의 관심 의존적, 정보 전달적 특성들을 뒤섞고 혼동하는 경향이 있다. 〈때문에〉 대신 인과를 탐구의 대상으로 삼을 때, 보다 단순하고 기본적인 〈때문에〉 개념에 의존하여 해명되어야 할 번잡한 인과 개념을 보다 기본적인 것으로 오해하는 경향이 있다. 〈때문에〉 대신 기반을 탐구 대상으로 삼을 때, 의존 관계로서의 〈때문에〉를 결정 관계로서의 기반 관계로 잘못 이해하는 경향이 있다.

개념을 본격적 탐구의 대상으로 삼고 이에 대해서 설명이나 인과나 기반의 개념에 의존하지 않는 근본적 개념으로 다루면 반사실 조건문을 통해서 이를 이해할 수 있다는 것이 보다 분명해진다. 〈때문에〉에 대해서 반사실 조건문적 이론을 제시하고 그 함축들을 따라가 보면 그 이론이 가지는 장점들이 다양하게 드러난다. 그 이론은 단순 형태의 '때문에' 문장과 대조항을 가진 '때문에' 문장에 대해서 통일된 조건의 자연스러운 확장으로서 포괄되게 적용될 수 있고, 이른바 인과적 설명의 경우에서나 비인과적 설명의 경우에서나 단일한 의미를 가지고 적용될 수 있다. 다른 이론들이 가지는 여러 문제를 〈때문에〉에 대한 반사실 조건문은 복잡하고 작위적인 장치 없이 피할 수 있다. 반사실 조건문적 분석을 인과 개념이나 다른 개념에 대해서가 아니라 〈때문에〉에 적용함으로써 얻어지는 이론은 매우 강한 설득력을 가진다.

사실 반사실 조건문적 분서을 일단 〈때문에〉에 적용하고 나면 그 이론이 옳다는 것이 직관적으로 너무나 명백하다. 철학 학계에서 이와 같은 분석이 한참 전에 제시되고 받아들여지지 않은 것이 놀라울 정도이다. 어쩌면 〈때문에〉가 충분히 일찍부터 철학적 주제로 부각**되었더라면**, 〈때문에〉에 대한 반사실 조건문적 이론이 더 일찍 등장할 수 있었을 것으로 추정해 볼 수도 있다. 만약 그 추정이 옳다면, 〈때문에〉가 충분히 일찍부터 철학적 주제로 부각되지 않았기 **때문에** 〈때문에〉에 대한 반사실 조건문적 이론이 더 일찍 등장하지 못했다고 할 수 있을 것이다.

참고 문헌

고인석(2002), 「"올바른" 과학적 설명이란 어떤 것인가: 선우환 교수의 "확률적 설명 모형이 설명의 기준을 제시할 수 있는가?"에 대한 토론」, 『철학』 70집.

김성수(2013), 「부재 인과의 무분별한 증식의 문제와 해법들」, 『철학적 분석』 27집.

김준성(2007), 「선점의 문제와 사건 수준 확률인과이론의 인과유관성 해명」, 『범한 철학』 44호.

_____(2008), 「인과를 해명하는 데 확률의 역할은 무엇인가?」, 『철학사상』 29호.

노호진(2010), 「반사실적 조건문과 인과적 의존」, 『철학사상』 35호.

_____(2012), 「부정 인과와 가능 인과」, 『철학』 113집.

박홍규 · 이태수(1988), 「아리스토텔레스에 있어서 목적인과 운동인」, 『희랍철학연구』 종로서적.

선우환(1991), 「반사실적 조건문으로서의 인과 문장」, 『철학논구』 19권.

_____(2001a), 「확률적 설명 모형이 설명의 기준을 제시할 수 있는가?」, 『철학』 66집.

_____(2001b), 「양상 이론의 딜레마」, 『철학적 분석』 3집.

_____(2002), 「설명의 반사실 조건문적 의존 모형」, 『철학연구』 59집.

_____(2003a), 「"왜" 질문의 논리적 구조」, 『논리연구』 6집 2호.

_____(2003b), 「설명과 반사실 조건문에 대해 명료하게 사고하기」, 『철학』 77집.

_____(2005), 「상상가능성 논변과 형이상학적 가능성」, 『철학적 분석』 11집.

_____(2008), 「배제 논변과 심적 인과」, 『김재권과 물리주의』, 아카넷.

_____(2010), 「쉐퍼의 인과 이론과 사건의 동일성」, 『철학적 분석』 21집.

_____(2011), 「심적 인과와 반사실 조건문적 인과 개념」, 『철학논총』 64집 2호.

송하석(2006), 「사건 인과와 사실 인과」, 『철학적 분석』 14집.

이재호(2012), 「설명적 관계의 다중구조와 설명이론의 정체성」, 『과학철학』 15권 2호.

_____(2013), 「비사례적 규칙성 설명과 귀납에 대한 설명주의적 접근」, 『철학적 분석』 27집.

조인래(1997), 「과학적 설명에 대한 새먼의 존재적 견해와 양자역학」김여수 외 지음, 『언어, 진리, 문화 2』, 철학과현실사.

조인래 외(1999), 『현대과학철학의 문제들』, 아르케.

한성일(2015), 「형이상학적 근거와 형이상학적 결정론」, 『철학』 123집.

老子, 이강수 옮김(2007), 『노자』, 도서출판 길.

Achinstein, P.(1983), *The Nature of Explanation*, Oxford University Press.

Aristoteles [Met] *Metaphysica*, trans. W. D. Ross(1953), *The Metaphysics of Aristotle*, Random House.

Armstrong, D. M.(2004), *Truth and Truth-makers*, Cambridge: Cambridge University Press.

Audi, P.(2012a), "Grounding: Toward a Theory of the In-Virtue-Of Relation," *Journal of Philosophy*, 109: 685－711.

_____(2012b), "A Clarification and Defense of the Notion of Grounding", in Correia and Schnieder(2012a).

Beebee, H.(2004), "Causing and Nothingness" in J. Collins, N. Hall and L. Paul (eds.), *Causation and Counterfactuals*. Cambridge, Mass.: MIT Press.

Beebee, H. and J. Dodd (eds.)(2005), *Truth-makers: The Contemporary Debate*, Oxford: Oxford University Press.

Belnap, N & Steel, T.(1976), *The Logic of Questions and Answers*, New Haven: Yale University Press.

Bennett, J.(1988), *Events and Their Names*, Oxford: Clarendon Press.

Bennett, K.(2003), "Why the Exclusion Problem Seems Intractable, and How, Just Maybe, to Tract It," *Nous* 37.

Bjerring, J. C.(2014), "On Counterpossibles," *Philosophical Studies*.

Bliss, R. and K. Trogdon(2014), "Metaphysical Grounding," *The Stanford*

Encyclopedia of Philosophy (Winter 2014 Edition), E. N. Zalta (ed.) https://plato.stanford.edu/archives/win2014/entries/grounding/.

Brogaard B. and J. Salerno(2013), "Remarks on Counterpossibles," *Synthese*.

Bromberger, S.(1966), "Why-Questions (First Version)" in R. Colodny (ed.) *Mind and Cosmos*, Pittsburgh: Pittsburgh University Press.

Bromberger, S.(1987), "What We Don't Know When We Don't Know Why" in N. Rescher (ed.), *Scientific Inquiry in Philosophical Perspectives*, The University Press of America; reprinted in Bromberger(1992b).

Bromberger, S.(1992), "Why-Questions (Second Version)" in Bromberger(1992b).

_____(1992b), *On What We Know We Don't Know*, Chicago: The University of Chicago Press.

Cameron, R.(2016), "Do We Need Grounding?," *Inquiry*, 59: 382-397.

Cartwright, N.(1979), "Causal Laws and Effective Strategies," *Nous*.

Chalmers, D.(1996), *The Conscious Mind*, Oxford: Oxford University Press.

Chalmers, D., D. Manley, and R. Wasserman (eds.)(2009), *Metametaphysics*, Oxford: Oxford University Press.

Chisholm, R. M.(1966), "Freedom and Action," in Lehrer, K. (ed.) *Freedom and Determinism*, New York: Random House.

Choi, S.(2007), "Causes and Probability-Raisers of Processes?" *Australian Journal of Philosophy*, 85.

Coady, David(2004), "Preempting Preemption", in J. Collins, N. Hall and L. Paul (eds.), *Causation and Counterfactuals*. Cambridge, Mass.: MIT Press.

Collins, J.(2000), "Preemptive Prevention". *Journal of Philosophy*, 97: 223-34.

Collins, J., Hall, N. and Paul, L. A. (eds.)(2004), *Causation and Counterfactuals*, MIT Press. Cambridge, Mass.: MIT Press.

Correia, F. and B. Schnieder (eds.)(2012a), *Metaphysical Grounding: Understanding the Structure of Reality*, Cambridge: Cambridge University Press.

Correia, F. and B. Schnieder(2012b), "Grounding: An Opinionated Introduction", in Correia and Schnieder(2012a).

Daly, C.(2012), "Skepticism about Grounding", in Correia and

Schnieder(2012a).

Davidson, D.(1967), "Causal Relations" in Davidson(1980).

_____(1969), "The Individuation of Events", in Davidson(1980).

_____(1980), *Essays on Actions and Events*, Oxford: Oxford University Press.

Dawkins, R.(1999), *The Extended Phenotype*, 2nd Edition. Oxford: Oxford University Press. (홍영남 옮김, 『확장된 표현형』, 을유문화사)

Diamond, J.(1999), *Guns, Germs, and Steel: The Fates of Human Societies*, 2nd Edition. New York: Norton.

Dowe, P.(1992), "Wesley Salmon's Process Theory of Causality and the Conserved Quantity Theory," *Philosophy of Science*, 59.

_____(2000), *Physical Causation*. Cambridge: Cambridge University Press.

_____(2001), "A Counterfactual Theory of Prevention and 'Causation' by Omission," *Australasian Journal of Philosophy*, 79, 216-26.

_____(2004), "Causes are Physically Connected to their Effects: Why Preventers and Omissions are not Causes," in Hitchcock, C. (ed.), *Contemporary Debates in Philosophy of Science*, ch 9, Blackwell, 2004.

_____(2009), "Absences, Possible Causation, and the Problems of Non-Locality," *The Monist*, 92: 23-40.

Eells, E.(1991), *Probabilistic Causality*. Cambridge: Cambridge University Press.

Ehring, D.(1986), "The Transference Theory of Causality," *Synthese* 67: 249-258.

_____(1997), *Causation and Persistence*. Oxford: Oxford University Press.

Elga, A.(2000), "Statistical Mechanics and the Asymmetry of Counterfactual Dependence" *Philosophy of Science* 68: 313-324.

Ellis, B.(1999), "Causal Powers and Laws of Nature," in H. Sankey, ed., *Causation and Laws of Nature*. Dordrecht: Kluwer Academic Publishers.

Fair, D.(1979), "Causation and the Flow of Energy," *Erkenntnis*, 14: 219-50.

Fine, K.(1975), "Review of Counterfactuals," *Mind* 84.

_____(1994), "Essence and Modality: The Second Philosophical Perspectives Lecture," *Philosophical Perspectives*, 8: 1 – 16.

_____(2001), "The Question of Realism," *Philosophers' Imprint*, 1: 1 – 30.

_____(2010), "Some Puzzles of Ground," *Notre Dame Journal of Formal Logic*, 51: 97–118.

_____(2012), "A Guide to Ground", in Correia and Schnieder(2012a).

Greeno, J.(1970), "Evaluation of Statistical Hypotheses Using Information Transmitted," *Philosophy of Science*, 37: 279–93. Reprinted in Salmon(1971).

Grice, H. P.(1989), *Studies in the Way of Words*. Cambridge MA: Harvard University Press.

Hall, N.(2000), "Causation and the Price of Transitivity," *Journal of Philosophy*, 97.

_____(2004), "Two Concepts of Causation," in J. Collins, N. Hall and L. Paul (eds.), *Causation and Counterfactuals*. Cambridge, Mass.: MIT Press.

Harper, W. L., R. Stalnaker, G. Pearce (eds.)(1980), *Ifs: Conditionals, Belief, Decision, Chance, and Time*, Dordrecht: D. Reidel Publishing Company.

Hausman, D.(1993), "Linking Causal and Explanatory Asymmetry," *Philosophy of Science*, 60.

Hempel, C. & Oppenheim(1948), "Studies in the Logic of Explanation" in Hempel(1965b).

Hempel, C.(1965a), "Aspects of Scientific Explanation" in Hempel(1965b).

_____(1965b), *Aspects of Scientific Explanation and Other Essays in the Philosophy of Science*, New York: Macmillan.

Hitchcock, C.(1993), "A Generalized Probabilistic Theory of Causal Relevance," *Synthese* 97: 335–364.

_____(1996), "The Role of Contrast in Causal and Explanatory Claims," *Synthese* 107:395–419.

_____(2001), "The Intransitivity of Causation Revealed in Equations and Graphs," *Journal of Philosophy* 98: 273–299.

Hofweber, T.(2009), "Ambitious, Yet Modest, Metaphysics", in Chalmers, Manley, and Wasserman (eds.)(2009).

_____(2016), *Ontology and the Ambitions of Metaphysics*. Oxford: Oxford University Press.

Hume, D. (1748/1902), *An Enquiry Concerning Human Understanding*, ed. L.

A. Selby-Bigge, Clarendon Press.

Jackson, F.(1987), *Conditionals*, Basil Blackwell.

Jackson, F. and G. Priest (eds.)(2004), *Lewisian Themes*. Oxford: Oxford University Press.

Jeffrey, R.(1969), "Statistical Explanation vs. Statistical Inference" in N. Rescher (ed.), *Essays in Honor of Carl G. Hempel*. Dordrecht: D. Reidel. Reprinted in Salmon(1971).

_____(1983), *The Logic of Decision*, *Chicago*, The University of Chicago Press.

Kant, I. (1781/1965), *Critique of Pure Reason*, trans. N. Kemp Smith. New York: Macmillan Press.

Kim, J.(1973), "Causes and Counterfactuals" in Sosa and Tooley(1993).

_____(1976), "Events as Property Exemplifications", in M. Brand and D. Walton (eds.), Action Theory, Dordrecht: Reidel; in Kim(1993).

_____(1990a), "Supervenience as a Philosophical Concept," in Kim(1993).

_____(1990b), "Explanatory Exclusion and the Problem of Mental Causation" in Villanueva(1990).

_____(1993), *Supervenience and Mind: Selected Philosophical Essays*, Cambridge: Cambridge University Press.

_____(1998), *Mind in a Physical World*, MIT Press.

_____(2005), *Physicalism, or Something Near Enough*, Princeton University Press.

Kitcher, P.(1989), "Explanatory Unification and the Causal Structure of the World" in Kitcher and Salmon(1989).

Kitcher, P. & Salmon, W.(1987), "Van Fraassen on Explanation" in Ruben(1993).

Kitcher, P. and Salmon, W. (eds.)(1989), *Minnesota Studies in the Philosophy of Science* 13.

Koslicki, Kathrin(2016), "Where Grounding and Causation Part Ways: Comments on Schaffer". *Philosophical Studies* 173: 101–112.

Kripke, S.(1980), *Naming and Necessity*, Harvard University Press.

Kvart, I.(1997), "Cause and Some Positive Causal Impact," in J. Tomberlin, ed., *Philosophical Perspectives 11: Mind, Causation, and World*. Oxford: Basil

Blackwell.

_____(2001), "Counterexamples to Lewis' 'Causation as Influence'," *Australasian Journal of Philosophy*.

_____(2004), "Probabilistic Cause, Edge Conditions, Late Preemption and Discrete Cases," in P. Dowe and P. Noordhof (eds.), *Cause and Chance: Causation in an Indeterministic World*. London: Routledge.

Lao-Tsu [Tao] *Taoteching*, trans. R. Pine(2009), *Lao-Tsu's Taoteching*, Port Townsend: Copper Canyon Press.

Lewis, D.(1973a), *Counterfactuals*, Cambridge: Harvard University Press.

_____(1973b), "Causation," *Journal of Philosophy*, 70.

_____(1973c), "Counterfactuals and Comparative Possibility," *Journal of Philosophical Logic*, 2(4): 418–446.

_____(1979), "Counterfactual Dependence and Time's Arrow," *Nous* 13.

_____(1986a), *Philosophical Papers* vol. 2 Oxford: Oxford University Press.

_____(1986b), "Postscripts to "Causation"" in Lewis(1986a).

_____(1986c), "Causal Explanation" in Lewis(1986a).

_____(1986d), "Events" in Lewis(1986a).

_____(2000), "Causation as Influence" *Journal of Philosophy*, 97.

Lindgren, A.(1945), *Pippi Långstrump*. Stockholm: Rabén & Sjögren. (햇살과나 무꾼 옮김, 『내 이름은 삐삐 롱스타킹』, 시공주니어.)

Lipton, P.(1991), *Inference to the Best Explanation*(1st Edition), Routledge.

_____(2004), *Inference to the Best Explanation*(2nd Edition), Routledge.

Lowe, E. J. & A. Rami (eds.)(2009), *Truth and Truth-Making*, Stocksfield, UK: Acumen.

Mackie, J. L.(1965), "Causes and Conditions," American Philosophical Quarterly 2, pp. 245-64.

_____(1980), *The Cement of the Universe*, Oxford: Oxford University Press.

Maslen, C.(2004), "Causes, Contrasts, and the Nontransitivity of Causation," in J. Collins, N. Hall, and L. A. Paul (eds.), *Causation and Counterfactuals*. Cambridge, Mass.: MIT Press.

Maurin, A.-S.(2019), "Grounding and Metaphysical Explanation: It's Complicated," *Philosophical Studies* 176: 1573-1594.

McGrath, S(2005), "Causation by Omission: A Dilemma," *Philosophical Studies* 123: 125-148.

Mellor, D. H.(1995), *The Facts of Causation*. London: Routledge.

_____(2004), "For Facts as Causes and Effects" in J. Collins, N. Hall and L. Paul (eds.), *Causation and Counterfactuals*. Cambridge, Mass.: MIT Press.

Menzies, P.(1996), "Probabilistic Causation and the Pre-emption Problem," *Mind*.

McDermott, M.(1995), "Redundant Causation," *British Journal for the Philosophy of Science* 46: 423-44.

_____(2002), "Causation, Influence, and Sufficiency," *Journal of Philosophy* 99: 84-101.

McGrath, S.(2005), "Causation by Omission: A Dilemma," Philosophical Studies 123: 125-148.

Nolan, D.(1997), "Impossible Worlds: A Modest Approach," *Notre Dame Journal of Formal Logic* 38: 535 - 572.

Noordhof, P.(1999), "Probabilistic Causation, Preemption and Counterfactuals," Mind 108: 95-125.

Northcott, R.(2008), "Causation and Contrast Classes," *Philosophical Studies*, 139: 111-23.

Papineau, D.(1989), "Pure, Mixed and Spurious Probabilities and Their Significance for a Reductionist Theory of Causation", in Kitcher, P. and Salmon, W. (eds.), *Minnesota Studies in the Philosophy of Science XIII*, *Minneapolis: University of Minnesota Press*, 410-505.

Paul, L. A.(2000), "Aspect Causation," *Journal of Philosophy*, 97.

Paul, L. A. and N. Hall,(2013), *Causation: A User's Guide*, Oxford: Oxford University Press.

Pearl, J.(2000), *Causality: Models, Reasoning*, and Inference, Cambridge: Cambridge University Press.

Popper, K.(1983), *Realism and the Aim of Science*, London: Hutchinson.

Pitt, J. (ed.)(1988), *Theories of Explanation*, Oxford: Oxford University Press.

Ramachandran, M.(1997), "A Counterfactual Analysis of Causation," *Mind* 106: 263-77.

Raven, M. J.(2012), "In Defence of Ground," *Australasian Journal of Philosophy* 90: 687-701.

_____(2015), "Ground," *Philosophy Compass* 10:322-333.

Reichenbach, H.(1949), *The Theory of Probability*, Berkeley: University of California Press.

Rodriguez-Pereyra G.,(2005), "Why Truth-makers," in Beebee and Dodd(2005).

Rosen, G.(2006), "The Limits of Contingency," *Identity and Modality*, ed. Fraser MacBride: 13 - -39. Oxford: Oxford University Press.

_____(2010), "Metaphysical Dependence: Grounding and Reduction", in R. Hale and A. Hoffman (eds.), *Modality: Metaphysics, Logic, and Epistemology*, Oxford: Oxford University Press.

_____(2017), "Ground By Law," *Philosophical Issues 27: Metaphysics*.

Ruben, D.(1993), *Explanation*, Oxford: Oxford University Press.

Salmon, W.(1966), *The Foundations of Scientific Inference*, University of Pittsburgh Press.

_____(1970), "Statistical Explanation" in Salmon(1971).

_____(1971), *Statistical Explanation and Statistical Relevance*, University of Pittsburgh Press.

_____(1984), *Scientific Explanation and the Causal Structure of the World*, Princeton: Princeton University Press.

_____(1987), "Probabilistic Causality" in Sosa and Tooley(1993).

_____(1989), "Four Decades of Scientific Explanation" in Kitcher and Salmon(1989).

_____(1994), "Causality without Counterfactuals," *Philosophy of Science*, 6.1

_____(1998), *Causality and Explanation*, Oxford: Oxford University Press.

Sandborg, D.(1998), "Mathematical Explanation and the Theory of Why-Questions," *British Journal for the Philosophy of Science*, 49.

Savage, L. J.(1972), *The Foundations of Statistics*, New York: Dover.

Schaffer, J.(2000a), "Trumping Preemption," *Journal of Philosophy*, 97.

_____(2000b), "Causation by Disconnection," *Philosophy of Science* 67.

_____(2001), "Causes as Probability-Raisers of Processes," *Journal of*

Philosophy, 98.

_____(2004), "Causes Need Not be Physically Connected to their Effects," in C. Hitchcock (ed.), *Contemporary Debates in Philosophy of Science*. Oxford: Blackwell.

_____(2005), "Contrastive Causation," Philosophical Review 114 (3): 327-358.

_____(2009), "On What Grounds What", in Chalmers, Manley and Wasserman (eds.)(2009).

_____(2012), "Grounding, Transitivity, and Contrastivity", in Correia and Schnieder(2012a).

_____(2016), "Grounding in the Image of Causation," *Philosophical Studies* 173: 49-100.

_____(2017), "Laws for Metaphysical Explanation," *Philosophical Issues* 27, *Metaphysics*.

Schnieder, B.(2010), "A Puzzle About 'Because," *Logique et Analyse* 53: 317 - 343.

_____(2011), "A Logic for 'Because'," *Review of Symbolic Logic* 4: 445 - 465.

_____(2015), "The Asymmetry of "Because"," *Grazer Philosophische Studien* 91: 131-164.

_____(2017), "Grounding and Dependence," *Synthese* 197: 95 - 124.

Scriven, M.(1962), "Explanations, Predictions, and Laws," *Minnesota Studies in the Philosophy of Science* 3.

Sosa, E. (ed.)(1975), *Causation and Conditionals*, Oxford: Oxford University Press.

Sosa, E. and Tooley, M. (eds.)(1993), *Causation*, Oxford: Oxford University Press.

Spirtes, P., C. Glymour, and R. Scheines,(2000), *Causation, Prediction and Search*, Second Edition, Cambridge, MA: MIT Press.

Stalnaker, R.(1968), "A Theory of Conditionals" in Sosa(1975).

_____(1980), "A Defense of Conditional Excluded Middle" in Harper, Stalnaker and Pearce(1980).

Tooley, M.(1987), *Causation: A Realist Approach*. Oxford: Clarendon Press.

_____(2003), "The Stalnaker-Lewis Approach to Counterfactuals" *The Journal of Philosophy* 100: 371-377.

_____(2004), "Probability and Causation," in P. Dowe and P. Noordhof (eds.), *Cause and Chance: Causation in an Indeterministic World*. London: Routledge.

Trogdon, K.(2013), "Grounding: Necessary or Contingent?," *Pacific Philosophical Quarterly*, 94: 465 – 485.

Van Fraassen, B.(1980), *The Scientific Image*, Oxford: Oxford University Press.

Vander Laan, D.(2004), "Counterpossibles and Similarity" In Jackson, F. and G. Priest(2004).

Villanueva, E. (ed.)(1990), *Information, Semantics, and Epistemology*, Basil Blackwell.

Williamson, T.(2007), *The Philosophy of Philosophy*, Malden, MA: Blackwell.

Wilson, A.(2018a), "Metaphysical Causation," *Nous* 52: 753-751.

_____(2018b), "Grounding Entails Counterpossible Non-Triviality," *Philosophy and Phenomenological Research*, 96: 716-728.

Wilson, J.(2014), "No Work for a Theory of Grounding," *Inquiry*, 57: 535-579.

Wolf, N.(2006), *Hans Holbein*, Kőln: Taschen(이영주 옮김, 『한스 홀바인』, 마로니에북스).

Woodward, J.(2003), *Making Things Happen: A Theory of Causal Explanation*. Oxford: Oxford University Press.

_____(2015), "Methodology, Ontology and Interventionism," *Synthese*, 192(11): 3577 – 3599.

Worley, S.(1993), "Mental Causation and Explanatory Exclusion," *Erkentniss*, 39.

찾아보기

인명

김재권(J. Kim) 129, 131~132, 135, 147, 149, 497
고인석 291~314
게티어(E. Gettier) 188
글뤼머(C. Glymour) 300

노자(老子) 54
놀란(D. Nolan) 389
뉴턴(Newton) 114, 310, 410

다우(P. Dowe) 143~144, 147, 154~156, 158, 315~316, 318~319, 321~325, 327~328, 332~333, 335, 339~340, 342~352, 355, 358, 373, 497~498
다이아몬드(J. Diamond) 83~84
도킨스(R. Dawkins) 120~121

레이븐(M. S. Raven) 457
레일튼(P. Railton) 121

로젠(G. Rosen) 382, 439~440, 446~453, 457
루이스(D. Lewis) 33, 44, 87~88, 90~92, 96~97, 115~118, 122~123, 126~132, 135~136, 139, 147~150, 153~156, 160~162, 167, 194~198, 201~208, 210~211, 214, 249, 283, 297, 309, 358, 381, 388, 401~408, 411, 415~416, 420, 492, 496~499
립튼(P. Lipton) 185~187, 192, 194, 202, 204, 206~214, 499,

맥더모트(M. McDermott) 161~164, 376~378, 466
밀(J. S. Mill) 207바라쉬(D. P. Barash) 120~121

반더 란(D. Vander Laan) 389
반 프라센(B. Van Fraassen) 42~49, 57, 62,

69, 82, 101, 103, 170, 192, 194, 208, 211, 297

브로가르(B, Brogaard) 389

브롬버거(S. Bromberger) 57

살레르노 (J. Salerno) 389

살먼(W. Salmon) 27, 58~60, 63, 79, 111~112, 143~147, 154~156, 170, 297, 315, 358, 373, 381, 497

샤인즈(R. Scheines) 484

쉐퍼(J. Schaffer) 158, 356, 382, 439, 441, 459~464, 469, 482~484, 488, 490~491

슈니더(B. Schnieder) 442, 457, 472~473

스톨네이커(R. Stalnaker) 33~34, 44, 87, 164

스크리븐(M. Scriven) 53~57, 68, 82, 311

스프라이츠(P. Spirtes) 484

아리스토텔레스(Aristotle) 25, 125

엘가(A. Elga) 406, 415

아우디(P. Audi) 439, 442, 447

오펜하임(P. Oppenheim) 42

우드워드(James Woodwrad) 247~254, 256~269, 271, 273~289

윌슨(A. Wilson) 482~485, 487~488, 491

카이버그(H. Kyburg) 56, 81

카트라이트(N. Cartwright) 39, 68

코레이아(F. Correia) 442, 473

콜린스(J. Collins) 377

키처(P. Kitcher) 112, 114, 144

파인(K. Fine) 91, 382, 385~386, 397~398, 403, 439~440, 442~447, 449, 452, 457

파피누(D. Papineau) 318

펄(J. Pearl) 484

페어(D. Fair) 373

필드(H. Field) 160, 163~165, 366, 458, 466

한성일 382

헴펠(C. G. Hempel) 41~42, 51~54, 56, 58, 60, 72, 125

호프베버(T. Hofweber) 456

홀(Ned Hall) 263, 360

휘트컴(D. Whitcomb) 457

히치콕(C. Hitchcock) 270

주요 개념

가능 세계 의미론 10~11, 34, 87, 165, 471, 473
 - 현실 세계와 가장 근접한/유사한 가능 세계 34, 87~88, 93~94, 107, 110, 181, 236, 281, 302, 394, 425, 432
 - 가능 세계들 간의 근접성/유사성 90, 391, 402~403, 405, 411
 - 불가능 세계 98, 389~391, 394, 399

개입(intervention) 250, 252~254, 256~260, 262~265, 269~285, 289, 323, 327, 331, 499

결정 관계(determination relation) 410, 442, 447~448, 451~453, 455, 491~493, 500, 507

결정론/비결정론 35, 65, 91, 93~97, 253, 296~299, 307, 404

결정자(determinate)/결정가능자(determinable) 452~454, 485, 487~490, 500

결정자-결정가능자 연결 원리
 (Determinable – Determinate Link) 453

경험적 시험가능성 106

공리주의 428~431, 506

공존의 법칙(law of coexistence) 121

과잉 결정(overdetermination) 135~ 136, 138, 269~273, 371~375, 380, 448, 497

기반(ground) 39~40, 382~384, 386, 423~425, 439~444, 445~469, 472~473, 479, 482~485, 488, 492~493, 500~501, 507,
 - 완전 기반(full ground)/부분 기반(partial ground) 459~460, 465~466

기여 원인(contributing cause) 256~257, 276

누락 인과(causation by omission) 319~322, 324, 327, 329, 340, 342~344, 346, 368

논리적 가능성 398~400, 405, 420

논리적 필연성 382, 393~395, 418, 474

논증 22~23, 26, 46, 52, 54~55, 220, 224, 271, 278, 284, 321~323, 351, 442, 495

단원소 집합(singleton) 384~385, 387~388, 422

대응되는 사건(the corresponding event) 207~210

대조항 27, 38, 72, 77, 162~164, 169~179, 182~184, 187~188, 192, 196, 198~199, 208, 211, 214~215, 217, 228, 230~235, 238, 243~245, 458, 461~469, 472, 499, 507

도덕적 규범 판단 429

때문에
- 논증적 의미 22~23, 220
- 설명적 의미 22, 99~100, 452
- 〈때문에〉 개념 19, 21, 26, 39~40, 84, 86, 143, 152~153, 162, 165~166, 283, 315, 358, 369~370, 372~373, 380, 384, 439, 441, 445, 451, 454~459, 463, 465~466, 472~473, 479~480, 483, 488, 490~491, 493, 495, 497, 499~501, 507
- '때문에' 문장 23~30, 32, 36~38, 68, 71~72, 75~76, 83~85, 120~121, 133~135, 151~152, 155, 163, 165, 169, 172, 175, 182, 214, 217~218, 220~227, 229, 239~241, 246, 258, 279, 285, 288, 315, 329, 353, 379, 381, 428, 437, 444~452, 454, 458, 462~464, 466~474, 477, 481, 486, 492~493, 495~496, 498~502, 507
- 〈때문에〉에 대한 반사실 조건문적 이론 40, 95, 159, 165, 186, 369, 426, 429, 434~435, 437, 496~497, 499, 501, 506, 508

맥락의존성(context-dependency) 36, 38, 44, 70, 90, 100~101, 103~106, 169, 173, 181, 226
- 화용론적 맥락의존성 217, 226

반가능 조건문(counterpossibles) 98~100, 389~390, 394, 398~399

반논리적 조건문(counterlogical conditional) 399

반사실 조건문(counterfactual conditional) 32~34, 38, 44, 76, 81~128, 140~146, 149~150, 156, 159, 169, 196, 198, 202, 210~212, 225, 227, 246, 250, 258, 266~268, 278, 292, 297, 301, 341, 346, 369, 387~389, 394, 398~399, 443, 456, 458, 464~472, 507
- 반사실 조건문적 의존(counterfactual dependence) 32~34, 75~80, 86, 117, 119, 122, 129, 132~135, 139~140, 159, 165~166, 176, 179~180, 183, 201, 248, 283~286, 289, 305, 359, 380, 401, 413~417, 423, 444~445, 449~451, 454, 462, 488, 491, 493, 495, 497, 499, 502
- 반사실 조건문적 의존의 비대칭성 401~403, 405~408, 411~412, 421
- 역행적 반사실 조건문(backtracking counterfactuals) 93, 388 414
- 반사실 조건문에 대한 표준적 의미론 35, 93, 97, 302, 387, 437

반사실 조건문적 이론(counterfactual theory) 192, 194, 207, 225, 239, 246~247, 249, 280, 283, 286, 324~329, 340, 342, 358, 367, 369, 380~381, 383, 389, 434~435, 437, 496, 499~501, 506~508
- 단순 반사실 조건문적 이론(simple counterfactual theory) 324~329, 354, 369
- 인과에 대한 반사실 조건문적 이론 (→ 인과 이론)
- 설명에 대한 반사실 조건문적 이론 (→

설명 이론)

반형이상학적 조건문(countermetaphysical conditional) 399

방지(prevention) 92, 151, 320~322, 340~341, 344~349, 365~366, 368,
- 누락에 의한 방지(prevention by omission) 146, 319, 320~322, 324, 327, 329, 340~341, 343, 351~353
- 이중 방지(double prevention) 156~159, 161, 319, 320~322, 324, 327, 340, 351~356, 380, 497~498
- 선점적 방지(preemptive prevention) 376~377

베이즈 정리(Bayes's theorem) 66

법칙
- 자연법칙 90~91, 94, 107, 220, 381~383, 401, 404~405, 408~409, 411, 413~414, 417~420, 427, 491~493
- 형이상학적 법칙 417~420, 424~427, 491~493

별개의 사건(distinct events) 131~132, 135, 363~364

본질 385, 396~398

부정 친화적/배제적 이론(negative-friendly/excluding theory) 322~323, 325, 333, 335

비대칭성
- 반사실 조건문적 의존의 비대칭성 (→ 반사실 조건문)

빈도 해석(frequency interpretation) (→ 확률 해석)

사건 이론 131~132, 137, 148
- 시공간 영역들 간의 내재적 유사성 131~132, 148
- 지배적으로 내재적(predominantly intrinsic) 131
- 매개적 사건 139~140

선언(disjunction) 137, 447~449, 469~470, 479, 500

선점(preemption) 135~136, 138, 142, 271~273, 370~372, 374~377, 380, 497
- 이른 선점(early preemption) 138~139
- 늦은 선점(late preemption) 138, 140

설명
- 설명 문장 53~54, 58~60, 71, 75~76, 80, 83, 90, 100, 102, 104~106, 109~110, 121, 124, 141, 152, 163, 172~179, 183, 186~187, 214, 217, 219~221, 226, 228, 232~235, 238~239, 245, 283, 285~289, 295~296, 303, 328, 387~388, 428~429, 443, 449, 507
- 설명적 유관성 29, 43~53, 56, 60~69, 73, 75~79, 86~87, 93, 95, 100, 115, 117~118, 129, 142~143, 145~146, 166~167, 289, 291~299, 495~496, 498~499
- 설명적 유관성 관계(explanatory relevance relation) 114, 137, 142, 297~298, 476, 495
- 대조적 설명(contrastive explanation) 146, 163, 169, 171~175, 178~179, 181~189, 192, 194~197, 201~203, 206~208, 211~217, 228~231, 233, 235, 237~239, 243, 246, 458, 468
- 단순 설명(plain explanation) 172~173, 175, 177~181, 183~189, 194, 196~198, 202, 207, 213~215, 229, 232~235, 239, 241, 246, 328
- 형이상학적 설명 40, 381~387, 389, 399~400, 417, 421~423, 428, 437, 439, 456, 483, 492~493, 500~501
- 올바른 설명(correct explanation) /설명적 올바름 45~51, 55, 72, 77, 104, 159, 185, 218~219, 288~289, 311~314, 475, 498
- 인과적 설명 /비인과적 설명 115, 117~121, 125, 127, 146, 154, 159, 247~249, 274, 282~285, 289, 309, 337, 440, 442, 466, 468, 470, 483~484, 499, 507
- 기능적/목적론적 설명 118~121, 309
- 그럼직한 설명(plausible explanation)

50, 314

설명 이론

- 확률적 설명 이론 41, 51, 58, 63, 75~76, 79, 117, 291~292, 296~299
- D-N 설명이론(연역-법칙적 설명 이론, deductive-nomological theory of explanation) 51~52, 54~56, 496
- I-S 설명이론(귀납-통계적 설명 이론, inductive-statistical theory of explanation) 51, 54~56, 68, 496
- S-R 설명이론(통계적 연관성 설명이론, statistical-relevance theory of explanation) 58, 63, 68, 496
- 반사실 조건문적 설명 이론 (설명에 대한 반사실 조건문적 이론) 77, 106, 109, 110, 115, 117, 124, 142~143, 145~146, 159, 165, 169, 179, 183, 192, 194, 214, 247, 291, 297, 300, 305, 308~309
- 화용론적 설명 이론 43, 62
- (인과적 설명에 대한) 조작가능성 이론 (the manipulability theory of causal explanation) 247~250, 257, 274, 289, 358, 483, 499
- 설명에 대한 인과적 이론 115, 117, 124, 127, 143, 145~146, 153, 155~156, 159, 183, 194, 202, 207, 214, 249, 496~499
- 설명에 대한 충분조건 이론 51, 307~308

성향적 속성(dispositional property) 126

성향 해석(propensity interpretation) 66

수반(supervenience) 398, 422, 424~425, 430, 455

- 흄적인 수반(Humean supervenience) 411

수용가능성(acceptability) 38, 217, 226~227, 230~231, 233, 235~237, 239~243, 246, 328~329, 333

수용가능성 조건 38, 226~227, 230~231, 236, 239, 241, 245~246, 328~329

아이티아(aitia) 25

연언(conjunction) 24, 29, 190, 192, 446, 487

'왜' 질문 25~26, 28, 36~38, 42~44, 49,

71, 77, 169~171, 173, 178, 189, 193, 196, 217~218, 220~221, 227~229, 232~237, 240, 285, 288, 292~296, 310, 495, 498

유사 인과(quasi-causation) 340, 342~343, 346~351

- 유사 인과에 대한 반사실 조건문적 이론(counterfactual theory of quasi-causation) 340, 342

이중 방지(double prevention) 146, 156~159, 161, 319~322, 324, 327~340, 345, 349, 351~356, 365, 378, 380, 497~498

이행성(transitivity) /비이행성(intransitivity) 146, 160, 497

- 기반의 이행성/비이행성 457~461, 472
- 〈때문에〉 개념의 이행성/비이행성 164~167, 367, 457~459, 465~472
- 반사실 조건문의 이행성/비이행성 161, 165~166, 458, 466, 470~471
- 인과의 이행성/비이행성 161~164, 166, 263, 359, 366, 380

인과

-인과 개념 24, 26, 39~40, 143~144, 147, 152~153, 157, 162, 166, 196, 252, 258~259, 274~278, 283, 289, 315, 321, 329, 340, 343, 345~350, 356~360, 362, 364~369, 372~380, 441, 483~484, 490~492, 496~500, 507

-인과 관계 24, 104, 115~118, 129~133, 137, 142~143, 147, 154~157, 178 211 252 258 277 278 282 309 318~320, 340, 345, 351~354, 356~359, 365~368, 373~374, 380~381, 423, 447, 482~483, 491~492, 498

-인과 문장 23~24, 27, 104, 116, 121, 141~142, 149, 157, 163~164, 250~252, 259, 280, 282, 285~287, 324~327, 329, 333, 336, 338~339, 342, 348, 352, 364, 367, 375, 379, 486

-인과적 상호작용 111, 143~144, 316~318, 341, 344

-인과적 의존 116, 118, 147, 160

-인과적 역사 117, 123, 127, 194~199, 201, 203, 208~214
-인과적 과정 138~140, 142~143, 146, 160, 316~319, 342, 373~376, 379, 500
-부재 인과(causation by absence) /부정적 인과 146~147, 149~151, 153~157, 323 ~325, 333, 339, 347, 351, 355~356, 368, 380
- 과정 인과 360, 370, 372~373, 375~380
- 〈때문〉 인과 360, 364, 366~373, 375~378, 380, 491
- 단칭 인과 249~252, 258~259, 274~278, 282, 285
- 유형 인과 249~251, 256~257, 259, 274, 282, 286~287
인과 이론 96, 115~117, 123~125, 127~128, 143, 145~147, 154~157, 159~162, 167, 201, 259, 278, 297, 308, 315~316, 319, 340, 347~348, 351, 354, 356, 373, 498
-인과에 대한 반사실 조건문적 이론 115~117 129 145 283 340 342 496~497
-인과에 대한 과정 연결적 이론 145~146, 497~498
-인과에 대한 구조 방정식 모형 483
-인과에 대한 조작가능성 이론 249
인식론적 균질성 65
인식론적 의존 78
잉여 범위(the redundancy range) 269~273

자유의지 110~111, 325
적합성(adequacy) 54, 187, 217, 220, 226~227, 301, 306~307, 328
적합성 조건 51, 77, 230, 292~295
조건부 확률(conditional probability) 58~59, 61~62, 298
조건화 규칙(rule of conditionalization) 66
존재 가정 88

존재론적 의존 78, 118
존재 양화(existential generalization) 127~128, 500
주관적 확률 해석(subjectivist interpretation) (→ 확률 해석)
직접 원인(direct cause) 253~257, 259, 262~264, 269, 275
직접 지시적인 표현(directly referential expression) 289,
진리 조건 20~21, 32, 34, 38, 44~48, 54, 68, 71, 75~77, 80, 87, 93, 98, 105~106, 109~ 110, 151, 175, 179, 182~183, 201, 214~215, 217, 222~223, 226~227, 230, 241, 246, 281~282, 300, 302, 394, 437, 464, 481, 492~493, 498~499

차이 조건(Difference Condition) 207
차폐(screen-off) 61~63
초내포적 398 472~475, 479 481~482
총합 원인(total cause) 252~253, 255~257, 276
최대 세부성의 요구(the requirement of maximal specificity) 60, 68
최소한의 물리주의(minimal physicalism) 422, 426

함축 원리(Entailment Principle) 446
현실 인과(actual causation) 259, 269
화용론적 고려(pragmatic consideration) 27, 328, 332~335, 355, 498
-화용론적 조건 217, 220~222, 226, 241, 328~329, 335, 498
확률 해석 67, 299
-확률에 대한 빈도 해석(frequency interpretation) 59, 65
-주관적 확률 해석(subjectivist interpretation) 66
형이상학적 가능성 398~400, 420

때문에
-'때문에'의 의미에 대한 철학적 연구

1판 1쇄 찍음 | 2020년 9월 14일
1판 1쇄 펴냄 | 2020년 9월 21일

지은이 | 선우환
펴낸이 | 김정호
펴낸곳 | 아카넷

출판등록 2000년 1월 24일(제406-2000-000012호)
10881 경기도 파주시 회동길 445-3 2층
전화 031-955-9510(편집)·031-955-9514(주문) | 팩시밀리 031-955-9519
책임편집 | 김일수
www.acanet.co.kr | www.phildam.net

ⓒ 선우환, 2020
Printed in Paju, Korea.

ISBN 978-89-5733-697-7 93170

이 도서의 국립중앙도서관 출판시도서목록(CIP)은
서지정보유통지원시스템 홈페이지(http://seoji.nl.go.kr)와
국가자료공동목록시스템(http://www.nl.go.kr/kolisnet)에서 이용하실 수 있습니다.
(CIP제어번호: CIP2020038861)

이 저서는 2015년 정부(교육부)의 재원으로 한국연구재단의 지원을 받아 수행된 연구임.
(NRF-2015S1A6A4A01010126)